Reihe Bergabenteuer

WALTER BONATTI
Berge meines Lebens

Aus dem Italienischen übersetzt
von Christine Kopp

AS Verlag

Die Originalausgabe ist in italienischer Sprache
unter dem Titel «Montagne di una vita» erschienen.
© 1994 Baldini & Castoldi
© 1998 Baldini & Castoldi international

Die Abbildungen der Seiten 16 und 196
stammen aus dem Verlagsarchiv, alle übrigen vom Autor.

© der deutschen Ausgabe:
AS Verlag & Buchkonzept AG, Zürich 2000
Bildredaktion und Gestaltung: Heinz von Arx, Zürich
Textredaktion und Lektorat: Andres Betschart, Zürich
ISBN 3-905111-53-5

Inhalt

7   Vorbemerkungen
17 Die Anfänge (1948)
23 Die Ostwand des Grand Capucin (1951)
45 Die Nordwände der Drei Zinnen im Winter (1953)
59 Die italienische Expedition auf den K2 (1954)
85 Der Südwestpfeiler des Petit Dru (1955)
117 Weihnacht auf dem Mont Blanc (1956)
131 Cerro Torre: ein unverwirklichter Traum (1958)
147 Die Eroberung des Gasherbrum IV (1958)
161 Der Pilier Rouge im Brouillard-Becken (1959)
187 Die Besteigung des Rondoy Nord (1961)
197 Die grosse Tragödie am Frêney-Pfeiler (1961)
229 Am Pilier d'Angle (1962)
243 Im Winter in der Grandes-Jorasses-Nordwand (1963)
261 Sturm und Steine am Whymper-Pfeiler (1964)
275 Matterhorn-Nordwand im Winter und allein (1965)
289 Leb wohl, Alpinismus (1965)
299 Eine Rückkehr: der Zauber des Mont Blanc (1984)
311 Das letzte Abenteuer – mein Patagonien (1986)
335 Betrachtungen (1989)

Walter Bonatti in Patagonien, 1989

VORBEMERKUNGEN

Es gab von Anfang an keine bessere Welt, um mich zu formen, als die Berge. Sie erlaubten mir, mich zu vergleichen und zu messen, zu erfahren und zu lernen – ein jedem Menschen angeborenes Bedürfnis. Dort oben fühlte ich mich von einem Unternehmen zum anderen lebendiger, freier, wahrer: also verwirklicht. In meinem Leben als Bergsteiger habe ich immer den Gefühlen gehorcht, dem kreativen Impuls und der Kontemplation. Doch in wirklichen Einklang mit der Natur in ihrer ganzen Grösse gelangte ich vor allem durch jene Klettereien, die ich im Alleingang ausführte und wo ich die Beweggründe meines Handelns und meine Grenzen noch besser ausloten konnte.

Indem ich mich ohne Gefährten der Natur in ihrer strengsten Ausprägung stellte, gewöhnte ich mich vor allem einmal daran, meine Entscheidungen allein zu fällen. Ich lernte, sie mit meinem eigenen Massstab zu messen und für Fehler, zu Recht, selbst zu bezahlen. Die Einsamkeit war für mich niemals beklemmend, sondern eine Schule, eine wertvolle Bedingung und manchmal ein echtes Bedürfnis. Gerade dank dieser Voraussetzungen unternahm ich jedesmal eine faszinierende Reise in mich selbst und lernte dabei, mich besser einzuschätzen und zu verstehen, so wie ich damit die anderen und die Welt um mich herum besser zu verstehen lernte. Das Schweigen, das meine einsamen Abenteuer begleitete, überfiel mich manchmal mit allen Geheimnissen, die es in sich trägt; aber das Schweigen – das wusste ich inzwischen genau – hiess auch, mir selbst zuzuhören, mit mir zu reden, nachzudenken.

Ich habe mich oftmals gefragt, ob ich als Einzelgänger geboren oder erst allmählich dazu geworden bin. Sicher ist, dass ich durch einige Erfahrungen viele Illusionen in Bezug auf andere Menschen verloren habe. Meine Wesensart ist und bleibt jedenfalls jene des Alleingängers.

Die Tat brachte mich zum Träumen, zur Furcht und zum Schwärmen; und meist entsprang das Tun selbst dem Traum und meiner Sensibilität. Ohne Zweifel bin ich also ein Träumer: Meine Unternehmen begannen in dem Augenblick, in dem sie in meinem Geist Form annahmen. Das Übertragen in die Wirklichkeit war nur eine logische Folge des zündenden Funkens, des ersten Einfalls. Als ich mir vorstellte, den Pfeiler am Petit Dru allein klettern zu können, war dies ein besonderer Moment. Ich befand mich in einem fast unwirklichen Zustand, in dem alles möglich und normal erscheint. Das Umsetzen dieser Kletterei war nichts als eine natürliche, zu erwartende Folge, die an sich nicht wertvoller war als die Idee. Wenn man träumt, denkt man sich aussergewöhnliche Dinge aus, wenn man überzeugt ist, ist man wirklich kreativ, und nur dann überwindet der Geist die Schranken des Möglichen. Das war immer meine tiefe Überzeugung.

Es gibt bekanntlich keine Berge, die einem gehören; es gibt aber eigene Erfahrungen. Auf die Berge können auch viele andere steigen, niemand kann sich aber der Erfahrungen bemächtigen, die wir selbst erlebt haben und die uns für immer gehören.

Meiner Ansicht nach setzt sich der Wert eines Berges und damit seiner Besteigung aus der Summe verschiedener, gleich wichtiger Elemente zusammen: Ästhetik, Geschichte, Ethik. Ich könnte diese drei Aspekte nie voneinander trennen oder von einem absehen, da sie als Ganzes die Grundlage meiner Auffassung der Berge bilden.

Es gibt Menschen, die im Alpinismus nur ein feiges Mittel der Flucht vor der Wirklichkeit unseres Alltags sehen. Das stimmt so nicht. Ich schliesse nicht aus, dass zum Bergsteigen ab und zu ein Element der Flucht gehört. Es sollte sich aber nie störend auf den Hauptgrund – Erreichen, nicht Flüchten – auswirken.

Die Angst, die man immer mit einer gewissen Beherrschung leben sollte, verkörpert viele, zum Teil unterschiedliche Dinge. Oft regte sie meinen Mut an, wenn nötig auch jenen zur Umkehr. Der Mut wiederum ist ein Gefühl, das den Menschen Herr seiner Würde werden lässt. Mut, vor allem auf der Ebene des Einzelnen, bedeutet auch Zivilcourage und die Übernahme von Verantwortung, um sich nicht dem drohenden moralischen Zerfall zu beugen. Schliesslich stellt er jene gute Eigenschaft dar, für die eigenen Fehler selbst bezahlen zu wollen: eine heutzutage recht seltene und deshalb umso schätzenswertere Tugend.

Niemals aber darf der Mut Frucht eines gleichermassen unbedachten wie gefährlichen Impulses sein: Das Risiko, das sich daraus ergeben würde, wäre dumm und sinnlos. Ich glaube, dass ein gewisses Risiko den Dingen erst Geschmack und einen Hauch Abenteuer verleiht; allerdings muss man es gut im Zaum zu halten wissen.

Die Aufmerksamkeit der anderen auf sich zu ziehen, kann ein menschliches Bedürfnis sein. Für jenen, der sie braucht, ist die Anerkennung befriedigend. Aber diese Bekanntheit allein ist völlig bedeutungslos: Auch ein Schuft kann es ja zu grosser Berühmtheit bringen. Grossartig ist es hingegen, verstanden und geliebt zu werden. Ich würde heucheln, leugnete ich meine Freude über einen Erfolg und damit die Beachtung durch andere Menschen. Den Medien allerdings wandte ich immer nur ein Ohr zu: Zu meiner Zeit war alles, was ich in den Bergen unternahm, eine Meldung wert; dieses Echo war aber für mich von marginaler Bedeutung. Sonst hätte ich nach dem Alleingang am Matterhorn 1965 – ich war erst 35 – noch andere grosse Touren in den Bergen unternommen, einzelne vielleicht auch wiederholt. Ich habe hingegen mit dem extremen Bergsteigen aufgehört. Das ist, wenn man so will, ein Beweis, dass mir die Berühmtheit gleichgültig war: Als ich meine Bekanntheit auf höchstem Niveau erreicht hatte, nutzte ich sie nicht aus, sondern stieg aus der Szene des grossen, klassischen Alpinismus aus, der mir dazu verholfen hatte.

Ich kann es nicht verneinen: Mein Leben als Bergsteiger war geprägt von zahlreichen Erfahrungen, die das Drama streiften. Dabei muss man aber bedenken, dass ich mich über 16 Jahre lang wirklich an der äussersten Grenze bewegte. Dennoch waren die Berge für mich nicht nur ein Schauplatz der Tragödien und des Leidens – wie es mir oft von jenen unterstellt wurde, die mich als Masochisten bezeichnen –, sondern vor allem ein Ort der Freude und der Begeisterung: Dort oben habe ich wirklich einmalige Stunden, Situationen und Schauspiele erlebt. Ja, tatsächlich – und damit antworte ich auf eine gängige Provokation –, ich habe auch unzählige schöne, sichere und ruhig verlaufene Besteigungen unternommen; sie sind aber ohne Geschichte geblieben und verdienen es deshalb nicht, auf diesen Seiten erwähnt zu werden.

Um die tragenden und unabdingbaren Prinzipien meines Lebens zu verteidigen, musste ich oft und auch hart kämpfen. Ich ging daraus als eher unbequeme Bezugsperson hervor für jene, die nicht begreifen wollten, und wurde eines schlechten, polemischen Charakters bezichtigt. Die Wahrheit ist aber, dass ich ehrliche, kluge und konstruktive Kritik annehme. Der Rest verliert sich in der Luft. Oder besser gesagt, jene, die sie anbringen, sind für mich Luft.

Ich habe viele Alpinisten des 19. Jahrhunderts bewundert für ihre Betrachtungsweise der Berge, abgesehen von ihren Erfolgen und dem Wert, der ihren Unternehmen von ihren Nachfolgern zugeschrieben wurde. Umso weniger erkannte ich mich im Gedankengut und im Ehrgeiz meiner Zeitgenossen wieder, auch wenn ich vielleicht ihre Talente als Bergsteiger würdigen konnte.

Den Seilschaftsgefährten habe ich in erster Linie immer als echten und zuverlässigen Freund betrachtet, der über Elan verfügt, eine gewisse natürliche Angst zulässt und fähig ist, Entscheidungen zu treffen. Ich habe immer darauf gezählt, mich mit ihm auch ohne Worte zu verstehen. Und mir war es nicht wichtig, wenn er sich dann bei einem Unternehmen nicht als perfekter «Rekordbrecher» erwies. Leider stiess ich nicht oft auf solche Begleiter. Im Gegenteil: Manchmal kam, gerade als ich glaubte, mich mit jemandem in vollkommenem Einklang zu befinden, die Überraschung, die Enttäuschung.

Ich habe den Wettkampf um einen Berg nie verstanden und bin ihm öfters ausgewichen. Doch wenn ich auf meinem Weg jemandem begegnete, der sich um den gleichen Berg bewarb, nun, dann haben wir uns häufig zusammengetan. Oder ich habe ihm schlimmstenfalls den Vortritt gelassen.

Da ich das Alter nicht als einschränkende Tatsache erlebe, sondern als Bereicherung, bin ich der Überzeugung, auf die lebendigste und reifste Art gelebt zu haben und es immer noch zu tun. Ich habe meinen Ehrgeiz rundum befriedigt und alle meine Erwartungen erfüllt. Damit will ich für niemanden Vorbild sein. Ich sehe aber, dass es Menschen gibt, die mit meiner Art zu leben und zu sein übereinstimmen; und das löst in mir den Stolz aus, für sie Bezugsperson zu sein; eine Bezugsperson, die sich selber treu bleibt. Allerdings: Wer mich nur als Bergsteiger sieht, sieht mich nur zur Hälfte. Besser gesagt, viel weniger als zur Hälfte, wenn man bedenkt, dass ich dem Alpinismus in seiner reinsten Form, der grössten Einsatz verlangt, nur 16 Jahre meines Lebens widmete. Wenn sich also die Gelegenheit ergibt, jemandem nützlich zu sein, kann ich darüber nur glücklich und stolz sein: Es ist etwas, was ich als wichtig betrachte. Ich glaube, dass jeder Mensch das Bedürfnis spürt, die eigenen Erfahrungen zu vermitteln, sie an andere weiterzugeben, je älter er wird, desto mehr. Aber bei mir kommt dann ein Gefühl auf, das mir eigentlich widerspricht und aus einem tief empfundenen, nagenden Groll entsteht: die Abscheu vor all jenen – und es sind zu viele –, die mir so zahlreiche und so grosse Probleme bescherten, dass ich eines schönen Tages mit dem extremen Alpinismus aufhören wollte, sicher nicht von den Bergen angewidert, sondern von der Gemeinschaft der Alpinisten. Und sehr oft gerade von jenen, die sie mehr als andere repräsentieren. So wurde mir die Lust und damit auch die Möglichkeit genommen, in meiner Welt zu leben; und wenn ich leben sage, rede ich von Empfangen, vor allem aber von Geben. Wer hat mich zu einem so grossen Schritt gezwungen? Kein bestimmtes Gesicht; besser gesagt: Es war das Antlitz des Unverständnisses, des Neides, der Unverantwortlichkeit, der Heuchelei und des Zynismus, die mich umgaben. Oft fühlte ich mich als Opfer einer kurzsichtigen und arglistigen Gesellschaft. Und diese schädliche Nachwirkung spüre ich noch heute.

Bergsteigen war für mich immer gleichbedeutend mit Abenteuer, es konnte und durfte nichts anderes sein; und das Abenteuer wollte ich immer – gestern gleich wie heute – in einem dem Menschen entsprechenden Mass leben. Deshalb, um diese wertvolle Dimension zu bewahren, lehnte ich bei meinen Unternehmen, wenn es von mir abhing, immer jegliche Organisation und jede technische Unterstützung ab. Vor ein paar Jahren beispielsweise entschied ich mich, eine besondere Erfahrung in einem noch unberührten Landstrich fern jeder menschlichen Siedlung zu machen. Meine Wahl fiel auf das chilenische Patagonien, jene südliche Gegend, die von tiefen, vom Pazifik her eindringenden Fjorden gekennzeichnet ist. Ein Land, das bis heute vom Rest der Welt abgeschnitten ist.

Dort erlebte ich ein Abenteuer in einem menschengerechten Massstab. Es war für mich eine neue Erfahrung. Hätte ich aber lediglich eine Aufsehen erregende Reise unternehmen wollen, dann hätte ich getan, was andere tun: Sie sichern sich Verbindung und Nachschub per Flugzeug, benützen Funkverbindungen, verschiedene elektronische Geräte und unfehlbare Satelliteninstrumente wie zum Beispiel ein GPS, um sich perfekt orientieren zu können und die genauen, bereits zurückgelegten und noch bevorstehenden Distanzen zu kennen. Ein Unternehmen mit reinem Selbstzweck, steril und lediglich dazu geeignet, den Erfolg des eingesetzten technischen Mittels zu bestätigen. Ein Abenteuer, das heute sicherlich kein Problem mehr darstellt, aber auf menschlicher Ebene auch nicht von Interesse ist. Unternehmen dieser Ausrichtung lehne ich entschieden ab, und sie gründen darüber hinaus auf einer Art Betrug, der alles verzerrt: Eine Täuschung, die als Abenteuer verkauft wird und – mit wenig gutem Geschmack und noch weniger Korrektheit – sich mit dem wahren, authentischen Abenteuer der Pioniere verglichen haben will. Ich sage deshalb, dass es das Abenteuer so nicht mehr gibt: Es fehlen die Abgeschiedenheit, das Unbekannte, die Überraschung. Aspekte, die den Einfallsreichtum, die Fähigkeiten des Menschen auf die Probe stellen und seinen Grenzen und damit seiner Unternehmung eine natürlichere Dimension verleihen.

Ausgeklügelte Instrumente und Ausrüstung, spezielle, raumfahrttaugliche Nahrungsmittel und Medikamente, erweiterte medizinische, biologische, physiologische und andere Kenntnisse stürzen natürlich die Grenzen des Möglichen um und schieben sie immer weiter hinaus. Bedenkt man dies, sollte man die Dinge von heute nicht mit dem Unverwirklichbaren von gestern verwechseln, als das Unerforschte und Unbekannte noch riesig und die Mittel, um ihm zu begegnen, rudimentär waren. Was die moderne Ausrüstung angeht, so ist alles zweckmässig, leicht, robust. Auf den sauerstoffarmen Höhen über 8000 Meter ersetzen Medikamente die Sauerstoffflaschen und verringern die körperliche und geistige Müdigkeit. Dank der Entwicklung solcher Mittel und der mentalen Sicherheit, die sich daraus ergibt, weicht das Unmögliche im Abenteuer jeden Tag etwas weiter zurück, so weit, bis Dinge, die gestern noch undenkbar waren, angepackt und als fast normal betrachtet werden können – auf hohem Niveau, wohlverstanden. Andererseits ist natürlich jeder das Kind jener Ausrüstung, Grenzen und Gefühle, die für seine Generation charakteristisch sind. Das verstehe und respektiere ich, auch wenn es mir manchmal schwerfällt, in die Logik von Zeiten einzudringen, die nicht meine sind. Ich respektiere sie, aber unter einer Bedingung: dass die Menschen und ihre Unternehmen in den richtigen Bezug zur jeweiligen Epoche gesetzt werden.

Man fragt sich, welchen Sinn der Alpinismus heute noch haben kann. Alles, was menschliche Werte zum Ausdruck bringt, und damit auch das Bergsteigen, sollte geachtet werden. Leider ist es aber nicht immer so: In einer Welt, die bereit ist, Schlauköpfe und Schwindler auszuzeichnen, und die Schurken und Korrupten nachgibt, ist es schwierig, Tugenden wie Ehrlichkeit, Konsequenz, Verantwortung, Einsatz und selbstlosen Elan zuzulassen. Wir wissen alle, dass der eigentliche Kranke, verdorben und ansteckend, heute der Staat ist – zumindest in unserem Land – mit seinen entwerteten Institutionen, seinen konfusen und allzu oft skandalösen Verflechtungen der Macht und des persönlichen Interesses. Daraus ergibt sich, dass die Gesellschaft die elementarsten Werte verdreht und missachtet, weil sie durch die Auswirkungen der Missregierung dermassen kompromittiert und in einem solchen Ausmass darin verwickelt ist, dass sie in der Reflexion der eigenen und fremden Schwächen erstickt.

Wie auch immer, solange sich im Alpinismus Fantasie, Ideenreichtum und ein – vor allem auf den Menschen selbst, auf sein Innerstes ausgerichteter – Wunsch nach Erkenntnis und Kenntnis offenbaren, bleibt er lebendig. Es gibt nicht, wie einige theoretisieren, ein modernes, ein antikes und ein zukünftiges Bergsteigen. Es gibt nur das Bergsteigen, und es ist als solches nicht mehr als ein Mittel, das man der eigenen Ethik angemessen anpassen kann, um damit seinen Ehrgeiz zu befriedigen. Verwechseln wir dabei aber nicht Alpinismus mit Virtuosentum und Abenteuer mit Spektakel.

Wie ich schon gesagt habe, waren die Berge für mich vor allem ein Motiv und ein Mittel, um weiterzukommen und meiner Neugierde Raum zu schaffen. Hier wird einmal mehr deutlich, dass ich im Grunde zutiefst neugierig bin. Aber die Berge gaben mir auch andere, nicht weniger wichtige Motivationen: etwa ausserhalb gewisser gesellschaftlicher Muster zu leben, die einengend und oft enttäuschend sind; mich in einer grandiosen und unverfälschten Natur zu bewegen, in der ich mich aufgehoben fühle; mich zu messen, vor allem mit mir selbst, und eine eigene Identität zu finden. In einem Wort: Verwirklichung. Wenn es Enttäuschungen gab, dann kamen sie nicht von den Bergen, sondern, ich wiederhole, von ihrer Welt, von ihren Menschen. Ich wurde, zu Unrecht oder zu Recht, stark beneidet, kritisiert und auch angegriffen. Aber das ist nichts anderes als die Kehrseite der Medaille.

In den Bergen erprobt und entwickelt man Talente fürs spartanische Leben, die einem von der Natur selbst auferlegt werden. Sie auf den Alltag zu übertragen, ist allerdings schwierig. Es ist der ewige Konflikt zwischen zwei Leben: Auf den ersten Blick scheinen sie sich zu gleichen und gegenseitig zu stärken, in Wirklichkeit aber befinden sie sich auf zwei Linien, die auseinander führen und deshalb häufig nicht übereinstimmen. In den Bergen habe ich gelernt, nicht zu mogeln, mir selbst gegenüber ehrlich zu sein. Auf eine gewisse Art und Weise ausgeübt, ist es sicher eine harte, manchmal auch grausame Schule, aber zugleich von einer Echtheit, wie es sie im Alltag nicht oft gibt. Übertrage ich nun diese Prinzipien auf die Welt der Menschen, werde ich sogleich als Trottel abgestempelt. Ich werde auf jeden Fall bestraft, weil ich keine Stösse mit den Ellbogen ausgeteilt, sondern nur eingefangen habe. Es ist wirklich schwierig, diese verschiedenen Welten in Einklang zu bringen. Deshalb ist es so wichtig, den eigenen Charakter zu kräftigen, zu wählen, wer man sein will. Und hat man sich einmal für eine Richtung entschieden, muss man stark genug sein, den Versuchungen der anderen nicht zu unterliegen. Natürlich ist der Preis, den man bezahlt, um den selbst gewählten «Regeln» treu zu bleiben, äusserst hoch. Was mich betrifft, steht das geistige Gut, das ich daraus schöpfen konnte, im richtigen Verhältnis dazu.

Im Laufe der Jahre verstand ich immer deutlicher, dass ich im Grunde genommen, ganz meiner Wesensart entsprechend, das Abenteuer in seiner weitesten und umfassendsten Ausprägung leben wollte. Deshalb musste ich meinen Horizont erweitern und mich in einer Welt, die ich zwar schon erahnte, aber noch nicht kannte, nach allen Seiten umschauen. Hat man erst einmal die Freude am Entdecken kennen gelernt, dann wird man bald das Bedürfnis spüren, weiterzugehen.

Zum Mont Blanc kam ich aber auch nach vielen Jahren immer wieder zurück, wie man zum eigenen Vater zurückkehrt, um sich mit ihm zu unterhalten – mit der ganzen Zuneigung und allen Erinnerungen, die das Kind bei seinen Eltern sucht.

Aus dem anfänglichen Interesse, bei dem es allein um das Bergsteigen ging, ergab sich durch meine Neugierde allmählich mein weiterer Weg. Heute kann ich sagen, dass mich alles interessiert hat und immer noch zu interessieren vermag, wenn es auf eine gewisse Art gedacht, ausgeführt und gelebt wird. Ich habe in mir immer das angeborene, deutliche Bedürfnis nach Erkenntnis und Wissen verspürt. Aber nur mit meinen Erfahrungen in den Bergen und später mit meinen ausgedehnten, allein unternommenen Reisen konnte ich es schliesslich genügend befriedigen.

Jetzt kenne ich mich und das, was ich getan habe, besser. Ich weiss, was ich von mir und von den anderen will. In meinem Herzen ist die Erkenntnis klarer geworden, dass es keine geschenkten Erfolge gibt. Das ist meine Folgerung, über alle bestiegenen Gipfel, erkundeten Orte und erreichten Ziele hinaus.

Die Grigna meridionale nördlich von Lecco

DIE ANFÄNGE
1948

Als ich ein Kind war, ging ich in den Schulferien mit irgendeinem Vorwand von daheim weg, um dorthin zu gelangen, wo ich den Flug der Adler verfolgen konnte. Genau so war es: In jenen Zeiten flogen am Himmel unserer Voralpen die Adler, und ein Paar dieser Greifvögel hatte seinen Horst auf einem Felsen unmittelbar über dem Dorf, wo ich wohnte, Vertova di Valseriana, in einem der Täler nördlich von Bergamo.

Weiter oben befand sich der Monte Alben, jener Gipfel, der mit seinen weissen, oft von Wolken verhüllten Kalkspitzen meine Fantasie mehr als alle anderen anregte. Der Alben war der beeindruckendste Teil der Natur, den ich damals bewundern konnte, und in meiner kindlichen Naivität idealisierte ich ihn und erkor ihn zum Symbol meiner abenteuerlichen Aspirationen. Ich war enttäuscht, als ich viele Jahre später von den Höhen der Grigna meinen fabelhaften Alben aus der Ferne sah und feststellte, dass er niedriger und plumper als der Gipfel war, auf dem ich mich eben befand.

In den Jahren nach dem Zweiten Weltkrieg wohnte ich noch in Monza. Es waren harte Zeiten, auch für einen Jugendlichen, der sich – in einer zerstörten Welt ohne Perspektiven – eben dem Leben zuwandte.

In diesen Jahren lernte ich die Grigna kennen, jene schlanke Felspyramide hoch über der Brianza. Und auch wenn ich erst nur auf den Wanderwegen blieb, konnte ich mich der Faszination nicht entziehen, die von den Spitzen und Graten dieses schönen Berges ausging, an dem ich, verwundert und neidisch, den Aufstieg der Seilschaften verfolgte. Stundenlang beobachtete ich die Glücklichen und versuchte dann, sie am nächsten Stein wenige Meter über dem Erdboden nachzuahmen.

Eines Tages hatte mein Freund in seinem Rucksack die Wäscheleine seiner Mutter dabei. Zum ersten Mal band ich mich in ein Seil ein, und von diesem Moment an versuchte ich umzusetzen, womit ich lange geliebäugelt hatte.

Bald sollte eine echte Kletterei folgen. Sie war das Verdienst eines sympathischen Kerls namens Elia, der zu meinem Freund wurde:

Am Fuss des Nibbio, eines Turms der Grigna, überraschte mich Elia eines schönen Tages dabei, wie ich hingerissen zwei Seilschaften beim Klettern zuschaute. Mein Blick musste ihn gerührt haben, denn er näherte sich mir vollständig ausgerüstet und fragte mich mit Expertenmiene: «Möchtest du es versuchen?» – «Etwas Besseres könnte ich mir nicht vorstellen!», war meine Antwort, und fünf Minuten später gingen wir schon im Laufschritt den direktesten Weg hoch, um an den Fuss des so genannten Campaniletto zu gelangen. Wir banden uns zur Seilschaft zusammen, und nachdem er mir ein paar Anweisungen gegeben hatte, packte Elia den Einstieg an. Als mein Freund zwei Meter überwunden hatte, schien er jedoch zu stranden – ich sah, wie er sich nach oben streckte, seinen Körper auf eine Seite bog, um ihn dann gegen die andere zu neigen und sich wiederholt zusammenzukauern und erneut zu strecken – aber er kam nicht vom Fleck, zwei Meter über dem Boden, wo ich stand und ihn stumm beobachtete.

Schliesslich entschied er sich zur Umkehr. «Meine Sohlen rutschen», sagte er, um sich zu rechtfertigen, und dann: «Ich versuche es weiter links!» Er wiederholte die Bewegungen von zuvor, ohne jedoch ein besseres Resultat zu erreichen, obwohl ich ihn dieses Mal mit der ganzen Kraft meiner Gedanken anspornte und unterstützte. «Vorwärts», rief ich ihm in meinem Inneren zu, «geh hinauf, oder meine erste Kletterei verfliegt im Nichts!» Er gab wieder auf und kehrte zum Anfang der Route zurück. Ich war wirklich enttäuscht und schon daran zu resignieren, als er plötzlich völlig überraschend meinte: «Los, versuch es, du hast ja die richtigen Schuhe dazu!» Tatsächlich trug ich ein Paar auffällige Schuhe mit eckigen Zinken, abgenutzte Überbleibsel aus Kriegszeiten, die mit einem breiten Ledergurt um meine Knöchel gebunden waren. Ich fragte mich innerlich, wie ich es – wenn es Elia mit leichten Kletterschuhen nicht gelang – ohne Seil, das mich von oben sicherte, schaffen sollte. Die Lust, es zu versuchen, nahm aber überhand. Ich weiss nicht wie, aber irgendwie überwand ich die schwierige Stelle am Anfang. Sogleich hatte ich das Gefühl, mich mitten in einem aufregenden Traum zu befinden. Von oben gesichert, schloss Elia zu mir auf, doch als ich ihm das Kommando über die Seilschaft wieder überlassen wollte, sagte er: «Bravo, geh nur weiter bis zum Gipfel!» Und ich kletterte bis zum Gipfel im Vorstieg. So spielte sich mein erster Kontakt mit einer richtigen Felswand ab.

Man schrieb August 1948, und diese erste Kletterei auf den Campaniletto elektrisierte mich richtiggehend. Es folgten weitere Touren auf die Spitzen der Grigna, viele, genau gesagt so viele, wie man an allen Sonntagen, die nun folgten, vom Morgengrauen bis zur Dämmerung unternehmen konnte.

Ich verschrieb mich mit Körper und Geist den Felsen, den Überhängen, der tiefen Freude, die man empfindet, wenn man beim Ringen am Rande des Möglichen über die eigenen Schwächen Herr bleibt. Ich lernte zudem die Befriedigung kennen, dort durchzukommen, wo andere keinen Erfolg hatten. Bei dieser direkten Verbindung von Gedanke und Handlung lotete ich meine Stärken und meine Grenzen immer genauer aus. Vielleicht vergalt ich mir damit alles, was mir das Leben sonst nicht geben konnte; jedenfalls war mir immer klarer, dass ich in den Bergen mit einer unversehrten Natur in Berührung kam. Ich fühlte mich in dieser unverfälschten Umgebung von Tag zu Tag lebendiger, freier, wahrer. So entdeckte ich also das Abenteuer mit all seinen Elementen, die den Menschen begeistern und wachsen lassen. Vor allem aber entdeckte ich die für mich richtige Lebensart.

Der Einsatz, den die Klettereien forderten, nahm natürlich mit meiner zunehmenden Erfahrung zu, und so ging ich bei meinen Touren auf die Zinnen der

Grigna schnell von den leichtesten zu den schwierigsten über. Es war ein kurzer, aber intensiver Zyklus, der die ganze Wintersaison anhielt und im späten Frühling, oder besser gesagt zu Beginn der eigentlichen Bergsaison 1949, endete.

Meine Begleiter – Neulinge wie ich – hiessen Oggioni, Barzaghi, Casati, Aiazzi und später Carlo Mauri. Die grossen Gipfel der Alpen, die wir nun angingen, hatten eindrucksvolle Namen und standen an erster Stelle der Schwierigkeitsrangliste: Direttissima am Croz dell'Altissimo in der Brenta-Gruppe, Badile-Nordwand, Westwand der Aiguille Noire de Peuterey im Massiv des Mont Blanc und, im gleichen Gebirgsstock, der Walker-Pfeiler an den Grandes Jorasses – lauter Trümpfe im Gepäck eines Neunzehnjährigen. So alt war ich nämlich inzwischen geworden, weniger als ein Jahr nach meiner ersten, schüchternen und komischen Kletterei mit Elia am Campaniletto.

Walter Bonatti (rechts) und Luciano Ghigo am Fuss des Grand Capucin vor dem Einstieg in die bislang unbegangene Ostwand, 1951

DIE OSTWAND
DES GRAND CAPUCIN
1951

Die Sonne stand schon hoch am Zenit und machte die Luft an diesem Augusttag auf dem Mer de Glace drückend heiss. Meine Aufmerksamkeit galt dem ersehnten Col du Géant. Er schien unerreichbar. Mühsam stieg ich über den blendend weissen Schnee auf, erschlagen von der Hitze; vielleicht hätte ich die Landschaft um mich nicht einmal wahrgenommen, wäre da nicht plötzlich ein schreckliches Getöse gewesen: Ein riesiger Fels- und Eisrutsch donnerte durch ein düsteres Couloir des Mont Blanc du Tacul hinunter.

Die Stille kehrte wieder ein, aber mein Blick hing immer noch an diesem Komplex aus verschiedenen Spitzen, aus denen ein wunderbarer roter, die Szene beherrschender Pfeiler herausragte. Ein verwirrender Anblick: Er war absolut senkrecht, und allein die Idee, seine Besteigung anzupacken, machte mich schwindlig. Einer meiner ersten Gedanken war, ob wohl jemals ein Mensch den Mut aufbringen würde, den Pfeiler, dessen Namen ich damals nicht kannte, zu erklettern; es war das erste Mal, dass ich in diese Ecke des Mont-Blanc-Gebiets gelangte.

Ein paar Monate gingen vorbei, bis mir eines Tages ein Freund von einem grossen noch ungelösten alpinistischen Problem erzählte. Seine Beschreibungen stimmten genau mit dem herrlichen roten Pfeiler überein, der meine Vorstellungskraft an jenem schwülen Sommertag des Jahres 1949 derart beeindruckt hatte. So machte ich Bekanntschaft mit dem Grand Capucin und seiner grossartigen Ostwand.

Kaum kannte ich sie, faszinierte mich die Idee, sie erstmals zu begehen. Ich hatte immer davon geträumt, einen Gipfel über eine Route zu besteigen, die ich allein ausdenken und finden würde, auch wenn ich mit einem Gefährten am Seil verbunden war. Noch nie hatte ich mich mit einer so grossen unberührten Wand messen können – dies war sicher eine gute Gelegenheit.

Ich verliere keine Zeit. Im Morgengrauen des 24. Juli 1950 überwinde ich zusammen mit meinem Freund Camillo Barzaghi aus Monza den Bergschrund am Fuss der Ostwand des Grand Capucin. Wir steigen direkt in den grossen zentralen Riss ein, dessen Schwierigkeiten wie erwartet gleich beachtlich sind. Nie zuvor habe ich eine solch beeindruckende Atmosphäre erlebt, es ist beängstigend, sich plötzlich mittendrin wiederzufinden. Seit gestern nachmittag, als wir bei der Erkundung den Fuss des Grand Capucin erreichten, empfinde ich diesen zermürbenden Gemütszustand. Genau dort unten hörten wir aus der Ferne den durchdringenden Schrei einer Dohle, die wir aber nicht sehen konnten. Wir hatten es schon aufgegeben, sie aufzuspüren, als wir – beim Studium der Route mit nach oben gerichteter Nase – einen kleinen schwarzen Punkt unter dem ersten grossen, überhängenden Dach schweben sahen. Dieses winzige, fliegenartige Ding war natürlich die unauffindbare Dohle, die auf kaum ein Drittel Wandhöhe kreiste. Und das Bild genügte uns als Vergleich, um die wirklichen Dimensionen der

Wand zu verstehen, die uns nun viel ausgedehnter und unerreichbarer schien als auf den ersten Blick. Diese Entdeckung erhöhte unseren Respekt vor dem Grand Capucin, den wir deshalb heute viel befangener angehen.

Nach ein paar Dutzend Metern bricht eine Reihe von Gewittern und Schneeschauern los, die eineinhalb Tage dauern und uns schliesslich zum fluchtartigen Abseilen zwingen. Als ob uns das Biwak der letzten Nacht nicht genügt hätte, übernachten wir, wieder auf dem Gletscher angelangt, ein weiteres Mal draussen, und zwar im Col des Flambeaux – nur fünf Minuten von der Turiner Hütte entfernt: erstens, weil der Himmel wieder aufgeklart hat und der Mond die Landschaft in dieser Sternennacht in ein unwirkliches Licht taucht; zweitens, weil unsere Geldbeutel leer sind.

20 Tage später, am 13. August, bin ich am Fuss des Grand Capucin zurück, diesmal mit dem Turiner Luciano Ghigo. Das Wetter ist in diesem Jahr ungewöhnlich stürmisch, und unser anfänglicher Pessimismus wird noch am gleichen Abend bestätigt: Kaum haben wir unser Biwak eingerichtet, schneit es schon in grossen Flocken. Kein Windhauch geht. Der Anfang ist einmal mehr alles andere als ermutigend, wir sind aber unter einem grossen Überhang in einer Art Höhle sicher untergebracht. Hier beginnen die eigentlichen Schwierigkeiten der Ostwand.

Zum Glück scheint am Morgen wieder die Sonne, und wenige Stunden genügen, um den Schnee wegzuschmelzen. Entschlossen packe ich die Überhänge an. Sie bilden den Anfang einer harten Auseinandersetzung zwischen Mensch und Berg.

Der Tag geht schnell vorbei, und es ist beinahe Abend, als uns die Felsmauer mit einem ihrer steilsten Abschnitte empfängt. Wir sind unter einem riesigen, ausladenden Dach angelangt, das erste einer Reihe von Dächern, die den Blick auf den oberen Wandteil versperren. Die Querung nach rechts, die ich beginne, um das Dach zu umgehen, stellt mich vor höchste Schwierigkeiten freier Kletterei über eine glatte, senkrechte Platte, in der ich keine Haken anbringen kann. Die Nachwirkungen der stechenden Sonne, die uns den ganzen Tag gequält hat, sind noch jetzt spürbar: Unsere Lippen brennen vor Durst. Wir befinden uns seit zwei Tagen in der Wand und haben bereits zwei von drei Wasserflaschen geleert. Es ist schon Nacht, als wir etwas neben dem Dach einen kleinen Biwakplatz finden – welch ein Glück, sonst hätten wir die Nacht in den Seilen hängend verbringen müssen. Die Felsstufe ist winzig und ausgesetzt, aber wir können uns immerhin einer neben dem anderen hinsetzen und die Beine ins Leere baumeln lassen.

Am nächsten Tag steigen wir über eine Folge von überhängenden Schuppen weiter, die unter unseren Hammerschlägen hohl wie Trommeln tönen. Der Fels bietet keine verlässlichen Ruhe- und Sicherungspunkte; wir kommen deshalb nur mühselig und langsam voran, weil wir keinen zügigen «Freikletter-Spurt» wagen können. Immer wieder müssen wir Haken setzen und Trittschlingen einhängen. Überhang folgt auf Überhang, Seillänge auf Seillänge, verschnaufen können wir nirgends. Der Nachsteiger muss so viele Haken wie möglich herausschlagen, damit wir nicht plötzlich ohne sie dastehen.

Die unglaubliche Ausgesetztheit ist besonders beeindruckend wegen der weit ausladenden Dächer, die über uns auf allen Seiten vorspringen. Jene rechts von uns erinnern an riesige Rauchfänge, die den vom Gletscher aufsteigenden Nebel ableiten.

Seit drei Tagen schnürt uns das Seil ein und behindert uns immer mehr. Manchmal ist es kaum mehr zum Aushalten, wir haben das Gefühl, in zwei Teile zerschnitten zu werden. Aber nichts ist schlimmer als der quälende Durst. Bald ist auch die dritte Trinkflasche leer, und das schneebedeckte Band, mit dem wir fest gerechnet haben, ist noch weit über uns, jenseits geheimnisvoller Überhänge, die uns den Blick verbauen. Unsere Zungen sind geschwollen, es fühlt sich an, als ob der Mund nicht gross genug für sie wäre. Alles brennt, und auf jeden Versuch, etwas Speichel zu bilden, folgt ein schmerzhafter Hustenanfall, der alles noch schlimmer macht. Unsere Kletterei gleicht einer mühsamen Flucht nach oben, um der drohenden Dehydrierung zu entkommen. Wir kommen extrem langsam voran und bringen nur noch ein paar gemurmelte Worte hervor, nur noch die allernötigsten Befehle, die für die heiklen Seilmanöver erforderlich sind.

Dann erreiche ich einen überhängenden Riss, der sich mehrere Dutzend Meter durch die grosse Verschneidung hochzieht, in der wir uns befinden. Ich erkenne sofort, dass er nicht begehbar ist, er ist zu schmal, um mich mit einer Schulter hineinzuzwängen, aber gleichzeitig zu breit, um unsere Haken anzubringen. Zuerst lähmt mich die Unsicherheit, doch schliesslich hilft mir die Intuition: Einige Meter weiter rechts und etwas unter uns scheint der Fels von einem ganz feinen, horizontalen Riss durchzogen, der jenseits einer scharfen Kante verschwindet. Ich weiss nicht warum, aber ich spüre genau, dass ich es dort versuchen muss. Und in der Tat: Dieser schmale Riss wird sich als die Schwachstelle in diesem sonst unbezwingbaren Wandteil erweisen.

Die schwierige Passage hat uns dermassen absorbiert, dass wir die Wetteränderung nicht beachtet haben – bald ist die Sonne hinter dunklen Wolken verschwunden, und noch bevor Ghigo die Querung entlang dem Riss hinter sich hat, bricht ein Schneesturm los. Er ist von solcher Gewalt, dass die Wände in wenigen Minuten weiss sind. Schon bei den ersten Flocken geben wir unserem Durst nach und lecken und saugen alles Feuchte vom Fels, das unsere Lippen erreichen können. Das bisschen sandige Flüssigkeit genügt, um uns wieder Kraft zu verleihen.

Mitten im Sturm überwinden wir ein paar leichte Aufschwünge, die uns zu einer winzigen Terrasse bringen, wo unsere Hoffnung wieder einmal zunichte gemacht wird: Eine glatte, absolut senkrechte und rund 40 Meter hohe Platte versperrt uns den Weiterweg. Ihre Umgehung ist nicht möglich, wir werden sie direkt anpacken müssen. Es hat zu schneien aufgehört, aber das ist nur die Ruhe vor dem nächsten Sturm. Wir müssen um jeden Preis weiter, haben keine Rückzugsmöglichkeit, vor allem wegen unserer inzwischen durch und durch nassen und steifen Hanfseile, die ein Abseilen ins Leere über Dächer und Überhänge sehr schwierig machen würden.

Wir wissen, dass wir hier biwakieren müssen, aber wir wissen auch, dass sich über der Platte jenes berühmte Schneeband befinden muss, das im Notfall eine Flucht erlauben würde: Wenn wir auf die gegenüberliegende Nordseite abseilten, könnten wir uns in Sicherheit bringen. Natürlich sind diese Überlegungen Spekulation, sie geben uns aber immerhin einen moralischen Halt.

Wir verfügen noch über zwei Stunden Tageslicht. Ich entschliesse mich, obwohl ich sicher bin, dass wir hier biwakieren müssen, uns die Arbeit des nächsten Tages zu erleichtern, indem ich den Anfang der 40-Meter-Platte mit ein paar Haken einrichte. Ein erster Versuch bleibt ohne Erfolg, ich mühe mich eine gute Stunde lang ab, mitten unter einem eiskalten Rinnsal stehend. Dann probiere ich es weiter links, und als es dunkel wird, bin ich kaum höher als zuvor.

Völlig durchnässt schlüpfen wir in unsere Biwaksäcke aus gummiertem Tuch und machen es uns mehr schlecht als recht bequem. Bald beginnt es wieder dicht zu schneien, und vor dem Morgen hört es auch nicht mehr auf. Leider gehört zu unserer bescheidenen Ausrüstung kein Daunenanorak: Wir können uns einen solchen Luxus nicht leisten. Unsere Jacken sind weder besonders warm noch – mit ihren groben Nähten – wasserdicht.

Endlich bricht der vierte Morgen unseres Unternehmens an. Nachdem ich die anfängliche Trägheit überwunden habe, nehme ich die schreckliche Platte einmal mehr in Angriff. Sie ist in der Zwischenzeit noch abweisender geworden, da es die ganze Nacht mehr oder weniger stark geschneit hat. Und mit dem neuen Tag beginnt ein eisiges Schneetreiben, das bald in einen richtigen Sturm übergeht. Die an sich schon extremen Schwierigkeiten dieses Abschnitts werden damit noch verschärft. Mit allen Mitteln schaffe ich es dennoch, der kompakten, glatten Wand Meter für Meter abzuringen. Ich bin noch nicht auf halber Höhe angelangt, als ich mich an einen einzigen und nicht einmal besonders sicheren Haken hängen muss, um Ghigo nachkommen zu lassen: Die Seile sind so steif, dass sie nicht mehr durch die Karabiner gleiten.

Endlich erreiche ich den Ausstieg der 40 Meter hohen Wand. Das Wetter scheint uns eine Verschnaufpause zu gewähren. Nun lichtet ein starker Wind ab und zu die dichten Wolken und lässt uns manchmal die Gipfelkappe, manchmal den Gletscher unter uns erahnen. Noch eine letzte Anstrengung über wenig geneigte Verschneidungen, dann erreiche ich das grosse Band. Der Schnee fällt bereits wieder in grossen Flocken, gerade als Ghigo nachsteigen will. Natürlich reden wir nicht mehr von einem weiteren – unmöglichen – Aufstieg zum Gipfel. Wir zweifeln allerdings auch daran, ob es wirklich sinnvoll ist, lotrecht über die unbekannte Nordwand abzuseilen. Vielleicht tun wir besser daran, über die gleiche Wand einen Quergang zu erzwingen, der uns zu den Couloirs der Normalroute bringt? Wir entscheiden uns für die erste Lösung: Auch wenn sie problematisch ist, ermöglicht sie uns einen direkteren, schnelleren Rückzug und erspart uns damit ein viertes Biwak im Sturm.

Es ist ungefähr 2 Uhr nachmittags, noch bleibt es einen knappen halben Tag hell. Wir dürfen keine Zeit mehr verlieren. Während Ghigo die zwei Seile zusammenknotet, schlage ich einen Haken. Und dann beginnt unsere verzweifelte Abseilfahrt in diesen unbekannten Abgrund, von dem wir nicht einmal die Struktur erraten können.

Ich weiss nicht mehr, wie wir diese Furcht erregende Abseilerei, ohne etwas zu sehen, bewältigten. Mehrmals standen wir beinahe ohne Seile da – sie waren so steif, dass wir sie kaum mehr abziehen konnten. Von Anfang waren sie bis in jede Faser nass, so dass sie, aus gedrehtem Hanf gefertigt, bei jedem Seilmanöver hart blieben wie Peitschen. Gleichzeitig aber waren sie unglaublich glitschig: Es kam uns vor, als ob wir an dicken Aalen abseilten, die durch die kältestarren Hände schlüpften. An eines dieser wahnsinnigen Abseilmanöver erinnere ich mich besonders gut: Ich hatte mitten in der Wand bei einem eben geschlagenen Haken angehalten und dem Gefährten zugerufen, das Seil sei frei. Kurz darauf tauchte er aus einem Schneewirbel auf und hängte sich an den gleichen Haken. Ich holte die Seile ein und richtete die nächste Abseilfahrt ein; dazu zog ich die Seile durch die Öse des Hakens, an dem ich hing, und warf sie ins Leere hinunter, wo sie sogleich im Schneetreiben verschwanden. Dann legte ich sie wie gewohnt um das linke Bein und über die rechte Schulter und trat den weiteren Rückzug an, glitt wie an einem Kabel hinunter, und um mich herum war nur in einem Umkreis von zwei, vielleicht drei Metern etwas erkennbar. Die Wand, die ich mit den Zehenspitzen knapp berührte, schien immer weiter zurückzuweichen, bis sie mich schliesslich im Leeren hängen liess.

Nach ungefähr zehn Metern passiert das Unglück: Vielleicht wegen meines zu unförmigen Rucksacks gleitet das Seil von der Schulter ab und endet auf meinem Unterarm, mit dem ich mich schon am Seil halte und der jetzt von meinem Gewicht zusammengedrückt wird. Da hänge ich nun also in Schieflage, verliere immer mehr das Gleichgewicht und kann dem Gewicht des Rucksacks, der mich allmählich zum Kippen bringt, nicht mehr standhalten. Unbeweglich hänge ich in dieser unmöglichen Lage, Kopf nach unten, und kann mich nicht daraus befreien. Ich baumle am Seil und weiss nicht mehr, was tun, um mich aus dieser unnatürlichen Position, wo sogar der Kopf vom Rucksack nach unten gedrückt wird, zu befreien. Ich kann mich nicht am Seil hochhangeln. Aber ich halte es auch nicht lange in dieser Stellung aus. Glücklicherweise kann ich mich zusammenreissen, ich leiste Widerstand, aber irgendwie muss ich mich weiter ablassen, auch wenn ich nur Zentimeter um Zentimeter vorankomme. Das mache ich dann auch, wobei ich meine ganzen Kräfte zusammennehmen muss, um nicht den Halt zu verlieren. Ich hoffe, früher oder später auf eine Spalte in der Wand zu stossen, wo ich mich verklemmen und wieder in eine normale Position bringen kann. Unglaublich, aber wahr – nach einer Zeit, die mir unendlich lang vorkommt, treffe ich auf eine glatte Schuppe; sie steht teilweise von der Wand ab, an die sie angelehnt ist. Immer noch mit dem Kopf nach unten und jede Bewegung kontrollierend, schaffe ich es, kopfüber in die Spalte zu schlüpfen: die Rettung! Allerdings erst ungefähr 20 Meter unterhalb der Stelle, wo ich gekippt bin, und zwei Meter vor dem Seilende.

Nach 80 Stunden kühnsten Abenteuers lassen wir die Ostwand des Capucin hinter uns. Wir sind fest entschlossen zurückzukommen.

Ein Jahr geht vorbei, bis Ghigo und ich pünktlich am Morgen des 20. Juli 1951 wieder am Grand Capucin sind.

Wir steigen zuerst ein kurzes Stück durch das Schneecouloir des Trident hoch und umgehen so auf der linken Seite die Einstiegsplatten, die wir schon einmal überwunden haben. Diese Variante erspart uns zwei Stunden und bringt uns zu jener Höhle, in der wir bei unseren ersten zwei Versuchen Zuflucht vor den Schneestürmen fanden.

Am ersten Abend biwakieren wir seitlich des ersten grossen Daches, und den nächsten Tag beenden wir auf dem «grossen Schneeband», von dem aus wir im Jahr zuvor den Rückzug über die Nordwand antraten.

Wir befinden uns also wieder auf dem «grossen Schneeband»; um das bevorstehende Biwak bequem zu machen, stossen wir einen grossen, störenden Block vom Band hinunter. Der Block stürzt ins Leere, instinktiv spitzen wir unsere Ohren, um sein Aufschlagen auf der Wand zu verfolgen – doch kein Ton ist zu hören. Schon geben wir enttäuscht auf, als plötzlich weit unten ein dumpfer Aufprall, einer nur, zu vernehmen ist: Unglaublich, der gigantische Brocken ist ungehindert in einem einzigen Flug bis auf den Gletscher hinuntergesaust.

Dieses zweite Biwak ist so gut eingerichtet, dass wir die Kletterei am nächsten Morgen nur zögerlich wieder aufnehmen und erst um 9 Uhr aufbrechen. Die Sonne steht schon hoch, die Luft ist schwül.

Die überhängende Ostwand des Grand Capucin (Bildmitte)

Die Gipfelkappe des Grand Capucin brüstet sich mit scharfen, luftigen Formationen; eine leichte Querung nach links von etwa zehn Metern bringt uns in die Wandmitte zurück, wo eine Folge von auskragenden Verschneidungen beginnt, die eine Einheit mit den grossen Gipfeldächern bilden. Die abgrundtiefe Leere unter uns ist einmal mehr beeindruckend, doch der Fels ist fest und von Rissen durchzogen. Trotzdem kommen wir keinen einzigen Meter höher, ohne die Haken zu brauchen.

Die Stunden vergehen in harter Arbeit, wir müssen alle Kunststücke anwenden, Verschnaufpausen gibt es keine. Immer mehr werden wir von dichter werdenden Wolken eingehüllt, und plötzlich nehme ich wahr, dass uns das Wetter einmal mehr hintergeht. Gegen Abend, als ich an unsicheren Haken aufsteige, bricht der letzte plötzlich aus, und ich stürze ins Leere. Das Ganze dauert aber nur einen Augenblick, instinktiv strecke ich die Hände zur Wand aus, um mich an etwas zu halten. Und tatsächlich erwische ich im Flug etwa einen Meter weiter unten ein schmales, hervorstehendes Sims, gerade breit genug, um zwei Fingern Halt zu geben. Daran hänge ich nun, während die feinen Quarzkristalle des Granits in meine Fingerbeeren eindringen. Ghigo reagiert blitzschnell und zieht das Seil sofort ein, so dass ich keine weiteren Schläge auffangen muss, sondern den schmerzhaften Griff loslassen und mich bald am Haken etwas weiter unten erholen kann.

Fast hätte ich noch ein schwieriges Dach geschafft. Doch die einbrechende Dunkelheit zwingt mich, zu meinem Gefährten zurückzukehren, der unter mir an zwei sicheren Haken hängt. Diese Nacht werden wir vollständig im Leeren, in ein paar Seilschlingen hängend, verbringen müssen.

Wir sind noch nicht ganz für unser Biwak eingerichtet, als schon wieder einzelne Schneeflocken herumtanzen. Der Wind heult immer lauter und wütender um den scharfen Pfeiler unmittelbar über uns. Sein Pfeifen und Fauchen wird uns die ganze Nacht begleiten. Der Biwakplatz besteht aus zwei winzigen Felssimsen in der senkrechten Wand, gerade breit genug für einen Fuss. An den zwei Haken, die unser Gewicht tragen, hängt auch unsere ganze Ausrüstung. Mit den Beinen sind wir in improvisierte Seilschlingen geschlüpft; die Biwaksäcke hüllen uns mehr schlecht als recht ein. Wie man sich gut vorstellen kann, wird die Situation bald unerträglich, denn die Schlingen, in denen wir hängen, schnüren sich ungeheuer schmerzhaft um unsere Beine und machen sie gefühllos. Der Schmerz dringt wie mit Messern in uns ein, und das Einschneiden des Seils um unsere Hüfte ist nicht weniger grausam. Die Kälte und die sorgenvollen Gedanken an den folgenden Tag vervollständigen unser Leiden.

Düster und trübe bricht der nächste Morgen an. Es schneit nicht mehr, aber der Wind ist noch heftiger geworden; am scharf gezackten, sturmumtosten Pfeiler hängen weisse Frostbärte. Nichts wie weg aus dieser Falle!

Um 5.30 Uhr brechen wir bereits auf. Der Kampf gegen die Kälte, vor allem an den Händen, ist mindestens so hart wie jener gegen die Schwierigkeiten der Wand. Ich überwinde einen breiten Riss mit Hilfe der einzigen zwei Holzkeile, die wir dabei haben. So gelange ich unter das letzte der grossen Gipfeldächer: die berühmte dreieckige Kapuze, die dem Berg seinen Namen verliehen hat. Ich umgehe es rechts über schneebedeckte Platten, dann folgt ein glatter, vereister Kamin und ein letzter senkrechter Felsaufschwung. Dann, endlich, stehen wir auf dem Gipfel des Grand Capucin: eine luftige, schneebedeckte Spitze. Es ist 14.30 Uhr am vierten Tag unserer Tour. Ghigo und ich hätten uns viel zu sagen, aber wir beschränken uns auf einen einzigen, stummen Händedruck. Drüben, im uniformen Grau der sich einen Moment lang lichtenden Wolken nehmen wir einzig eine riesige Lawine wahr, die tosend und donnernd über die Brenva-Flanke hinunterstiebt.

Wir wollen nur noch so rasch wie möglich hinunter, auch weil es gleich wieder zu schneien beginnt. Schnell erreichen wir über die Normalroute abseilend den kleinen Schneesattel, der den Grand Capucin mit dem Mont Blanc du Tacul verbindet. Dann sehen wir nichts mehr, weil die Dunkelheit einbricht. Erst um 9 Uhr abends erreichen wir, mühsam tastend, die Turiner Hütte.

25 Jahre später zurück am Grand Capucin

25 Jahre nach meiner ersten Begehung kehre ich Ende Juni 1976 an meine Route am Grand Capucin zurück. Ich bin hier, um auf meine Art ein Jubiläum zu feiern, aber auch, um eine persönliche Standortbestimmung vorzunehmen, die positiv ausfallen wird. Damit will ich nicht etwa meinen vor zwölf Jahren gefällten Entscheid, mich vom extremen Alpinismus zurückzuziehen, in Frage stellen. Warum ich damals diesen Entscheid traf? Er entsprach ganz einfach einer durchdachten, präzisen Wahl.

So befinde ich mich also einmal mehr am Grand Capucin.

Erst nachdem ich in der Höhle nach den glatten Einstiegsplatten angelangt bin, befinde ich mich am eigentlichen Einstieg der Ostwand. Ihre auskragenden, scharfen und gezackten Vorsprünge, die den Schuppen eines urtümlichen Tiers gleichen, reihen sich ohne Unterbruch über ein paar hundert Meter aneinander und bilden eine einzige, beeindruckende senkrechte Wüste. Ich nehme in mir jenes Gefühl von Zerbrechlichkeit wahr, das man, allein der Natur ausgesetzt, immer wieder empfindet. Die gleichen Gefühle – ich kann mich gut erinnern – habe ich schon vor 25 Jahren gehabt. Doch damals war die Prüfung, die mir bevorstand, viel schwieriger, denn vor mir lag bei jedem Meter das Unbekannte, der Zweifel, nicht durchzukommen, und der mentale «Druck» einer solchen Wand, die von allen für unbegehbar gehalten wurde. An jenem 23. Juli 1951 hatte ich mit dem Ausstieg auf den Gipfel des Capucin im tobenden Sturm und nach dreieinhalb Tagen extremen Ringens das vollbracht, was Gaston Rébuffat als «das grösste Unternehmen, das bisher im Fels vollbracht wurde, eine Tour, auf die der italienische Alpinismus stolz sein kann» definieren sollte.

Trotz der vielen Jahre, die seither vergangen sind, erkenne ich sogleich den Riss wieder, der den Fels über mir durchzieht. Ihm war ich das erste Mal mühsam gefolgt, um zu den Überhängen hochzusteigen. Auch das gehört zu den Bildern, die sich mit unglaublicher Klarheit in meinem Geist erhalten haben. Es ist, als ob sich die Dimension der Zeit in nichts aufgelöst hätte und ich wieder in jener weit zurückliegenden Erfahrung leben würde.

Brüsk werde ich jedoch bald in die Gegenwart zurückgeholt. Sergio, der Hüttenwart, der natürlich etwas davon wusste, hat es mir heute Morgen beizubringen versucht; aber erst jetzt kriegen seine gewundenen Reden einen klaren Sinn: In der Wand stecken – wie sich zeigen wird, bis zum «grossen Schneeband» – keine Haken. Ungläubig studieren wir den Fels über uns genauer. Aber wer sollte denn die Haken entfernt haben, und weshalb? Für uns wird das Schwierigkeiten bedeuten! Dennoch klettere ich weiter und behelfe mich mit den wenigen Haken, die ich mitgenommen habe. So beginne ich eine langsame, mühselige Arbeit und setze die Haken, die mein Begleiter dann wieder geduldig in jeder Seillänge herausschlagen muss, darauf achtend, dass keines dieser plötzlich ungemein wertvollen Stücke verloren geht.

Die Zeit geht rasch vorbei, und hätte ich nicht den Vorteil, die Route schon zu kennen, würde ich mein langsames Hochsteigen mit jenem vor einem Vierteljahrhundert verwechseln.

Unter dem ersten der drei grossen Dächer, welche die Wandmitte horizontal durchziehen, stosse ich endlich auf zwei sichtbar unzuverlässige Haken. Mit der einen Hand ziehe ich am ersten, dem ich begegne, doch er fällt sofort heraus, und ich stürze beinahe ins Leere. Auch weitere Haken, die weiter oben stecken, erweisen sich als dermassen gefährlich, dass ich jeden zuerst neu einschlagen muss, bevor ich ihn benütze. Die Unzuverlässigkeit der Haken ist nicht nur auf die jahreszeitlichen Temperaturunterschiede und auf den Frost und das Auftauen zurückzuführen – es ist Anfang Saison, und wir sind die Ersten, die dieses Jahr die Wand angehen –, sondern auch auf das bedenkenlose Vorgehen jener, die Ende Sommer des Vorjahres mit der Absicht aufstiegen, die Route zu «säubern» und dabei aber schlechte Haken, die sie nicht ganz ausreissen konnten, nicht wieder richtig einschlugen.

Immer noch in der Zone der drei grossen Dächer entdecke ich traurig einen Bohrhaken, der aus der glatten, kompakten Platte vor dem ersten Vorsprung blinkt; weiter oben stosse ich auf einen zweiten. Um einen Bohrhaken anzubringen, muss man ein Loch in den Fels bohren; seine Verwendung finde ich wirklich verfehlt. Und doch gibt es Leute, die den Einsatz solcher Hilfsmittel unterstützen. «Ohne Bohrhaken», sagen sie, «käme man nicht durch.» Aber die Ostwand des Grand Capucin ist 1951 erstmals und seither immer wieder begangen worden, und zwar mit der traditionellen – und in meinem Fall rudimentären – Ausrüstung. Warum also eine solche Entweihung, Skrupellosigkeit und ein dermassen schlechter Geschmack in einer derart klassischen Route?

Um halb sechs Uhr nachmittags beginnt es zu schneien (... die Geschichte wiederholt sich), und auf dem «grossen Schneeband», das nun schon nahe ist, werden wir viel zu früh zum Biwakieren gezwungen. Eine Nacht im Freien im Hochgebirge ist immer unbequem, aber diesmal ist es die schönste Rast, die ich mir im Herzen der grossen Wand denken kann. Über das eisige Warten auf das Morgengrauen hinaus wird dieses Biwak für mich zum Karussell der Erinnerungen, ein Anlass zur Reflexion und zum intensiven Gespräch mit meinem Gefährten, Angelo Pizzocolo, einem der geradlinigsten und grossmütigsten Alpinisten, die ich je getroffen habe. Pizzocolo, 36 Jahre, aus Monza, verkörpert die besten Eigenschaften, die ein Mann der Berge besitzen kann: Es tut mir Leid, dass ich ihn nicht in der Zeit meiner grossen Touren kannte. Ist er als Begleiter dabei, könnte man leicht glauben, alle Alpinisten seien wie er. Aber so ist es nicht. Die Welt der Berge zeigt sich heute – wenigstens aus meiner Sicht – in den meisten Fällen in Typen, die mit den Tugenden von Pizzocolo nichts zu tun haben. Fanatismus, Sektierertum und Stumpfheit sind häufige Tendenzen in der gegenwärtigen alpinen Szene. Doch es gibt auch Zynismus und viel Schlamperei, so viel, dass manchmal sogar die Geschichte des Alpinismus davon angegriffen wird. So schreibt doch zum Beispiel jemand in der Fachzeitschrift «Lo Scarpone» (Zeitschrift des Italienischen Alpenclubs CAI, März 1975) die folgenden Sätze mit der Behauptung, eine Zusammenfassung der Geschichte des Alpinismus zu bieten: «In der Zeit rund um die Fünfzigerjahre, nachdem die wichtigsten Freiklettereien gemacht waren, mussten die Erstbegeher neuer Routen ihre Aufmerksamkeit auf Wände legen, die zuvor als unmöglich betrachtet wurden. Unmöglich in Bezug auf die Verwendung traditioneller Mittel! So erfanden die Alpinisten Bohrgeräte und Hängezelte, mit denen man Dächer und Überhänge überwinden konnte ...» Das sind Märchen! Wenn es so war, dann sicher nicht «in der Zeit um die Fünfzigerjahre», sondern mindestens zehn Jahre später; doch dies geschah unabhängig von der Tatsache, dass «die wichtigsten Freiklettereien gemacht waren». Der Beweis ist übrigens in meiner eigenen alpinistischen Aktivität zu finden. Doch das sind nicht alle ungenauen und die Wahrheit verdrehenden Aussagen, die in die Geschichte einzugehen drohen; werfen wir den Blick auf eine weitere Verzerrung, denn es ist Zeit, diese Dinge auf Papier zu bringen!

Am Tag nach meiner erfolgreichen Tour auf den Grand Capucin im Jahr 1951 sagte der betagte Mont-Blanc-Bergführer Emilio Rey in einem Interview: «Dieses Unternehmen wird nie mehr wiederholt werden.» Damit wollte der alte Bergführer sagen, und er selber klärte es dahin gehend, dass die Route am Capucin von nun an – wie es bei grossen Unternehmen immer passiert, wenn sie einmal vollendet sind – Wiederholer nie mehr vor die gleichen technischen, physischen und vor allem psychischen Schwierigkeiten stellen würde; zudem würden viel kürzere Besteigungszeiten möglich sein. Als Beispiel sei die Nordwand der Westlichen Zinne angeführt, wo der grosse Riccardo Cassin bei der Erstbegehung für die Überwindung von knapp 25 Metern der Wand volle sieben Stunden brauchte, davon allein vier zum Setzen eines einzigen Hakens. Heute, im Jahr 1975, verlangt die gleiche Passage normalerweise eine Viertelstunde. Wer die Wand nach Cassin kletterte, ist sicher nicht auf die gleiche Summe von Schwierigkeiten gestossen und hat deshalb – mir scheint dies völlig klar – nicht mehr dieses «unmögliche» Unternehmen vollbracht, wie es dem Erstbegeher vorbehalten war.

25 Jahre später: Walter Bonatti bei der Wiederholung seiner Route auf den Grand Capucin, 1976

Und doch, gewisse Kletterer empfanden die Worte von Emilio Rey nur als Herausforderung, und so nehmen am 18. August 1951 zwei der stärksten Bergführer von Cortina d'Ampezzo, Luigi Ghedina und Lino Lacedelli, die Ostwand des Capucin in Angriff und «wiederholen meine Tour», wozu sie, wie sie erklären, weniger als 24 Stunden benötigen. Im Bericht über ihre Begehung in der Monatszeitschrift des Italienischen Alpenclubs («Rivista mensile del CAI», Nr. 1–2, 1952) kann man wörtlich lesen: «Ghedina und Lacedelli erreichten den Gipfel um ein

Uhr morgens des 19. August im Mondlicht [?], nachdem sie den ersten Teil der Route eingerichtet hatten und weiter oben vom Material, das die Erstbegeher zurückgelassen hatten [?], profitieren konnten; sie seilten dann über die gleiche Route ab [?].» Die ganze Geschichte qualifiziert sich selbst.

Aber auch mein Misserfolg am Capucin im Jahr zuvor hatte bei den üblichen Kritikern einen gewissen Groll ausgelöst. In der Zeitschrift des CAI «Lo Scarpone» liest man – mit genauem Bezug auf meine missglückte Tour im Jahr 1950 – das «moralisierende» Urteil des «Experten», der in jenen Jahren das vielleicht etwas neidische und frustrierte «Sprachrohr» der alpinen Szene darstellte: Carlo Ramella. Ich gebe wieder: «So sieht man, wie unbedachte Jugendliche die – weil sie leicht sind – klassischen Routen der grossen, wundervollen Berge verschmähen, um dafür drei Tage in irgendeiner Wand an Haken herumzuhängen, eine Stunde von der mit der Seilbahn erreichbaren Hütte entfernt … Sterile gymnastische Unternehmen … Gesichtslose athletische Leistungen, als Nonplusultra der alpinen Taten gepriesen … Unproportionierte Unterfangen, denkt man an ihre Reife … Kletterer, eher Sportler als Alpinisten, jedenfalls von zweifelhafter Güte, zu sehr am Gerede der Presse interessiert … Als ‹Ausnahmekönner› vorgestellt, obwohl sie nur Anfänger sind … Körperlich, technisch, moralisch ungenügend vorbereitet …» Und die gleiche Stimme fährt fort, ihre Betrachtungen auf konkretere Details meiner Touren auszuweiten: «Beträchtlicher Einsatz von Haken und anderen technischen Mitteln … zahlreiche Holzkeile … komplizierte Ausrüstung».

Meine Erstbegehung am Grand Capucin gefiel den so genannten Experten offensichtlich nicht, die – wie man sieht – alles daran setzten, ihren Wert herabzumindern. Aber das Schlimmste sollte sein, dass später andere, vielleicht ohne bösen Willen, darauf Bezug nahmen, um in Büchern, die historischen und enzyklopädischen Charakter haben sollen, über den Grand Capucin zu referieren. So schrieb etwa Guido Magnone, einer der ersten Wiederholer meiner Route, in seinem Buch «La face ouest des Drus» (Editions Amiot-Dumont, Paris 1953, S. 17) im Jahr 1953: «Offensichtlich begingen sie [Bonatti und Ghigo] diese Route erstmals, nachdem sie ihre Aufstiegslinie weitgehend vorbereitet hatten.» [?] Und viel später, 1973, drückte sich der grosse Doug Scott, der sich sicherlich auf eine dieser verschmutzten Quellen abstützte, in einer seiner Publikationen wie folgt aus: «Mit seiner Erstbegehung der Ostwand am Grand Capucin führte Walter Bonatti die Technik des systematischen Hakensetzens in den Westalpen ein.» [?]

Ich muss hier einiges präzisieren. Von den 42 ganz normalen Haken, die wir in jenem Augustmonat des Jahres 1950 bei unserem zweiten Versuch mit uns trugen, blieben genau 20 in der Wand zurück oder gingen verloren. Diese Zahl bezieht sich auf die ganze Tour vom Wandfuss bis zum «grossen Schneeband» und

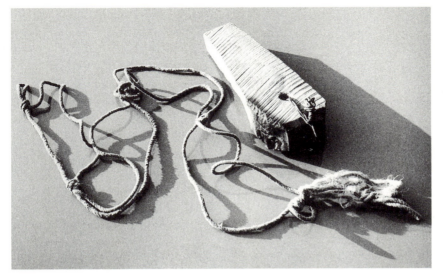

Eine Trittleiter aus Hanfstricken und einer von zwei Holzkeilen: Mit so einfachen und elementaren Hilfsmitteln gelang Walter Bonatti und Luciano Ghigo 1951 die Durchsteigung der Ostwand des Grand Capucin.

von dort weiter abseilend über die Nordwand und durch die Couloirs an ihrem Fuss bis auf den Gletscher. 20 Haken, in einer so langen und unbekannten Route dieser Schwierigkeit zurückgelassen, stellten eine sehr bescheidene Zahl dar. Ich finde es deshalb unehrlich, vom «beträchtlichen Einsatz von Haken und anderen technischen Mitteln», von «zahlreichen Holzkeilen» und «komplizierter Ausrüstung» zu sprechen. Ich versichere zudem, dass es keineswegs unsere Absicht noch in unserem Sinn war, den Grand Capucin zu bezwingen, indem wir die Route zuerst vorbereiteten.

Jener Versuch von 1950, der wegen des schlechten Wetters scheiterte, nachdem wir schon zwei Drittel der Wand überwunden hatten, muss als vom Pech verfolgtes Unterfangen bezeichnet werden, bei dem wir brutal zum Rückzug gezwungen wurden, als wir den Erfolg schon in Reichweite glaubten. So viele Jahre später müssen ein paar meiner Verleumder doch festgestellt haben, dass es nie mein Stil war, alpine Wände zu erobern, indem ich die Routen vorgängig ausrüstete. Die ersten Wiederholer meiner Linien müssen zwangsläufig zugeben, dass sie auf fast keine im Fels steckende Haken getroffen sind. So wenige, dass sich einige von ihnen sogar darüber beklagt haben.

Doch kehren wir zu der Berichterstattung über meine Erstbegehung der Capucin-Ostwand zurück. 1952, ein Jahr nach meinem Erfolg, nahmen zahlreiche Alpinisten die Wand erfolglos in Angriff. 1953 gelingt die Wiederholung den Franzosen Bérardini/Paragot und später dem ebenfalls französischen Quartett Couzy/Dagory/Magnone/Vialatte. Aber beide Partien benötigten nicht weniger als zweieinhalb Tage für die Kletterei (gegen die unglaublichen 24 Stunden der ersten Wiederholer …). Der grosse Jean Couzy, der den Gipfel bei seinem fünften

Versuch erreichte, nahm Bezug auf Bérardini, der ihm in der Wand zusammen mit Paragot um ein paar Tage zuvorkam, als er wie folgt schrieb: «Als Gegenleistung für die Informationen, die ich ihm über die ersten zwei Drittel der Route gegeben habe, lässt mir Bérardini noch wertvollere Angaben über das letzte Drittel zukommen. Es handelt sich um den schwierigsten Abschnitt der Tour, und Kletterer von bescheidenem Niveau wie wir [natürlich ist Couzy hier ironisch], können sich sicher nicht auf die unglaublichen Zeiten der Scoiattoli von Cortina verlassen. In der Tat hatten unsere Freunde [Bérardini und Paragot] den Gipfel um Mitternacht noch nicht erreicht, nachdem sie um elf Uhr morgens beim zweiten Biwak von Bonatti [dem «grossen Schneeband»] durchgekommen waren ...» («Alpinisme», 1953).

Couzy erklärt weiter, dass auch sie – die ungefähr die gleichen Bedingungen wie Bérardini und Paragot antreffen – zu einem zweiten Biwak, im Wandteil zwischen dem «grossen Schneeband» und dem Gipfel in Trittleitern hängend, gezwungen sind. Sie erreichen den Gipfel erst Anfang Nachmittag des nächsten Tages, das heisst am dritten Klettertag.

Endgültig widerlegt wird das falsche Bild der ersten Wiederholung am Grand Capucin schliesslich durch das Buch von Paragot/Bérardini, publiziert 1974 unter dem Titel «Vingt ans de cordée». Im Kapitel zur Ostwand des Grand Capucin steht: «... Gegen neun Uhr erreiche ich die grosse Querung oben an der 40-Meter-Wand. Von diesem Moment an sollte die Kletterei, die nun folgt, nur noch eine leichte Formsache sein. Wir haben den Bericht unserer Vorgänger [Ghedina und Lacedelli] im Kopf. Nach ihren Worten nehmen die Schwierigkeiten von hier an ständig ab. Wir sind also nicht im Geringsten besorgt. Lucien übernimmt wieder den Vorstieg und beginnt, die überhängenden Risse über der Plattform [das «grosse Schneeband»], auf der wir uns befinden, mit Haken einzurichten. Aber plötzlich wird alles, im Gegensatz zu unseren Erwartungen, viel anstrengender. Wir kommen voran, allerdings bedeutend langsamer als erhofft. Wir wechseln uns im Vorstieg ab, die Schwierigkeiten halten an. Die Zeit geht vorbei, das eintönige Hängen in den Trittleitern fängt wieder an, Hammerschläge, Haken, Warten, Schlaf, Durst. Die Wasserflaschen sind schon seit langem leer, wir sind überzeugt, dass uns die Nacht noch vor dem Gipfel überraschen wird. Wir verfluchen beide die zwei Bergführer [Ghedina und Lacedelli]. Ihr Bericht erscheint uns als absolut unwahrscheinlich. Wie konnten diese Typen alles so leicht überwinden, wie sie erzählt haben, wenn wir am Tag zuvor ihre Zeiten bis zum Biwakplatz pulverisiert haben? Wie konnten sie behaupten, sie seien über die gleiche Route abgestiegen, wenn uns eben diese Route schwierig, fast nicht machbar scheint? ... Zudem finden wir ihre Haken nicht, die sie beim Abseilen an einer Seilschlinge hätten zurücklassen müssen. Hier gibt es weder Haken noch Seilstücke. Keine sichtbare Spur eines Rückzugs. Da sind in uns wirklich Zweifel aufgekommen. Ich habe mir gesagt: Die zwei sind Schaumschläger, sie haben den Gipfel nie erreicht. Der Capucin beginnt erst hier, so ist es, und sie haben ihn nie vollendet.»

Im Lauf der Jahre gibt es immer mehr Begehungen der Ostwand des Grand Capucin. Am 16./17. August 1955 ist die Reihe am Österreicher Hermann Buhl, einem Alpinisten der Sonderklasse, der die Tour zusammen mit seinem Gefährten Bachmeir als insgesamt vierzehnte Seilschaft mit nur einem Biwak durchführt. Buhl beschreibt sie als «absolut schwierigste Kletterei im Granit».

Heute, 1976, wird die Ostwand des Capucin als «Klassiker» betrachtet und ist normalerweise (abgesehen von der Zeit unserer Begehung in diesem Sommer, als die Haken bis zum «grossen Schneeband» fehlten) mit Haken überfüllt. Es gibt Partien, die ihre Begehung an einem einzigen Tag schaffen; viel hängt von der Form der Kletterer und von ihrer Einstellung zur Leistung ab. Doch dies, denke ich, nimmt der Erstbegehung von 1951 nichts, als die Wand noch unbekannt und gefürchtet war. Jean Couzy sagt: «Es gibt Unternehmen, die unabhängig von ihren Protagonisten etwas Einzigartiges an sich haben – allein durch die Natur der Dinge. Kein Polarforscher wird die faszinierende Atmosphäre in demselben Mass mehr erleben wie die Peary und Amundsen.»

Das sind die Gedanken, denen ich zusammen mit meinem Gefährten nachgehe, während wir uns auf dem «grossen Schneeband» unter dem Biwaksack zusammenkauern. Der Sternenhimmel klart nach dem üppigen Schneetreiben langsam wieder auf. Ein strahlender, aber eiskalter Morgen bricht an. Es geht eine gute Viertelstunde vorbei, bevor wir die Lockerheit des Vortages wiederfinden.

Inzwischen klettere ich wieder im roten Granit, aus dem an dieser Stelle wacklige Haken hervorstehen. Ich hangle mich durch den «gewundenen Riss» hoch, erreiche die «Biwaknische» und steige durch den «breiten Riss» weiter, der mich zum «grossen Dach» unter der «dreieckigen Gipfelkappe» bringt – Bezeichnungen von Kletterpassagen, die ich präge und die noch heute gebraucht werden.

Niemals wurden vor Beginn der Fünfzigerjahre in einer grossen alpinen Wand steilere Granitformationen und Risssysteme erklettert. Um sie erstmals zu überwinden, waren – mehr noch als körperliche Leistungsfähigkeit und Einsatz – eine gute Nase für die Route, eine tüchtige Dosis Entschlossenheit und Ausdauer sowie die perfekte Kontrolle der Nerven nötig. Hier kann das Auge den Fels nie mehr als ein paar Meter absuchen, man fühlt sich wirklich in einem Dschungel von Vorsprüngen und Abgründen verloren. Der Kletterer muss sich ständig krümmen und biegen und sich gleichzeitig mit den Händen bis zum Krampf an einen Haken oder an oft heikle Griffe klammern.

Bei einer Anstrengung überrasche ich mich oft bei diesem Gedanken: «Wie zum Teufel bist du hier beim ersten Mal durchgekommen?», und es ist so, wie wenn ich mich dabei an eine andere Person wendete. Und in der Tat: Auch wenn ich heute immer noch der Gleiche bin wie damals, ist meine psychische Verfassung jene des Wiederholers. Bei einer Wiederholung kann man aber nicht sein Bestes geben, da ihr das erfinderische Element und auch der Antrieb und die Zweifel, die zum Unbekannten gehören, abgehen.

Das Unbekannte und das, gefühlsmässig, Unmögliche: Das sind zwei entscheidende Komponenten des traditionellen extremen Alpinismus; ohne sie reduziert sich eine Tour einfach auf eine athletische Übung. Und tatsächlich sind gewisse «Unternehmen», die um die Sechzigerjahre in den Dolomiten in verschiedenen, im Vergleich zu den Westalpen viel tieferen und weniger kalten Wänden unternommen wurden, einfache athletische Übungen. Unternehmen, deren Wert weniger im Mut und in der Geschicklichkeit ihrer Akteure liegt als in der eindrucksvollen und komplexen Anwendung der eingesetzten Mittel (und das sage ich hier bewusst). Ich habe das Argument der Rechtfertigung, diese Wände wären ohne den Einsatz so vieler und so ausgeklügelter Hilfsmittel unbezwingbar geblieben, schon erwähnt. Nennen wir doch die Dinge bei ihrem Namen! So würden wir in den meisten Fällen nicht von Wänden sprechen, wenn es sich in Tat und Wahrheit nur um gewisse Abschnitte oder unbestimmte und unbestimmbare Teile dieser Wände handelt, in denen aber – mit Bohrhaken, die man in den Fels treibt – einige nach der alpinistischen Logik absolut absurde und überflüssige Routen erzwungen werden.

Und dann, «unbezwingbar» für wen? Wie kann man von vornherein ausschliessen, dass solche Felsmauern nicht von begabteren Alpinisten und nur mit traditionellen Mitteln begangen werden könnten? Und damit keine Missverständnisse aufkommen: Wenn ich von einer Wand spreche, dann verstehe ich unter diesem Begriff wahre, echte Wände und nichts anderes; das ist bei einem Berg oder einem Gipfel eine genau bezeichnete und komplette Seite oder Flanke mit klaren Begrenzungen und so umfangreich, dass die Logik, die Intuition und auch der ästhetische Sinn eines Alpinisten darin Platz und Ausdruck finden können. Natürlich betrachtet man bei einem Berg auch die Pfeiler, Grate, Sporne und so weiter, aber unter der Bedingung, dass sie deutlich ausgebildete und klar begrenzte Strukturen sind.

Heute kommen in mir Gedanken und Betrachtungen auf, welche die fleissigen Kritiker schon vor 25 Jahren unmittelbar nach meiner Tour hätten machen können. Unbestreitbar ist, dass ohne den Gebrauch von Felshaken als Fortbewegungsmittel (ich meine damit wohlverstanden Normalhaken) bis heute keine einzige der grossen und überhängenden Wände besiegt worden wäre. Bei der Erstbegehung der Nordwand der Grandes Jorasses (vielleicht die eindrucksvollste Wand des klassischen Westalpen-Bergsteigens überhaupt) wurden 37 Haken verwendet, eine Zahl, die überhaupt nicht überraschte. Diese Haken aus Schmiedeeisen setzt der Kletterer bei einer schwierigen Tour mit Hammerschlägen in natürliche Felsrisse. Sie dienen als Sicherungspunkte, aber auch, wenn nötig, zur Fortbewegung. Der Vorsteiger bringt sie an, danach werden sie, einer nach dem anderen, vom nachsteigenden Gefährten wieder aus dem Fels entfernt. Durch das mehrmalige Anbringen können sie allerdings unbrauchbar werden: Einige gehen kaputt, wenn man sie mit Hammerschlägen wieder herausschlägt, andere entgleiten einem und fallen ins Leere, und es gibt auch solche, die hartnäckig in der Wand bleiben und damit verloren sind.

Ein beachtlicher Teil davon wird aber sorgfältig bewahrt für einen möglichen plötzlichen Rückzug oder für den Fall, dass man vom Gipfel über eine schroffe oder gar unbekannte Seite des Berges abseilen muss, vielleicht sogar im Sturm, wie es mir am Capucin passierte.

Nebenbei sei auch gesagt, dass ein Normalhaken, auch wenn er ein wertvolles Hilfsmittel bildet, weder das Risiko noch die einer Wand eigenen Schwierigkeiten eliminiert. Nimmt man beispielsweise steilen Fels in Angriff, wo nicht nur die Griffe, sondern auch die Risse fehlen, dann wird der Normalhaken nichts nützen; vielleicht kommt man an dieser Stelle einfach nicht durch. Genau an diesem Punkt kommen die Fähigkeiten des Kletterers ins Spiel, seine Geschicklichkeit und Kraft sowie sein Wille und das Gespür für die Routenfindung; ohne sie könnte sich eine Linie – wie beispielsweise am Capucin – auf jedem Meter als unmöglich erweisen.

Aus diesen Gründen versteht man es nicht oder empfindet es als reine Böswilligkeit, dass die 1951 bei der erfolgreichen Erstbegehung der Capucin-Ostwand von mir verwendete Ausrüstung dermassen kritisiert wurde, obwohl ich für die Eroberung der grossen Wand bloss 35 Haken mitnahm; sie waren zudem schwer und einfach geformt, da ich sie zu einem grossen Teil selbst aus einer Eisenstange geschmiedet hatte. Mein Material war ergänzt durch 25 Eisenkarabiner, zwei Holzkeile (einer davon blieb in der Wand, den anderen bewahre ich immer noch als Erinnerungsstück auf), zwei 30-Meter-Seile aus gedrehtem Hanf (dieselben, wie sie viel früher vom Vorläufer des Sechsten Grades, Emil Solleder, bei seinen grossen Neutouren der Zwanzigerjahre verwendet wurden) und schliesslich drei Trittleitern, die in Wirklichkeit aus blossen Hanfstricken bestanden. Sie wiesen – wie es vor dem Krieg üblich war – drei oder vier Schlingen auf, in die man mit den Füssen stand.

Schon damals gab es ausgeklügeltere Ausrüstung aus Nylon und Leichtmetall, aber sie war für meinen Geldbeutel unerschwinglich. Allerdings habe ich spartanische Regeln immer hoch geschätzt, auch weil sie mir eine Art ideale Verbindung mit den Bergsteigern der früheren Epochen gewährten, auf die ich immer Bezug nahm.

Aus diesen Erklärungen geht hervor, dass die von mir vor 25 Jahren am Grand Capucin verwendeten Mittel keineswegs eine Neuheit in Hinsicht auf ihre Ausführung oder auf ihre Zahl bildeten. Die eigentliche Neuheit war dagegen, dass man an diesen Überhängen mehr wagte und mehr aushielt – sowohl körperlich als auch geistig: Das war die wahre «spezielle Ausrüstung», mit der man eine solche Wand bezwingen konnte, die damals von allen als unmöglich angesehen wurde und dabei logisch und herausfordernd war.

Was damals die Grenze des Möglichen war, verschob sich mit dieser Tour also mit einem grossen Sprung. Ich wiederhole: Die Begehung des Grand Capucin zeigte, wie als unmöglich bezeichnete Unternehmen ausgeführt werden konnten. Und das, indem man sich auf die technischen Mittel der Dreissigerjahre beschränkte, um eine der klassischsten Wände des so genannten Sechsten Grades zu überwinden.

Ich betone noch einmal – im Wissen, wie wahre, erlebte Geschichten im Lauf der Zeit abgeändert und verfälscht werden können –, dass ich nur 35 normale, sprich grobe, Haken und zwei Holzkeile dabei hatte. Ich sage auch nochmals, dass ich sie – da ich keine anderen dabei hatte – mehrmals einsetzte, wobei ich allerdings aufpasste, einen Teil davon als Notreserve zu behalten. Ein Vorgehen, das der üblichen Vorsicht entspricht und schon seit den Touren des Sechsten Grades von den Dreissigerjahren an angewendet wurde. Ich habe also nichts mehr oder weniger gemacht als meine Vorgänger. Und doch wird immer noch eine die Leistung schmälernde und übel wollende Interpretation meiner Methoden und Mittel, die ich bei der Eroberung des Capucin einsetzte, weiter verbreitet.

Es sollte aber meiner Meinung nach jedermann einleuchten, dass es mit meinen Mitteln und der Umstände halber rein physisch nicht möglich war – und ich hätte es auch nicht gewollt –, das zermürbende Gewicht von «zahlreichen Haken» hochzuschleppen, so viele, um sie, einmal angebracht, leichten Herzens im Fels zurücklassen zu können. So viele, um «systematisch Haken zu setzen», wie mir zu Unrecht vorgeworfen wurde und was der Aussage «nachdem sie ihre Aufstiegslinie weitgehend vorbereitet hatten» entsprochen hätte.

Ich hatte also nichts als jene jämmerlichen 35 Haken dabei, und deshalb fühlte ich mich dort oben zwischen Hammer und Amboss. Wäre ich überdies aus irgendeinem unglücklichen Grund mit zu wenig Haken zurückgeblieben, nun, dann hätte ich nicht einmal den Rückzug antreten können, auch wenn es unbedingt nötig gewesen wäre. Es versteht sich von selbst, dass mich in diesem Fall niemand hätte retten können. Zu jener Zeit brach man nicht zu einer Tour auf – wie es dann in den Sechzigerjahren geschah –, indem man hinter sich dünne Seile nachzog, die eine Verbindung mit dem Wandfuss gewährten und zusammen gleich lang wie die Wand selbst waren. Auch hatten wir am Fuss der Felsen keine Unterstützungsmannschaft, die uns bei einem Signal von uns an solchen Seilen Nachschub in irgendeiner Form geliefert hätte. Noch viel weniger gab es Helikopter, immer dazu bereit, Unglückselige aus ihrer misslichen Lage zu befreien. Wenn wir eine andere Gegenüberstellung suchen, so sind die – abgesehen von den Bohrhaken – heute gebräuchlichen Mittel wie Bongs, Knifeblades, Stoppers oder Friends zu erwähnen, alle im Slang der kalifornischen Kletterer bezeichnet. Es handelt sich dabei um sehr raffinierte Geräte, die nicht nur den traditionellen Haken und manchmal gar den Bohrhaken ersetzen, sondern darüber hinaus schnell und in der kleinsten Unebenheit anzubringende, sichere Verankerungen erlauben. Wenn es so ist, wo beginnt dann heute ein alpinistisches Problem, und wo hört das Unmögliche auf?

Offensichtlich ist, nachdem ich an die Hilfsmittel und die Umstände unseres Sieges am Grand Capucin im Jahr 1951 erinnert habe, dass ich für diesen Berg an die äusserste Grenze meines Mutes, meiner Besonnenheit und Entschlossenheit gehen musste, und zwar in einem grösseren Mass, als man es sich heute vorstellen kann. Gerade auch deshalb bleibt der Grand Capucin für mich eine grundlegende, charakterbildende Erfahrung, und für meine Ausprägung als Kletterer unentbehrlich.

Es gibt Leute, die Sigmund Freuds Theorien oder aber eine mutmassliche Unzufriedenheit, Enttäuschung, Unausgeglichenheit zu Behelf nehmen, um die Gründe für solche Unternehmen zu erklären. Wenn dies alles wirklich Ergebnisse ermöglicht, wie ich sie am Capucin erzielte, dann heisse ich diese «Verrücktheit» gerne und bewusst willkommen als immer seltenere Tugend in einer Welt, wo man auf immer banalere Weise zur «Vernunft» und zur Schonung der eigenen Existenz neigt.

Genau um 12 Uhr sind wir am höchsten Punkt der Wand, doch wir benötigen weitere drei Stunden, um den Gipfel des Grand Capucin zu erreichen: Die letzten, nach Norden ausgerichteten, ziemlich flachen und normalerweise leichten Felsen sind heute vollständig vereist und überdies häufig ganz unter pulvrigem Schnee begraben.

Die Westliche Zinne

DIE NORDWÄNDE
DER DREI ZINNEN IM WINTER
1953

Die Idee, die Nordwände der Drei Zinnen im Winter zu begehen, hat in gewisser Weise mit dem Tag meiner Einberufung zum Militär zu tun.

Ich werde nie den Moment vergessen – nachdem ich alle nötigen Eignungsprüfungen bestanden und meinen ausdrücklichen Wunsch geäussert hatte, den Alpini zugeteilt zu werden –, als das unglaubliche Verdikt kam: «motorisierte Abteilung von Cecchignola» (bei Rom). Wenn ich heute daran denke, muss ich lachen, aber damals war es mir ganz und gar nicht danach zumute. Ich lehnte mich vielmehr so gegen diesen Bescheid auf, dass ich mich bald darauf inmitten meiner geliebten Berge wiederfand, dem 6. Alpini-Regiment zugeteilt, erst noch mit Spezialaufgaben betraut, für die ich meistens Berge besteigen musste. Und so waren es schliesslich fünfzehn grossartige Monate, es war eine der schönsten Zeiten meines Lebens.

Es gibt im italienischen Teil der Alpen kein Gebiet, das ich in jener Zeit nicht besucht habe. Ausbildungskurse in Fels und Eis folgten einander und brachten mich von den Dolomiten bis zu den Bergen Tirols und vom Ortler bis zum Mont Blanc. Am Ende änderte sich für mich der Sinn des Begriffes «unmöglich», der für alpine Schwierigkeiten gebraucht wird; ich war durch das viele Bergsteigen so gut trainiert, dass ich das Unmögliche wagen konnte, was immer es auch war.

Eines Tages, gegen Mitte September 1952, stieg ich mit dem Alpini-Leutnant Oscar Bucciarelli zum Fuss der Drei Zinnen, in der Absicht, die klassische Comici-Dimai-Route in der Nordwand der Grossen Zinne zu klettern. Doch an jenem Tag war mein Gefährte nicht in bester Form, und nachdem wir ungefähr 80 Meter geklettert waren, seilten wir uns wieder am Doppelseil ab. Zwei Stunden später entschlossen wir uns dann, die Gelbe Kante an der Kleinen Zinne zu begehen, eine wirklich faszinierende Linie. Dennoch: Die ganze Zeit, die jener Entscheidung vorausging, streiften wir mit nach oben gerichteter Nase auf den Schuttfeldern am Fuss der Nordwände herum, fasziniert von den lotrechten Mauern. Und so wurde ich, staunend und träumend, inspiriert: Ich beschloss, so bald wie möglich hierhin zurückzukehren und mich mit diesen Riesen auf die fairste Art zu messen, die mir die düstere Landschaft suggerierte; das heisst mitten im Winter, wenn die Nordwände noch nicht von schwachen Sonnenstrahlen berührt werden und Kälte und Einsamkeit die Szenerie beherrschen. So kann eine neue Auffassung des «Unmöglichen» entstehen.

Es folgte die Entlassung aus dem Militärdienst, und dann hielt der Winter Einzug, zuerst mit ausserordentlich viel Schnee, danach mit grosser Kälte. Abgesehen vom Sonntag, den ich bei jedem Wetter in den Bergen verbrachte, waren alle Tage für mich gleich unbedeutend, sie bestanden aus demselben Alltagsgeschehen im alltäglichen, immer gleichen Rahmen. Wie jämmerlich und trostlos ist ein solches Leben, zu dem der grösste Teil der Menschheit mehr oder weniger gezwungen ist. Und jene, die es wählen, werden dann das Opfer davon.

Ich hatte bereits entschieden, mir mein Leben anders einzurichten. Und so wandten sich meine Gedanken, teils aus Leidenschaft, teils aus Auflehnung, immer wieder den Nordwänden der Zinnen zu.

Das Training für das bevorstehende Unternehmen begann wirklich eigenartig: Jeden Samstagabend begab ich mich mit einem Freund an den Fuss einer schwierigen Wand der Grigna, um sie dann in aller Frühe am nächsten Tag, nach einem Biwak im Freien, zu begehen.

Meiner Meinung nach gab es keine bessere Prüfung, um sich mit der Kälte und den wirklichen Schwierigkeiten eines Berges zu messen und die eigenen Grenzen in einem, was die Sicherheit angeht, vertretbaren Rahmen zu überprüfen. Um unser Ziel zu erreichen, zwangen wir uns von einem Biwak zum nächsten zu einer Verringerung unserer Ausrüstung und wählten immer unbequemere, dem Wetter stärker ausgesetzte Lagerplätze. Selbstverständlich massen wir jeweils alle Temperaturen, registrierten unsere Reaktionen auf die Kälte, und schliesslich hatten wir, ohne uns äusserster Gefahr auszusetzen, wertvolle Erfahrungen gesammelt.

Schon beim ersten Training waren wir zwei Freunden begegnet, die, welch ein Zufall, ebenfalls ein ähnliches Training für ein grosses Unternehmen im Winter begannen. Einer der beiden war Carlo Mauri aus Lecco, ein in der Welt der Grigna bereits bekannter Name, mit dem ich später einige grosse Touren – auch ausserhalb Europas – unternehmen sollte. Wir waren damals schon gute Freunde und hatten zudem im gleichen Alpini-Regiment gedient. In jener Zeit hatten wir zusammen eine schwierige und abenteuerliche militärische Übung auf der Cortineser Seite des Pomagagnon erlebt. Beim erwähnten Treffen in der Grigna verabredeten wir uns gleich für den nächsten Samstagabend; es endete schliesslich damit, dass wir uns alle vier regelmässig jedes Wochenende trafen.

Nach diesem intensiven Training in zwei Seilschaften beschloss ich, mit meinem Gefährten gewissermassen als Generalprobe den Pfeiler der Tofana di Rozes in Angriff zu nehmen. Diese Kletterei ist nach Süden ausgerichtet; da es sich dabei aber um eine der schwierigsten Dolomitenwände handelt, war sie für uns ein guter Prüfstein vor den Zinnen-Nordwänden mit ihrem viel ernsteren Charakter.

So begannen wir am 8. Februar 1953 die Kletterei an der Tofana. Die sehr schweren Rucksäcke und die rudimentär gefütterte Kleidung, von uns selber angefertigt, behinderten unsere Bewegungen merklich. Trotzdem hatten wir am Abend, als wir unser Biwak einrichteten, schon die grossen, schwarzen Überhänge auf halber Wandhöhe erreicht. Die Nacht zog eisig kalt und in völliger Stille vorüber, aber beim Morgengrauen schlug das Wetter um: Schneefall setzte ein. Es folgte ein schwieriger Rückzug, bei dem wir über die ganze Kletterstrecke abseilten.

Die Begehung des Rozes-Pfeiler war also ins Wasser gefallen, aber die Erfahrungen, die wir dabei gesammelt hatten, waren sehr wertvoll. So hatten wir etwa gelernt, dass wir unsere Rucksäcke um einiges erleichtern konnten, indem wir weniger Proviant und Kleider mitnahmen: Eine gefütterte Windjacke anstelle des lästigen Overalls würde vollauf ausreichen.

Am folgenden Samstag hätten wir uns alle vier wie gewohnt nochmals in der Grigna zum Biwak und zu der schwierigen Klettertour treffen sollen. Aber das Stelldichein gaben sich nur zwei: Mauri und ich. Unsere beiden Gefährten hatten die Flinte ins Korn geworfen und aufgegeben. So standen wir mit unseren Plänen allein da, ich mit meinen Zinnen-Wänden, Mauri mit der Cima Scotoni.

Bald stand ein Gedanke im Vordergrund: Warum nicht zu zweit wenigstens eines unserer Projekte verwirklichen? Die ganze Nacht unterhielten wir uns frierend und zähneklappernd darüber, bis wir uns schliesslich für die Drei Zinnen entschlossen. Die Begeisterung über den Entscheid war so gross, dass wir sogar den Wunsch aussprachen, gemeinsam eine neue Direttissima durch die Nordwand der Westlichen Zinne zu eröffnen. Zwar war es nur ein Einfall, als wir aber einige Tage später aufbrachen, hatten wir mehr Lebensmittel und Ausrüstung als ursprünglich vorgesehen dabei.

Und da sind wir also, frühmorgens bei der kleinen Station Schluderbach im Höhlensteintal, wo wir das Bähnchen verlassen, das es heute nicht mehr gibt. Es verband früher Toblach mit Cortina d'Ampezzo. Im kleinen Häuschen der Station wohnen der Bahnhofvorsteher und sein Hund – sonst sind wir nur von tief verschneitem Tannenwald umgeben. Der Mann teilt uns mit, es gäbe keine Verbindung nach Misurina. Mauri und ich sehen uns fragend an, als ob wir uns zum ersten Mal über die Menge unseres Gepäcks bewusst würden. Dabei hatten wir schon nach unserem Aufbruch in Mailand dem Zugführer für unsere 150 Kilo schwere Last eine Gebühr entrichten müssen, ein Übergepäck, das wir nun also anscheinend vollständig auf unsere Schultern laden müssen.

Wir glauben selbst nicht daran, aber – in unserem Stolz vom ironischen Lächeln des Stationsvorstehers getroffen, der unser Treiben beobachtet – irgendwie schaffen wir es, alles auf unsere Schultern zu packen und mit den Ski an den Füssen aufzubrechen. Wir gleichen zwei wandernden Koffern mit überall angehängtem Plunder und Kram. Als Erstes entziehen wir uns so rasch wie möglich dem amüsierten Blick des guten Stationsvorstandes. Dass wir aus Ehrgeiz den heldenhaften Abmarsch geschafft haben, heisst noch lange nicht, den absurden Zustand eine Minute zu lang beizubehalten! Und so werfen wir die ganze Last gleich nach der ersten Kurve zu Boden, improvisieren aus den Ski einen Schlitten, laden das Material darauf und beginnen sogleich, ihn über die verlassene und verschneite Strasse hochzuziehen.

Um 2 Uhr nachmittags treffen wir todmüde in Misurina ein. Die Zeit drängt, und wir beginnen sogleich mit dem Aufstieg mit den Ski zur Auronzo-Hütte (sie hiess früher Longeres-Hütte) auf dem Pfad, der unter dem vielen Schnee kaum mehr zu erkennen ist. Dieses erste Mal nehmen wir nur die Hälfte der Last mit und deponieren den Rest im Schnee, um ihn später zu holen. Wegen des tiefen Schnees und unserer Müdigkeit schaffen wir es aber nicht, die Hütte vor dem Eindunkeln zu erreichen. So entscheiden wir uns, auf der Alp Rinbianco Zwischenhalt zu machen; die Hütte ist in dieser Jahreszeit natürlich geschlossen und unbewohnt, und wir richten unser Biwak an ihrer Aussenwand ein, zünden mit ein paar übrig gebliebenen Holzscheiten ein Feuer an und kauern uns in seine Nähe. Am nächsten Morgen vervollständigen wir mit zwei weiteren Transporten unsere 150 Kilo Material und kommen in der Auronzo-Hütte an. Romolo, der Hüttenwart, den wir völlig unerwartet an diesem Wintertag hier oben antreffen, betrachtet sprachlos unser riesiges Gepäck. Hätten wir gewusst, dass er in der Hütte ist, hätten wir unsere Vorräte von Anfang an um einiges erleichtert!

Wir wollen keinesfalls einen weiteren wertvollen Tag des schönen Wetters, das nun seit einer Woche andauert, verlieren; zudem drängt uns die Neugierde zu erfahren, wie die Verhältnisse in den Wänden sind. So gleiten wir mit unseren Ski noch am gleichen Nachmittag über den Paternsattel zum Fuss der Nordwände. An diesem Ort, der ständig im Schatten liegt, herrscht wirklich bissige Kälte, er lädt nicht zu einem längeren Verweilen ein. Doch die zwei Nordwände scheinen auf den ersten Blick ziemlich schneefrei, und man kann sich eigentlich auch gar nicht recht vorstellen, wie der Schnee sich auf diesen überhängenden Felstafeln festsetzen könnte. Dagegen müssen wir versuchen, die vereisten Stellen genau einzuschätzen. Auch wenn sie von unten nicht sichtbar sind, gibt es sicher eisige Passagen, vor allem in der schwarzen Rinne auf halber Wandhöhe. Tatsächlich erraten wir dort oben eine etwas hellere Tönung, die sich von den schwarzen Felsen abhebt. Doch der schlimmste Feind ist sicher jener feine, durchsichtige Eisbelag, das so genannte Wassereis, das auch aus der Nähe dem Auge verborgen bleibt. Wie viel es davon in den Wänden hat, werden wir erst beim Klettern feststellen können. Das sind die Unbekannten, die bleiben. Wir fragen uns auch, welche Wand wir als erste angehen sollen.

Die Nordwand der Grossen Zinne ist sicherlich weniger schwierig; ihre Begehung benötigt weniger Zeit, auch wenn in den grossen Kaminen der oberen Wandhälfte einige gut sichtbare Eisbänder glänzen. Tatsache ist, dass diese Felsmauer schon im Winter 1938 von der Seilschaft Kasparek/Brunhuber überwunden worden ist; als Wiederholer haben wir also einen entscheidenden Vorteil: Wir wissen, dass man hier im Winter durchkommt, und fühlen uns dadurch moralisch gestärkt.

Bei der Nordwand der Westlichen Zinne dagegen handelt es sich um etwas ganz anderes; sie ist aus verschiedenen Gründen schwieriger. Vor allem sind wir die Ersten, die sie in der kalten Jahreszeit angehen; so gesellen sich zu den grossen Schwierigkeiten einer Sommerbegehung die Unbekannten des Winters. Bis 1935, dem Jahr ihrer ersten Begehung, betrachtete man diese Felsmauer auch im Sommer als unbezwingbar. In der Folge kristallisierte sich der horizontale, 80 Meter lange Quergang ungefähr in Wandmitte als Schlüsselstelle der ganzen Tour heraus. Diese Querung wurde immer als Punkt, von dem an es keine Umkehr mehr gibt, betrachtet, da ein Rückzug von ihrem Ende ziemlich schwierig und entmutigend wäre. Im Winter liegt das Problem aber nicht so sehr im berühmten Quergang, sondern in der Passage unmittelbar danach: die schon erwähnte Rinne, die im Sommer oft nass und glitschig ist, während sie sich im Winter in eine enge Einbuchtung voller Wassereis verwandelt. Nach allen Betrachtungen geben wir der geheimnisvolleren der beiden Wände, der Nordwand der Westlichen Zinne also, den Vorrang.

Schlaflose Nacht, wie so oft vor einem derartigen Unternehmen. Am 22. Februar verlassen wir um 6 Uhr morgens die angenehm warme Hütte und treten unser Abenteuer an. Noch ist es Nacht, doch der Mond scheint. Der Wind vor dem Morgengrauen begrüsst uns mit eisiger Kälte. Nur mit grosser Mühe schnallen wir mit klammen Händen die Ski an. Endlich brechen wir auf, und, ich weiss nicht warum, wir nehmen den Anstieg zur Scharte zwischen Col de Mezo und Zinnenkopf und nicht jenen zum schon vertrauten Paternsattel; vielleicht lockt uns der kürzere Weg bis zu unserer Wand. Er wird sich als sehr unbequem herausstellen, da wir wegen der steilen, gefrorenen Rinnen die Ski abschnallen müssen.

In weniger als einer Stunde sind wir wieder am Fuss unserer Wand. Zwei weitere Stunden vergehen mit letzten Vorbereitungen. Dann, endlich, steigen wir ein. Wir tragen folgende Ausrüstung mit: Lebensmittel für drei Tage, Meta-Tabletten zum Kochen, zwei Biwaksäcke aus gummiertem Tuch, Wollhandschuhe, Ersatzstrümpfe, Sturmhauben, Verbandsmaterial, eine 1-Liter-Wasserflasche und ein winziges Cognac-Fläschchen, 40 Haken, 30 Eisenkarabiner, drei Trittleitern, drei Hämmer, einige Meter Reepschnur, zwei 40-Meter-Hanfseile – alles in einem Rucksack verstaut, den wir an den schwierigsten Stellen an einem der beiden Seile hochziehen wollen. Wir werden uns im Vorstieg abwechseln.

Mauri geht als Erster voran. Steif von der eisigen Kälte, steigt er etwas ungeschickt über die verschneiten Einstiegsfelsen auf. Ich folge ihm noch plumper, das Gewicht des Rucksacks behindert mich. Seillänge um Seillänge dringen wir so in die Geheimnisse der eisigen Wand ein. Bald finden wir fast keinen Schnee mehr auf den schmalen Felsbändern, und auch das Eis lässt uns immer einen kleinen Fleck trockenen Fels für die Hände und Füsse übrig. Unsere blossen Hände, am Anfang durch die Kälte gefühllos, werden durch die Bewegung bald wieder warm und voll einsatzfähig. Die Schwierigkeiten des ersten, 15 Meter langen Quergangs nach links sind gross. Die Haken dringen aber leicht ins Gestein, auch dort, wo ich in einer Trittleiter hänge und den nachkommenden Gefährten sichere.

Greifen wir kurz vor, um eine Klammer zu den Überhängen zu öffnen, die nun genau rechts über mir sind: Kaum zwei Monate nach meinen Winterbegehungen, am 3. Mai 1953 nämlich, bin ich wieder in dieser Wand, diesmal mit Pino Sacchi aus Monza. Wir wollen den überhängenden, damals noch unberührten Nordwestpfeiler erklettern. Jenen Pfeiler also, der heute nach der Klettergruppe «Scoiattoli di Cortina d'Ampezzo» als «Spigolo degli Scoiattoli» bezeichnet wird. Nach drei Tagen extremster Kletterei, einen Tag später als vorgesehen, als wir bereits am Ende der grossen Schwierigkeiten waren ... nun, genau da mussten wir aufgeben. Wir seilten uns schnell über den Pfeiler ab.

Der Punkt, an dem die Schlüsselpassage der Tour endet, stimmt mit dem Ende der unberührten Überhänge überein; wir hatten sie bereits zum grössten Teil überwunden. Sie hörten eine Seillänge über unseren Köpfen abrupt auf, es war ein Hohn, hier aufgeben zu müssen! Jenseits dieser Grenze nämlich, also genau eine Seillänge von unserem Umkehrpunkt entfernt, mündete von der Westseite die 1934 eröffnete Route in das letzte Stück des Nordwestgrates ein, der von hier an leicht war und wo wir in Sicherheit gewesen wären. Wir gaben also auf und seilten so schnell wie möglich ab, wir hatten nicht einmal die Zeit, unsere Haken aus den letzten 40 «unmöglichen» Metern, die wir eben bezwungen hatten, wieder herauszuschlagen. Wir liessen uns ab, die Haken blieben dort. Aber warum eine solche Hektik? Nun, weil es eben schon der Nachmittag des 5. Mai war. Am Abend des folgenden Tages aber, am 6. Mai also, fanden in meinem Wohnort Monza die Feierlichkeiten für meine kurz davor errungenen Erfolge statt – jene Erfolge in den Nordwänden der Zinnen, von denen ich hier erzähle. Und an dieser Feier durfte ich natürlich keinesfalls fehlen! Doch etwas Schmerz über den schönen, nur um eine einzige Seillänge verpassten Erfolg blieb in mir zurück.

Doch kehren wir zur Gegenwart zurück, zum Moment, als ich mich der ersten kritischen Passage der grossen Wand stelle. Nun machen Mauri und ich jenen ersten Schritt, nach dem ein Zurück schwierig sein wird. Genau hier zerbrachen die Hoffnungen von 27 Seilschaften, die vor uns die Wand erobern wollten. Dabei handelte es sich um Asse des Alpinismus, Kletterer wie Carlesso, Comici, Dimai, die sich hier vor dem Erfolg von Riccardo Cassin vergebens schlugen.

Mauri und ich verfügen über grosse technische Erfahrung, die wir in zahlreichen Nordwänden verschiedenen Typs gesammelt haben, wir können aber auch auf unsere sorgfältige und sehr gewissenhafte körperliche Vorbereitung zählen. Wir sind uns also über unsere Möglichkeiten bewusst. Dies flösst uns Vertrauen ein. Letztlich gründet unser Entscheid, die Wand im Winter anzugehen, auf der Überzeugung, dass uns nur das Unberechenbare aufhalten kann. Aber das Unberechenbare – wo gibt es das nicht?

Ich habe die kompakte Wand angepackt und wende mich langsam nach links, zur weissen Nische, wo die Seilschaft der Erstbegeher biwakierte. In der überhängenden, risslosen Platte sehe ich auf 30 Metern nur zwei Haken stecken. Wenn es die Absicht unserer Vorgänger im letzten Sommer war, diese Mauer von Haken zu säubern, um sie wieder aufzuwerten, sprich die ursprünglichen Schwierigkeiten wiederherzustellen, dann ist ihnen das vollkommen gelungen. Sie sind sogar über ihr Ziel hinausgeschossen: Die kleinen Risse, in denen die an sich schon unsicheren Haken steckten, sind durch wildes Schlagen mit dem Hammer unbrauchbar geworden. Nur mit grösstem Einsatz erreiche ich den ersten der zwei Haken, den sie vielleicht nur zurückliessen, weil sie ihn nicht herausschlagen konnten. Seine Öse ist gegen den Fels gebogen und unbrauchbar. Der zweite Haken aber, auf den ich jetzt mit Schwung losklettere, um nicht zu stürzen, ist noch weit entfernt. Die Verrenkungen, Kniffe und Stossgebete, die mir diese unmögliche Mauer abverlangte, werde ich nie vergessen. Und das Gleiche wird weiter oben noch einmal passieren, wo man keinen einzigen sicheren, mit dem vollen Gewicht belastbaren Haken setzen kann. Zum Glück habe ich ein paar ganz kurze, besonders feine Haken dabei. Sie passen in die wenigen Vertiefungen, und ich kann mich ab und zu wenigstens ihnen anvertrauen. An dieser Stelle erinnere ich mich, gelesen zu haben, dass Cassin in dieser Wand bei seiner Erstbegehung vor 18 Jahren satte vier Stunden für das Schlagen eines einzigen Hakens benötigte; dabei flog er mindestens dreimal ins Leere! Wie gut kann ich ihn verstehen! Ich hoffe, dass mir nicht das Gleiche zustösst, denn ich bin überzeugt, dass keiner der von mir gesetzten Haken bei einem Sturz halten würde. Es geht aber alles gut, und ungefähr um 6 Uhr langen wir in der weissen Nische an, wo wir die Nacht verbringen wollen. In Wirklichkeit ist diese Nische nur eine Felsstufe, so winzig, dass wir gerade einer neben dem anderen sitzend Platz finden, fest an zwei Haken gesichert, die Füsse in der Luft. Doch in uns ist wieder jener Optimismus eingekehrt, der in der letzten Stunde, kurz vor dem Einbrechen der Dunkelheit, eher wankte. Hier gibt es nicht einen Hauch von Schnee, den wir schmelzen könnten. Wir begnügen uns mit einigen in Cognac getauchten Zuckerwürfeln.

Die Nacht geht langsam vorbei, die einzige Ablenkung ist das Massieren unserer kältestarren Glieder. Unser Blick wandert immer wieder fragend zum überhängenden Profil der Wand über uns.

7.30 Uhr: Das erste Licht berührt die Hohe Gaisl genau gegenüber. Uns aber streift kein einziger Sonnenstrahl. Schnell sind wir bereit, um den berühmten 80-Meter-Quergang anzupacken. Die Luft ist so kalt, dass sie beim Einatmen wie Ammoniak sticht. Da dieser Abschnitt ziemlich waagrecht verläuft, sind recht komplizierte Manöver nötig, um den an einem Seilende befestigten Rucksack jeweils einzuholen.

Auch hier finden wir wenig Haken vor, und das Schlagen von neuen nimmt viel Zeit in Anspruch. Im Quergang nehme ich plötzlich etwas Weisses, an einem Haken Befestigtes wahr. Es ist eine weisse Email-Plakette aus irgendeiner Eisenbahn, von irgendeinem humorvollen Unbekannten hier aufgehängt: Laut, damit Mauri es hören kann, lese ich amüsiert die Inschrift «È pericoloso sporgersi!» – es ist gefährlich, sich hinauszulehnen. Die Ironie des Schicksals will es, dass ich genau in diesem Moment mit meinem ganzen Gewicht an diesem Haken hänge, die Füsse gegen den glatten Fels gestemmt, der Körper frei in der Luft hängend über einem Abgrund von 250 Metern – es gäbe keinen geeigneteren Platz für einen solchen Scherz.

Als ich Cassins zweiten Biwakplatz erreiche, ist es schon spät am Nachmittag; aber die Hoffnung, mit dem letzten Licht noch bis zur grossen Höhle zu kommen, im Sommer ein ausgezeichneter Biwakplatz, treibt uns voran. Wir überwinden entschlossen und schnell ein paar ziemlich schwierige Passagen in freier Kletterei. Dabei kommen wir auch über einen schwarzen Überhang, doch wenige Meter vor diesem «ausgezeichneten» Biwakplatz – so wird er wenigstens im Bericht unserer Vorgänger bezeichnet – erwartet uns die befürchtete Überraschung: Die grosse Höhle bietet uns keinen Platz, nein, sie ist unter dem ganzen Eis und Schnee nicht einmal erkennbar. Zurück können wir aber auch nicht mehr, es bleiben uns nur noch ein paar Minuten Tageslicht. Ich stehe mit dem Rücken gegen den Fels, die Füsse auf zwei winzigen Stufen! Wenn ich wenigstens einen sicheren Haken schlagen könnte, an dem wir uns für die Nacht anhängen könnten! Doch der Fels ist kompakt und völlig risslos.

Schon ist es dunkel; ich habe nur die Spitzen von drei oder vier Haken setzen können: verflucht unsichere Haken. Mauri, knapp 40 Meter unter mir, hat keine Ahnung, was hier oben geschieht, murrt und will nachsteigen, bevor er nichts mehr sieht. Ich weiss nicht mehr, was tun. Endlich entschliesse ich mich, das ganze Grüppchen dieser zweifelhaften Haken mit einer Reepschnur zu verbinden. Das wird unsere Sicherung für die Nacht sein. Ich gebe Mauri zu verstehen, dass er das Seil nicht voll belasten darf, und nehme ihn dann mit der Schultersicherung nach.

Es ist stockdunkle Nacht. So wenig wie möglich die unsicheren Haken dieses unbequemen Ortes belastend, schlüpfen wir tastend, das Gleichgewicht mühsam bewahrend, in unsere Biwaksäcke.

Am Anfang scheint alles noch erträglich, wir haben nur grossen Durst, den wir natürlich nicht stillen können. Doch mit dem schleichenden Vorbeigehen der Stunden wird das Biwak allmählich zur körperlichen und seelischen Qual. Wir werden vor Kälte steif, dann kommen schmerzhafte Krämpfe. Aber was sollen wir auch tun? Uns schütteln? Wie können wir unsere Stellung ändern, ohne die kostbaren Haken, die uns im Gleichgewicht halten, mit einem Ruck zu gefährden?

Dann beginnt der Kampf gegen den drohenden Schlaf, der durch die schlaflosen Nächte, die wir schon hinter uns haben, noch schlimmer wird. Schlaf wäre aber gleichbedeutend mit dem Kältetod oder einem plötzlichen vollen Belasten der Seile, was unweigerlich zum Ausreissen der Sicherung und einem 300-Meter-Sturz führen würde. So zwingen wir uns zu reden, uns irgendwas zu erzählen, zu singen, nur damit uns die Augen nicht zufallen. Mehr als einmal ertappen wir uns aber trotzdem dabei, wie einer von uns mit offenen Augen zu schwanken beginnt. Einmal zum Beispiel schüttelt mich Mauri noch gerade rechtzeitig, als er merkt, dass ich inmitten seltsamer und verworrener Äusserungen plötzlich den Refrain eines beliebten Liedes wiederhole. Wenig später ist die Reihe an mir; ich muss Mauri fest am Arm packen, als er einen unzusammenhängenden Satz, mit einer brüsken Bewegung verbunden, von sich gibt. Er hatte die Vision, das mondbeschienene Firnfeld habe plötzlich bis zu ihm hinaufgereicht, so weit, dass er es betreten und sich hinlegen könnte.

Doch auch diese Nacht geht vorbei, und am nächsten Tag sind wir bereits um 6.30 Uhr wieder in Bewegung – auch wenn der Sonnenaufgang noch weit entfernt ist. Ein Blick auf das Thermometer – 25 Grad minus! Wir sind steif wie Stockfische.

Nach ein paar Metern Querung gelingt es mir, einen Haken zu schlagen, den letzten, bevor wir den Schnee und das Eis anpacken; sie versperren den Anfang der Rinne. Die Sicherheit dieses Hakens überzeugt mich aber überhaupt nicht. So steige ich über die Schneedecke auf, die, dort, wo sie die Wand berührt, ganz dünn wird und wie eine Dachtraufe vorspringt. Ich vertraue ganz meinem Gleichgewichtssinn, mit dem ich jede Bewegung unter Kontrolle halte, und beginne – die Hände am Fels, die Füsse in den sehr steilen, zerbrechlichen Schneeaufschwung stossend – mit dem Quergang.

Ich steige hoch, bis ich mich nicht mehr an der vorspringenden Traufe halten kann, an deren Rand ich mich bislang bewegte; sie hat sich jetzt in ein ungeheures, über den Abgrund ragendes Dach verwandelt, das von durchsichtigen Eiszapfen starrt. Die Schneemauer, die nur auf einer Länge von 50 Zentimetern nicht eine Einheit mit dem Dach bildet, geht am höchsten Punkt in eine Art vom Wind modellierten, engen Schlauch über. Ich habe eine Idee: Ich werde auf dieser zerbrechlichen Schneekonstruktion weitersteigen, durch den engen Schlauch schlüpfen und das Hindernis so überwinden. Was jetzt folgt, gehört zu jenen Augenblicken, die über ein Leben entscheiden.

Keuchend vor Anstrengung und zitternd vor Anspannung schlüpfe ich in diesen Schlauch, strecke mich, krümme mich, grabe die Hände in den mehligen Schnee, bis ich fast an diesem weissen, pulvrigen Haufen klebe. Es ist kaum zu glauben, aber er trägt mich! Manchmal stockt mir beinahe das Herz vor Angst, die ganze Schneemauer könnte einstürzen, und ich halte meinen Atem an, um mich leichter zu machen. Zentimeter um Zentimeter komme ich voran. Als ich schon die Hälfte des Schlauches hinter mir habe, bemerke ich, dass ich meine Hände nicht mehr spüre. Beim Übergang vom Fels in den Schnee hatte ich tatsächlich keine Zeit, die Handschuhe anzuziehen; aber daran ist auch im Augenblick nicht zu denken, koste es, was es wolle, aber ich muss weiter und mich mit blossen Händen im Schnee festkrallen. Endlich endet der Schneeschlauch – und zwar auf beinahe sanfte Art. Die Felstraufe voller Eiszapfen wird schmäler und schmäler, aber auch mein 40-Meter-Seil, das mich mit meinem Kameraden verbindet, läuft allmählich aus. Es hängt jetzt wegen der Steilheit der Passage frei in der Luft, liegt nirgends auf und zieht mich unheimlich stark nach unten. Nur noch ein paar Meter, und dann erreiche ich schliesslich einen sicheren Haken. Endlich kann ich mich entspannen.

Im «homologierten» Bericht über die Begehung dieser Route im Sommer heisst es, dass man diesen letzten Haken nur mit Schulterstand, auf den Schultern des Gefährten stehend also, einhängen kann. Nun liegt so viel Schnee, dass man dazu beinahe nach unten greifen muss – vielleicht der einzige Vorteil, den die Wand im Winter bietet. Die blossen Hände, mit denen ich mich so lange im Schnee hocharbeitete, beginnen zu schmerzen; es dauert eine ganze Weile, bis sie wieder ihren Dienst tun.

Wir kämpfen seit 48 Stunden, und es bleiben uns noch 200 Meter Kletterei. Von nun an beseelt uns aber die Gewissheit des Erfolges, ja, im Geist befinden wir uns schon auf dem Gipfel. Nachdem Mauri durch den Schneeschlauch zu mir nachgekommen ist, steige ich eine weitere Seillänge über die vereisten Felsen am Rande des grossen, eisglänzenden Couloirs ohne besondere Schwierigkeiten zum Gipfel auf.

Um 12.30 Uhr am 24. Februar reicht das Echo unserer Jubelrufe vom Gipfel der Westlichen Zinne bis zur Auronzo-Hütte. Eine Stunde später sind wir in der Hütte.

Drei Tage später, am 27. Februar, kommt die Nordwand der Grossen Zinne an die Reihe. Bei Tagesanbruch verlassen wir die Hütte. Unser Weg führt dieses Mal über den bequemen Paternsattel. Das Wetter ist immer noch kalt und immer noch herrlich. Wir haben beinahe dieselbe Ausrüstung dabei, nur etwas weniger Haken und Lebensmittel; denn in diesen Wänden hat man keine grosse Lust, viel zu essen. Wir beabsichtigen, bloss einmal zu biwakieren, und wollen die Tour am Abend des folgenden Tages beendigt haben.

Wir lassen die Ski zu früh zurück und steigen mühsam, manchmal bis zur Brust im Schnee einsinkend, zum Wandfuss auf. Mauri beginnt mit dem Vorstieg und befindet sich schon 30 Meter über dem Einstieg, als er versehentlich einen Stein löst, der mir geradewegs auf den Kopf fällt. Ich bin halb betäubt vom Schlag, blute, verliere beinahe das Bewusstsein. Aber ich erhole mich wieder.

Der Rest der Besteigung verläuft ohne Probleme, ja sogar so gut, dass wir eine Zeitlang daran denken, das Biwak zu vermeiden. Was uns die vorausgegangene Tour durch die Nordwand der Westlichen Zinne verweigert hat, gibt uns diese klassische Kletterei durch die Nordwand der Grossen Zinne zurück: die Freude am Klettern – und welch genussreiches Klettern, auch wenn die Griffe eiskalt sind! Man steigt fast immer direkt hinauf. Alle zum Sichern oder zur Fortbewegung nötigen Haken stecken, manchmal sind es gar zu viele. Die Wand, die auf den ersten 200 Metern überhängt, ist schnee- und eisfrei. Abenteuerlicher und vom alpinistischen Standpunkt her wertvoller ist der obere Wandteil. Die grossen Eiszapfen zum Beispiel, welche die mächtigen schwarzen Kamine versperren, und der Schnee, der überall liegt, zwingen uns zum akrobatischen Klettern über die ebenfalls vereisten Aussenwände der Kamine. Überdies sind die grossen Terrassen in steile, pulvrige Schneekegel mit unstabilen Hauben verwandelt, während sich am Fuss eine pickelharte Eisschicht befindet. Terrassen also, an denen man mit den Händen keinen Halt findet.

Dennoch stehen wir kurz nach 17 Uhr begeistert auf dem Gipfel der Grossen Zinne, die von den letzten Sonnenstrahlen beleuchtet wird. Noch am gleichen Abend erreichen wir die Auronzo-Hütte, nachdem wir uns die letzten Seillängen im Mondlicht über die vollständig vereiste Schlucht der Normalroute abgeseilt haben.

Walter Bonatti kurz nach
der Rückkehr vom K2

DIE ITALIENISCHE EXPEDITION AUF DEN K2 1954

Das Jahr 1953 war für mich ausserordentlich reich an Ereignissen. Vor allem beschloss ich in diesem Jahr, von nun an ganz in den Bergen zu leben. Für dieses Wagnis gab ich eine sichere Beschäftigung in der Stadt auf, was viele als unsinnig bezeichneten, für mich aber die richtige Wahl war. 1955 erhielt ich dann das Patent als Bergführer, ohne die Ausbildungskurse besuchen zu müssen, und wenig später liess ich mich in Courmayeur nieder.

Ich liebte die Berge für ihre prächtigen Landschaften, für die Auseinandersetzungen mit ihren Zinnen und Spitzen und die damit verbundenen Emotionen und Erinnerungen; vielleicht liebte ich sie aber noch viel mehr für jenes Gefühl der Freiheit und der Lebensfreude, das ich nur dort oben fand. Wenn ich abends nach einem wirklich gelebten Tag von den Bergen in die Stadt zurückkehrte, liess mir der Gegensatz den Alltag noch hässlicher, noch unerträglicher erscheinen. Wenn die Auflehnung und der Kampf zwischen meiner natürlichen Berufung und der Zivilisation mit ihren Gesetzen mich verbitterten und vergrämten, so schöpfte ich anderseits aus diesem aufwühlenden Seelenzustand die Kraft und Motivation für meine alpinistischen Unternehmen. Bedenkt man dies, wird man nicht behaupten, ich hätte meine Ziele mühelos erreicht oder sei durch das Schicksal oder die Umstände begünstigt gewesen. Ich hatte kaum Geld, war sogar eher arm, aber voller Begeisterung. Ein ungezügelter Instinkt brachte mich in die Berge. Und dieser war mindestens so viel wert wie mein gesunder, von Kindheit an trainierter Körper. Was die Klettertechnik an sich angeht, brachte ich mir alles selber bei, oft auf verrückte Art und aus meinen eigenen Fehlern lernend.

Zurück zu den Ereignissen des Jahres 1953. Noch ist kein Monat vergangen seit meinen Winterbegehungen an den Zinnen, doch schon regt sich der Wunsch nach einer neuen Prüfung in mir. Dieses Mal fällt die Wahl auf das Matterhorn, und bevor der Kalender das Winterende ankündigt, mache ich mich auf, um den Gipfel in zwei Tagen über eine von mir gefundene Route zu erreichen: direkt über die Überhänge des Furggen-Grates. Mit mir am Seil ist Roberto Bignami, mein bester Freund jener Zeit.

Immer noch mit ihm zusammen konnte ich in jenem Sommer 1953 eine reiche Ernte grosser alpinistischer Erfolge einbringen, die mit drei schönen Erstbegehungen in den Zentralalpen, im Val Masino, begannen: Nordwand am Torrione Fiorelli, Südwestkante am Picco Luigi Amedeo und Ostgrat am Torrione di Zocca. Die Höhepunkte waren aber die Besteigung des Mont Blanc über das Nordcouloir des Col de Peuterey und Ende Saison die Nordwand des Piz Palü über die Feutl-Dobiasch-Route, die wir bei geradezu winterlichen Verhältnissen begingen.

Inzwischen reifte in den alpinen Kreisen Italiens ein grosser neuer Plan: Nach den Erfolgen französischer, englischer, schweizerischer, deutscher und österreichischer Bergsteiger im Himalaja trat auch Italien zur Eroberung eines Bergriesen an: des K2. Die Besteigung des mit 8611 Metern Höhe zweithöchsten Berges der Welt war schon 1911 von einer italienischen Expedition unter dem Herzog der Abruzzen versucht worden.

Noch waren die Namen der Alpinisten, die an dieser Expedition von nationalem Charakter teilnehmen sollten, nicht bekannt gegeben worden. Aber man wusste von vorangegangenen Auslandsexpeditionen, dass Männer im Alter zwischen 28 und 38 auf 8000 Metern die grösste körperliche Leistung erbrachten. Ich war aber erst 23, durfte also sicher nicht an den K2 denken – ausser als das Wunderbarste und zugleich Unerreichbarste, was ich mir vorstellen konnte. Zu meiner riesigen Überraschung wurde ich im Dezember 1953 dennoch mit zahlreichen anderen Alpinisten zusammengerufen. Eine Zeitlang blieben in mir die Grenzen zwischen Traum und Wirklichkeit verschwommen, aber am Ende brachte das Verdikt der strengen medizinischen und physiologischen Examen meinen Namen offiziell auf die Liste der elf für die Expedition ausgewählten Bergsteiger. Ich war der Jüngste.

Damit hatte mein Leben einen wichtigen Wendepunkt erreicht.

Die Eroberung des K2 war bekanntlich viel schwieriger und überraschungsreicher, als man zuvor gedacht hatte. Vom 30. April an, als unsere Karawane den Anmarsch von Skardu an den Ufern des Indus begann, bis zum 31. Juli, dem Tag des Triumphs, steigerte sich die Auseinandersetzung mit dem Berg in einem eindrucksvollen Crescendo. Abgesehen vom Expeditionsleiter Professor Ardito Desio waren die Protagonisten des Unternehmens Erich Abram, Ugo Angelino, Achille Compagnoni, Cirillo Floreanini, Pino Gallotti, Lino Lacedelli, der Arzt Guido Pagani, Ubaldo Rey, Gino Soldà, Sergio Viotto, ich und, last but not least, Mario Puchoz, der während der Besteigung am 21. Juni an einem Lungenödem in Lager II (6095 m) starb. Zusammen mit einer Gruppe italienischer Forscher, die für sich arbeiteten, und Oberst Ata-Ullah, offizieller Vertreter der pakistanischen Regierung, begleiteten uns 13 Hunza als Hochträger. Und der Transport von rund 16 Tonnen Material bis zum Fuss unseres Berges und darüber hinaus wurde möglich dank einem Bataillon von Balti: jenen anspruchslosen, aussergewöhnlichen einheimischen Trägern.

Was mich angeht, war das Unternehmen K2 vor allem ein Reigen von sich überstürzenden, starken Gefühlen: Von der fantastischen Anreise durch exotische, seit jeher unveränderte Landschaften bis zu den zwei Monaten entnervender Belagerung am Berg. Eine Reise, die zum grössten Teil in einer angespannten Atmosphäre verlief; auch nach dem dramatischen Tod von Mario Puchoz nahm die Spannung – mit dem Beginn des unerbittlich schlechten Monsunwetters – nicht ab. Für mich kam dann die bittere Erfahrung des Biwaks am 31. Juli auf über 8000 Metern dazu. Bevor ich dieses unvorhergesehene Biwak ertragen musste, hielt ich mich, dank meines perfekten Trainingszustands, lange Zeit ununterbrochen in der so genannten Todeszone auf; davon verbrachte ich sieben Tage zwischen 7345 und 8100 Metern. Es waren jedenfalls 20 Tage härtesten Einsatzes, bei dem ich nie auf Sauerstoffflaschen zurückgriff.

Was mich jedoch von allen Ereignissen am K2 in späteren Jahren am tiefsten prägte, waren die Geschehnisse nach der eigentlichen Expedition; sie gründeten auf Verleumdung, vor allem aber auf einer Lüge, die später als Wahrheit in die offizielle Geschichte der Eroberung dieses Gipfels eingehen sollte. Eine bewusste Falschaussage, die trotz der Entrüstung aller, auch der nationalen und ausländischen Presse, skandalöserweise bis heute nicht korrigiert worden ist. Über die ganze schändliche Angelegenheit habe ich allerdings vor kurzem für die Geschichte ein eigenes Buch geschrieben. Sein italienischer Titel lautet «K2 – storia di un caso» [«K2 – Die Geschichte eines Falls», 1995; nicht in deutscher Übersetzung erschienen; Anm. d. Ü.]. Alle darin enthaltenen Aussagen, nicht nur meine eigenen, sind klar dokumentiert und mit unanfechtbaren Beweisen verbürgt. Ich zähle deshalb auf die spontane, unvoreingenommene und sachliche Reaktion jener Menschen mit gut ausgeprägtem Gerechtigkeitssinn, die in Zukunft die Sache vertreten werden, um die offizielle Billigung der vollständigen historischen Wahrheit des Unternehmens von 1954 zu erreichen. Eines Unternehmens, das nichts anderes verdient und verlangt!

Die letzten Lager am K2

28. Juli morgens, Lager VII, 7345 Meter.

Fast wie ein Unbeteiligter verfolge ich den Aufbruch meiner Kameraden, die sich anschicken, den letzten Angriff auf den K2 durchzuführen. Es sind Erich Abram, Achille Compagnoni, Pino Gallotti, Lino Lacedelli und Ubaldo Rey.

Drei Tage zuvor, als wir zum ersten Mal diese Höhe erreicht und dort Lager VII errichtet hatten, waren wir alle – ich selbst inbegriffen – hart mitgenommen, aber voller Hoffnung und ungebeugten Willens. Dann verschlechterte sich, zum wer weiss wievielten Mal, das Wetter und hielt uns zwei volle Tage und drei Nächte lang in den Zelten gefangen. Am ersten Abend ass ich etwas – wahrscheinlich waren es Sardinen in Öl aus der Büchse –, das ich nicht verdaute, und von diesem Moment an konnte ich nichts mehr ausser einigen Schlucken Zitronenlimonade zu mir nehmen.

Nun, da der Moment des Aufbruchs meiner Gefährten zum Gipfel kommt, scheint alles um mich zusammenzustürzen, ich fühle mich leer und überflüssig. Ich hadere mit dem Schicksal, das mir verwehrt, diesen so sehr ersehnten Augenblick mitzuerleben. 21 Tage sind seit meinem letzten Aufbruch vom Basislager vergangen; seither habe ich mich immer in grosser Höhe aufgehalten, an der Spitze und kerngesund – mich jetzt in einer solchen Verfassung wiederzufinden, scheint mir wie bitterer Hohn.

In Wirklichkeit hatte ich schon am Anfang der Tour, kurz bevor wir den Fuss des K2 erreichten, einen ähnlichen Moment der Kraft- und Nutzlosigkeit erlebt; aber der Grund war ein ganz anderer: Wir befanden uns noch auf dem Baltoro-Gletscher, in Urdukas, wo wir für die Akklimatisation ein paar Tage blieben; und dort wurde ich Opfer eines dummen Unfalls, der mir beinahe zum Verhängnis wurde.

Eines Morgens kam Lacedelli in mein Zelt, um mich zu wecken, und nahm mich dazu spasseshalber samt Schlafsack, in dem ich noch schlief, in die Arme. Unvorsichtig zog er mich zum Zelt hinaus und begann mich zu schaukeln. Plötzlich entglitt ich aber seinen Händen und rollte den eisigen Hang hinunter – splitternackt im Schlafsack. Ein böser Streich, der mir Quetschungen und Verletzungen eintrug, die mich etwa zehn Tage ausser Gefecht setzten. Als ich wieder zu mir kam, lag ich in der ganzen Länge im Vorratszelt, wo mich die Freunde hintransportiert hatten; Lacedelli stand da wie ein geschlagener Hund. Um ihm aber Unannehmlichkeiten mit dem gestrengen Expeditionsleiter zu ersparen, kam ich mit meinen im Zelt anwesenden Gefährten überein, meine Zwangspause einem «starken Bauchweh» zuzuschreiben.

So vertuschte ich aus gutem Willen und zum Schutz meines Kameraden den wahren Grund meines Unwohlseins. Dieses wurde aber bald, wie ich hier der Wahrheit halber anfügen muss, als Ausdruck meiner verminderten Leistungsfähigkeit angesehen, und zwar in den Augen jener, welche die Wahrheit nicht kannten. Noch schlimmer war allerdings, dass mir später in der offiziellen Berichterstattung wegen dieser Episode Fantasie-Krankheiten angehängt wurden. Einmal mehr, so scheint die Regel zu sein, folgte also auf eine selbstlose Geste die Undankbarkeit jener, die um die Wahrheit wussten und daraus Nutzen zogen.

Kehren wir aber zu jenem Morgen des 28. Juli am K2 zurück.

Langsam und mühselig, Schritt für Schritt, steigen meine fünf Kameraden auf. Vor kurzem haben sie Lager VII verlassen; die Anstrengung ist offensichtlich zermürbend. Sie wollen heute Lager VIII am vorgesehenen Platz auf zirka 7750 Metern Höhe einrichten. Es handelt sich dabei um ein Zelt, das mit allem Notwendigen für die zwei Männer, die dort oben bleiben, ausgerüstet werden soll. Die zwei Bergsteiger, die aus einer schicksalhaften Fügung diese vorgeschobene Stellung beziehen, werden – ihr anhaltend guter Gesundheitszustand vorausgesetzt – ziemlich sicher auch den Gipfelsturm versuchen. Ich weiss allerdings noch nicht – ich werde es erst bei meiner Rückkehr ins Basislager erfahren –, dass Desio das Kommando für den Gipfelangriff mit einem an unsere Spitzengruppe gerichteten «Dienstbefehl» (von dem ich aber nie etwas vernommen hatte) Compagnoni zuteilte; Compagnoni sollte den Gipfelsturm mit einem von uns durchführen. Alle anderen aber sollten die zwei unterstützen, zu diesem Zweck in Lager VII absteigen, dort die Nacht verbringen und am nächsten Tag wieder mit Material und Verpflegung hochsteigen.

Während die fünf Kameraden sich allmählich auf dem unter der Sonne glühenden Hang entfernen, bleibe ich vollkommen niedergeschlagen im Zelt zurück und brüte so lange über mein Pech, bis sich schliesslich ... eine gute Reaktion einstellt. Ich entschliesse mich, koste es, was es wolle, etwas zu essen. Schon der Gedanke daran widert mich an; aber es ist die einzige Möglichkeit, zu Kräften zu kommen und meinen Platz dort oben wieder einzunehmen. Um einen Bissen hinunterzukriegen, muss ich die Augen schliessen und mich zwingen, an etwas anderes zu denken. Mich würgt der Brechreiz, aber glücklicherweise behält der Magen die Nahrung.

Eine gute halbe Stunde ist vergangen, seit ich allein im Lager zurückgeblieben bin, als überraschend Rey vor dem Zelt auftaucht: Sein Gesicht ist verzerrt vor Müdigkeit und Enttäuschung. Er erzählt mir von einer Übelkeit, die ihn nach etwas mehr als 50 Höhenmetern befiel; so stark, dass er seine Last im Schnee zurücklassen und umkehren musste. Ich verstehe seinen Seelenzustand nur allzu gut: Solche Schicksalsschläge sind für jemanden, der seit zwei Monaten an einem solchen Berg kämpft, schwer zu ertragen.

Die vier Männer im Aufstieg sind inzwischen winzig klein, Wolken ballen sich über ihnen zusammen, in denen sie bald verschwinden werden. Schweigend blicken wir ein letztes Mal hinauf, dann ziehen wir den Reissverschluss des Zeltes zu. Den ganzen Tag lang herrscht in Lager VII eine traurige Atmosphäre.

Von unten ist heute niemand heraufgekommen. Als wir um 17.30 Uhr Funkverbindung mit dem Basislager aufnehmen, drängen wir auf den Nachschub von Lebensmitteln, Brennstoff und Sauerstoffflaschen, der von Hunza-Trägern heraufgeschafft werden muss. Wir bitten das Basislager, das als Relaisstation dient, unsere Botschaft an Lager V weiterzuleiten, von wo der Nachschub abgehen soll. Man gibt uns den Wetterbericht durch, der endlich günstig lautet: heiterer Himmel, sehr kalter Nordwind, deutliche Besserung in Aussicht. Das sollte unsere letzte Verbindung mit der Basis sein.

Gegen Abend kommen zwei Männer von oben herunter: Abram und Gallotti. Compagnoni und Lacedelli werden also die glücklichen Gipfelstürmer sein. Freudig nehme ich zur Kenntnis, dass Abram und Gallotti eine deutliche Besserung meines Zustandes erkennen. In Wirklichkeit fühle ich mich selbst wieder fast bei vollen Kräften. Ist ein Wunder geschehen? Die zwei beschreiben kurz den Ort des neuen Lagers weiter oben. Um es zu erreichen, steigt man zuerst über den Hang, der sich von unserem Zelt hochzieht, gerade auf, dann hält man schräg durch eine weite Mulde nach rechts und steigt schliesslich, inzwischen in der Ostflanke, über einen anderen, flacheren Hang auf. An seinem Ende steht im Schutz einer grossen Eismauer das Zelt von Lager VIII. Im Gegensatz zum noch in Italien gemachten Plan wurde es auf einer geringeren Höhe, nämlich auf 7627 Metern, eingerichtet. Mit einer Last benötigt man etwa vier Stunden dorthin.

Gallotti erzählt uns dann sein Abenteuer, das er auch in seinem Tagebuch vermerken sollte und das beinahe schlimm geendet hätte: «Erich und ich lassen Achille und Lino beim Aufbauen des Zeltes zurück und beginnen den Abstieg. Wie gewöhnlich seilen wir uns nicht an. Wir kommen langsamer voran als geplant; man versinkt stellenweise in der Aufstiegsspur. Plötzlich aber, bei einer Traverse auf halber Höhe, beginne ich zu rutschen. In der Mitte des letzten Hanges müssen sich Stollen unter den Steigeisen gebildet haben, und so gleite ich auf einmal seitlich weg. Das geht alles so schnell, dass ich schon in voller Fahrt bin, bis es mir bewusst wird. Ich versuche mehrmals, den Pickel einzuschlagen – vergeblich! Ich sause mit beängstigender Geschwindigkeit hinunter, plötzlich dreht es mich gegen den Hang, ich schlage mit dem rechten Fuss in den Schnee, die beiden vorderen Zacken des Steigeisens greifen, und nach ein paar Metern komme ich endgültig zum Stehen. Langsam beginne ich wieder normal zu atmen und sehe mich um: Ich habe eine Rutschpartie von mindestens 50 bis 70 Metern hinter mir, und nun, da die Fahrt zu Ende ist, bin ich wie erlöst. Auch mein Schutzengel wird eine Heidenangst gehabt haben und musste beim Sturz sicher ein paar Federn lassen! Dann mache ich mich auf, um wieder zu Erich zu kommen. Die wenigen Meter, die mich noch von den Zelten trennen, lege ich fast ausschliesslich auf allen vieren zurück ...»

29. Juli: Der Morgen ist herrlich, und ich fühle mich – für diese Höhe – ausgezeichnet. Mein körperliches und seelisches Wohlbefinden gibt mir gar Lust zu einem Frühstück. Auch Rey scheint wieder auf dem Damm zu sein; Gallotti und Abram dagegen haben sich offensichtlich von ihrer gestrigen Erschöpfung noch nicht erholt.

Unser Plan für heute sieht folgendermassen aus: Lacedelli und Compagnoni werden von Lager VIII in Richtung des Bands aus roten Felsen, die den Gipfelaufbau tragen, aufsteigen und hier auf ungefähr 8100 Metern – gemäss dem ursprünglichen Plan – Lager IX einrichten. Es wird aus einem kleinen, mit dem Notwendigsten versehenen Zelt des Typs «Super-K2» bestehen. Am gleichen Tag noch werden sie zu Lager VIII absteigen, wo in der Zwischenzeit unser Nachschub eintreffen wird: Von Lager VII, wo wir sind, planen wir eine grosse Versorgungsaktion und werden am selben Tag genügend Material nach oben bringen, um Lager VIII zu einem guten Ausgangspunkt für den Gipfelsturm zu machen. Natürlich umfassen unsere Lasten auch die gestern von unseren Kameraden wenig oberhalb von Lager VII zurückgelassenen Sauerstoffflaschen. Sie werden Lacedelli und Compagnoni bei ihrem Angriff vom Sturmzelt IX zur Spitze des K2 unterstützen. Von den unteren Lagern werden unterdessen die Hunza mit dem über Funk angeforderten Material eintreffen.

Wir bereiten uns mit der hier oben unvermeidlichen Langsamkeit zum Aufbruch vor. Aber bald tritt das ein, was wir im Geheimen schon fürchteten: Rey und Abram müssen aufgeben.

Vergeblich versuchen wir, sie anzuspornen. Sie sind sich der Bedeutung ihrer Aufgabe, aber auch ihres Verzichtes wohl bewusst; wenn sie jetzt zum Abstieg gezwungen sind, so heisst das, dass sie schon mehr als das Menschenmögliche geleistet haben. Fast wortlos stellen sie ihre Last in den Schnee und beginnen taumelnd abzusteigen. Schreckliche Augenblicke sowohl für den, der umkehrt, als auch für jene, die weiterkämpfen.

Abram wird heute in Lager VII bleiben; er hofft, sich zu erholen und uns morgen nachzusteigen. Rey dagegen wird nur der Abstieg zum Basislager bleiben.

So sind wir also nur noch zwei, Gallotti und ich. Gallotti macht aber einen dermassen erschöpften Eindruck, dass ich an seinem Weitergehen zweifle. Ich wage es nicht, ihn zu bitten, seine Last aus diversen Gegenständen gegen das von Abram auf dem Schnee zurückgelassene Sauerstoffgerät einzutauschen. Sicherlich hat Gallotti nicht die Kraft, es sich auf seine Schultern zu laden, sonst hätte er es von sich aus getan. Die Lasten mit den Sauerstoffflaschen sind die schwersten Einheiten, zugleich aber auch die wichtigsten: Sie sind für den Gipfelsturm unerlässlich. Ich bin mir bewusst, dass mit dem Transport von nur einem anstelle der zwei vorgesehenen Sauerstoffgeräte das Problem, das uns jetzt beschäftigt und unsere Pläne ein weiteres Mal gefährdet, nicht gelöst ist.

Wir sind also nur noch zu zweit mit vier Lasten, die bis Lager VIII hochgetragen werden müssen. Steigen wir weiter auf, müssen wir aber auch für uns selber sorgen und ein Minimum an Verpflegung und Brennstoff mitnehmen, um nicht die Vorräte von Compagnoni und Lacedelli anzugreifen. Zudem müssen wir dort oben mindestens ein weiteres Zelt aufbauen. Ich entschliesse mich, auch das Sauerstoffgerät, das ich mir eben aufgeladen hatte, zurückzulassen und es gegen die Ausrüstung zu tauschen, die es braucht, um in Lager VIII ein zweites Zelt einzurichten. Später werden wir mit Lacedelli und Compagnoni das neu entstandene Problem genauer studieren und einen neuen Plan entwickeln müssen.

Es ist hart, nach einer längeren Pause wieder in Bewegung zu kommen. Kaum haben wir die Querung nach rechts hinter uns, hüllt uns schon der Nebel ein. Die gestrigen Spuren im Tiefschnee sind während der Nacht vom Wind verweht worden, und wir können uns nur anhand der wenigen farbigen Fähnchen, die unsere Gefährten gestern in weiser Voraussicht gesteckt haben, orientieren. Gallotti zeigt sich unheimlich zäh. Wohl ist er immer stärker vornübergebeugt, doch er folgt mir weiterhin.

Am späten Nachmittag treffen wir beim Zelt ein, das im Nebel bis kurz davor nicht sichtbar war. Auf unsere Rufe antworten die Stimmen von Compagnoni und Lacedelli; sie werfen einen Blick aus ihrem Zelt und scheinen völlig erschöpft. Sie erzählen uns, dass sie für das Überwinden der Eismauer unmittelbar über dem Lager viele Stunden benötigten. Die Anstrengung war so gross, dass sie an diesem Tag nur etwa hundert Höhenmeter gewinnen konnten, bevor sie ihre Rucksäcke im Schnee zurücklassen und todmüde wieder absteigen mussten. Alles in allem sieht die Lage fast hoffnungslos aus. Aber wir verschieben das Problem auf später, und Gallotti und ich beeilen uns, vor dem Einbrechen der Nacht die Plattform in den Schneehang zu graben, wo wir unser Zelt aufstellen. Darin ziehen wir uns so schnell wie möglich vor der zunehmenden Kälte zurück.

Nachdem wir etwas gegessen haben – das erste Mal seit dem Morgen –, kriechen wir ins Zelt unserer Freunde und halten, eng zusammengekauert, Kriegsrat. Der Himmel ist jetzt voller Sterne, und es wird immer kälter.

Nach einer langen Diskussion kommen wir zu folgendem Schluss: Wir können nach wie vor auf einen Gipfelerfolg am K2 hoffen, aber nur wenn wir es irgendwie im Lauf des nächsten Tages schaffen, die Sauerstoffapparate bis zum unumgänglichen Lager IX, das auch noch erst eingerichtet werden muss, hinaufzubringen. Ein Lager, von dem wir erst optimistisch glaubten, wir könnten es vermeiden. Das eigentliche Problem besteht also darin, die Sauerstoffflaschen unten zu holen und bis zum höchsten Lager hinaufzuschaffen. Ein Versuch, den Gipfel ohne Sauerstoff anzugehen, wäre viel zu gewagt, für den Erfolg des Unternehmens ebenso wie für die Sicherheit der Gipfelstürmer. Diese Geräte mit offenem Kreislauf garantieren zehn bis zwölf Stunden Sauerstoffversorgung und bewirken, dass man sich auf einer Höhe von 8000 Metern unter ungefähr denselben Bedingungen wie auf 6000 Metern bewegt. Die einzige verlässliche Strategie für den Erfolg unseres Unternehmens ist also die Verwendung von Sauerstoff. Wir sind uns aber auch darin einig, dass wir nicht zwei Tage für den Transport der Geräte, die sich etwas oberhalb von Lager VII befinden, vergeuden dürfen: Die Lebensmittel- und Brennstoffvorräte würden sich erschöpfen, auch jene, die mit den Hunza-Trägern nach oben unterwegs sind. Wir würden zudem unsere körperliche Leistungsfähigkeit schwächen, da der Körper in so grosser Höhe auch bei vollkommener Ruhe abbaut. Schliesslich wäre das Risiko eines Wettersturzes – die Prognose ist sowieso unsicher – mit all seinen vorhersehbaren Gefahren grösser.

Zuletzt vereinbaren wir, dass Gallotti und ich morgen früh zu Lager VII absteigen, um die zwei Sauerstoffapparate zu holen und sie bis zum Abend zu Lager VIII und weiter bis zu Lager IX zu transportieren. Lacedelli und Compagnoni werden unterdessen aufsteigen und jenes gelobte höchste Lager aufbauen. Wir kommen überein, dass sie es aber nicht mehr dort einrichten, wo es anfangs einmal vorgesehen war, nämlich unter dem grossen Felsband, sondern vielleicht etwa hundert Meter weiter unten, um Gallotti und mir unsere zermürbende Mission etwas zu erleichtern: Uns erwarten über 200 Meter Abstieg zu Lager VII, dann wieder mindestens 500 Meter Aufstieg (so viel war wenigstens vorgesehen, in Wirklichkeit sollten es dann mehr als 700 sein) – und dies mit einem Gewicht von ungefähr 20 Kilo auf den Schultern und in einer Höhe von 8000 Metern. Eine harte Prüfung, ich würde es gar Wahnsinn nennen, aber gerade von diesem Wahnsinn hängt letztlich unser Erfolg am K2 ab.

Gelingt unser Plan, werden wir also morgen Abend alle vier wie jetzt hier in Lager VIII im winzigen Zelt von Lager IX zusammenkauern und gemeinsam den Morgen des Gipfelsturms abwarten.

An diesem Abend zeigte sich Lacedelli wohl müde, aber dennoch in guter körperlicher Verfassung. Bei Compagnoni hingegen waren Zeichen totaler Erschöpfung zu erkennen, die er aber nicht zugab. Mehr als einmal war ich versucht – zweifelnd, ob er eine extreme Anstrengung aushalten würde –, ihn dazu zu bewegen, mir seinen Platz abzutreten. Aber schliesslich tat ich es nicht. Ein solcher Entscheid hätte von ihm ausgehen müssen; er missachtete aber den Zustand seines Körpers. Und vielleicht war es ja besser so.

Es wäre beunruhigend gewesen, wenn Compagnoni zu jener Seilschaft gehört hätte, welche die harte, mit Fragezeichen versehene Aufgabe des Sauerstofftransportes erwartete. Ich war hin und her gerissen: Einerseits müsste ich wohl die Stelle von Compagnoni einnehmen, andererseits hatte ich Skrupel vor den Folgen eines solchen Vorschlags. Ausserdem befürchtete ich, ohne anmassend zu sein, dass Compagnoni nicht in der Lage sein würde, den Sauerstoff zu Lager IX hochzuschaffen. Es war deshalb wie eine Erlösung, als Compagnoni, der meine Gedanken vielleicht erriet und durch seinen klar ersichtlichen Zustand in die Klemme kam, wörtlich sagte: «Wenn du morgen auch dort oben, in Lager IX, in Form bist, wirst du vielleicht den Platz von einem von uns beiden einnehmen.» Angesichts des zermürbenden Tages, der mich erwartete, tönte seine Äusserung nicht realistisch, sondern nur wie ein schlauer Trick, um an jenem Abend der offenkundigen Frage zu entgehen. Aus seinen Worten zog ich jedenfalls den Schluss, dass jetzt nicht der Augenblick sei, die Dinge zu ändern. Um am nächsten Abend überhaupt auf die Aussage von Compagnoni zurückkommen zu können – so der Kommentar von Gallotti und mir zurück in unserem Zelt –, müssten wir es zuerst mit dem Sauerstoff alle zusammen bis zu Lager IX schaffen. Und das war jetzt das Wichtigste.

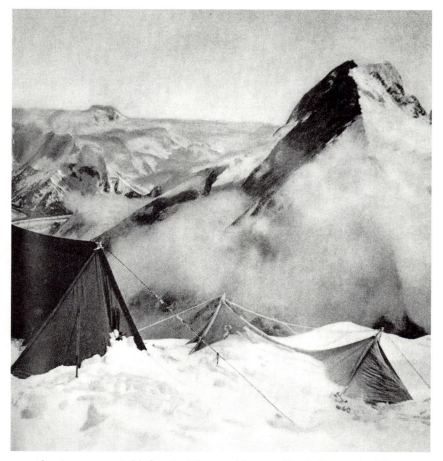

Das Lager VII auf dem Abruzzi-Sporn auf 7345 m ü. M.; daneben die Reste eines Zeltes der amerikanischen Expedition von 1953. Im Hintergrund der Broad Peak

Als wir uns zum Schlafen einrichteten, klagte Gallotti über starke Schmerzen im linken Fuss, die auf die Kälte zurückzuführen waren. Wir massierten den Fuss mit vereinten Kräften, bis das Gefühl wieder zurückkehrte.

Am nächsten Morgen sind wir nach zwei Stunden der Vorbereitung um 8 Uhr zum Abmarsch bereit. In solch sauerstoffarmen Höhen braucht man nur schon eine halbe Stunde, um sich die Bergstiefel anzuziehen. Das Panorama ist wirklich eindrucksvoll, auch weil wir unseren Gipfel endlich einmal von nahe sehen können: Die Eiswand wenig über dem Lager verbirgt das Zwischenstück des Aufstiegs vor dem letzten Aufschwung, aber wahrscheinlich erscheint uns der Gipfel des K2 deshalb so nah, dass man glaubt, man könne ihn in kurzer Zeit erreichen. Gegenüber, inzwischen unter uns, thront der 7544 Meter hohe Skyang Kangri, auch Staircase genannt, dessen wunderbaren Gipfel die Expedition des Herzogs der Abruzzen 1909 nur mit viel Pech nicht erreichte. Von hier oben gesehen erinnert er an eine majestätische, zum Himmel ragende Treppe aus drei riesigen Stufen, die seine Masse begrenzen. Der Horizont scheint unendlich, er besteht nur aus Gipfeln und Gletschern, aber insbesondere gegen den Gebirgszug des Kunlun verschwimmen Himmel und Berge in einem einzigen blassen Blau.

Mit gegenseitigen guten Wünschen verabschieden wir uns von unseren Kameraden. Obwohl wir keine Lasten haben, kommen wir nur langsam voran. Die Spuren von gestern sind wieder durch den vom Wind aufgewirbelten Schnee verweht. Wir steigen mit möglichst kleinen Schritten ab, um uns mit solchen gut bemessenen Stapfen den späteren Wiederaufstieg zu erleichtern. Gallotti hat seine Rutschpartie von vorgestern nicht vergessen, und als er an die Unfallstelle kommt, passt er besonders gut auf. Als wir einmal nach unten schauen, sehen wir Abram und die zwei Hunza-Träger Madhi und Isakhan in unsere Richtung aufsteigen.

Ich bewundere Abram, der es geschafft hat, seine gestrige Krise zu überwinden. Wir kommen alle fünf fast gleichzeitig bei der Stelle unmittelbar oberhalb von Lager VII an, wo wir gestern die zwei Sauerstoffgeräte zurückliessen. In den Rucksäcken der Begleiter befinden sich unter anderem Matratzen und Reserve-Schlafsäcke: ein Luxus, vor allem für Gallotti und mich; wir mussten in der vergangenen Nacht mit spärlicher Ausrüstung auskommen.

Mit einer Sauerstofflast auf dem Rücken, aber vielleicht weniger mitgenommen als die anderen, steige ich wieder, an der Spitze der kleinen Gruppe, über den Schneehang auf. Gallotti folgt mir auf den Fersen, er kommt aber schlecht voran und legt Ruhepausen ein, die länger dauern als die paar Schritte dazwischen.

Manchmal verharrt er bewegungslos mit dem Gesicht im Schnee, unfähig zu reagieren, aber dann findet er wieder den Willen und die Kraft weiterzugehen, auch wenn es nur ein Meter ist, um dann wieder im Tiefschnee auf die Knie zu fallen. Sein Gesicht ist vor Anstrengung erschreckend aufgetrieben und verzerrt. Als er Lager VIII erreicht, kann ich mir nicht vorstellen, dass er von hier noch einen Schritt weitergehen kann. Auf jeden Fall bin ich überzeugt, einer der ergreifendsten Demonstrationen von Hartnäckigkeit und Zähigkeit beigewohnt zu haben, die ein Mensch für die Eroberung eines Berges erbringen kann. Was Gallotti an jenem 30. Juli 1954 vollbrachte, ist wirklich aussergewöhnlich, und damit allein hätte er schon den Gipfel des K2 verdient.

Wir haben wohl ein schönes Stück hinter uns gebracht, sind aber noch weit entfernt von Lager IX, und die Ereignisse scheinen sich einmal mehr zu überstürzen. Mit Gallotti kann man nicht mehr rechnen. Abram äussert sich nicht, aber sein Gesicht gibt wenig Anlass zu Hoffnung. Isakhan jammert wie ein Kind, das in hohem Fieber liegt. Mahdi dagegen ist nach wie vor in ausgezeichneter Verfassung.

Dieser aussergewöhnliche Mann war von allen unseren Hunza-Trägern immer der beste und meiner Meinung nach auch der einzige, den man mit den besten Sherpas Nepals vergleichen konnte. Vielleicht wird er mit der bis hierhin gebrachten Sauerstofflast mit mir bis zu Lager IX weitergehen? Wie kann ich ihn aber dazu bringen, eine solche Mühsal auf sich zu nehmen, ohne ihm eine kleine Hoffnung auf den Gipfel zu machen? Das ist der Trumpf, den man ausspielen muss, um den hervorragenden, stolzen Mahdi zu überzeugen.

Bevor wir aber diese heikle Frage anschneiden, bereiten wir aus Bouillonwürfeln und Zwieback eine Suppe zu: Wenn der Magen nicht zu laut knurrt, sind die Gedanken gleich optimistischer! Dann versprechen wir Mahdi zuerst eine Belohnung in Rupien, die er nach dem Sieg in Empfang nehmen werde; dann legen wir ihm unseren Plan dar und lassen dabei – allerdings sehr unbestimmt – durchblicken, dass er mit Lacedelli, Compagnoni und mir zum Gipfel kommen könne. Dieser kleine Schwindel, der aber auf einer realen Möglichkeit gründet, ist unumgänglich.

Abram fühlt sich inzwischen etwas besser und erklärt sich bereit, uns so hoch wie möglich zu begleiten und uns beim Transport des Sauerstoffs abzulösen. Wir ziehen also die Steigeisen an und sichten ein letztes Mal unsere Ausrüstung: Das Seil ist eingepackt, dann Karabiner, Pickel, Werkzeug mit Engländer, Reserveventil und weitere Ersatzteile für die Atemgeräte, die sich schon in den Rucksäcken von Compagnoni und Lacedelli befinden. Schliesslich die Taschenlampe. Es fehlt nichts, wir können aufbrechen.

Die Zeit ist rasch verflogen, es ist schon 15.30 Uhr, und wir haben nur noch etwas mehr als vier Stunden Tageslicht. Unsere Kameraden weiter oben werden sich zu beunruhigen beginnen.

Eine tiefe Fussspur nach rechts weist uns die von Lacedelli und Compagnoni begangene Route zur Eiswand gerade über dem Lager. Wir folgen ihr. Die Passage liegt völlig im Schatten, hier ist es gleich deutlich kälter. Unsere Muskeln sind nach der langen Pause, aber auch wegen des Gewichtes der Atemgeräte und diverser weiterer Ausrüstungsstücke auf unseren Schultern steif und starr. Die Anstrengung wird durch den erbarmungslosen Sauerstoffmangel verschärft. Alle drei oder vier Schritte müssen wir anhalten, alle 20 bis 30 Meter müssen wir uns im Tragen der Lasten abwechseln.

Am Fuss der etwa dreissig Meter hohen Wand öffnet sich eine lange und breite Spalte. Die Spur führt über die einzige Stelle, wo die beiden Spaltenränder sich nähern. Der obere Rand springt wie eine Dachtraufe aus lockerem Schnee vor. Die mehrmalige Begehung dieser Brücke durch unsere Kameraden in den letzten zwei Tagen hat die Ränder der Traufe so beschädigt, dass es schwierig ist, mit einem derartigen Gewicht auf den Schultern hinüberzukommen.

Um 16.30 Uhr steigen wir aus der senkrechten Wand auf den darüber liegenden Hang aus. Vor lauter Sorge über das, was uns noch bevorsteht, nehmen wir den Gipfel erst gar nicht wahr – der Weiteraufstieg dorthin birgt offensichtlich keine Überraschungen mehr –, sondern rufen gleich lauthals nach unseren Kameraden. Sie haben die Rufe gehört und antworten. Aber wo steht ihr Zelt? Eine lange, hie und da unterbrochene Spur ihrer Fussstapfen zieht sich vor uns über den langen Hang, der immer steiler wird, bevor er gegen die Séracs unter dem Gipfel stösst. Doch noch vor dem letzten Aufschwung wendet sich die feine Spur leicht nach links und verschwindet. Viel weiter oben ist sie scheinbar wieder zu erkennen, dort wo sie auf eine steile Felszone zuläuft. Wir können ihr noch bis zum Fuss eines grossen Blocks folgen, dann … nichts mehr. Sicher werden Lacedelli und Compagnoni genau dort sein, das Zelt vor unseren Blicken durch den grossen Felsen geschützt. Aber warum sind sie so hoch aufgestiegen? «Lino! Achille! Wo seid ihr, wo steht das Zelt?» – «Folgt der Spur!», antwortet eine Stimme von oben. Der tiefe, ruhige Klang der Antwort erleichtert uns; wir verstehen, dass wir nicht mehr weit von ihnen entfernt sind, sie haben uns bestens gehört und antworten deshalb in normalem Ton, ohne zu schreien. Ein beruhigender Kontakt, dennoch sind wir etwas verärgert, dass sie das Lager so weit oben eingerichtet haben. Wir setzen unseren Aufstieg in der Spur der Kameraden fort.

In unserer Vorstellung sind sie dort oben, wo die Spuren aufhören, und ich sehe mich schon im Zelt der Freunde. Von hier aus scheint sich uns kein Hindernis mehr in den Weg zu stellen; allerdings werden wir kaum vor Einbruch der Nacht dort oben ankommen. Wir schätzen, dass wir heute viel mehr als ursprünglich geplant aufsteigen müssen, insgesamt sind es etwa 700 Höhenmeter.

Schritt für Schritt, Pause um Pause gehen wir unseren Weg. Wir durchqueren eine Zone mit grossen, tückisch unter dünnen Schneebrücken verborgenen Spalten, ich überrasche mich beim freudigen Gedanken an den Abstieg; das nächste Mal, wenn wir hier in unsere Stapfen treten, ist der K2 besiegt.

Doch die Euphorie verfliegt schnell und weicht nüchternen Überlegungen: Je weiter wir aufsteigen, desto grösser wird unser Verdacht, dass sich das Zelt und unsere Kameraden gar nicht hinter dem Felsen befinden. Dieser Felsblock scheint nämlich, als wir ihn genauer sehen, nicht gross genug, um ein Zelt verbergen zu können; anderseits sind in seiner Umgebung keine günstigen Plätze für ein Lager auszumachen. Der Hang ist eine einzige Folge von ziemlich steilen Platten aus vereistem Fels bis unter das grosse Band aus roten Felsen. Ein ausgezeichneter und sicherer Ort für das Zelt wäre dagegen der höchste Punkt des Schneerückens gewesen, der die zwei Flanken des K2 zwischen 7900 und 7950 Meter voneinander trennt. Übrigens ein Platz, den wir schon gestern Abend in Erwägung gezogen haben.

Die Gipfelzone des K2: Der Kreis markiert den Ort des Biwaks von Walter Bonatti und dem Hunza-Träger Mahdi in der Nacht vom 30. zum 31. Juli 1954.

Wir sind wieder beunruhigt und kommen auf die verschiedensten Gedanken: Sind die Stapfen zum Felsen vielleicht gar keine Fussspuren, sondern nur die Schleifspur eines weiter oben abgegangenen Steines oder Eisblockes? Doch wo stecken dann wohl Lacedelli und Compagnoni? Vielleicht an einem ganz anderen Ort, auf dem Hang rechts? Nein, das ist unlogisch, die Eisschlaggefahr ist dort zu gross! Vielleicht haben die zwei aber Schutz in einer Vertiefung gefunden, in einer Spalte zum Beispiel, die wir von hier nicht einsehen können. Oder haben sie sich etwa für den Platz entschieden, den wir schon im ursprünglichen, noch in Italien entwickelten Plan vorgesehen hatten? Wäre es so, müsste sich das orange Zelt zuoberst auf dem Schneerücken deutlich vom Felsriegel darüber abheben. Doch eine solche Lösung passt überhaupt nicht zum gestern aufgestellten Ablauf. So kann es also auch nicht auf der linken Seite stehen! Kommt dazu, dass man in diesem Fall die Fortsetzung ihrer Spuren vom Felsblock nach links sehen müsste; und das Zelt wäre dort zu weit von der Route entfernt ... Das sind die Zweifel und Vermutungen, die meinen Verstand beschäftigen, aber sicherlich auch jenen von Abram: Plötzlich rufen wir nämlich gleichermassen besorgt und so laut, wie wir können, nach unseren Gefährten. Da, eine kurze Antwort vom Felsblock oder wenigstens aus dieser Richtung. Es besteht also kein Zweifel, dass sie dort sind – oder vielleicht wollen wir uns das auch nur einbilden.

Die Sonne ist inzwischen hinter dem Grat des K2 verschwunden, und es ist schneidend kalt. Unsere Umgebung hat sich schlagartig verändert, als ob wir plötzlich an einem ganz anderen Ort wären. Jede Furche und Falte des Berges, die vor wenigen Augenblicken noch Schatten warf und leuchtete, ist jetzt blass, kalt, bedrohlich. Alles wirkt fremd und feindlich, und wir fühlen uns darin unendlich zerbrechlich. Noch nie empfand ich die Kraft und Grösse des K2 und des ganzen Himalaja rund um uns so überwältigend wie in diesem Augenblick. Seit 20 Tagen halte ich mich in der Todeszone auf, aber erst jetzt spüre ich, wie sich der Zauberbann der 8000 Meter meiner bemächtigt. Ich glaube, ich habe Angst.

Meine Empfindungen bringen mich immer mehr in eine Art Ekstase fern der Wirklichkeit und des Körperlichen; in einen Bewusstseinszustand, den ich zuvor noch nie erlebt habe.

Doch dann rüttelt mich einmal mehr der Verstand auf: Abram beklagt sich über einen völlig gefühllosen Fuss. Lieber, guter Erich, du hattest dich schon oben an der Eismauer zur Umkehr entschlossen, aber seit jenem Moment sind zwei lange Stunden vergangen; und du bist immer noch hier und teilst mit uns das schwere Gewicht der Sauerstoffflaschen, um unsere wahnsinnige Mission zu einem guten Ende zu führen!

Ich helfe ihm beim Ausziehen des Schuhs, und abwechselnd massieren wir pausenlos seinen Fuss, bis er zu schmerzen beginnt – die Gefahr ist vorbei. Wir verabschieden uns. Einen Augenblick lang blicke ich ihm nach: Langsam beginnt er seinen Abstieg gegen Lager VIII.

Nun sind wir also allein, Mahdi und ich. Es ist 18.30, und wir steigen schweigend zum grossen Rücken weiter, der die Ost- von der Südflanke des Berges trennt. Wir erreichen diesen Kamm, und wenig später öffnet sich links unter uns ein riesiger, eisiger Trichter, der in einem einzigen Abbruch auf den Godwin-Austen-Gletscher hinabstürzt. Die Trennlinie des Kamms war also das Hindernis, das von unten gesehen die feine, hie und da windverwehte Spur unterbrach. Die nun deutlich erkennbaren Stapfen ziehen über den ganzen Schneerücken hoch, dann führen sie durch ein steiles Schneecouloir weiter, das seinerseits am unteren Ende breiter ist und in die Wand mündet, die unter unseren Füssen abbricht. Krampfhaft folge ich mit meinem Blick den vagen Spuren meiner Gefährten und sehe, wie sie bei einem gewissen Punkt nach links zur Mitte des schroffen Couloirs halten. Von dort wenden sie sich schliesslich gegen den grossen Felsen. Weiter oben ist nichts mehr erkennbar.

Am oberen Ende des Schneerückens angelangt, beginnt Mahdi vor Kälte zu zittern und seine Fassung zu verlieren. Ich möchte endlich kapieren, wo sich die zwei dort oben versteckt haben. In einer guten halben Stunde wird es Nacht sein, und noch verstehe ich die Situation nicht. Ich durchbreche die Stille: «Lino! Achille! Wo seid ihr? Antwortet!» Alles ist ruhig. Vielleicht, denke ich, hören sie uns in ihrem Zelt nicht. Aber warum lassen sie sich dann nicht ab und zu sehen oder wenigstens hören? Wären wir nicht alle viel ruhiger?

Inzwischen haben wir den Punkt erreicht, wo man nach links zur Mitte des steilen Couloirs quert; anstatt nun den Spuren der Gefährten zu folgen, halten wir direkt zum Felsen zu.

Der Hang wird immer steiler, trügerischer, und manchmal habe ich den Eindruck, mein Herz wolle vor Anstrengung in der Brust zerspringen. Wir dürfen uns hier keinesfalls mehr in den Schnee sinken lassen, um uns auszuruhen, der Hang ist so steil, dass wir unweigerlich 3000 Meter abstürzen würden. Oh, diese Flaschen! Diese verfluchten Sauerstoffflaschen! Ihr Gewicht zerdrückt uns, das Kreuz ist lahm, und die Schultern halten die Anstrengung kaum mehr aus.

Vor kurzem noch konnte ich das Gewicht der Last erleichtern, indem ich mich ganz vornüberbeugte, doch jetzt ist der Hang so steil, dass ich völlig auf eine Seite hängend aufsteigen muss. Manchmal ist der Schmerz so stark, dass wir uns neben unseren in den Schnee gestossenen Pickel kauern und hechelnd Erleichterung suchen.

Welche Ironie: Was uns dermassen zermürbt, könnte gleichzeitig unsere grösste Hilfe sein! Auf unseren Schultern lastet reiner Sauerstoff, 19 Kilogramm kostbare Last, die uns mit der geeigneten Maske sofort einen Sauerstoffgehalt wie auf 6000 Metern verschaffen könnte. Man müsste nur einen Hahn aufdrehen; zum Teufel mit den Masken und Mischgeräten, wir haben sie ja nicht, sie sind in den Rucksäcken von Lacedelli und Compagnoni! Kaum hätte man den Hebel gedreht, wäre die dünne Luft um uns schon mit dem wertvollen Sauerstoff angereichert, und für ein paar Minuten, bis die Flaschen leer sind, würden wir uns wie zu Hause fühlen. Natürlich bin ich ironisch. Klar ist, dass der Erfolg der Expedition an einem ganz dünnen Faden hängt.

Es wird allmählich dunkel, und unsere Rufe werden immer verzweifelter. Sie verhallen jedoch ohne Antwort. Auch wenn wir es immer mehr befürchten, können wir nicht glauben, dass das Zelt nicht hinter dem Felsblock steht. Warum antworten Lacedelli und Compagnoni nicht? Wir sind ja schon ganz nahe, noch fehlen etwa 50 Meter bis zum Felsen. «Achille! Lino! Warum antwortet ihr nicht?» Nun müssen wir beide stehen bleiben, ausser Atem, die Beine bis zu den Knien im Schnee. Mahdi beginnt, wie ein Besessener zusammenhanglose Worte zu schreien, die ich natürlich nicht verstehe. Klar ist, dass er äusserst wütend ist.

Das Leiden kann nicht so weitergehen. Mit einem Ruck befreie ich mich von meiner Last, und unter Aufbietung meiner letzten Kräfte steige ich direkt durch das Couloir etwas weiter als bis zum Felsblock hoch. Im Schnee kniend, den Blick durch die Anstrengung verschleiert, verstehe ich: Hinter dem Felsblock steht kein Zelt. Nichts als ein paar halb verwehte Spuren, die schräg nach links hochziehen und die steile Fels- und Eiswand queren. Die Feststellung ist erschütternd, alles scheint um mich zusammenzubrechen. Ich bin nicht mehr fähig, zusammenhängend zu denken. Als ich mich nach dem Schock wieder aufrichte, ist viel Zeit vergangen. Es ist vollständig dunkel, Mahdi ist neben mir, und im schwachen Funkeln der Sterne sehe ich seine Augen leuchten.

Ich stelle fest, dass meine Kehle brennt wie Feuer. Instinktiv führe ich eine Handvoll Schnee zum Mund, die Kälte lässt mich gleichgültig. Ich bin jetzt etwas gefasster, ziehe meine Handschuhe aus und wühle in meinen Taschen, bis ich die Lampe finde. Vergeblich versuche ich, sie anzustellen. Vermutlich hat sie sich durch die grosse Kälte entladen: Um sie immer griffbereit zu haben, habe ich sie in einer Aussentasche getragen. Nun funktioniert sie nicht mehr.

Es gibt jetzt keinen Zweifel mehr, unsere Kameraden sind anderswo, sehr wahrscheinlich unter dem grossen Band aus roten Felsen. Aber wer weiss, in welcher Ecke sie dort stecken. Warum diese Änderung unseres Plans? Wie sollen wir jetzt, im Dunkeln, den steilen, gefährlichen und vereisten Hang auf der Suche nach ihrem Zelt anpacken? Beim Stand der Dinge gibt es für Mahdi und mich keine logischere Lösung mehr, als sofort zu Lager VIII abzusteigen. Aber was machen dann die zwei da oben morgen früh ohne Sauerstoff? Sicher könnten wir einen kleinen Absatz in den Hang graben und die Flaschen dort zurücklassen. Wer garantiert dann dafür, dass sie in der Nacht, vielleicht von Schneewirbeln zugeweht, von einer Lawine verschüttet oder von einem Rutsch in den Abgrund befördert, nicht verloren gehen? Wir befinden uns ja genau in der Falllinie des grossen Eisabbruchs. Doch vor diesen Bedenken kommt die Tatsache, dass es im Dunkeln und in unserem Zustand zu gewagt wäre, von hier wieder abzusteigen. «Lino! Achille! Antwortet! Hört ihr uns überhaupt?» Und wieder Stille. Sie wird nur unterbrochen von den beeindruckenden Schreien Mahdis, der immer wütender wird. Ich habe eine neue Idee, die ich meinem Gefährten mit grosser Mühe begreiflich mache: Wir sollten einen letzten Versuch unternehmen, das Zelt am vermuteten Ort zu finden, indem wir durch das Schneecouloir, wo wir sind, bis auf die Höhe des roten Felsbandes aufsteigen. Von dort zieht sich eine Art Schneeband nach links. Ich habe es vor dem Einnachten studiert, und es scheint nicht besonders steil zu sein. So könnten wir nicht nur die trügerische Flanke des Schneerückens vermeiden, sondern auch das Zelt leichter ausmachen und erreichen können. Mahdi reagiert ziemlich gleichgültig auf meinen Vorschlag und beginnt aufs Neue zu schreien.

Mich mit Händen und Füssen an den Hang klammernd, steige ich ab, um den Sauerstoff zu holen, den ich vorher zurückgelassen habe, und kehre wieder zum Felsblock zurück. Ich finde einen wutentbrannten Mahdi wieder, der mit erhobenem Pickel allesamt verflucht. Es ist zu dunkel, um seinen Gesichtsausdruck zu sehen, aber er ist sicher Furcht einflössend. Bestürzt stelle ich fest, dass seine Verzweiflung bald alle Grenzen sprengen und schlimme Folgen haben wird. Einmal mehr setze ich meine Last ab und rufe die Namen der Kameraden. Wieder Schweigen. Mahdi ist ausser sich, mehr als zuvor. Er steigt auf und ab, geht hin und her, macht vor Aufregung die absurdesten Dinge. Er nimmt nicht einmal mehr die Last auf seinen Schultern wahr. Er schwankt erschreckend und ist ständig nahe daran abzustürzen. Nur mit Gewalt könnte ich ihn zur Ruhe bringen; aber in diesem verrückten Zustand ist er viel stärker als ich. Endlich scheint er sich etwas zu beruhigen, ich lasse ihn meine Furcht nicht merken und bringe ihn dazu, sich neben mich zu setzen. Wer weiss, wie oft wir schon im Leeren verschwunden wären, würden wir hier nicht so tief im Schnee einsinken.

Die Lage hat sich inzwischen derart verschärft, dass ich einen Abstiegsversuch zu Lager VIII nicht mehr für möglich halte. Die Möglichkeit, dass Compagnoni und Lacedelli morgen früh ohne Sauerstoff dastehen, wäre jetzt das geringere Übel als die Folgen eines Abstiegs bei diesen Bedingungen und in der Nacht: Mein Gefährte würde in seinem Zustand sehr bald einen Fehltritt machen und abstürzen. Der Ruck des Seils nach seinem Fall würde mich – hinter ihm gehend, unfähig, ihn zu sehen und seinen Sturz zu halten – sogleich mitreissen.

So denke ich schliesslich an den letzten Ausweg: die Nacht im Freien zu verbringen und den Tag hier abzuwarten. Ein Entscheid, geprägt von der Hoffnungslosigkeit und Zufälligkeit unseres Überlebens.

Instinktiv wühle ich mit dem Pickel im Dunkeln im Schnee und bemühe mich, eine Stufe in den Hang zu graben, die genug breit ist, damit wir uns nebeneinander hinsetzen können. Plötzlich überrasche ich mich beim Schreien: «Nein, ich will nicht sterben! Ich darf nicht sterben! Lino! Achille! Es ist nicht möglich, dass ihr uns nicht hört! Helft uns! Verflucht seid ihr!» Dann lasse ich mich zu den schlimmsten Drohungen hinreissen: «Zu Hause werde ich euch anklagen!» Eine Krise der Auflehnung und Wut bemächtigt sich meiner, deren ich kaum Herr werde: Ich fühle mich nicht nur aufs Schändlichste verlassen, sondern auch zutiefst verraten. Endlich wache ich wie aus einem wüsten Traum auf und werde mir bewusst, einen ausreichenden Absatz gegraben zu haben. Auch Mahdi scheint jetzt ruhiger und resigniert zu sein, auch wenn er auf alle meine Vorschläge mit einem jämmerlichen «No, Sahb!»[1] antwortet. Dann zittert und stöhnt er weiter vor Kälte.

---

[1] «Sahb» ist die Abkürzung des Wortes «Sahib» aus dem Hindi; es bedeutet «Herr».

Ich arbeite weiter, bis die Pickelhaue auf blankes Eis stösst und mich zum Aufhören zwingt.

Die Plattform scheint jetzt breit genug für uns beide. Als ich mich darauf setze, um ihre Grösse festzustellen, bemerke ich, dass der untere Rand meine Kniekehlen erreicht, während mein Kopf genau am oberen Rand anstösst. Sie ist ungefähr einen Meter lang und 60 Zentimeter tief. Mahdi, der bisher unmittelbar neben mir unbeweglich meiner Arbeit beigewohnt hat, scheint sich zu freuen, was er mit einem unerwarteten «Yes, Sahb!» kundtut.

Wir haben uns inzwischen wohl in unser Schicksal ergeben, aber bevor wir uns für die Nacht einrichten, rufen wir aus Leibeskräften noch einmal nach unseren Kameraden. Unsere Kehlen sind so ausgedörrt und tonlos, dass wir ihre Namen nur mit Mühe herausbringen.

Und siehe da – unglaublich! Im Schweigen der Nacht taucht auf dem Schneerücken, der beim Felsband endet, wenig über uns ein Licht auf. «Lino! Achille! Wir sind hier! Weshalb zeigt ihr euch erst jetzt?» Mit klarer, schroffer Stimme rechtfertigt sich Lacedelli: «Du erwartest nicht etwa, dass wir die ganze Nacht draussen bleiben und deinetwegen erfrieren!» Ich will seine rohen Worte nicht ernst nehmen, Unbesonnenheit und Reizbarkeit gehören zu den ersten Folgen des Sauerstoffmangels.

Mir fällt ein, dass ich selbst erst vor kurzem mit Beleidigungen, Verfluchungen und Drohungen gegen sie gewettert habe. «Habt ihr den Sauerstoff?», hebt die Stimme wieder an. «Ja!», antworte ich. «Gut, lasst ihn dort liegen und steigt sofort ab!» – «Unmöglich», werfe ich ein, «Mahdi kann nicht mehr!» – «Wie bitte?» – «Ich habe gesagt: Mahdi kann nicht mehr, ich allein würde es schaffen, aber er hat den Kopf verloren. Er versucht gerade, die Wand zu queren!» Tatsächlich: Bei unserem Dialog ist Mahdi wie eine Rakete aufgeschossen und tastet sich nun in der Finsternis wie im Delirium über den steilen Eishang dem Licht entgegen. Er ist sich der Lebensgefahr, in der er schwebt, gar nicht bewusst. Das Licht nützt ihm nichts, nein, es blendet ihn sogar. «Mahdi! Zurück! No good!», schreie ich ihm zu. Aber er setzt, vom Überlebensinstinkt getrieben, von der Hoffnung nach Leben, das sich ihm in Form eines Lichtstrahls zeigt, seinen Seiltanz fort. Plötzlich erlischt das Licht. Unsere Freunde sind wohl dabei, uns zu Hilfe zu kommen, denke ich. Vom nachtschwarzen Hang verschluckt, beginnt nun Mahdi wieder wie ein Besessener zu schreien: «No good Compagnoni Sahb! No good Lacedelli Sahb!» Und schon befällt ihn eine zweite Krise.

Wie durch ein Wunder kommt er schliesslich wieder zu sich und kehrt zurück. Vergeblich warten wir auf das erneute Auftauchen von Lacedelli und Compagnoni. Wir rufen wieder, bitten um Hilfe. Aber die ganze Nacht hindurch wird kein einziges Lebenszeichen mehr zu vernehmen sein.

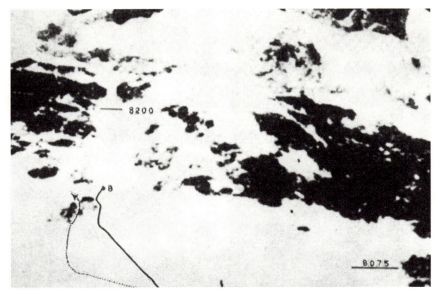

Links die Route von Compagnoni und Lacedelli – ihre Spuren sind im Schnee zu erkennen –, rechts der Weg von Bonatti und Mahdi. «B» bezeichnet den Ort des Biwaks von Bonatti und Mahdi in der Nacht vom 30. zum 31. Juli 1954.

Ich fühle, dass sich wie ein Brandmal etwas Schweres auf mein Herz, meine Seele legt und sie prägt.

Mit Versprechungen und Bitten kann ich Mahdi dazu bewegen, sich neben mich zu setzen. Als er sich bewusst wurde, dass uns die zwei dort oben aufgegeben haben, wollte er unbedingt zu Lager VIII absteigen, was er mir mit wilden Gesten mitteilte. Zweimal konnte ich ihn gerade noch zurückhalten, als er beinahe kopfvoran abstürzte.

Ich ziehe die Steigeisen aus, damit die Füsse besser durchblutet sind. Auch Mahdis Eisen nehme ich ab, er ist vor Kälte unfähig, es selbst zu tun. Kehle und Lippen brennen vor Durst.

In meinen Taschen stöbernd, finde ich drei Bonbons, genau drei: unser ganzer Proviant und Trost. Jeder nimmt eines, aber wir müssen sie gleich wieder ausspucken, unser trockener Mund bringt keinen Speichel mehr hervor. Die Nacht scheint still, nur ab und zu ein kleiner Windhauch. Die Kälte befällt uns aber immer mehr. Gerne wüsste ich, wie spät es ist, aber ich müsste dazu die Knöpfe am Handgelenk öffnen und ziehe es deshalb vor, nicht auf meine Uhr zu sehen. Es ist eine Wohltat, endlich sitzen zu können. Seit heute früh um 8 Uhr haben wir nur etwas mehr als zwei Stunden Pause in Lager VIII gemacht; sie diente aber vor allem dazu, uns zu organisieren.

Im Augenblick scheint unser Biwak noch erträglich, unsere Muskeln haben bis vor kurzem arbeiten müssen und sind noch warm. Aber was wird später sein? Ich möchte das Denken ausschalten; leider ist das unmöglich.

Der Himmel ist von Myriaden Sternen übersät, er ist so hell, dass der Schnee das Licht reflektiert. Mir ist, es sei vor einigen Stunden in der Tat noch viel finsterer gewesen. Der Mond scheint nicht, dennoch sind alle Gipfel um uns erkennbar. Im Tal ballt sich dagegen eine immer kompaktere Wolkenschicht zusammen, welche die Bergflanken bis auf 7500 Meter einhüllt. Ein grossartiges Schauspiel! Alle hohen Gipfel des Karakorums steigen, soweit das Auge reicht, aus dem milchigen Meer auf – herrlich. Genau gegenüber der Skyang Kangri, rechts die Masse des Broad Peak, weiter weg die Gasherbrum-Gipfel. Der K2 überragt alle diese Kolosse, und ich ... bin genau hier oben, am K2. Instinktiv richte ich meinen Blick auf meinen Berg; herausfordernd präsentiert er mir den Schatten seiner schrecklichen Eiskaskaden, die sich deutlich vom Himmel abheben. Sie lassen an ein Damoklesschwert denken, eine echte, an den Flanken hängende Bedrohung. Sollte sich auch nur ein Bruchteil dieses fürchterlichen Eispanzers lösen – wir wären im Nu weggefegt.

Die grässliche Kälte lähmt uns. Immer wieder werden wir von Schaudern geschüttelt. Wir pressen uns aneinander, vermeiden möglichst den Kontakt mit dem Eis, auf dem wir sitzen. Mehrmals bemerke ich, dass ein Arm oder ein Bein gefühllos wird, dann kämpfe ich mit allen Mitteln gegen die drohende Erstarrung. Häufig genügt es nicht, das gefährdete Glied zu bewegen oder es kräftig zu massieren: Dann nehme ich den Pickel und klopfe damit auf die gefühllosen Körperteile – ein ausgezeichnetes Mittel, nicht allein, um die Blutzirkulation wieder anzuregen, sondern auch um durch Sauerstoffmangel bedingten Wahnvorstellungen vorzubeugen.

Plötzlich peitscht uns ein erster Windstoss ins Gesicht, wie eine Ohrfeige, ein erster Schneeschauer, dann noch einer und immer mehr. Wenig später hüllt uns ein richtiger Sturm ein, mit so heftigen Wirbeln, dass der eisige Schnee überall eindringt, sogar unter unsere Kleider. Nur mit Mühe gelingt es uns, Nase und Mund mit den Händen zu schützen, um nicht zu ersticken; wir sehen fast nichts mehr – eine Tortur, und der Kampf wird immer hoffnungsloser. Bald wissen wir nicht mehr, ob wir wirklich um unser Leben kämpfen oder uns nur wehren, weil wir halt noch leben.

Dreimal decken uns Schneewirbel auf unserem Absatz zu, dreimal wischen wir ihn in einem Durcheinander von Händen und Füssen wieder frei. Das Dümmste ist, dass unser Biwak sich genau in der Mitte des breiten Couloirs befindet, wo der Sturm regelrechte Schneeverwehungen anhäuft. Wir lehnen uns nach wie vor aneinander, schützen unsere Körper gegenseitig vor den wütenden Elementen, sind uns bewusst, dass von nun an jeder allein um das eigene Überleben kämpfen muss, ohne auf andere Hilfe zu hoffen.

Plötzlich – ein gellender Schrei neben mir: der Aufschrei eines Menschen, nicht das Heulen des Sturms. Instinktiv strecke ich die Hand gegen einen fliehenden Schatten aus, und gerade noch rechtzeitig kann ich Mahdi vor dem Absturz bewahren. Nie werde ich erfahren, ob seine Bewegung ein weiterer hoffnungsloser Versuch war, sich in Lager VIII zu retten.

Ich kratze mit meinen Händen weiter, grabe ein waagrechtes Loch in den Schnee und schlüpfe unverzüglich mit dem Kopf hinein, um ihn so zu schützen. Der Sturm hält an.

Das Morgengrauen bricht an, der Wind lässt nach. Ein Nebelmeer hüllt noch den ganzen Berg bis auf einige hundert Meter unter uns ein. Dann klart es nach und nach auf, am fast schon hellen Himmel leuchten noch ein paar vereinzelte Sterne. Der Wind hört auf, die Luft ist jetzt wieder ruhig, aber stechend kalt. Ich habe keine Ahnung, wie lange diese Hölle gedauert haben mag; sehr wohl nehme ich dagegen wahr, dass mein Körper sich anfühlt, als ob er nicht mehr mir gehören würde. Füsse und Hände sind gefühllos, die Beine sind steif und tragen mich nicht mehr. Vor allem die Arme werden von einem Schüttelfrost gepeinigt, dem ich vollständig ausgeliefert bin. Doch mein Geist ist zum Glück noch klar.

Machtlos sehe ich zu, wie Mahdi sich losbindet und, ohne die ersten Sonnenstrahlen abzuwarten, den Abstieg zu Lager VIII beginnt. Ich weiss nicht, wie ich ihn von seinem voreiligen Entscheid abbringen könnte. Ich kann ihm lediglich beim Anziehen der Steigeisen helfen. Das ist alles. Mein armer Freund, die schneidende Kälte der Nacht und die erlittenen Ängste haben sein Gesicht verzerrt: Steif, unbeholfen beinahe und mit unsicheren Bewegungen taumelt er nach unten. Voller Sorge frage ich mich, ob er es schaffen wird. Ich weiss nicht, was ich sagen soll. Ich schaue ihm nur zu und denke mit bitterer Ironie, dass ich nun hier regungslos zurückbleibe und seinen einsamen Abstieg verfolge, während ich gestern Abend so um sein Leben bangte, als er absteigen wollte. Zum Glück finden seine Füsse im Tiefschnee, der in der Nacht fiel, guten Halt, doch auch die Gefahr von Schneerutschen ist doppelt so gross. Da, 40 Meter unter mir, bleibt er plötzlich lange unbeweglich mitten im steilen Hang stehen, gefährlich nach hinten gebeugt. Dann steigt er weiter ab, und ich verfolge mit zugeschnürter Kehle weiter seinen unsicheren, mühsamen Gang, den er alle paar Schritte unterbrechen muss. Welche Erleichterung, als er endlich die schrecklichen, äusserst steilen 200 Meter des Couloirs hinter sich hat. Jetzt kann er stolpern und purzeln, soviel er will, er kann nicht mehr abstürzen.

Ich frage mich, wie weit Mahdi unsere Situation überhaupt analysiert und verstanden hat. In dieser Nacht, noch vor dem Sturm, hatte ich ihm – um ihn von der Flucht abzuhalten und ihn zum Bleiben zu bewegen – unter vielem anderen sogar eine schöne Summe Rupien versprochen; vorausgesetzt, er hatte es verstanden, schien er mit meinem Angebot ganz zufrieden. Wird er jetzt fluchen, dass er es gemacht hat? Sein unvorsichtiger, verzweifelter Rückzug ist menschlich durchaus verständlich, wirft aber in mir einige Fragen auf. Wer weiss, frage ich mich, hing seine Entscheidung, diese Nacht hier oben auszuharren, mehr vom Geld oder vom Überlebenswillen ab? Trifft die erste Annahme zu, wird er die Unumgänglichkeit unseres verzweifelten Biwaks ohne jeglichen Schutz nicht verstanden haben. Ich frage mich, ob ich in diesem Fall nicht falsch daran getan habe, ihm solche Versprechungen zu machen. Aber was konnte ich anderes tun, um das Unmögliche zu ermöglichen?

Wie eine himmlische Erscheinung taucht nun die Sonne plötzlich aus dem Wolkenmeer auf, Strahlen schiessen hervor, Licht trennt sich vom Schatten. Die lauwarmen Strahlen hauchen mir wieder Leben ein, bald legt sich auch der Schüttelfrost, der sich meiner bemächtigt hatte. Ich ziehe die eiserstarrten Handschuhe aus. Meine Hände sind nicht wieder zu erkennen, so hart und faltig, wie sie sind, aber immerhin kehrt das Gefühl in sie zurück, langsam meldet sich der Schmerz.

Endlich kann ich einen Blick auf meine Uhr werfen, die bisher unter Handschuh und Ärmel, beide steif gefroren, versteckt war. Es ist kurz vor 6 Uhr.

Und die beiden dort oben, hinter dem Kamm? Es ist Tag, und noch lassen sie sich nicht blicken. Auch ihr Zelt liegt nach wie vor im Verborgenen. Ich fahre fort, mich zu massieren und die Schneekrusten zu entfernen. Das eisige Pulver, das sich auch in meinem Bart festgesetzt hat, hat auf meinem Gesicht einen wahren Eispanzer gebildet, den ich nun mühsam entferne. Danach lege ich die zwei Sauerstoffgeräte frei, die der Sturm zugeweht hat, ziehe die Steigeisen an – und beginne ebenfalls den Abstieg zu Lager VIII. Obwohl ich nun überhaupt keine Last mehr trage, stehe ich unglaublich unsicher und wacklig auf den Füssen.

Bei jedem Schritt muss ich meinen Pickel einrammen und mich daran festklammern, um nicht abzustürzen. Als auch ich endlich den steilen, 200 Meter langen Hang hinter mir habe, kehrt meine Trittsicherheit allmählich zurück. Die Kälte in meinen Gliedern ist bald völlig weg.

Hier, die Eismauer über Lager VIII. Bevor ich mich über das Hindernis ablasse, schaue ich nochmals zum Ort unseres Biwaks und zu seiner Umgebung hinauf. Vergeblich hoffe ich, dort oben einen Menschen wahrzunehmen. Es ist 7 Uhr. Nun konzentriere ich mich vollständig auf das schon nahe Ziel und sage mir: «Mut, noch eine letzte Anstrengung, und du bist inmitten deiner Freunde, im Zelt, in Sicherheit.» Die Überquerung der grossen Spalte ist jetzt viel leichter, ich muss mich nur auf dem Rücken abrutschen lassen, schon habe ich es geschafft. Noch ein Sprung, und ich befinde mich vier Meter weiter unten, bis zur Hüfte im Schnee. Gerührt erblicke ich die beiden Zelte von Lager VIII unmittelbar unter mir. Da sind sie, die Zelte, wenige Schritte entfernt – doch es scheint sich um eine Fata Morgana zu handeln, ich kann sie einfach nicht erreichen! Vielleicht ist es die Entspannung, die mich lähmt, und die einen oft am Ende eines Unternehmens befällt, wenn man geistig schon alles abgeschlossen hat.

Als ich endlich im Lager ankomme, treffe ich auf den Hunza Isakhan. Er ist aus dem Zelt getreten, um Schnee zum Schmelzen zu holen. Beruhigt erfahre ich von ihm, dass Mahdi vor kurzem angekommen und sich in seinem Zelt ausgestreckt hat. Ich ziehe die Steigeisen aus und schlüpfe in das andere Zelt zu Abram und Gallotti.

Gallotti wird in sein Tagebuch folgendes eintragen: «Kurz vor 7 wurden wir geweckt, als jemand das Zelt aufriss. Es war Mahdi, mit verzerrtem Gesicht. Er zeigte uns seine von der Kälte gemarterten Füsse und Hände. Vor allem die Zehen sind schwarz, sie sehen schlimm aus. Seine atemlosen, mühevollen Erklärungen sind nicht klar. Wir sind äusserst besorgt. Erich und ich blicken uns an, wagen aber nicht, unsere Vermutung auszusprechen.» Wenig später kam ich bei ihnen an.

Armer Mahdi, mein grosszügiger, unglücklicher Gefährte! Es war für dich nicht die erste extreme Erfahrung an einem Himalaja-Gipfel; doch keine musstest du so teuer bezahlen wie diese hier.[1] Meine Gedanken wandern zurück, ich sehe dich an den Flanken deiner Berge, in grosser Höhe. In meiner Vorstellung sehe ich, wie du auf deinen Schultern Schritt für Schritt einen Mann mit erfrorenen Füssen über eine grosse Eisflanke bis ins Tal hinunterträgst: Dieser Mann heisst Hermann Buhl, und du hast ihn nach seinem erfolgreichen Alleingang, der ihn als ersten Menschen auf den Nanga Parbat brachte, zurück in die Sicherheit geschleppt.

Ich erzähle meinen Freunden vom Drama der vergangenen Nacht. Am meisten überrascht mich, dass ich ihm völlig unversehrt entronnen bin.

17.30 Uhr. Isakhan zeigt sich bei unserem Zelteingang und sagt auf englisch: «Ein Sahib ist ganz nahe am Gipfel des K2!» Wir stürzen hinaus. Die Kehle schnürt sich mir vor Aufregung fast zu. Zwei kleine Pünktchen steigen den letzten Hang unmittelbar unter dem Gipfel hoch – langsam, aber ohne anzuhalten – zum Gipfel, der im Schein der untergehenden Sonne so blau wie der Himmel ist.

23 Uhr. Fünf Herzen freuen sich in den Zelten von Lager VIII über die Eroberung eben dieses Gipfels: Abram, Gallotti, Compagnoni, Lacedelli und ich. In diesem Moment, aber nur in diesem Moment, zwinge ich mich dazu, alles andere zu vergessen. Aber es wäre nicht richtig, eine solche Erfahrung für immer aus dem Gedächtnis zu tilgen. Solche Erfahrungen prägen unauslöschlich die Seele eines jungen Mannes und erschüttern seine noch unreife geistige Ordnung.

---

[1] Mahdi musste sich später im Spital von Skardu verschiedenen Amputationen an Händen und Füssen unterziehen.

Walter Bonatti in der Charpoua-Hütte
zusammen mit dem französischen
Alpinisten Lucien Bérardini nach der
Alleinbegehung des Südwestpfeilers
des Petit Dru, 24. August 1955

DER SÜDWESTPFEILER
DES PETIT DRU
1955

Walter Bonattis Route am Südwestpfeiler des Petit Dru, der heute unter dem Namen «Bonatti-Pfeiler» bekannt ist

Einleitung und Rückblick

Bis zur Expedition auf den K2 begegnete ich anderen Menschen voller Vertrauen. Doch nach den Ereignissen von 1954 wurde ich misstrauisch. Ich neigte nun dazu, mich auf mich selbst zu konzentrieren. Dass ein solches Verhalten einschränkend wirkt, war mir klar, aber ich wollte mich damit vor weiteren Enttäuschungen schützen.

So zeichnete sich in mir eine beginnende Phase der Einsamkeit ab, eine negative Entwicklung also; aber gerade dieser Einsamkeit sollte ich mit der Zeit positive Seiten abgewinnen: zum Beispiel eine gewisse Sensibilität, mit anderen Worten die Erweiterung meiner Gefühlswelt. Nach dem K2 durchlebte ich eine seelische Leidenszeit, die zu einer regelrechten existenziellen Krise führte. Dabei entdeckte und pflegte ich schliesslich meine ganz persönliche Form des Bergsteigens, jene im Alleingang. Sie sollte sich als Quelle wertvoller Lehren erweisen: Begleiter durch sich selbst ersetzen, Leistungen mit dem eigenen Massstab messen und für eigene Fehler selber bezahlen zu müssen. Die erste und logische Auswirkung dieser Philosophie war das Planen und Ausführen des Alleingangs am Petit Dru im Jahre 1955.

Der Petit Dru ist in meinen Augen – wie der Grand Capucin – ein perfekter Berg. Man könnte sagen, dass seine Geschichte der Geschichte des Alpinismus an sich entspricht, und schon diese Tatsache ist sehr interessant. Das letzte bedeutende Unternehmen am Petit Dru war 1952 die Begehung seiner grossartigen Westwand durch französische Kletterer gewesen. Aber ihre Route – der ich grossen Respekt zolle – bewegte sich dermassen weit aussen am Rand der gigantischen Wand, dass sie die Unberührtheit und Herausforderung des Südwestpfeilers nur noch verstärkte.

Für mich war es, als ob dem perfekten Berg noch die perfekte Route fehlte. Ein idealer und eleganter Anstieg, auf den ich schliesslich meine Ambitionen als Alleingänger ausrichtete. Sicherlich war es eine anmassende Entscheidung. Aber der Beschluss war auch beflügelnd, jene Linie allein anzugehen, die in den Alpen von allen als letzter Mythos des Unmöglichen betrachtet wurde.

Am 18. August 1955 stieg ich in den Dru-Pfeiler ein. Die nächsten fünf Tage, so lange wie mein einsames Abenteuer dauerte, lebte ich wie auf einem anderen Planeten, ich drang in eine unbekannte Dimension ein, in einen geheimnisvollen, visionären Zustand, in dem es das Unmögliche nicht gibt, sondern alles gelingen kann. Daneben gab es auch Momente extremer Unsicherheit, in denen ich mich leer und zu jeglicher Handlung unfähig fühlte. Doch gerade das Bewusstsein, dass ich seit Tagen an den Grenzen des Möglichen kämpfte, um meine inneren Probleme zu lösen, gab mir immer wieder die Kraft, weiterzuklettern. Und wer spontan den Dru auswählt, um sich mit sich selbst und dem Leben wieder zu ver-

söhnen, kann – einmal dort oben hängend – gewiss nicht der Passivität nachgeben und sich sterben lassen. Es gab Passagen, wie etwa in den grossen Überhängen, wo mich der Fels täuschte. Zum Beispiel ein Riss, der sich plötzlich als zu breit für meine Haken erwies, oder eine überraschende Vertiefung, als ob der Dru zum Spass die Felsen eingesaugt und an deren Stelle eine riesige, glatte Einbuchtung zurückgelassen hätte. Oder ein Riss, der sich im letzten Moment als kompakte Quarzader erwies. Dinge, die sicher kein Problem gewesen wären, hätte ich gewisse, den Kletterer diskreditierende Hilfsmittel wie Bohrhaken dabei gehabt, die schon damals von den Ersten benutzt wurden. Und die in Zukunft benutzt werden sollten, um in der gleichen Wand weitere Neutouren einzurichten. Kein Zweifel, mit solchen Expansions- oder Bohrhaken hätte ich über glatte, kompakte Platten ohne Probleme und ohne spezielles Risiko aufsteigen können. Ich aber war – und es war richtig so – durch die Regeln meines Spiels eingeschränkt, das sich in diesem Fall als besonders schwierig und grausam zeigte. Ich musste also bis zum Anfang der unüberwindbaren Passagen, die mich blockierten, zurück und dort nach einer anderen Lösung suchen – wie etwa die extremen und improvisierten Pendler ins Leere, die später berühmt werden sollten. Dabei klammerte ich mich mit blossen Händen an das Seil, das heikel zwischen vorspringenden Schuppen über einem Überhang verklemmt war; ich hatte keine Ahnung, was ich wenig darüber vorfinden würde.

Was die Super-Klettergeräte anbelangt, die schon zu meiner Zeit von einigen Kletterern benutzt wurden, um von ihnen als «unmöglich» definierte Wände anzugehen, möchte ich ein paar Dinge sagen, die in mir immer klar und fest verankert waren. Ich nehme dabei Bezug auf die Fünfzigerjahre, als in der alpinen Szene der Bohrhaken auftauchte und man ihn immer häufiger zu benützen begann. Genau in diesen Jahren begann meines Erachtens der grosse technische Niedergang des Alpinismus.

Mit dem Anbringen solcher Haken, für die man ein Loch in den Fels bohren muss – was an sich schon vielsagend ist! –, behilft man sich mit einem technischen Mittel, das im Gegensatz zum Normalhaken das Unmögliche ausschaltet. Und damit das Abenteuer. Das bedeutet, dass man mit Sicherheit überall durchkommt, auch wenn man dazu eigentlich nicht fähig wäre. Es bedeutet weiter, dass man im Spiel, für das man sich spontan entschieden hat, mogelt. So überwindet man das Unmögliche nicht mehr, sondern eliminiert es. Die Gründe, um es anzugehen und sich daran zu messen, werden zerstört. Eigenschaften wie Selbstbeobachtung und Urteilsfähigkeit braucht es nicht mehr.

Der Einsatz von Bohrhaken zerstört in der Tat das Engagement und die Emotivität einer Klettertour (damit es klar ist, und um keine Missverständnisse zu wecken: Ich spreche hier vom klassischen Alpinismus und nicht von anderen, hoch im Kurs stehenden Aktivitäten). Mit dem Bohrhaken verschwindet das Unbekannte und das Abenteuer, die intelligente Suche nach einer logischen Linie wird übersprungen, man verliert den kritischen Sinn für die Schwierigkeit. Schliesslich verlieren so auch Vergleiche und Bezüge ihren Wert. Das Resultat ist eine degenerierte, sterile Kletterei, nicht viel mehr als eine gymnastische Übung in der Senkrechten. Als das ist die Kletterei vielleicht bemerkenswert, und sie ist sicherlich als einfaches Mittel dienlich, um erfolgreich zu sein. Ein Erfolg aber – nach wie vor aus der Logik des traditionellen Bergsteigens betrachtet –, der durch das Vertuschen von Tatsachen erreicht wird, also durch das Betrügen von sich selbst und des guten Glaubens jener, die uns folgen, unsere Leistungen bewerten und nichts vom Schwindel wissen.

Ich denke, dass jeder das Bergsteigen – vor allem in seiner extremen Form – angehen sollte, indem er einem natürlichen Impuls gehorcht, der auf präzisen persönlichen Gründen beruht. Für mich lagen die Beweggründe von Anfang an vor allem im Erkenntnisgewinn und in der Selbstbeobachtung – Motive also, bei denen es um mich selbst ging. Damit ich mein Ziel erreichen konnte, musste ich genaue Anhaltspunkte festlegen, die mir passten und an denen ich mich messen konnte. Dabei entschied ich mich nicht für das technische und auf die Zukunft ausgerichtete Modell der Super-Hilfsmittel, um das Unmögliche um jeden Preis zu ermöglichen. Ich wählte vielmehr die klassische Auffassung des Alpinismus, die in den Dreissigerjahren herangereift war, und wendete auch ihre traditionellen, ziemlich eingeschränkten technischen Mittel an. Ich wählte also jene «bescheidene» Ausrüstung, weil ich es so wollte.

Deshalb habe ich mich immer durch den – im Lauf der Zeit unveränderten – Geist des klassischen Alpinismus der Dreissigerjahre inspirieren lassen. Eine Wahl, die perfekt mit meinem Temperament übereinstimmte und meinen Bedürfnissen genau entsprach. Sie fand folglich auch bei all meinen Unternehmen Bestätigung und Ausdruck: Ich versuchte immer – und versuche immer noch –, diese Spur weiterzuführen, ohne sie zu verändern, dem Geist der Tradition verpflichtet und den Regeln eines Spiels, das einen Sinn und eine eigene Faszination hat, weil es keinen Trick akzeptiert und auch nicht um jeden Preis zu gewinnen ist. Es ist deshalb nur natürlich, dass meine Taten manchmal den Wert von grundsätzlichen Zeichen gegen die zunehmende Degeneration annahmen.

Die Versuche

15. August 1953, frühmorgens: Zusammen mit Carlo Mauri steige ich über den Schneekegel auf, der bis zur Westwand des Petit Dru reicht. Der gigantische Felszahn wirkt in der grauen Morgendämmerung vor dem Sonnenaufgang fahl und gedrungen und lässt mich an ein Fabelwesen im Winterschlaf denken. Die Luft ist

Durchquerung des Eistrichters vor dem Einstieg in den Pfeiler. Die Foto zeigt Carlo Mauri während des Versuches von Bonatti und Mauri im August 1953.

eiskalt, unbeweglich, man hört nicht das geringste Geräusch. Beim Bergschrund am Wandfuss seilen wir uns aufmerksam und still an, als ob wir fürchteten, den Zauber zu brechen.

Das grosse Abenteuer beginnt gleich heftig: Ein schwieriger, senkrechter und ungefähr 40 Meter hoher Aufschwung führt uns zum Anfang eines düsteren, vereisten Couloirs, das alles andere als einladend wirkt. In dieser Rinne tobt der Petit Dru seinen Zorn aus und schickt alles herunter, was sich von seinen tausend Meter hohen Wänden löst. Überaus steile Eisaufschwünge wechseln ab mit Granitplatten, die vom Stein- und Eisschlag glatt poliert sind. Aus Furcht, getroffen zu werden, weichen wir über schwierige, aber weniger ausgesetzte Felsen möglichst weit nach rechts aus.

Bis ungefähr auf die halbe Höhe des Couloirs steigen wir auf der gleichen Route wie die Franzosen auf ihrem Weg zur Westwand auf; von hier an begeben wir uns ins Neuland des Südwestpfeilers. Vom Punkt, wo die Franzosen sich nach links zu einladenden Terrassen wendeten, folgen wir weiter dem Couloir und gewinnen trotz unserer Angst allmählich an Höhe.

Am frühen Nachmittag bricht ein Gewitterregen los, der sich nach wenigen Minuten wie ein Wasserfall über uns ergiesst. An die steilen Platten der Flammes de Pierre gelehnt, der Kopf lugt kaum aus den gummierten Säcken – unserem einzigen Schutz für ein Biwak –, warten wir, bis sich das Toben beruhigt. Welch schreckliches Schauspiel! Wir befinden uns mitten in einem weiten, vereisten Amphitheater, an der Stelle, wo die Schluchten des Dru und der benachbarten Flammes de Pierre zusammenlaufen. Unter unseren Füssen bricht ein schmaler, aalglatter, schwarzer Eisschlauch in einem einzigen, 300 Meter hohen Abgrund bis auf den Gletscher unter dem Berg ab. Das Ganze wirkt wie ein schauriger, von der Erosion ausgehöhlter und von häufigen Steinschlägen modellierter Trichter. Rundherum nehmen wir nur undeutliche, in den Himmel ragende Konturen wahr, die auf der Höhe unseres Pfeilers gipfeln – und er scheint sich über die Wolken hinaus ins Unendliche zu erheben. Nur nördlich, links von uns, öffnet sich ein Fenster im Himmel, das dem Abgrund noch mehr Tiefe verleiht. Die Sonne beleuchtet kurze Zeit die eisigen Abbrüche, sonst herrscht um uns kaltes Dämmerlicht, als ob wir an der Wand eines Brunnenschachtes hängen würden.

Plötzlich erhellt ein flammender Strahl den Berg, und ein schrecklicher Knall lässt die Felsen unter uns erzittern. Ein zweiter Blitz folgt, dann ein dritter, dann noch viele andere, begleitet von dichtem Hagelschauer. Und schon rauschen wahre Bäche über die Felsen – ein wirklich wildes Spektakel, das unsere Umgebung innerhalb kürzester Zeit verändert und uns zeigt, wie ernst das Gebirge sein kann.

Ein Schauer folgt dem anderen, Regen und Hagel vermischen sich mit dem Schneegestöber, die Zeit geht vorbei, und bald ist es Abend. Der Sturm hält die ganze Nacht und den folgenden Morgen mit unveränderter Heftigkeit an. Erst gegen Mittag hört er auf. Die Wolken verflüchtigen sich, und wir steigen weiter – an Rückzug denken wir keinen Moment!

Endlich erreichen wir die ersehnten kompakten Felsen, bei denen der eigentliche Pfeiler beginnt. Wir befinden uns auf etwa 3050 Metern, 700 Meter überhängender Fels trennen uns also vom Gipfel.

Die Struktur des Pfeilers ist wirklich einmalig: Sein gesunder, gelbbrauner Granit weist nur wenig Risse auf; er ist dafür von tiefen Spalten durchzogen, welche die riesigen, kompakten Schuppen mit schneidend scharfem Profil voneinander trennen. Der untere Teil besteht dagegen hauptsächlich aus ziemlich hellem Granit, dem untrüglichen Zeichen für Bergstürze vor noch nicht allzu langer Zeit. Auf den ersten Blick erscheint dieses Stück nicht so steil, aber nur, weil man es aus einer trügerischen Perspektive betrachtet. Der obere Abschnitt dagegen, den ich mit dem Begriff «Rote Platten» bezeichne, ist wirklich tief beeindruckend: Er stellt das eigentliche Problem des Pfeilers dar. Hier ist die Wand völlig glatt, kompakt und von einer schönen rötlichen Farbe. Sie ist anhaltend steil, beinahe senkrecht, und wird nur von wenigen glatten Wölbungen unterbrochen, die schliesslich in eine Barriere von riesigen Dächern und bis zu mehreren Metern hinausragenden Überhängen münden. Wir haben kein Glück. Wir sind von unserem Biwak noch keine 30 Meter weit geklettert, als der Regen wieder einsetzt. Wie am Tag zuvor fällt er ohne Unterbrechung den ganzen Nachmittag und bis in die späte Nacht hinein.

Uns beunruhigt die Tatsache, dass wir uns erst am Anfang des Pfeilers befinden, aber schon Lebensmittel für zwei volle Tage verbraucht haben. Zum ersten Mal fassen wir die Möglichkeit eines Rückzugs ins Auge – doch sie wird vom strahlenden Morgen des nächsten Tages weggewischt, und mit ihr unsere in der Nacht gewachsenen Ängste. Wir können nicht anders, wir steigen weiter.

Nach drei Seillängen die grosse Überraschung: auf einer kleinen Terrasse treffen wir auf ein Bündel alter Holzkeile und ein Paket getrockneter Feigen, die noch gut erhalten sind. Rundherum keine weiteren Spuren – kein Haken in den Felsen über uns, die sehr schwierig scheinen. So oder so sind wir überrascht, dass jemand schon vor uns die Begehung des Pfeilers versucht hat; an dieser Stelle befindet sich wahrscheinlich der Umkehrpunkt unserer geheimnisvollen Vorgänger.

Wir steigen etwa zehn Meter bis zu einem zweiten kleinen Absatz auf, dann folgen 25 Meter in offenen Verschneidungen. Eine grosse Spalte umgehen wir links, dort wo eine mächtige Platte nur leicht an die Wand gelehnt ist und sich eben abzulösen scheint. Als wir endlich eine luftige Kanzel auf der Pfeilerschneide erreichen, halten wir an, überrascht und verängstigt durch das, was sich unseren Blicken eröffnet: Eine riesige, hervorspringende, heikle Rippe, die auf beiden Seiten ins absolute Nichts abbricht, baut sich hinter der glatten Wand auf. In Wirklichkeit sollte ich nicht erstaunt sein, denn ihr Profil war schon vom Tal aus klar erkennbar. Tatsächlich nimmt man von Montenvers diese eigenartig geformte Granitstruktur deutlich wahr: Sie sieht aus wie eine Eidechse auf dem Pfeiler, die sich eben anschickt, den Gipfel zu ersteigen. Hier erfährt unsere Moral einen schweren Dämpfer, verschärft durch unsere Erschöpfung, die in diesen Schlechtwettertagen ständig zugenommen hat. Dazu kommt das Bewusstsein, in drei harten Tagen kaum den Beginn des eigentlichen Pfeilers erreicht zu haben. Ich bewundere Mauri, der als erster seinen Stolz überwindet und ehrlich das schicksalhafte Wort ausspricht: «Umkehren!»

Nochmals ein Blick zur unbesiegten «Eidechse», zu den «Roten Platten», die noch höher aufzuragen scheinen; dann taucht einer nach dem anderen am Seil hinunter ins Leere. Bald finden wir uns auf der Terrasse am Fuss des Pfeilers wieder. Das genügt für heute, den Rest werden wir morgen absteigen, wenn der Frost der Nacht die losen Steine vor dem Absturz bewahrt: Schon seit ein paar Stunden nämlich schiessen die Trümmer in den Abgrund, wo sie vom grossen Couloir verschluckt werden.

Anfang Sommer 1955, nach der Erfahrung am K2, kehre ich für einen zweiten Versuch an den fantastischen Pfeiler des Dru zurück. Diesmal sind wir zu viert: Mauri, Oggioni, Aiazzi und ich.

Am 24. Juli befinden wir uns frühmorgens auf dem Schneekegel, und noch bevor wir einsteigen können, flüchten wir bereits wie Irre vor einer unüblich frühen Ladung Steine, die sich aus dem Couloir ergiesst. Auf diesen traumatischen Anfang folgt ein harter Tag. Doch am Abend, gerade als wir die ersten Felsen des Pfeilers angehen, beginnt es zu regnen. Wir fragen uns allmählich, ob der Dru etwas gegen uns hat … Die Realität ist, dass wir, abgesehen von unseren bescheidenen Barometern und Höhenmessern, keine Möglichkeit für eine zuverlässigere Wetterprognose haben.

Wir sind gezwungen, das Biwak vorzuziehen; mit Mühe richten wir uns alle vier auf einem kleinen Absatz ein. Auf den Regen folgt der Schnee, der die ganze Nacht durch fällt. Durch den Trichter fallen dröhnend Steine und Eisbrocken, die uns manchmal streifen.

Einmal mehr reden wir am nächsten Morgen nicht über einen möglichen Rückzug. Vielmehr entschliessen wir uns gegen 10 Uhr, als es kurz aufhellt, das schöne Wetter so weit oben wie möglich abzuwarten, in Sicherheit vor Stein- und Eisschlag. In zwei Stunden mühseliger Kletterei über triefend nasse, glatte Platten erreichen wir das berühmte Band der geheimnisvollen Holzkeile. Und dort schlüpfen wir einmal mehr, noch durchnässter als zuvor, in unsere Biwaksäcke – denn in der Zwischenzeit hat es schon wieder in grossen Flocken zu schneien begonnen.

So geht der Nachmittag vorbei; die einzige Ablenkung besteht darin, den Schnee, der sich schnell auf uns ansammelt, abzuschütteln. Eine weitere Nacht beginnt. Gerade als wir beim Einschlafen sind, erbebt der Berg in einem unheimlichen Getöse, das die Luft plötzlich erfüllt. Wir haben das Gefühl, der Berg – und wir mit ihm – stürze zusammen. Die Naturkatastrophe dauert mehrere Minuten, und wir sind mittendrin, entsetzt und regungslos. Den Rest der Nacht verbringen wir unter dem Schnee begraben, verloren in den Überhängen des Dru.

Erst als der nächste Tag anbricht, begreifen wir, was geschehen ist: Über uns hat sich ein Bergsturz von gigantischem Ausmass ereignet; er hat erst unser Biwakband gestreift, bevor er das Couloir unter uns räumte und verwüstete. Die Westwand des Dru ist schon seit einigen Jahren von riesigen Felsabbrüchen betroffen, als ob sie sich neu formen und das durch die Überhänge verlorene Gleichgewicht wieder erlangen müsste. Wir haben nur dank meiner Eingebung überlebt, die uns hierhin brachte, möglichst weit vom Couloir entfernt.

Es schneit weiter. Leider ist die Stunde des zweiten Rückzugs da.

Schon bei Tagesanbruch treten wir unseren Abstieg an: eine endlose, mühsame Abseilerei, bei der wir ständig von den Überbleibseln des nächtlichen Bergsturzes gestreift werden. Der grosse Abbruch hat das Antlitz der Felsen völlig verändert: Den kleinen Absatz, auf dem wir die erste Nacht verbracht haben, gibt es kaum mehr, und das gleiche Schicksal hat auch den harten Eisaufschwung getroffen, der – wenig vom Absatz entfernt – ganz abgehobelt wurde. An seiner Stelle liegt ein Matsch aus pulverisierten Felsen und Eistrümmern. Soweit wir im Nebel hinunter sehen können, herrscht überall Zerstörung: Steine verschiedenster Grösse warten im Trichter darauf, jeden Augenblick von anderen, weiter oben abstürzenden Trümmern mitgerissen zu werden. Unsere Lage ist dramatisch: Wir müssen bei unserem Rückzug durch dieses Couloir.

Zu unseren unbequemen, durchnässten Kleidern gesellen sich die Schwierigkeiten mit unseren Seilen: Sie sind klatschnass, werden steif und krangeln. Beim Abseilen gleiten sie fast nicht mehr über unsere Schultern. Das Einziehen durch die Haken ist ebenso schwierig. Ich weiss nicht, wie viele Male wir beinahe ohne Seile zurückgeblieben wären, sie fast nicht mehr einziehen konnten – und wie oft wir von einer Ladung Trümmer gestreift worden sind. Nicht weniger gefährlich sind die einzelnen Steine, die unsichtbar durch den Nebel pfeifen und uns hie und da streifen.

Und da – der Unfall! Alles in allem noch die kleinste Katastrophe, die uns treffen konnte: Oggioni, der sich am Seil zu mir hinunterlässt, wird von einem Stein am Kopf getroffen. Als er gegen den Fels sinkt, sehe ich, wie Blut über seinen Hals und dem linken Arm entlang rieselt. Mit vier Armlängen hangle ich mich am lockeren Seil unter ihm zu ihm hinauf. Ich helfe ihm so gut wie möglich. Der Schlag hat ihn betäubt, doch wir dürfen nicht lange anhalten. So gut ich kann, verbinde ich ihn, dann müssen wir weiter.

Um 2 Uhr nachmittags, nach acht endlosen Stunden des Abstieges, setzen wir endlich Fuss auf den Dru-Gletscher. Ein Chaos von Blöcken und Trümmern bedeckt ihn und hat ihn auf einer Länge von etwa 300 Metern verwüstet. Diese Ansammlung von Steinen jeder Grösse wird den ganzen Sommer über als düsteres Zeugnis des Bergsturzes erkennbar sein.

Erst am nächsten Tag, bevor wir Montenvers verlassen, heben sich die Wolken so weit, dass sie uns einen Blick auf den Dru gewähren – er wirkt erbarmungslos und fremd unter der dicken weissen Schneedecke.

Der Alleingang

Die neuerliche Niederlage lastet schwer auf meiner Moral. Der Dru ist in meinem Innersten inzwischen zu meinem wichtigsten Ziel geworden. So entscheide ich eines Tages ganz plötzlich, wieder dorthin zurückzukehren – diesmal allein.

Es ist immer noch Sommer 1955; am 11. August treffe ich wieder in Montenvers ein. Vier Tage verbringe ich untätig, bis der unaufhörliche Regen, der mich in dieser Gegend immer gerne empfängt, schliesslich endet.

Am 15. ist es endlich schön. So breche ich um 2 Uhr morgens mit der Lampe in der Hand zum Fuss meines Berges auf. Bei Tagesanbruch ist es bedeckt, Windstösse kommen mir entgegen, einige Regentropfen fallen. Dann, endlich, die Sonne. Im Gegensatz zu den früheren Versuchen ist das grosse Couloir diesmal von ungeheuren Schneemengen bedeckt. Doch trotz der ausgiebigen Schneefälle der letzten Tage beeindrucken die Trümmer des riesigen Bergsturzes vor 20 Tagen, die auf dem Gletscher noch deutlich erkennbar sind. Ich zögere lange, als ich die gewaltigen Schneemassen sehe, und als ich mich endlich zum Einsteigen entschliesse, ist es schon 9 Uhr morgens.

Im Couloir ist alles gleichmässig vereist, gefährlich, heimtückisch.

Die senkrechten Felsen, auf denen der Schnee nicht liegen geblieben ist, sind von marmorfarbenem Eis überzogen oder – schlimmer noch – glänzen unter einer hauchdünnen Schicht Wassereis: das Ergebnis des Frostes, der den Nieselregen vor ein paar Stunden gefrieren liess.

Gleich von Anfang an ist die Kletterei furchtbar anstrengend; gross ist auch die Gefahr, an den Griffen und Tritten keinen Halt zu finden und wegzurutschen.

Ich ziehe eine Ausrüstung von riesigem Gewicht nach. Sie umfasst Lebensmittel für fünf Tage, einen Kocher, Biwakmaterial und eine Apotheke; dazu kommen 79 Haken verschiedener Typen (den achtzigsten habe ich unterwegs verloren), zwei Hämmer, 15 Karabiner, drei Leitern mit je drei Tritten, zwei 40-Meter-Seile (eines ist, endlich, aus Nylon; das andere, aus Seide, hat mir ein Freund ausgeliehen), dann ungefähr zwölf kurze Reepschnurstücke, sechs Holzkeile, einen Pickel, den Fotoapparat und schliesslich ein kleines Funkgerät. Ein Freund wird mindestens einmal zum Fuss des Dru aufsteigen, um Nachrichten von mir zu empfangen. Meine ganze Ausrüstung wiegt über 30 Kilo und ist in einem einzigen, riesigen, zylinderförmigen Sack verstaut. Ein Seil verbindet mich mit diesem schweren Gepäckstück, das ich alle paar Meter zu mir hochziehe. Dort, wo die Wand nicht senkrecht ist, wird das Hochziehen noch anstrengender, weil der Sack dann gegen die Felsen reibt. Dabei verklemmt er sich oft zwischen Vorsprüngen und Absätzen und zwingt mich jedesmal, wieder abzusteigen, um ihn freizumachen. Natürlich ist dieses System schwierig und erschöpfend, doch ich habe keine andere Möglichkeit, um das Nötigste für eine solche Tour mitzuschleppen. Sieben Stunden mühe ich mich so im Couloir ab und gewinne dabei nur 150 Höhenmeter. Schlimmer ist aber, dass der Dru mich einmal mehr verjagen will; wie er das macht, ist von vornherein klar, es zu wiederholen schon langweilig: Es schneit! Zum dritten Mal bin ich also geschlagen. Aber ich werde zurückkommen.

24 Stunden hält mich das schlechte Wetter in Montenvers fest. Aber schliesslich wird es wieder schön, und ich mache mich einmal mehr zum Aufbruch bereit, allerdings auf einem etwas anderen Weg: Diesmal will ich das inzwischen zu stark eingeschneite und damit gefährliche Couloir vermeiden, indem ich über den ersten Abschnitt der Normalroute zum Dru bis zur Scharte der Flammes de Pierre aufsteige. Von der Scharte werde ich etwa 250 Meter auf der gegenüberliegenden Seite über enge Rinnen abseilen, um so den bereits erwähnten Eistrichter am Fuss des Pfeilers zu erreichen.

Zuerst aber erleichtere ich meinen Sack. Ich opfere einen guten Teil meiner Lebensmittel, nehme das Funkgerät hinaus, das eigentlich sowieso nicht meiner Auffassung vom Bergsteigen entspricht. Es war auch gar nicht meine Idee, es mitzunehmen; aber jetzt ist mir bewusst, wie gross der Kompromiss ist, den man mit der Mitnahme eines solches Apparates eingeht. Deshalb lasse ich es zurück.

Am gleichen Nachmittag erreiche ich die kleine, nicht bewirtete Charpoua-Hütte. Bis hier begleitet mich mein Freund aus Turin, Paolo Ceresa, und mit ihm gelange ich vor der Dämmerung auf den Charpoua-Gletscher, wo ich meinen riesigen Sack zurücklasse, um zu einer kurzen Erkundungstour aufzubrechen. Auf dem unteren Teil des Gletschers sind die Verhältnisse derart schlecht, dass ich nur mit grösster Mühe einen Durchgang zwischen den Spalten finde.

Die Ausrüstung, die Walter Bonatti 1955 bei seinem Alleingang am Petit Dru benutzt hat

Mit Einbruch der Dunkelheit überfallen mich in dieser düsteren Umgebung tausend Ängste, die am Vorabend einer grossen Prüfung unweigerlich aufkommen und Geist und Seele bedrücken. Ich fühle mich, ehrlich gesagt, als Gefangener meiner eigenen Entscheidungen und beneide Ceresa, der morgen diesen Ort verlassen kann. Ich beneide auch alle, die nicht wie ich das drängende Bedürfnis verspüren, sich solchen Aufgaben zu stellen. Als ich in Gedanken versunken zur Hütte zurückkehre, entdecke ich auf dem Schnee einen Schmetterling, den die Wärme des Tages hier heraufgetragen hat. Nun macht ihn die zunehmende Kälte lahm und steif, und tatsächlich: Mit einem letzten Flügelschlag erhebt er sich nochmals, doch er fällt sogleich wieder vor meinen Füssen nieder. Ergriffen betrachte ich das kleine Tier: Es löst etwas in mir aus, was mich mit dem unglücklichen Insekt identifizieren und in seinem Schicksal mein eigenes erkennen lässt. Von diesen Gefühlen berührt, kann ich nicht anders, als den sterbenden Schmetterling vom Schnee aufzuheben und ihn, gut geschützt in der Wärme meiner Hand, vorsichtig zur Hütte zu tragen.

Nach einer schlaflosen Nacht voller Sorgen ist die Stunde des Aufbruchs wie eine Befreiung. Es ist 4 Uhr morgens am 17. August. Das grosse Abenteuer beginnt. Ich schliesse die knarrende Hüttentür hinter mir zu und beschleunige meine Schritte, um die letzte Unsicherheit zu besiegen, bis ich schliesslich fast zum Dru renne.

Als ich meinen am Vorabend beim Gletscherrand zurückgelassenen Sack wieder finde, beginnt es gerade zu dämmern. Wie erwartet, erweist sich die

Querung des Gletschers als sehr kompliziert; ich muss den Sack mitschleppen und brauche viel Zeit – noch mehr Zeit werden mir aber die ersten Felsen abverlangen.

Die starken Schneefälle der letzten Tage haben die gutmütigen Granitformationen der Flammes de Pierre in äusserst steile Schneefelder verwandelt, die den gefürchtetsten Nordabstürzen des ganzen Massivs in nichts nachstehen. Langsam komme ich, von meinem Sack behindert, in der Wand voran; meine Fortbewegung erinnert mich an die Sträflinge von früher, die bei jedem Schritt eine Eisenkugel am Fuss nachzogen.

Um 11.30 Uhr erreiche ich die Scharte. Ich antworte auf den Ruf von Ceresa, ein gut hörbarer Schrei, der von der fernen Hütte bis zu mir hier oben dringt. Natürlich löst diese Stimme in mir eine nächste Welle der Gefühle aus. Abgesehen von der warmen Sonne und der eben vernommenen Stimme des Freundes lasse ich – und dies erfüllt mich mit einer gewissen Traurigkeit – vor allem einen lebendigen Teil von mir selbst zurück, auch wenn dieser nur aus kleinen Dingen und nicht verwirklichten Träumen besteht. Und doch musste ich bis hierhin aufsteigen, um meinen inneren Frieden wieder zu finden.

Jenseits der Scharte erwartet mich das Unbekannte. Doch was einen auf dieser anderen Seite vor allem beeindruckt, ist die Leere, ein Abgrund aus kalten, fliehenden Schatten, überragt vom schneidenden Profil des Pfeilers. Während der halbstündigen Rast, die ich mir vor den Abseilmanövern gönne, halte ich dem Gefühlssturm dieses entscheidenden Momentes beinahe nicht stand. Bis hier liess mir der Berg bei jedem Schritt die Freiheit umzukehren, aber wenn ich die Scharte einmal überschritten habe, wird das nicht mehr möglich sein – ausser ich würde mich bis an den untersten Punkt der Eisschläuche, bis zum Fuss der Westwand des Petit Dru, 600 Meter tiefer, abseilen.

Gegen Mittag lege ich die mit einem Knoten verbundenen Seile endlich um einen Felsvorsprung. Dann hänge ich den Sack ans Ende des Doppelseils und lasse ihn über die ganze Seillänge ins Leere ab. Dann bin ich selbst dran. Ein letzter Abschiedsruf in Richtung der Charpoua-Hütte, ein letztes Zaudern, dann gleite ich in den dunklen Schlund hinunter.

Wegen der komplizierten Manöver, die der Sack verlangt, aber auch wegen der aussergewöhnlichen Schneemenge, die auf den Felsen liegt, bin ich bald gezwungen, die einzelnen Abseilmanöver zu verkürzen; manchmal kann ich nur gerade zehn Meter am Stück abseilen. Dies erhöht folglich die Zahl der Haken, die ich schlagen und dann im Fels zurücklassen muss. Und gerade beim Setzen eines Hakens gerate ich plötzlich in eine eher absurde Position: Ich bin nämlich in einem eisgefüllten Felskamin eingeklemmt, der durch die Wärme des Nachmittags in einen eiskalten Wasserfall verwandelt ist. Schief und gekrümmt, strecke ich meinen gegen die zwei Seitenwände verklemmten Körper, der mich trägt, nach aussen; in der linken Hand halte ich den Haken, damit er nicht im Kamin verschwindet, mit der rechten schlage ich auf ihn ein – eins, zwei, drei! Beim vierten, stärksten Schlag rutscht mir der Hammer vom Haken weg und trifft die Spitze meines Ringfingers, die gegen den Fels gequetscht wird. Der Schmerz ist so stark, dass ich fast ohnmächtig werde, das Blut spritzt aus dem Finger. Ich beisse aber die Zähne zusammen und schaffe es, mit ein paar ungenauen Hammerschlägen den Haken fest genug einzuschlagen, damit ich mich daran hängen kann. Der Schlag war so stark, dass meine Fingerspitze und ein Drittel des Nagels völlig zertrümmert sind. Es vergeht eine Stunde, bis ich das Blut stillen kann, dann lasse ich mich mit verbundenem Finger weiter ab.

Gegen 7 Uhr fasse ich nach einem letzten, ungefähr 30 Meter langen Abseilmanöver über eine überhängende Platte endlich Fuss auf dem eisigen Hang des grossen Trichters, der vom kürzlich gefallenen Schnee bedeckt ist. Aber ich schaffe es nicht mehr, das Seil einzuziehen. Es ist völlig durchnässt vom aufgetauten Schnee, und ich kann es nicht mehr durch den kurzen Seilring ziehen, mit dem es oben mit dem Haken verbunden ist. Die Zeit vergeht sehr schnell. Klar ist, dass ich wieder bis zum Haken, der das Seil hält, aufsteigen muss. Dies könnte ich schaffen, indem ich mich mit Hilfe eines Prusikknotens am Seil hochziehe – doch plötzlich wird es Nacht. Ein weiteres gefährliches Biwak im gefürchteten, eisigen Trichter des Petit Dru steht mir bevor.

Ich schlage mit meinen Hämmern – den Pickel habe ich in der Scharte zurückgelassen, um ihn beim Abstieg vom Gipfel benützen zu können – einen kleinen Absatz in das blanke Eis, auf dem ich mich einrichte.

Eine schöne Angelegenheit, mein erstes Biwak: Ich bin bis auf die Haut durchnässt, an der Hand verletzt, ohne Seil und erst noch an das Eis des Gletschers gebunden, wo ich eine Art lebendige Zielscheibe bin für alles, was von oben herunterfallen kann. Aber das ist noch nicht genug: Meine Lebensmittelvorräte sind knapp. Am Vorabend musste ich nämlich mehr als die Hälfte der von Anfang an begrenzten Verpflegung fortwerfen. Schuld daran war ein verfluchter, schlecht verstauter Haken, der mir den Plastikbehälter mit dem Brennsprit durchbohrte. Die Flüssigkeit verdarb die Lebensmittel. Geblieben sind mir zwei Pakete Biskuit, eine kleine Tube Kondensmilch, vier Stück Streichkäse, je eine Büchse Tunfisch und Gänseleberpastete, ein paar Zuckerwürfel, eine Hand voll Dörrfrüchte, ein Fläschchen Cognac und zwei Bierdosen – welch armselige Aufmunterung für die «Reise», die ich eben antrete! Zudem werde ich, weil der Brennsprit ja auch verloren ging, keinen Schnee mehr schmelzen können, um meinen Durst zu löschen. Und meine Lippen brennen jetzt schon.

Schlaflose Nacht, die Anspannung hält mich im Griff, endlose Stunden an einem Ort voller Einsamkeit wie ein Grab.

Doch der Morgen erweist sich als grossmütig: Das hängen gebliebene Seil lässt sich beim ersten Versuch ohne Schwierigkeit abziehen; bevor es in der Kälte der Nacht gefror, konnte es gut abtropfen und trocknen, so wie ich im Innersten gehofft hatte.

Rasch und ohne besondere Schwierigkeiten erreiche ich die ersten Felsen des Pfeilers oder, anders gesagt, den eigentlichen Beginn meines Unternehmens. Hier aber beginnen auch gleich wieder die Schwierigkeiten: Die grossen, festgefrorenen Schneemassen füllen hier, auf der Schattenseite, jede Ritze, jeden Riss und jeden Spalt. So wird es die nächsten hundert Meter überall sein, bis dort, wo der Berg etwas mehr Sonne erhält und seine Schneedecke abwerfen kann. Dieser Abschnitt ist viel schwieriger als bei den vorhergehenden Versuchen. Ich komme nur langsam voran wegen der komplizierten Selbstsicherungs-Manöver und wegen des Sacks, der sich überall verklemmt. Dazu schmerzt mich der Finger stark.

Erst am Nachmittag erreiche ich das Band der geheimnisvollen Holzkeile; auch es ist vollständig schneebedeckt. Ich komme immer noch schlecht voran, aber dieses Mal umgehe ich den trügerischen Riss nicht links, sondern packe ihn direkt an und erreiche in einem Zug den kleinen Absatz, wo Mauri und ich vor zwei Jahren den Rückzug angetreten haben. Die «Eidechse» über mir wirkt so abweisend wie zuvor, und an ihren Felsen kann ich nicht die kleinste Stelle zum Ausruhen ausmachen. Es ist noch nicht Abend, aber für heute reicht es. Ich richte mich auf der Terrasse ein, die ich zuvor vom Schnee befreie, und knabbere an Eiszapfen, um meinen Durst zu stillen.

In den ruhigen, langen Stunden des Rastens überdenke ich noch einmal die ersten zwei Tage in der Wand, überlege aber auch, was mich noch alles erwartet. Die Sonne scheint an diesem Abend nur langsam unterzugehen. In Montenvers werden die ersten Lichter angezündet. Und da, plötzlich, die Lichtsignale meiner Freunde! «Alles in Ordnung», antworte ich mit meiner Lampe, die ich dazu, wie abgemacht, ein paar Mal kurz anschalte. Dann kommt die Nacht und geht langsam, still vorbei.

Dritter Tag, dritter mühsamer Aufbruch. Die «Eidechse» verlangt mir alles ab, ihre Schwierigkeiten sind zum Teil extrem. Die Überwindung eines langen Risses gelingt mir nur, indem ich mich auf meine Holzkeile verlasse. Da ich aber nur drei habe, die sich gut für breite Risse eignen, muss ich jeweils, wenn ich einen geschlagen habe, wieder zum letzten zurücksteigen und ihn mitnehmen. So arbeite ich mich bis in die Nähe des höchsten Punktes der «Eidechse» hoch. Bei diesem Punkt aber, es fehlen nur noch ein paar Meter bis zum Ende, befinde ich mich auf einmal in einer äusserst ausgesetzten Position an einer Stelle, die durch das abwechselnde Gefrieren und Tauen des vielen Schnees auf der «Eidechse» von einer durchsichtigen Eisschicht überzogen ist. An diesem Punkt hält mich ein einziger Haken, den ich mit Mühe in eine vom Eis verschonte Unebenheit geschlagen habe. Ich muss mit grosser Geduld eine heikle Arbeit mit dem Hammer ausführen, um das blanke Eis, das die Felsen überzieht, mit kleinen Tritten für die Füsse zu versehen. Doch etwas weiter oben, wo die Einbuchtung sich verengt und dann einen ausgeprägten Überhang bildet, scheint das Problem unlösbar zu werden. Das wäre der Gipfel, denke ich, an einem solchen, zufällig entstandenen Hindernis zu scheitern, das ganz und gar nicht zu dieser Wand passt. Ich klammere mich eine Weile lang unter dem Hindernis fest und denke nach, was ich tun soll. Dann packt mich der Ärger; resignieren will ich nicht, und so beginne ich, vom Instinkt geleitet, zornig ein extremes Manöver.

Mit genauen Hammerschlägen befreie ich den Grund der Einbuchtung von allem Eis, wobei ich mich irgendwie festhalte. So fördere ich einen breiten Riss zutage, in dem ich einen Holzkeil anbringe. Daran hänge ich mein Seil und eine Trittleiter. Dann nehme ich meine ganze Kraft zusammen, vertraue mein Gewicht ganz dem Holzkeil an und strecke mich krampfhaft nach oben. Meine Bemühungen sind überflüssig – ich schaffe es nicht, mich im überhängenden Riss zu verklemmen. Ich muss Atem holen und das Kunststück noch einmal versuchen. Allerdings ist es äusserst riskant, lange an einem derart wackligen Hilfsmittel zu hängen. Ich weiss aus Erfahrung, dass ein Holzkeil – das gilt auch für einen Haken – in einem vereisten Riss nicht länger als ein paar Minuten hält. Möglichst schnell und improvisiert, auf meine letzten Kräfte vertrauend, setze ich deshalb so gut und so hoch ich kann einen zweiten Holzkeil in den gleichen, von Wassereis überzogenen Riss. Ich wiederhole das Manöver von zuvor, hänge Seil und Trittleiter daran und belaste den zweiten Keil mit meinem ganzen Gewicht. So schaffe ich es schliesslich, das unmögliche Hindernis zu überwinden. Nur wenig weiter oben, während ich mich wie eine Schlange strecke, um an den zunehmend leichteren Felsen Halt zu finden, höre ich unter mir ein Klappern – das Zeichen, dass der zweite Holzkeil herausgefallen ist. Schaudernd sehe ich, wie er dem Seil entlang bis zu meinem Sack hinuntergleitet.

Die «Eidechse» ist besiegt. Endlich kann ich mich in der Sonne wärmen und auf einer grossen Schuppe ausruhen. Über mir erwarten mich die «Roten Platten», glatt und senkrecht.

Wie in einem Traum kommt plötzlich ein sehr ferner, aber klarer Ruf zu mir herauf; kein Zweifel, es ist die Stimme von Ceresa. Ich kann ihn nicht entdecken, aber er ist sicher auf der Moräne des Glacier du Dru, und ich rufe: «Alles in Ordnung!» Aber der Ruf lässt in mir eine Welle von Gedanken aufkommen, die ich fernhalten wollte. Sie rufen mir ins Bewusstsein, wie weit ich von der übrigen Welt entfernt bin. Schon sind zweieinhalb Tage seit meiner Flucht aus der Charpoua-Hütte vergangen, die Kletterei hatte mich vollkommen in Anspruch genommen; doch jetzt, da ich die Stimme eines Freundes vernehme, scheint mir eine Ewigkeit vergangen. Ich bin überrascht, meine eigene Stimme zu hören, als ich auf den Ruf des Freundes antworte. Erst jetzt wird mir klar, dass ich seit zwei Tagen in vollkommenem Schweigen lebe und kämpfe, ohne ein einziges Wort zu sprechen, von absoluter Ruhe umgeben. Die Erkenntnis macht mich etwas beklommen.

Bevor ich weiterklettere, gönne ich mir eine der beiden Bierdosen. Ich setze den Eishammer mit der langen und feinen Haue an und öffne die Dose mit einem genauen Schlag – und schon schiesst mir ein wahrer Bierstrahl wie bei einer Explosion ins Gesicht. Vergeblich versuche ich, das Heraustreten der kostbaren Flüssigkeit zu verhindern; die Haue des Hammers ist im Blech verkeilt, und als die Dusche endlich aufhört, bleibt leider nur noch wenig vom Getränk übrig. Meine Wut ist fast ebenso gross wie das fürchterliche Brennen des Biers auf den Wunden meiner Hände und in meinem aufgeschürften Gesicht.

Ohne grosse Schwierigkeiten steige ich etwa 30 Meter in kurzen Seillängen weiter, um das Hochziehen des Sackes zu erleichtern. Der Fels ist fest, trocken und fast lauwarm, da er vollkommen der Sonneneinstrahlung ausgesetzt ist. Doch am Himmel braut sich ein Gewitter zusammen. Und in der Tat: Kaum habe ich eine schwierige Passage angefangen, da bricht der Sturm auch schon los. Schnell steige ich zum Sack und weiter bis zu einem Band ab, wo ich allerdings vollständig durchnässt ankomme.

Regen und Hagel prasseln über die Wand, Blitze zerreissen den schwarzen Himmel. Ich ducke mich in meinen Biwaksack, auf das Ende des Gewitters wartend; meine Ausrüstung aus Eisen habe ich so weit wie möglich von mir weg gelegt, da sie einen Blitz anziehen könnte. Es mag paradox wirken, aber das Gewitter muntert mich eigentlich auf: Endlich kann ich den brennenden Durst mit dem Wasser, das üppig über die Felsen hinabrinnt, stillen.

Wie in der Alpensymphonie von Richard Strauss beruhigt sich der Orkan schliesslich, die Stille kehrt zurück, dann die Ruhe, endlich auch die Sonne. Aber es ist schon fast Abend, und ihre schwachen Strahlen vermögen meine nassen Kleider nicht mehr zu trocknen.

Es folgt ein eisiges Biwak, und dann der vierte Tagesanbruch, der einen Tag intensiver Kletterei in den schwierigen «Roten Platten» ankündigt. Seit ich in den eigentlichen Pfeiler eingestiegen bin, wiederhole ich den gleichen Vorgang, der einmal schwieriger, einmal einfacher ist: einige Meter hochklettern, Haken einschlagen zur Selbstsicherung, am Seil wieder hinab, die letzten Haken einsammeln, erneut aufsteigen, schliesslich den Sack, der am anderen Ende des Seiles befestigt ist, zu mir hinaufhissen. Das Hochziehen des Sackes ist meistens mit Problemen verbunden, sei es wegen seines Gewichtes, sei es wegen der Reibung gegen den Fels, sei es, weil er immer wieder hängen bleibt. In solchen Fällen muss ich noch einmal hinunter, ihn freimachen, wieder hinauf, den Sack hochziehen, einmal, zweimal, ein drittes Mal. Zähle ich alles zusammen, dann dürfte ich die Kletterei im Aufstieg mindestens dreimal, im Abstieg gewiss zweimal hinter mich gebracht haben. Meine Hände sind geschunden – sie bluten von der Anstrengung, von den überhängenden Felsen, von den Seilen, an denen ich aufsteige, noch einmal aufsteige, und an denen ich die riesige Last mit blossen Händen hochziehe.

Manchmal ertappe ich mich dabei, wie ich mit mir selber rede, jeden Gedanken, der mir in den Sinn kommt, in laut ausgesprochene Worte übersetze. Ich spreche sogar mit dem Sack, als hätte er eine Seele, als sei er ein echter Seilgefährte – und tatsächlich, er ist geduldig und wertvoll! Sollte ich stürzen, wäre er zudem ein sicherer Halt. Gestern Morgen habe ich bei meinen zahlreichen improvisierten Selbstsicherungs-Manövern eine neue Methode entdeckt, bei welcher der Sack eine sehr wichtige Rolle spielt; von dem Augenblick an bin ich keinen Meter mehr geklettert, ohne dieses System – zu kompliziert, um es hier zu erklären – anzuwenden, das ich für mich die «Z-Sicherung» nenne.

Der vierte Sonnenuntergang überrascht mich auf einem bequemen Band mitten in den «Roten Platten», wenig unter der eindrucksvollen Mauer aus Dächern und Überhängen, charakterisiert durch eine gigantische Apsis, wo es kein Durchkommen zu geben scheint. Die Müdigkeit beginnt sich ernsthaft spürbar zu machen – mein ganzer Körper schmerzt, die Hände sind übel zugerichtet, der verletzte Finger tut weh. Zudem befällt mich Unsicherheit und Angst über das Bevorstehende. Als ich in meinen Biwaksack schlüpfe, ist es bereits Nacht. Die nur wenig von mir entfernte, vorspringende Kante des Pfeilers hindert mich, die Signale zu erkennen, die mein Freund mir von Montenvers sicher auch heute schickt. Ich sehe sie nicht und kann selber auch keine durchgeben. Aber ich weiss, dass mein gewohntes «Alles in Ordnung!» heute Abend – selbst wenn ich es signalisieren könnte – gelogen wäre. Noch während ich den Sack, der zu reissen droht, mit einem Haken und Schnur flicke, schlafe ich vor Erschöpfung ein.

Eine schlechte Nacht. Wie immer bringt der Morgen neue Kräfte. Doch an diesem Morgen reichen sie nicht aus, um meine bis zum Äussersten geprüften Hände normal gebrauchen zu können: Sie sind von so vielen Wunden übersät, dass ich nichts berühren kann, ohne sogleich einen unerträglichen Schmerz zu spüren. Der verletzte Ringfinger scheint entzündet zu sein. Natürlich hat die Nachtruhe den Zustand verschlimmert. Ich beisse auf die Zähne und schaffe es schliesslich, mit feinen Massagen den Fingern ihre Beweglichkeit so weit zurückzugeben, dass ich weiterklettern kann. Als ich endlich aufbreche, steht die Sonne schon hoch.

Zehn Meter, und dann erfasse ich das ganze Problem: Die Wand vor mir erinnert wirklich an die Apsis einer Kathedrale; sie ist bis zu einer gewissen Höhe eingebuchtet und spiegelglatt, dann geht sie in einen auskragenden, grossen Überhang über. Eine Lösung, wenn auch eine extreme, wäre die direkte Überwindung des riesigen schwarzen Daches, das mindestens fünf Meter vorspringt und senkrecht über mir den höchsten Punkt der Apsis ausmacht. Aber auf dem Dach liegen einige wacklige, gefährliche Blöcke; mit meinen beschränkten Selbstsicherungs-Möglichkeiten in solchen Passagen ziehe ich das Dach deshalb besser nicht in Betracht, sondern versuche es weiter links.

Ohne besondere Schwierigkeiten überwinde ich auf dieser Seite eine Rippe bis unter eine rötliche Platte, die etwa 50 Meter hoch und vollkommen senkrecht ist. Ich gehe sie über einen Riss an, der meine Haken zuerst gutmütig akzeptiert – doch schon nach 20 Metern sieht alles anders aus: Nun ist der Riss zu breit für meine Haken, aber anderseits auch zu schmal für die paar wenigen, übel zugerichteten Holzkeile, die mir geblieben sind. Ich habe es schon gesagt und wiederhole es hier, es gäbe keine Probleme, wenn ich nun auf einen Bohrer und einen Bohrhaken zurückgreifen könnte. Damit könnte ich ohne ein Risiko einzugehen gerade hochsteigen, wo immer ich möchte. Ich bin aber eingeschränkt – und es ist gut so – von den Regeln meines Spiels, das sich in diesem Augenblick als besonders schwierig und unerbittlich erweist, so wie kurz davor schon an der «Eidechse». Ich werde also den Riss aufgeben und eine andere Lösung suchen müssen. (Die Wiederholer sollten hier ganz andere Bedingungen antreffen und geeignetere Hilfsmittel verwenden, mit denen sie ohne Probleme direkt über das schwarze Dach und über den Riss der 50-Meter-Platte aufstiegen; niemand wird aber jemals meine Originalroute wiederholen, so wie ich sie verwirklicht habe, gerade weil man ihre Risiken und Tücken kennt.)

Dann passiert etwas anderes: Ich höre ein Geräusch in der Luft. Ein kleines Touristen-Flugzeug erscheint und fliegt mehrmals um den Dru, wobei die Kurven immer enger werden. Man sucht mich offensichtlich. (Bei meiner Rückkehr werde ich vernehmen, dass es Herr Toussaint vom Hotel in Montenvers war.) Ich lehne mich also so weit ich kann heraus, damit man mich sieht. Einen Fuss in der Trittschlinge, eine Hand am Haken, gestikuliere ich heftig mit dem anderen Arm und dem anderen Bein über dem Abgrund. Bald hüllt mich aber eine weisse Wolke ein, und auch das Flugzeug verschwindet. Wer weiss, ob mich der Pilot gesehen hat? Während ich mir diese Frage stelle, befällt mich ein seltsames Gefühl – es ist, als ob dieses Flugzeug, dessen Brummen ich noch weit entfernt vernehme, ein lebendiger Teil von mir selbst wäre, der mich nun verlässt. Nun verspüre ich eine herzzerreissende Einsamkeit, und ich wäre froh, wenn der Besuch nie bis hierhin gelangt wäre.

Es ist Mittag. Es kommt mir vor, als ob ich – nachdem ich den Riss aufgeben musste – seit heute Morgen noch keinen Meter geschafft hätte. In der Tat bin ich immer noch auf der Höhe des kleinen Absatzes, auf dem ich die letzte Nacht biwakiert habe. Ich schaue das Problem nochmals genau an und entdecke eine neue Möglichkeit, um es zu bewältigen.

Leicht wird es nicht sein, aber eine andere Lösung gibt es wohl nicht: Mein neuer Plan beinhaltet eine Reihe von Pendlern nach rechts, hoch über dem Abgrund und ins Leere hinaus, um bis zu einem gut ausgeprägten Riss zu gelangen, dem ich dann folgen will. Er sollte mich mehr oder weniger direkt bis ans Ende der grössten Probleme bringen. In diesem Riss kann ich sicherlich meine Haken anbringen und so die grosse überhängende Felszone überwinden.

Für einen Pendelquergang befestigt man das Seil erst an dem Haken, den man am weitesten oben angebracht hat. Dann kehrt man zum tiefer gelegenen Ausgangspunkt zurück, um von da horizontal hinüberschwingen zu können. So kann man, sich durch die Luft pendelnd, ein glattes, kompaktes Wandstück hinter sich bringen, das sonst mit traditionellen Hilfsmitteln unüberwindbar wäre. Bei der Folge von Pendlern, die ich nun beginne, bewältige ich «fliegend» eine Distanz von rund 40 Metern nach rechts, von meinem Ausgangspunkt gesehen.

Ich beginne also mein Manöver. Mit zwei Pendlern gelange ich fast problemlos in die Falllinie des grossen schwarzen Dachs und noch weiter nach rechts in Richtung des ausgeprägten Risses. Doch hier beginnen die Schwierigkeiten: Mehrmals versuche ich, gerade hochzusteigen, um möglichst weit oben einen Haken zu

Die unbegehbare Zone, die Walter Bonatti mittels Pendlern nur unter Verwendung traditioneller Hilfsmittel überwunden hat.

Die Zone der Pendelquergänge

schlagen, damit ich meine Querung von hier in einem einzigen, weiten Pendler beenden kann. Doch es gelingt mir nicht. Ich werde diese Strecke in zwei kürzere Pendelquergänge von einem tieferen Ausgangspunkt aus aufteilen müssen. Ich schwinge mich über den ersten Teil hinüber.

Nachdem ich das Seil abgezogen und mich zwei Meter weiter rechts auf einer kleinen Stufe eingerichtet habe, von der aus ich den letzten Pendler ausführen will … erbleiche ich: Zwischen mir und dem rettenden Riss höhlt sich eine unerwartete, beeindruckende Vertiefung in den Fels! Als ob der Dru hier seine Felsen eingesaugt und an ihrer Stelle eine riesige, glatte Muschel zurückgelassen hätte, die sich durch ein grausames Spiel der Perspektiven erst jetzt offenbart, als es zu spät ist. Ich darf nicht daran denken, dass der Riss nur etwa 15 Meter weiter oben rechts beginnt. Jenseits des unüberwindbaren, unerwarteten Abgrundes.

Was jetzt? Ich kann nicht mehr zurück, indem ich die Pendelquergänge in umgekehrter Richtung ausführe: Ich habe alle Brücken hinter mir gekappt, da ich das Seil nach jedem Pendler abgezogen habe. Von hier aus kann ich mich aber auch nicht am Doppelseil ablassen, denn unmittelbar unter meinen Füssen tritt die Wand so weit zurück, dass man sie für mindestens hundert Meter gar nicht mehr sieht. Ich fühle mich völlig leer, zu einer Handlung unfähig. So verharre ich mindestens eine Stunde, angeklammert an diesen einzigen Haken, der mich und den Rucksack hält, über einem Abgrund, der mich im Moment fast übel werden lässt.

Doch nach und nach kommt die Kraft zurück, die mich aus der Passivität reisst. Vielleicht gibt mir das Bewusstsein, dass ich seit fünf Tagen an der Grenze des Möglichen kämpfe, um den Knoten in meinem Inneren zu lösen, neue Energie. Und wer sich spontan für den Dru entschieden hat, um sich mit seinem eigenen Leben wieder zu versöhnen, kann sich nicht der Tatenlosigkeit hingeben und sich einfach sterben lassen.

Etwa zwölf Meter über mir, oberhalb der unerwarteten Einbuchtung – die mich vom Punkt trennt, wo der rettende Riss beginnt, den ich ja pendelnd erreichen wollte –, ragen ein paar grosse Felsschuppen heraus wie die Finger einer geöffneten Hand. Nun gut, mir kommt die Idee, das Seil als Lasso zu verwenden und es hochzuwerfen, damit es sich um die Schuppen zieht. Dann könnte ich mich am Seil hochhangeln. Allerdings sind es sehr wacklig wirkende Granitschuppen – mein Gewicht würden sie wohl niemals tragen. So improvisiere ich am Ende des Seils ein ganzes System von Knoten und Schlingen, ähnlich der Bola, der Schleuderwaffe der südamerikanischen Indianer zum Einfangen von Tieren: Mit diesem System, das den direkten Zug auf die einzelne Schuppe verhindert, sollte ich die Gefahr verringern können, dass eine Schuppe nachgibt. Wurf um Wurf, früher oder später muss sich einer dieser Widerhaken dort oben verfangen. So hoffe ich wenigstens.

Ich versuche es, einmal, zweimal. Nach ungefähr zehn Würfen scheint sich das Seil endlich fest verklemmt zu haben. Doch beim ersten kräftigen Zug zur Probe fällt es wieder schlapp ins Leere. Ich fange von neuem an, immer wieder, bis sich das Knoten-Lasso wieder verfängt. Ich ziehe – und diesmal hält es.

Ich zerre und rucke allerdings seitlich am Seil, da ich mich nicht in der Falllinie befinde. Wird der Knoten auch halten, wenn ich erst einmal senkrecht unter den Schuppen am Seil hänge? Es hat keinen Sinn, zu viel über Zweifel, die ich sowieso nicht ausräumen kann, nachzudenken. Es gibt ja doch keine andere Möglichkeit. Ehe ich ins Leere baumele, treffe ich aber noch alle möglichen Vorsichtsmassnahmen.

Da ich bei diesem Kunststück die inzwischen vertraute Z-Selbstsicherung nicht anwenden kann, befestige ich den Sack am Ende des Seils, das ich um die Schuppen geworfen habe. Das ist meine einzige – reale oder nur angenommene – Sicherheitsmarge, die ich mir verschaffen kann. Damit ich den Sack von oben einholen kann, nachdem ich dort angekommen bin, darf er nicht am Haken angebunden sein, sondern muss frei und gut ausbalanciert auf der kleinen Terrasse stehen. Ich richte ihn so her.

Was das zweite Seil angeht, das mir wenigstens eine gewisse Sicherheit bieten sollte, befestige ich eines seiner Enden um meine Taille. Das andere Ende ziehe ich durch die Öse des Hakens, durch das es ungehindert laufen soll, und knüpfe es ebenfalls um meine Taille. So erhalte ich einen weiten Seilring, der von mir ausgeht, durch den Haken läuft und wieder an meinem Körper endet. Der Seilring gibt mir rund 20 Meter Spielraum, doch ich verkürze ihn auf 14 Meter; dies reicht, um zu den Schuppen zu gelangen. Natürlich werde ich mich am anderen Seil, das zwischen den Felsfingern verklemmt ist, hochziehen. Sollte ich stürzen, würde ich die ganze bereits am Seil aufgestiegene Strecke hinunterfliegen und dazu die 14 Meter des Seilrings, der am Haken befestigt ist. Ein grosser Sturz ins Leere also, mit der winzigen Hoffnung, dass der Haken, an dem mein Gewicht dann hängen sollte, einer solchen Belastung standhalten würde.

Alles ist bereit. Nun werde ich mich ins Leere schwingen und mit den Händen ans zwischen den Schuppen verklemmte Seil klammern. Ein letztes, entnervendes Zögern – und in dem Augenblick, in dem mich ein Zittern ergreift, gerade bevor mich Mut und Kräfte verlassen, schliesse ich die Augen, halte den Atem an und lasse mich ins Nichts gleiten. Ein paar Sekunden lang habe ich das Gefühl zu stürzen, dann wird der Sturz langsamer und langsamer, und auf einmal spüre ich, dass ich rückwärts pendle. Die Verankerung hat gehalten! Das sind Augenblicke, in denen hundert Gedanken durch den Kopf wirbeln und sich mit absoluter Klarheit für das ganze Leben einprägen. Ich pendle noch etwas an dieser Schwindel erregenden Seilschaukel hin und her, und dann, bevor ich mich über dem Abgrund um mich selbst drehe, ziehe ich mich am Seil mit den Armen nach oben. Bei jedem Meter, den ich gewinne, wächst die Gefahr, denn die Schwingungen, die ich, ohne es zu wollen, dem Seil zumute, nähern sich immer mehr seinem Aufhängepunkt, der sehr unsicher ist. Natürlich sind die Knoten gut verklemmt, aber wer weiss, welcher Belastung sie standhalten.

Die Anstrengung nimmt mich völlig gefangen – gelenkt werde ich vom Instinkt des Überlebens. Als ich das Seil loslassen muss, um mich stattdessen an die Felsschuppen zu klammern, zögere ich nochmals: Alles könnte zusammenfallen und einstürzen wie ein Kartenhaus. Aber kaum habe ich es gedacht, packe ich schon die vorspringenden Schuppen, verkeile mich zwischen ihnen und versuche, sie so wenig wie möglich zu belasten. Alles ist gut gegangen!

Ich lasse meinem Keuchen freien Lauf, lasse die grosse Erregung abklingen. Dann hole ich meinen Sack hinauf. Ich ziehe das Seil ein, und als das blaue Bündel unter mir hoch über dem Abgrund baumelt, bin ich tief beeindruckt von seinen endlosen Pendlern über dem Nichts: Vor wenigen Minuten war ich in der genau gleichen Lage!

Indem ich ein Ende löse und am anderen ziehe, hole ich auch das Seil des Sicherungsrings ein, der um meine Taille befestigt war. Wirklich erleichtert bin ich erst, als dieses Seil problemlos durch den Haken läuft, wo es leicht hätte hängen bleiben können.

Ich verstaue ein Seil im Sack und binde mich am Ende des anderen, an dem der Sack befestigt war, an. Dann klettere ich weiter. Nach ein paar Metern über wacklige Blöcke kann ich endlich einen zuverlässigen Haken schlagen. Ich hänge den Sack daran und richte wieder mein System der «Z-Selbstsicherung» ein, um eine kurze und schwierige seichte Vertiefung zu bewältigen. Dies ist die Passage vor dem berühmten Riss, den ich von Anfang an als eigentlichen Trumpf bei der Überwindung der riesigen Apsis betrachtet hatte.

Doch als ich an der besagten Stelle ankomme ... gibt es den Riss nicht! An seiner Stelle zieht eine kompakte Quarzader durch die Wand. Ebenso stumpf sieht die senkrechte Einbuchtung aus, die parallel zur Quarzader hochzieht. Angesichts dieser totalen Fehleinschätzung stehe ich völlig entwaffnet da, wehrloser als je zuvor.

Einmal mehr falle ich in tiefe Verzweiflung. Sie dauert allerdings nicht lange. Mit wütenden Bewegungen, Hände und Schultern irgendwie verklemmend, ziehe ich mich noch ein paar Meter hoch; einen Haken kann ich allerdings unmöglich schlagen. Erst eine unerwartete Verengung der Einbuchtung ermöglicht es, in ihrem Grund mehr schlecht als recht einen Holzkeil anzubringen.

Einmal mehr hole ich tief Atem, nachdem ich das Seil und eine Trittleiter an den Holzkeil gehängt habe – ein ziemlich gefährliches Manöver, fast eine Verrücktheit, und ich bin mir dessen sehr wohl bewusst. Ich kämpfe verbissen, in vollkommen freier Kletterei, jenseits aller Grenzen, und kippe ständig fast ins Leere. Dennoch komme ich Zentimeter um Zentimeter voran, immer in der verzweifelten Hoffnung, endlich einen Haken zur Sicherung schlagen zu können. So krieche und winde ich mich durch die leicht überhängende Einbuchtung hinauf, bis – wie befürchtet – das Seil aus ist. Da erlebe ich den schlimmsten Augenblick: Ich kann unmöglich einerseits anhalten und anderseits die Schlinge der «Z-Selbstsicherung» lösen, die mich hier blockiert. Ich weiss nicht wie, aber irgendwie verklemme ich mich mühsam mit einer Schulter in der Vertiefung und schaffe es, dem Krampf nahe, die Schlinge aus dem Karabiner zu klinken. So verliere ich zwar auch noch die letzte, an sich schon unsichere Selbstsicherung, dafür steht mir jetzt das Seil in seiner ganzen Länge von 40 Metern zum weiteren Aufstieg zur Verfügung. Doch die Schwierigkeiten hören damit nicht auf – bereits wenige Meter später verfängt sich das Seil und blockiert mich ausgerechnet dann, als ich über ein kleines Dach steige. Ich ziehe und zerre und mühe mich verzweifelt ab, rucke am Seil, versuche es sogar mit den Zähnen zu lösen – und habe keine Chance, es zu befreien. Ich mobilisiere die letzten Kräfte und halte die Anstrengung kaum mehr aus. Dann, genau als ich wirklich am Ende bin, die unglaubliche, wunderbare Überraschung: In diesem Gefühlschaos entdecke ich plötzlich, dass der Fels um mich herum nachgibt, er ist beinahe so weich wie Gips, und ich kann ihn sogar mit den Nägeln ritzen.

So schaffe ich es – an den Ellbogen hängend, die ich verklemmt habe, und mit einem grossen Adrenalinschub –, einen kleinen Haken und den Hammer von der Materialschlinge zu nehmen. Aufs Geratewohl schlage ich auf das kleine, zugespitzte Eisenstück ein: unglaublich, es dringt tatsächlich bis zur Hälfte in dieses Gestein ein, das eigentlich harter Granit sein sollte. Ohne darüber weiter nachzudenken, hänge ich mich für einen Moment an die heikle Sicherung – lange genug, um Atem und etwas Kraft zurückzugewinnen. Dann wiederhole ich das Manöver mit anderen Haken und setze einen neben den anderen, bis sie ein Grüppchen von kleinen, aus dem Fels ragenden Verankerungen bilden. Da sie mit der gleichen Leichtigkeit, wie ich sie geschlagen habe, herausfallen könnten, verbinde ich sie mit einer Reepschnur, die ich dann zu einem Ring verknote; so erhalte ich eine relativ solide Verankerung.

Beim Hantieren in meiner unbequemen Position gleitet mir eine Trittleiter von der Materialschlinge, wo ich sie angemacht hatte. Ich mag ihr nicht bei ihrem Fall zusehen – meine Augen haben genug vom Anblick der Überhänge. Dafür höre ich sie nach einigen Sekunden irgendwo weit unten aufschlagen.

Nun löse ich das Seil von meiner Taille und fixiere es an der Hakengruppe, um es dann mit grösster Vorsicht mit meinem Gewicht zu belasten – ich halte mich nur mit meinen Händen daran und hangle mich so langsam zum Sack hinunter, den ich vom Haken löse und später, nachdem ich wieder bei meiner eigenartigen Verankerung angelangt bin, nachziehe.

Mit diesem unvorhergesehenen und verrückten Seilmanöver ohne jegliche Selbstsicherung habe ich die Apsis und damit die Schlüsselpassage der ganzen Tour überwunden. Mit zwei Pendelquergängen, diesmal nach links, und nach ein paar nicht besonders schwierigen Stellen gelange ich wieder auf die elegante Kante des Pfeilers. Nehme ich alle Aktionen von heute zusammen, habe ich in diesen Überhängen einen fast vollständigen Kreis beschrieben.

Die Kletterei über mir wirkt nun etwas gemächlicher, die Route ist in einer Folge von Verschneidungen und Rissen immer deutlicher erkennbar. Als ich die extremen Schwierigkeiten hinter mir habe, stelle ich fest, dass ich auf dem Fels Blutspuren zurücklasse. Doch die Schmerzen sind nicht stark, auch weil die Hände nach der harten Arbeit wie betäubt sind.

Als ich die bequeme Plattform erreiche, wo ich das fünfte Biwak verbringen will, ist es fast dunkel.

Nach einer Weile, es ist schon stockdunkle Nacht, dringen von unten klare Rufe herauf. Wie zur Bestätigung nehme ich in der gleichen Richtung, weit entfernt, auch winzige Lichter wahr. Sie könnten von einigen Freunden stammen, die zur Charpoua-Hütte aufgestiegen sind. Ich rufe zurück und verbrenne ein Stück Papier, um ihnen meine Position anzugeben, worauf sie wieder antworten. Ihren Rufen glaube ich zu entnehmen, dass sie mir morgen entgegenkommen wollen (erst später werde ich erfahren, dass sie mich von ihrem Blickpunkt her bereits im Abstieg auf der Normalroute wähnten).

Plötzlich fühle ich mich wie neugeboren, nachdem ich eine Zeitlang vom Leben weit entfernt war. Äusserlich hat sich nichts verändert, die Schmerzen in den Händen sind immer noch da, der brennende Durst, die schwarzen Schatten der scharfen und überhängenden Felsformationen um mich herum. Aber innerlich fühle ich den Mann auferstehen, zu dem ich in den letzten Tagen keine Beziehung mehr hatte. Ich finde mich selbst wieder, und das genügt mir, um die Intensität des eben Erlebten zu verstehen. Bis vor ein paar Stunden war das Mass aller Dinge jenes der Berge, deren Elemente – Fels, Eis, Kälte, die Abgründe, das Majestätische und Dauerhafte – ich derart verinnerlichte, bis ich ein Teil davon wurde. Ich und der Berg, eine untrennbare Einheit.

Ich fühle, dass ich den Dru-Pfeiler bezwungen habe. Und ich fühle, dass ich viel weiter entfernte, unsichtbare Grenzen überschritten habe. Nun weiss ich, dass die psychische Sperre, die mich von meiner Seele trennte, überwunden ist, und ich meinen inneren Knoten gelöst habe. Zu meiner Überraschung bringt mich die Gefühlswelle dieses Augenblicks erst zum Weinen, dann zum Singen.

Der Himmel hellt auf, der sechste Tag meines Ringens bricht an, und meine ganze Energie ist auf das letzte Hindernis ausgerichtet, das mich vom Gipfel trennt. Aber jetzt verweigern sich meine Hände diesem letzten Aufruf zur Arbeit – sie sind so angeschwollen, dass ich sie weder zur Faust schliessen noch öffnen kann. Die Gymnastik, zu der ich mich zwingen muss, um sie wieder einsatzfähig zu machen, verursacht mir unerträgliche Schmerzen. Aus den Wunden fliesst nicht mehr Blut, sondern helles Serum.

Deutlich dringen Stimmen zu mir. Dann erscheinen drei Männer in der Scharte der Flammes de Pierre. Aufgeregt antworte ich auf ihre Rufe. Nur die Stimme von Ceresa ist mir vertraut, die anderen sprechen französisch. Den Gesprächsfetzen, die zu mir dringen, entnehme ich, dass sie sich grosse Sorgen um mich machen. Ich versuche den Grund zu erkennen und mich in ihre Haut zu versetzen – dann kann ich ihre Beunruhigung nachvollziehen: der Blick von jener Scharte auf einen kleinen Menschen, der ganz allein an einer überdimensionierten Granitschuppe aufsteigt, die unter ihm tausend Meter abbricht. Damit sie beruhigt sind, fange ich sofort an zu klettern, auch wenn meine Hände immer noch höllisch weh tun. Ceresa ruft mir zu, dass sie ihren Aufstieg bis unter den Gipfel fortsetzen, wo sie auf mich warten wollen.

Eine schräge Verschneidung auf der linken Seite bringt mich fast auf die scharfe, markante Pfeilerschneide. Wenig weiter oben flacht der Pfeiler ab, und die Schwierigkeiten nehmen ebenfalls deutlich ab. Um die Mittagszeit bleiben mir nur noch etwa hundert Höhenmeter zum Gipfel. Nun ist die Kletterei leicht, und ich lasse alles überflüssige Material zurück. Fast hätte ich mich auch der zwei Trittleitern und der übrig gebliebenen Haken entledigt – doch im letzten Moment gehorche ich meinem Instinkt und stecke sie wieder in den Sack, ohne zu wissen, dass ich das letzte Hindernis am Petit Dru nur mit dieser Ausrüstung anpacken kann. Tatsächlich öffnet sich wenig später ein scharfer, tiefer Einschnitt zwischen dem Pfeilerkopf und dem Gipfel des Dru – jenseits dieser Scharte erblicken meine Augen eine weitere, rund 50 Meter hohe Wand voller kompakter Überhänge! Eine böse Überraschung, die meinen Kräften in unpassenderen Stunden den Gnadenstoss gegeben hätte. Nun aber packe ich dieses letzte Hindernis entschlossen und beinahe dreist an, als ob ich in meinem Herzen die mathematisch genaue Gewissheit hätte, dass mich nun nichts mehr vom Gipfel trennen kann.

Die Hände schmerzen weiter, Haken und Trittleitern werden wieder – auf eine rauere Art – ihrer Funktion gerecht, dann löst sich eine mindestens hundert Kilo schwere Granitplatte und bricht ab, weil ich einen Haken dahinter setzen wollte. Sie streift und betäubt mein linkes Bein, aber die Hände lassen nicht los. Wie von einer übernatürlichen Kraft getragen, setze ich meinen Aufstieg fort und bezwinge glatte Platten und auffallende Überhänge, teilweise gar in freier Kletterei.

Auf dem Abstieg über die Normalroute des Petit Dru begegnet Walter Bonatti bei der Scharte der Flammes de Pierre seinen Freunden.

Dann wird die Wand endgültig flacher und ist von markanten Rissen und massiven, vorspringenden Felsen geprägt. Auf dem Grat der Normalroute tauchen meine Freunde wieder auf. Als sie sehen, wie weit oben ich inzwischen bin, halten sie an, um 200 Meter unter dem Gipfel auf mich zu warten.

Genau um 16.37 Uhr bin ich auf dem Gipfel des Dru. Die Glückseligkeit solcher Momente verschiebe ich auf eine spätere, entspanntere Gelegenheit und werfe stattdessen nur schnell einen Blick um mich. Dann beginne ich – mit dem endlich deutlich leichteren Sack auf dem Rücken –, am Doppelseil abzuseilen, und erreiche meine Freunde schliesslich fast im Laufschritt. Zusammen mit Ceresa sind die Franzosen Gérard Gery und Lucien Bérardini aufgestiegen – eine wirklich schöne Geste! Letzterer gehörte zur Seilschaft, die 1952 die Westwand des Petit Dru bewältigte.

Die Nacht überrascht uns in der Nähe der Scharte der Flammes de Pierre; hier treffe ich wieder auf meinen Pickel. Ein weiteres, sechstes Biwak ist unumgänglich; aber diesmal fühle ich mich wie an einem wunderschönen Fest, umgeben von guten Freunden.

Unverstanden der Zeit voraus?

Mit dem Alleingang am Petit Dru erweiterte ich den Horizont meiner Auffassung des Bergsteigens; ich erkannte Ziele und sah Entwicklungen vorher, die meiner von sehr beschränkten Mitteln charakterisierten Zeit weit voraus waren. So tauchte im Blickfeld meiner Projekte unter anderem die schöne Pyramide des K2 wieder auf. Dieses Mal entschied ich mich für sie, um an ihr meine neueste Idee umzusetzen: die Besteigung des zweithöchsten Berges der Welt im Alleingang, im alpinen Stil und ohne den Einsatz von Sauerstoffflaschen.

Ich war mir bewusst, dass die damals verfügbaren Nahrungsmittel und Ausrüstungsgegenstände (vergessen wir nicht, dass wir uns im Jahr 1955 befinden) ein solches Projekt stark einschränkten, weil vieles einerseits zu schwer und anderseits von zu geringem Nutzwert für ein solches Unternehmen war. Dies war auch einer der Gründe, warum an den Achttausendern in den folgenden 20 Jahren nur schwerfällige und zeitaufwendige Expeditionen durchgeführt wurden. Ich war mir auch bewusst, dass diese Einschränkungen vor allem die Unabhängigkeit des Alleingängers bestrafen würden, gerade wegen des beschwerlichen Lastenschleppens auf den eigenen Schultern von allem, was man am Berg braucht. Ich wollte es dennoch versuchen. Irgendetwas sagte mir, ich hätte gute Erfolgschancen, die unter anderem auf meine bereits vorhandene Erfahrung in grosser Höhe und auf meine bestens erprobte körperliche Leistungsfähigkeit gründeten. So studierte ich alles genaustens, mit dem Ziel, mir genügend Handlungsspielraum für ungefähr eine Woche am Berg zu geben; der Ausgangspunkt würde der Gletscher im Tal sein, zu dem ich nach der Gipfelbesteigung zurückkehren wollte. Ich sah vor, mich beim Aufstieg nur mit wenigen unentbehrlichen Dingen auszurüsten, die in einem einzigen, 25 Kilo schweren Rucksack Platz fänden. Das Unternehmen sollte sich über den Abruzzi-Sporn, den ich ja schon gut kannte, abspielen; damit würde ich – abgesehen von der perfekten Akklimatisation, wie ich sie im Jahr zuvor erreicht hatte – auch von einem Teil des Materials aus dem Vorjahr profitieren können, von dem ich hoffte, es noch in brauchbarem Zustand anzutreffen. Mich spornte ein starker Erfolgswillen an, zusätzlich zur Erinnerung an die unerfreulichen Momente, die ich an genau diesem grossen Berg erlebt hatte.

Aber dann trat der Schatten der grössten und vielleicht unüberwindbaren Schwierigkeit einer Reise an den K2 auf: die Finanzierung des Unternehmens. Nach verschiedenen erfolglosen Versuchen kam mir kein besserer Weg mehr in den Sinn, als mich an einen grossen Verlag in Mailand zu wenden. Ich stellte den Verantwortlichen meinen Expeditionsbericht in Aussicht, den sie gegen eine bescheidene finanzielle Unterstützung exklusiv veröffentlichen könnten. Ich wusste, dass ich einen guten Ruf hatte – auch in Pakistan, wo der K2 steht. Und doch, es gelang mir nicht, wenigstens das Minimum an erforderlicher Unterstützung zusammenzubringen, um meine Reise zu starten. Mein Vorschlag ging nicht nur fehl, sondern – und das war das eigentlich Beschämende – rief in den Verantwortlichen des Verlagshauses nur ein mitleidiges Lächeln hervor. So etwas würde heute wohl nie passieren.

Zu Recht gelangt man deshalb zur Überzeugung, dass man nur ein Kind der eigenen Epoche sein kann und als solches abhängig ist von den Einschränkungen seiner Zeit, die natürlich verschiedener Art und unterschiedlichen Interesses sind. Vielleicht bin ich etwas misstrauisch; aber ich vermute guten Grundes, dass die Ablehnung, die ich erfuhr, nicht nur auf Blindheit, sondern auch auf den Willen baute, den Mythos des nationalen Erfolgs vom Vorjahr nicht durch ein zukunftsweisendes Unternehmen eines jungen Alleingängers trüben zu lassen.

Der Brenva-Sporn auf
der Ostseite des Mont Blanc

WEIHNACHT AUF DEM MONT BLANC
1956

Unter meinen Bergtouren im Jahre 1956 ist die Durchquerung der Alpen mit Ski besonders hervorzuheben: Es handelte sich um die erste vollständige Skitraversierung von den Julischen Alpen bis zu den Seealpen durch ein einziges Grüppchen von Alpinisten. Die statistischen Angaben dieser Gewalttour sprechen für sich: 1795 Kilometer mit Ski an den Füssen oder auf den Schultern (je nach Schneelage); keine Verwendung von anderen Transportmitteln (Strasse oder Bahn); fünf Gipfelbesteigungen, darunter der Mont Blanc; 146 000 überwundene Höhenmeter; 66 Tage Gesamtdauer, nämlich vom 14. März bis zum 18. Mai. Das Wichtigste daran war aber der Traum, den sie mir schenkte: Ich stellte mir dabei tatsächlich vor, ein «antarktisches» Abenteuer zu erleben – ich wäre nämlich ausserordentlich gerne in die Antarktis gereist. Eine solche Reise war aber damals absolut unvorstellbar – ausser als Unternehmen von nationalem Charakter und zu Forschungszwecken.

Dann kam der Winter und brachte jenes schmerzliche Erlebnis mit sich, das sich ausgerechnet an den Flanken meines liebsten Berges ereignen sollte.

Die Geschichte dieser Tragödie gehört leider zu den Geschehnissen, die in jenen Jahren die öffentliche Meinung sehr interessierten – sicherlich nicht nur aus Liebe zum Alpinismus. Ich spreche von der Besteigung des Mont Blanc, die ich mit dem Alpini-Leutnant Silvano Gheser über die «Poire» in der Brenva-Flanke mitten im Winter, genau am Weihnachtstag, ausführen wollte. Der Versuch scheiterte wegen des überraschend eintretenden schlechten Wetters und verwandelte ihn sofort in eine Tragödie. Die Tatsache, dass Gheser und ich bei unserer Tour völlig zufällig auf die beiden uns zuvor unbekannten François Henry und Jean Vincendon stiessen, war der Auslöser für die wunderlichsten Interpretationen des Abenteuers, das in der Folge auf ungenaue, einseitige Art ausgeschlachtet wurde. Man wollte dabei irgendwie die Fehler jener zwei unglücklichen Bergsteiger und ihre Tragödie mit meiner Tour und vor allem mit meiner Person verknüpfen, indem man mir die ganze Schuld aufzubürden versuchte. Dieses Meisterwerk der Absurdität wurde vor allem, wie so oft, von einer gewissen Presse – einseitig, unbesonnen und schurkisch – verbreitet.

Schon seit über einem Jahr war eines meiner Projekte die Besteigung der «Poire» am Mont Blanc – eine Fels- und Eistour, die mich faszinierte.

Aber jedesmal, wenn ich aufbrechen wollte, traf auch das schlechte Wetter ein und hinderte mich daran. Es wurde Dezember, bis die Verhältnisse am Berg und das Wetter endlich günstig waren, und so kam ich auf die Idee, die Besteigung mitten im Winter anzugehen. Der ersehnte Augenblick zum Aufbruch war gekommen!

Am 18. Dezember erreichte ich mit Gheser das Fourche-Biwak auf 3680 Metern; ich wollte mich über die guten Verhältnisse in grosser Höhe vergewissern, und tatsächlich, es war nichts auszusetzen, sie waren perfekt. So legte ich unseren Aufbruch auf den Weihnachtstag fest. Es sollte für mich eine besonders schöne Weihnacht werden.

Am 24. Dezember stiegen wir also wieder ins erwähnte Fourche-Biwak auf. In der Nähe der Hütte trafen wir auf zwei Alpinisten; sie stiegen gerade ab. Es handelte sich um den französischen Bergführer-Aspiranten Jean Vincendon und den belgischen Studenten François Henry. Sie hatten in der Absicht, den Brenva-Sporn zu erklettern, im Biwak übernachtet. Als sich aber der Himmel bei Tagesanbruch überzog, entschlossen sie sich zum Verzicht. Inzwischen war der Himmel wieder vollkommen klar, und sie waren froh, uns zu begegnen, und beschlossen, erneut zum kurz zuvor verlassenen Biwak aufzusteigen: «Wir werden die Nacht gemeinsam mit euch verbringen und morgen früh den Brenva-Sporn angehen.»

Am frühen Nachmittag erkunden Gheser und ich den Anstieg bis zum Col Moore. Der Schnee ist hart und trägt gut. Als wir zum Biwak zurückkehren, wird es gerade Nacht. Bei unserer Erkundung habe ich den Schaft meines Pickels gebrochen. Henry sieht es und gibt mir seinen. «Für die ‹Poire› muss die Ausrüstung in perfektem Zustand sein», meint er und bagatellisiert damit seine schöne Geste.

Die zwei verfügen über eine hervorragende Ausrüstung, viel moderner als unsere. Dagegen haben sie wenig Proviant dabei, und wir können ihnen etwas von unserem abtreten. Ich erinnere mich gut, dass uns von ihrem aussergewöhnlichen Material vor allem die grossen, daunengefütterten Biwaksäcke beeindruckten; sie waren speziell für äusserst kalte Temperaturen gefertigt. Die zwei Alpinisten wollten sie im Hinblick auf eine Himalaja-Expedition, die sie für die nahe Zukunft planten, erproben.

Im Gegensatz zu dieser wahren Gottesgabe verfügte ich nur über einen leichten, gefütterten Anorak. Für das Biwak im Freien konnte ich ihn mit einem halblangen Schlafsack kombinieren, der mir von den Füssen bis zur Taille reichte. Gheser hatte einen daunengefütterten Overall dabei, mit dem er für die Nacht in einen gewöhnlichen, gummierten Biwaksack schlüpfen würde. Er besass zudem ein Paar gefütterte Schuhe; wir hatten weiter beide eine zweifache Kopfbedeckung und doppelte Handschuhe aus Wolle.

Am nächsten Morgen waren wir erst gegen 4 Uhr zum Aufbruch bereit, obwohl wir um 2.30 Uhr aufgewacht waren. Das war spät, dennoch machten wir uns in Richtung des Col Moore auf. Vincendon und Henry folgten hinter uns nach, bis zum Sattel hatten sie den gleichen Weg.

Am Pass trennten wir uns mit gegenseitigen Weihnachtswünschen, es war ja Weihnachtstag. Während die zwei den Aufstieg über den Brenva-Sporn begannen, stiegen wir horizontal zur Mitte der grossen Flanke und zum Beginn unserer Route über die «Poire» weiter.

Als die Sonne aufging, befanden wir uns noch am Anfang eines steilen Couloirs mit schlecht verfestigtem Schnee, aus dem wir um diese Zeit schon längst hätten heraus sein müssen. Es war spät und gefährlich, durch diese Rinnen, im Schussfeld der darüber aufragenden Séracs, aufzusteigen. Schweren Herzens verzichteten wir deshalb auf die so sehr ersehnte Kletterei über die «Poire». Aber um nicht vollkommen leer auszugehen, beschlossen wir, ebenfalls den leichteren und nicht so gefährlichen Brenva-Sporn zu begehen. Zunächst dachten wir, wir könnten Vincendon und Henry einholen, die wir von unten sahen. Aber einmal auf dem Sporn, waren wir bereits höher als sie, wobei wir sofort wussten, dass dies unserem Training und unserer besseren Akklimatisation zuzuschreiben war. Vincendon und Henry folgten unter uns in unseren Spuren.

Der Tag war strahlend, die Landschaft fantastisch. Plötzlich löste sich eine riesige Lawine von den Eistürmen in der Nähe des Mont-Blanc-Gipfels. Sie schoss 1000 Meter hinunter und füllte dann wie eine grosse, bauschige Wolke das ganze Brenva-Becken aus – unser Verzicht auf die «Poire» war von der Vorsehung bestimmt.

Auf dem Brenva-Sporn waren wir sicher, und alles ging gut voran.

Vincendon und Henry folgten uns in einem gewissen Abstand. Irgendwann gingen wir etwas langsamer, damit sie uns einholen könnten, aber vergeblich, ihr Rhythmus blieb sich gleich.

Um 15.30 Uhr – in dieser Jahreszeit ist es dann schon beinahe Abend – hatten wir fast den höchsten Punkt des Sporns erreicht. Nur noch knapp hundert Meter trennten uns vom letzten Eisturm in der Nähe des Brenva-Sattels. Von hier zum Gipfel des Mont Blanc und weiter über die Normalroute hinunter ins Tal erwarteten uns keine Probleme mehr, dank unserer Stirnlampen auch im Dunkeln nicht.

Doch genau hier betrog uns das Wetter völlig unerwartet.

Der Himmel verdunkelte sich, und nur eine knappe Stunde später fiel der Sturm mit schneidenden Böen über uns her. Ein kleiner Höhenmesser, als Barometer verwendet, hätte genügt, um uns den Druckabfall schon in der letzten Nacht im Fourche-Biwak zu zeigen und uns vorzuwarnen. Doch zu jener Zeit wurden solche Instrumente noch nicht oft gebraucht (ich selbst begann sie nach diesem Erlebnis zu benutzen). Auch gab es keine zuverlässigen Wetterprognosen. Jeder Bergsteiger verliess sich folglich auf seine eigenen, auf Erfahrung gründenden Beobachtungen und auf vage Warnsignale. Und gerade deshalb konnten wir die Ereignisse dieses Tages nicht vorhersehen.

Inzwischen war es dunkel, und wir befanden uns mehr oder weniger gleich weit unter den letzten Séracs. Wir mussten uns mit einem Biwak an dieser Stelle abfinden und hackten eine kleine Plattform in den Eishang. Ein paar Stunden später teilte mir Gheser in undeutlichen Worten mit, er spüre seine Füsse nicht mehr, sie seien in Gefahr. Die durch den Wind verstärkte Kälte war extrem. Beunruhigt gab ich ihm meinen gefütterten Schlafsack im Tausch gegen seinen gummierten Sack. Später leerten wir auch unsere Rucksäcke und steckten unsere Füsse hinein. Unter solchen Bedingungen war an Schlaf natürlich nicht zu denken; wir konnten kein Auge zutun.

Am frühen Morgen des 26. Dezember tobt der Sturm immer noch, und wir sind unter den Schneemengen, die in der Nacht gefallen sind, fast begraben. Der Zustand von Ghesers Füssen hat sich verschlechtert. Meine Verfassung ist wie durch ein Wunder noch nicht beeinträchtigt. Die schlimmen Verhältnisse erlauben keinen Rückzug mehr: Eine dicke Schneeschicht bedeckt gefährlich die harten Hänge darunter; eine kleine Zusatzbelastung würde genügen, um eine Lawine auszulösen. Wir müssen also einen Weg nach oben erzwingen, und zwar möglichst in der Falllinie, um den Hang nicht zu schneiden und damit einen Schneerutsch anzutreten.

Seit gestern Abend hat unsere Beunruhigung über Vincendon und Henry zugenommen, die etwas unter uns biwakiert haben müssen. Ich rufe sie mehrmals, bis ich schliesslich eine Antwort vernehme. Sie befinden sich wahrscheinlich trotz ihrer hervorragenden Ausrüstung in Schwierigkeiten. Ich verbinde meine beiden Seile und erhalte damit ein 80-Meter-Seil, das ich im Eis verankere, um mich dann zu ihnen abzulassen. Zusammen steigen wir wieder bis zu unserem Biwak auf. Die Nacht war auch für sie sehr hart. Sie erzählen uns, dass sie durch einen glücklichen Zufall Schutz in einer kleinen Spalte gefunden haben, ungefähr hundert Meter unter uns in der Nähe des so genannten Ilôt Rocheux. Henry leidet wie Gheser an beginnenden Erfrierungen an den Füssen.

Ich beschliesse, eine einzige Seilschaft zu bilden, und zwar in folgender Reihenfolge: ich, Gheser, Henry, Vincendon. Man sieht nichts. Nun muss ich die richtige Route erraten, um – wer weiss, wo genau – auszusteigen. Gestern Abend, bevor die Hölle losbrach, hatte ich eine kleine Scharte bemerkt, die vielleicht begehbar ist und sich zwischen zwei überhängenden Eistürmen öffnet. Diesen Durchgang muss ich finden, auch wenn wir uns praktisch nur tastend fortbewegen können: Der Sturm ist so heftig, dass wir die Augen schliessen müssen, und auf unseren Augenlidern bilden sich sofort Eiskrusten. Mit Pulverschnee bedeckte Steilhänge wechseln ab mit blanken, glatten Eismauern. Ich packe eine Passage nach der anderen an, wie der Zufall es gerade will, da ich sowieso nur ein paar Meter weit sehe.

All dies ereignet sich am Stefanstag. Wir sind uns bewusst, in einem Labyrinth von Spalten und senkrecht aufragenden Eistürmen verloren zu sein, Hindernisse, die wir überwinden müssen, um es überhaupt bis zum Col de la Brenva zu schaffen. So kämpfen wir blind vom Sturm, erschöpft durch das harte Biwak, aber auch schreckerfüllt vor der kommenden Nacht verzweifelt weiter, um alles hinter uns zu bringen. Bis 3 Uhr nachmittags irren wir zwischen unsichtbaren Eispfeilern und breiten Abgründen herum. Dann – welch ein Wunder! Plötzlich reissen die Wolken auf, und über uns erscheint die Kuppel des Mont Blanc mit einer grossen Schneefahne.

Der Nordwind bläst aussergewöhnlich stark, die Kälte ist unerträglich, aber wenigstens wissen wir jetzt, wo wir sind: zum Glück auf der richtigen Route, ziemlich genau über dem Col de la Brenva und schon auf der anderen Seite der Mur de la Côte, also kaum 300 Höhenmeter unter dem Gipfel des Mont Blanc. Instinktiv suche ich mit meinen Augen den schnellsten Fluchtweg auf der französischen Seite des Berges. Wie eine unwiderstehliche Luftspiegelung liegt dort unten Chamonix, einladend und nahe. Fast unbewusst beginne ich, in diese Richtung durch das grosse Couloir unter mir abzusteigen, das als die untere Ancien Passage bekannt ist. Am Anfang scheint alles leicht, aber nach ungefähr hundert Metern erkenne ich die Täuschung: In Wirklichkeit werden die Hänge zunehmend steiler und durch den vielen Neuschnee immer gefährlicher und unstabiler. Ich kapiere, dass alle steilen Hänge am Berg, auf beiden Seiten des Hauptkamms, unbegehbar sind: Sie waren hart und blank, als der Neuschnee sie zu bedecken begann; nun würde ein Hauch, ein Schritt genügen, um eine Lawine auszulösen.

Ich teile meine Erkenntnis meinen Gefährten mit; wir sind uns alle einig, dass der Abstieg durch das Couloir eine Verrücktheit wäre. Unser einziger Fluchtweg ist der Aufstieg über den breiten Nordostrücken, das heisst die ungefährliche Normalroute von der Mur de la Côte unter uns bis zum Gipfel des Mont Blanc. Von dort müssen wir über den Bosses-Grat, immer noch auf der Normalroute also, absteigen.

Wir entscheiden uns für diese Lösung. Sicher ist es der längste Weg, aber auch der leichteste und sicherste. Wir müssen nur Schritt für Schritt über eine Folge von breiten, vom Wind blank gefegten Bergkuppen aneinander reihen. Und wir müssen uns vor allem angesichts der vorgerückten Stunde beeilen.

Bevor wir uns wieder in Bewegung setzen, schweift mein Blick ein letztes Mal über das Tal von Chamonix: ein verlockendes Versprechen von Wärme und Ruhe. Ein Traum.

Um beweglicher zu sein, teilen wir uns wieder in die zwei ursprünglichen Seilschaften auf: Gheser und ich, Vincendon und Henry. Eine halbe Stunde oder vielleicht etwas länger gehen wir Seite an Seite, gegen die Windstösse gebeugt, Richtung Mont-Blanc-Gipfel. Manchmal gehen Gheser und ich den beiden Unglückseligen voran, dann überholen sie uns wieder, wenn wir einen Augenblick anhalten. So steigen wir zum Gipfel auf, manchmal sind sie voraus, manchmal wir.

Und deshalb merke ich nicht, kann ich nicht merken, als wir sie «verlieren». An einem gewissen Punkt sind Gheser und ich voraus, uns ist klar, dass sie uns folgen, anders kann es gar nicht sein. Als ich mich umwende und feststelle, dass sie weiter zurückgefallen sind, rufe ich ihnen zu, sich zu beeilen. Ich schreie gegen den Wind, ohne anzuhalten, denn mein Gefährte zeigt Zeichen der Ermüdung. Die zwei verstehen und stimmen zu. Ghesers Schritte werden immer steifer und unsicherer, dennoch marschiert er standhaft, ohne Klage, weiter. Zum Glück liegt vor uns keine Schwierigkeit mehr, ausser dem Rennen gegen die Zeit, das wir wegen der in Kürze einbrechenden Nacht und der immer offenkundigeren Erschöpfung aufnehmen müssen.

Es ist schon fast dunkel, als Gheser und ich, unsere Körper gegen den arktischen, lähmenden Wind beugend, auf dem Gipfel des Mont Blanc ankommen. Ohne anzuhalten, steigen wir gleich über den Bosses-Grat wieder ab. Als wir die Vallot-Hütte betreten, ist es dunkle Nacht. Gheser zieht sich bei Kerzenlicht die Schuhe aus, und da wird mir sofort klar, wie schwerwiegend die Erfrierungen an seinen Füssen sind. Überdies hat er auch schon erste Frostbeulen an den Händen – wir haben keine Minute mehr zu verlieren! Mit vereinten Kräften massieren wir seine Glieder mit dem halben Liter Brennsprit aus unserem Kocher, den wir bis jetzt nicht gebraucht haben, wir reiben und fahren fort, bis er wenigstens teilweise wieder Gefühl hat.

In der Zwischenzeit wächst unsere Unruhe um Vincendon und Henry; sie sind immer noch nicht aufgetaucht. Von Zeit zu Zeit gehe ich zur Türe und suche durch den Sturm das Gelände um den Gipfel ab, ich sehe aber nichts ausser die im Licht meiner Lampe herumtanzenden Schneeflocken. Angstvoll frage ich mich, ob die zwei nicht bis zum Gipfel durchgehalten haben und nun irgendwo auf der anderen Seite biwakieren. Das wäre ein tragischer Fehler. Umso mehr, als wir jetzt nichts mehr tun können, um ihnen zu helfen.

Viele haben sich später gefragt, weshalb ich Vincendon und Henry auf dem Gipfel des Mont Blanc «verlassen» habe. In Wirklichkeit kann man auf diesem einfachen letzten Teilstück niemanden verlassen. An jenem Abend waren wir alle fähig zu handeln und zu entscheiden, und gemeinsam hatten wir beschlossen, so klug wie möglich der logischsten Route zu folgen, das heisst in zwei Seilschaften aufgeteilt, ohne aber einander zu verlassen. Bis zu einem gewissen Punkt ging auch alles genau so.

Ich konnte mir nicht vorstellen, dass Vincendon und Henry, nur wenig hinter uns aufsteigend, den absurdesten aller möglichen Beschlüsse fällen würden (genau dies taten sie aber), ohne es uns wissen zu lassen und als es bereits dunkelte: Anstatt uns zu folgen, drehten sie um und versuchten, direkt durch das erwähnte Couloir der Ancien Passage abzusteigen, das wir eben noch als viel zu gefährlich bezeichnet hatten. Warum begingen Vincendon und Henry einen solchen Wahnsinn? Ich weiss es nicht, ich kann es nicht wissen, niemand wird es je erfahren.

Die zwei unglücklichen jungen Männer entschieden mit diesem tragischen Fehler über ihr Schicksal. Was mich anbelangt, so kann ich ganz bewusst sagen, dass ich in jenen dramatischen Tagen keine Gelegenheit verpasste, den anderen im Rahmen des Möglichen zu helfen. Gheser und ich erlebten den Augenblick, als die zwei Unglücklichen sich von uns trennten, genau so, wie ich es beschrieben habe, in der festen Überzeugung, sie würden der von uns begangenen Route folgen, die überhaupt keine technischen Schwierigkeiten aufwies. Wir waren also auch fest überzeugt, dass sie uns früher oder später einholen würden, wie sie es schon zuvor getan hatten. Dazu hatten sie auch die genau gleichen Voraussetzungen wie wir, seit dem Abend zuvor vielleicht sogar die besseren, weil Gheser sich wegen seiner Erfrierungen offensichtlich in Schwierigkeiten befand.

Am Morgen des 27. Dezember hoffte ich noch, dass die zwei ein fürchterliches Biwak in Gipfelnähe überlebt hätten und uns bald einholen würden.

Auch Gheser und ich hatten eine harte Nacht hinter uns. Im Inneren der Hütte, die nur aus Wellblech bestand, zeigte das Thermometer 18 Grad unter null an. Als einzigen Trost hatten wir drei oder vier lumpige Decken gefunden, die zusammengefroren aneinander klebten.

Schon beim ersten Morgengrauen werfe ich wieder einen Blick nach draussen. Der Wind ist abgeflaut, treibt aber Nebelschwaden vor sich her. Die Gipfelpyramide des Mont Blanc ist nur sichtbar, wenn die Wolken kurz aufreissen. Ich rufe immer wieder nach Vincendon und Henry – keine Antwort. Voller Angst warten wir weiter auf sie, mehr können wir nicht für sie tun. Wir sind selbst in einer solch elenden körperlichen Verfassung, dass wir nicht noch einmal zum Gipfel aufsteigen können, um sie zu suchen; vielmehr müssen wir selbst so schnell wie möglich diese nackte, abweisende Metallschachtel verlassen, die allmählich zur Falle wird: Ghesers erfrorene Füsse sind inzwischen so stark angeschwollen, dass er sie nicht mehr in seine Schuhe bringt, ich muss ihm helfen, und dann nichts wie weg von hier!

Unser Aufbruch verzögert sich. Es ist schon 10 Uhr, als wir die Vallot verlassen. Einen Augenblick lang bin ich nochmals versucht, direkt nach Chamonix, das durch seine Nähe lockt, abzusteigen, aber bei der ersten tiefen Neuschneeansammlung erinnere ich mich an die Gefahren, die wir schon gestern Abend beurteilt haben. Ohne zu zögern, wende ich mich in Richtung des Dôme du Goûter, um da endlich den Bionnassay-Grat zu erreichen.

Der Schnee ist an gewissen Stellen des Plateaus so hoch, dass wir bis zu den Hüften einsinken. Um vorwärts zu kommen, muss ich oft mit den Händen nachhelfen. Der Nebel ist wieder dicht und hüllt uns bald ganz ein. Mit Mühe und Not finden wir den Bionnassay-Grat; er ist wegen der Triebschneeansammlungen trügerisch und gefährlich. Gheser hält sich erstaunlich gut. Damit er auf dem schmalen Grat gehen kann, muss ich aber den Weg für ihn sehr breit treten, und dabei vergeht viel Zeit.

Mittags sind wir immer noch auf dem Dôme-Gletscher. Eine fahle Sonne erhellt stellenweise unseren Weg. Wir müssen uns zwischen den nun von tiefem Schnee verdeckten Spalten mit äusserster Vorsicht fortbewegen. Zwei anstrengende Stunden ziehen vorbei, und wir sind nur ein paar hundert Meter weiter unten. Dann, gegen 2 Uhr nachmittags, taucht plötzlich ein Helikopter aus dem Nebel auf und überfliegt uns in sehr geringer Höhe, ohne uns zu bemerken. Kurz darauf hüllt uns der Nebel wieder ein.

Auf der Suche nach einem sicheren Weg irren wir über eine Stunde auf dem Gletscher umher, aber wir können nichts finden: Eistürme und kaum wahrnehmbare Schneebrücken wechseln in diesem weissen Labyrinth unaufhörlich ab. Und dann tritt der Unfall ein, den ich bei jedem Schritt befürchtet habe: Als ich die weiss-nicht-wievielte Schneebrücke überquere, stürzt plötzlich alles um mich ein, ich werde von der Spalte eingesaugt, und der Gletscher verschluckt mich in einem dichten Schneewirbel. Der Sturz kommt mir endlos vor. Da – ein harter Schlag in die Taille, und ich hänge in der dunklen Leere der Spalte. In der Hand halte ich noch den Pickel, doch ich hänge mit dem Kopf nach unten, in der Mitte eines dunkelblauen Eistrichters, der mindestens drei Armlängen breit ist. Ich bin zehn bis zwölf Meter geflogen, und noch einmal zehn Meter trennen mich von einer zerbrechlichen Schneebrücke. Sie ist ihrerseits über einem Abgrund aufgehängt, der sich wiederum im Dunklen verliert. Ich drohe zu ersticken, nicht nur deshalb, weil das Seil meine Rippen zusammenquetscht, sondern auch, weil mir der Sack während des Sturzes auf meinen Kopf prallte. Nun drücken mir seine Träger den Hals zu und lähmen meine Arme. Ich verharre einige Minuten so, wie ein Gehängter, der aus Versehen am Leben geblieben ist.

Mit grösster Mühe und erstickten Schreien schaffe ich es, Gheser zuzurufen, der mich trotz des Zustandes seiner erfrorenen Füsse und Hände noch immer hält. Zum Glück hilft ihm dabei die Reibung des Seils, das sich während meines Falls in den Schneerand der Spalte eingefressen hat und wie eine Bremse wirkt. Ich rufe ihm zu, mich noch ein wenig abzulassen.

Ganz langsam gibt er mir etwas Seil, bis ich auf der Schneebrücke Fuss fassen kann, mit äusserster Vorsicht allerdings, damit sie nicht einstürzt. Nun bin ich über 20 Meter tief in der Spalte. Das Seil, das mich während des Sturzes gehalten hat und mich mit meinem Gefährten verbindet, scheint sich durch mein Gewicht immer fester in die Lippe der Spalte einzugraben.

Ich studiere meine Lage: Das acht Millimeter dicke Hilfsseil, das mir beim Aufstieg helfen könnte, steckt in meinem Rucksack; unmöglich, es Gheser zuzuwerfen. Ich darf auch nicht riskieren, den Sack bei irgendeinem Manöver zu verlieren. Dann fälle ich einen Entscheid: Ich stelle den Sack vorsichtig auf die feine Schneebrücke, die mich hält, und entnehme ihm das Hilfsseil, dessen eines Ende ich am Sack und das andere um meine Taille befestige. Falls es mir gelingen sollte, irgendwie wieder ans Tageslicht zu kommen, kann ich meine wertvolle Last von oben leicht wieder hinaufholen.

Ich rufe Gheser zu, das Seil, das uns verbindet, zu fixieren. Dann nehme ich meine ganze Kraft zusammen und ziehe mich, damit ich besser Halt finde, mit den blossen Händen etwa zwölf Meter hinauf, bis ich erschöpft den einzigen Punkt erreiche, wo sich die Spalte verengt. Hier spreize ich meine Beine und drücke die Steigeisen fest in die zwei Seitenwände der Spalte. Dann verbessere ich meine neue, ermüdende Position, indem ich mit dem Pickel zwei Stufen in das blanke Eis haue, auf jeder Seite eine. So habe ich für meine Füsse sicheren Halt.

Die Beschreibung, wie es mir gelang, aus der Spalte herauszukommen, wäre zu lang und kompliziert. Ich kann hier nur sagen, dass ich davonkam, weil ich auf meine Vergangenheit als Turner zurückgriff und eine ganze Reihe von akrobatischen Kunststücken vollzog – sie waren alle improvisiert, aber entscheidend, um den «unmöglichen» Spaltenrand zu überwinden: Er glich einer weit auskragenden Wechte, in die sich das Seil tief eingeschnitten hatte. Als ich unter dem überhängenden Rand ankam, versuchte ich vergebens, ihn mit Pickelschlägen zu zerstören. Aufgebracht liess ich mir dann von Gheser eine Schlinge des uns verbindenden Seils zuwerfen; ein Teil davon, den ich nicht belastete, lag ja noch lose auf dem Schnee. Ich legte diese Schlinge unter den Achselhöhlen durch, konnte sie aber nicht befestigen. Dann rief ich dem Freund zu: «Halt fest!» und «Noch ein bisschen!» und liess mich, ganz in der Seilschlinge hängend, über den Abgrund. Dann hisste ich mich, den Seilring belastend, der über meinen Rücken führte und von den erstarrten Händen meines Freundes gehalten wurde, am Seil hoch. Schliesslich wälzte ich mich mit letzten Kapriolen über das Schneedach hinaus ins Offene – und fühlte mich wie neugeboren. Hätte Gheser diese paar Minuten nicht durchgehalten ... unvorstellbar! Er verhielt sich aber grossartig.

Als ich meinen Sack wieder am Hilfsseil, an das ich ihn gebunden hatte, heraufzog, war es bereits 5 Uhr nachmittags. Zehn Minuten später war es dunkel. Wir lehnten uns an den nächsten Sérac, um dort die Nacht zu verbringen, an die eisige Wand gekauert. Uns stand bereits das dritte Biwak unter extremsten Bedingungen bevor, und wir waren entsprechend beunruhigt. Die Nacht war denn auch genau so, wie wir es befürchtet hatten: fürchterlich kalt in den ersten Stunden, in denen es einmal mehr schneite, und noch schlimmer in der restlichen Zeit, als der Himmel wieder aufklarte. Nun richteten die Erfrierungen auch Ghesers Hände immer schlimmer zu. Ich gab ihm meine dickeren Handschuhe und die Kapuze meines Anoraks.

Mehr konnte ich nicht tun, schon zu Beginn des ersten Biwaks hatte ich ja seinen gummierten Sack mit meinem halben, aber gefütterten Schlafsack getauscht, damit seine Füsse besser geschützt waren. Bis jetzt hatte ich der Kälte mit meinem dünnen Sack widerstanden, aber jetzt im Morgengrauen spürte ich, dass der Frost nun auch mich allmählich befiel. Das Gefühl kehrte nur langsam in meine Füsse zurück. Da ergriff ich wie in jener fernen Nacht am K2 den Pickel und begann – einer alten, längst überholten Theorie folgend – auf meine Füsse einzuschlagen, bis ein stechender Schmerz mir sagte, das Blut fliesse wieder.

So treten wir den vierten Tag an, oder besser gesagt den fünften, zählt man den Tag des Zustieges zur Brenva-Flanke auch mit. Es ist der 28. Dezember, und die Sonne scheint. Sie kann uns allerdings nicht beleben, unsere Batterien sind leer. Und doch müssen wir weiter. Ich erneuere Ghesers Fussverbände, und vorwärts geht es wieder, zwischen Spalten hindurch, von denen ich jetzt besessen bin: Ich sehe sie überall, überall spüre ich ihre lauernde Gefahr. Sie sind nun besonders gefährlich; bevor es zu schneien begann, war der Gletscher seit einigen Wochen aper und vom Wind blank gefegt, und damit lagen die Spalten ohne Schneebrücken offen da. Die dicke Neuschneedecke ist vom Wind so verteilt worden, dass sie jede Vertiefung überdeckt und eine mehr oder weniger tiefe, einheitliche Schicht aus glattem, aber äusserst trügerischem Schnee bildet. Die Spalten sind so getarnt, dass man sie nicht mehr erkennt.

Um die Gefahr der schwachen Schneebrücken zu verkleinern, gehe ich oft auf allen vieren weiter und die ganze Seillänge aus; mein Gefährte bleibt derweil am gleichen Ort und wartet, bis er an der Reihe ist. So ziehe ich eine tiefe Spur durch den Schnee und schleppe dann Gheser nach, der auf dem Rücken liegt, die schmerzenden Füsse in die Luft hält und so zu mir herunterrutscht.

Den ganzen Tag mühen wir uns ab, bis wir endlich die Gonella-Hütte erreichen. In dieser Hütte, die nun wirklich Schutz und Ruhe bietet, finden wir gute Decken und trockene Strohsäcke. Allerdings – mehr können wir nicht auftreiben, und unsere Lebensmittel sind auf einen kleinen Rest zusammengeschmolzen; wir haben sie fast alle in der Nacht vor dem Sturm verloren, als unser Proviantsack unter dem Schnee begraben wurde und wir ihn nicht mehr fanden. Seit zwei Tagen haben wir nichts mehr gegessen, es bleibt uns nur noch ein Stück trockenes Brot, ein Zipfel Salami und ein 50-Gramm-Schächtelchen Butter: Lebensmittel, die zum Glück nicht auch noch in dieser ersten Biwaknacht verschwanden.

Als wir zur Hütte kommen, nehmen wir unten auf dem Miage-Gletscher einige kleine, schwarze, nach oben steigende Punkte wahr. Vielleicht nähert sich Hilfe? Doch wenig später bricht die Nacht ein, und wir erkennen auf dem Gletscher eine Reihe von Lichtern, die sich wieder entfernen. Niedergeschlagen werfen wir uns auf die Pritschen und verharren so volle 13 Stunden.

Der nächste Tag geht vorbei, ohne dass eines dieser Pünktchen, die am Morgen wieder aufzusteigen beginnen, bis zu uns gelangt. Gheser kann sich aber nicht mehr allein bewegen, und ich kann ihn ohne Hilfe nicht über die Felsen abseilen, die uns vom Miage-Gletscher trennen. In Wirklichkeit kommen die Pünktchen an jenem Tag nur wenig weiter als gestern, bevor sie wieder aufgeben.

Ich bin den ganzen Tag über sehr beschäftigt: Ich muss den Ofen vom Schnee befreien und haue einen alten Balken mit dem Pickel in Stücke, um Holz für das Feuer zu haben; dann versuche ich, unsere steif gefrorenen Kleider zu trocknen, und schmelze eine grosse Menge Schnee, um warmes Wasser zu gewinnen: Es ist inzwischen unsere einzige «Verpflegung». Gheser liegt unbeweglich auf seiner Pritsche, unfähig, Füsse und Hände zu bewegen; er braucht Pflege wie ein Kranker. Seine erfrorenen Gliedmassen machen mir grosse Sorgen, aber ich vermeide es, davon zu sprechen. Mehr als einmal bin ich versucht, den Rettern entgegenzugehen, die sicher von den grossen Neuschneemengen behindert werden. Würde ich zu ihnen absteigen, könnte ich eine direkte Spur ziehen, wobei ich mich an den Felsen sichern und stellenweise auch abseilen könnte. Es wäre für mich ziemlich einfach, eine Trasse nach unten zu ziehen, auf der die Retter aufsteigen könnten, um dann Gheser gut gesichert abzulassen. Aber wie soll ich meinen Kameraden in dieser Verfassung allein lassen? Ich bin mir bewusst, dass meine Anwesenheit hier viel wichtiger ist; deshalb bleibt mir nichts anderes übrig, als zu warten.

Am Morgen des 30. Dezember schneit es heftig. Wieder rufe ich in den Wind, der jetzt zu blasen begonnen hat. Und dann – welche Überraschung: eine Antwort! Der Nebel reisst plötzlich auf, und nur 300 Meter von der Hütte entfernt tauchen vier Männer auf, die sich uns schnell nähern. Es ist wie ein Traum, nach dem Alptraum und dem Geheimnis der letzten Tage, als sich die Pünktchen in der Ferne auf und ab bewegten.

Eine halbe Stunde später erscheint auf dem Felsgrat unmittelbar unter der Hütte mein Freund Gigi Panei. Eilig kommt er zu mir herauf, und ich kann ihm die Aufregung, den Schrecken und die Beunruhigung vom Gesicht ablesen, die seine Zuneigung verraten. Ihm folgen drei weitere Freunde: Cesare Gex, Albino Pennard und Sergio Viotto. Ich werde nie vergessen, mit welcher Dankbarkeit ich sie umarmte und mit welcher Rührung sie mich in die Arme schlossen. Ich erkundigte mich sofort nach Vincendon und Henry. Sie berichteten mir, die zwei lebten und seien von einem französischen Helikopter unter dem Col de la Brenva aus dem Couloir, das ins Grand Plateau mündet, herausgeholt worden. Ich war glücklich, sie am Leben zu wissen, aber auch überrascht, weil ich nicht kapierte, wie sie sich an dieser Stelle befinden konnten.

Aus späteren Berichten verstand ich dann den Fehler, den sie begangen hatten, indem sie Gheser und mir von einem gewissen Punkt an nicht mehr folgten. In den gleichen Berichten stand auch, dass der Helikopter, der zu ihrer Rettung geschickt worden war, bei der Landung auf dem Grand Plateau zerschellte. Der Pilot überlebte den Absturz; er erlitt einige Erfrierungen, bis er von einem anderen Helikopter geholt wurde, der zur Rettung des Retters startete.

Nach diesen Ereignissen kam eine heftige Polemik auf: Den Fliegertruppen der französischen Armee wurde der Vorwurf gemacht, ihre Piloten seien unerfahren und überdies mitten im Winter mit Ausrüstung für die afrikanische Wüste auf den Mont Blanc gesandt worden. Verantwortungsfragen wurden diskutiert, Sündenböcke ausgemacht, vor allem aber wurde gegen die Alpinisten im Allgemeinen gewütet; zum hundertsten Mal hiess es, das Bergsteigen sei eine völlig überflüssige und unnütze Betätigung. Die Vorwürfe waren verbunden mit Vorschlägen für Vorsichtsmassnahmen beim Bergsteigen, wie sie nur von Dummköpfen angebracht werden können. Dazu ist hinzuzufügen, dass die gleichen Dummköpfe in diesen Fällen keine Gelegenheit versäumen, um sich als solche zu offenbaren – und in diesem Fall waren es deren viele. Das französische Parlament beklagte sich seinerseits, einen wertvollen Helikopter verloren zu haben, der (wir schreiben das Jahr 1956) im Algerienkrieg zum Einsatz gekommen wäre. Die Berichte schlossen mit der Notiz, dass Vincendon und Henry dort oben, zwischen den Trümmern des Helikopters, erfroren seien, nach einem fürchterlichen Todeskampf, der acht schreckliche Tage dauerte. Sie waren von allen auf gemeinste Art verlassen worden, und dieses Mal wähle ich das Wort «verlassen» sehr bewusst.

Aber an jenem Tag in der Gonella-Hütte dachte ich an Vincendon und Henry als Auferstandene, dem Tod entronnen wie wir selbst. Ich war überglücklich, dass ihr Abenteuer ein gutes Ende genommen hatte – das sich erst später als alles andere als gut herausstellen sollte.

Noch heute staune ich, wenn ich an die Quantitäten denke, die ich ass, nachdem Panei den Proviant aus seinem Rucksack geholt hatte. Das Nahrungsbedürfnis war grösser als jegliche Vernunft. In wildem Durcheinander verschlang ich Salami und warme Milch, Käse und süsse Kekse, ich ergriff alles, was mir zufällig in die Hände kam, und dabei redete ich mit den Freunden – wir hatten uns so viel zu sagen!

Eine Stunde später begannen wir den Abstieg mitten im dichten Schneetreiben, das wieder angefangen hatte. Mein Gefährte wurde natürlich von meinen Freunden abgeseilt. Ein Bild, das unser ganzes dramatisches Erlebnis in sich vereinte. Und dabei hätte es unsere schönste Weihnacht werden sollen.

Die mächtige vergletscherte Westseite
des Cerro Torre, 3128 m ü. M.

CERRO TORRE:
EIN UNVERWIRKLICHTER TRAUM
1958

Das eigentliche Ziel von Carlo Mauri und mir bei unserer Reise nach Patagonien war die Besteigung des noch unberührten Cerro Torre. Dieser Berg ist eine grossartige Granitnadel, zu einem guten Teil von weissem Reifeis überzogen; er ragt am Ostrand des ausgedehnten Patagonischen Inlandeises im Bereich des 49. Breitengrads bis auf 3128 Meter auf. Als erstes wollten wir eine Besteigungsmöglichkeit auf der von der Pampa her zugänglichen Ostseite suchen, weil diese Flanke grösstenteils felsig, verhältnismässig windgeschützt und am leichtesten erreichbar ist. Zudem kannten wir ihre Struktur und ihre Vereisung schon – wenigstens aus Aufnahmen.

Wir konnten auch auf eine Lösung über die geheimnisvolle Westwand hoffen; sie ist auf das stürmische Inlandeis ausgerichtet. Aber über diese Seite sahen wir den Versuch einer Besteigung – wenn überhaupt – nur vor, wenn es gar nicht anders ging.

Für diesen Fall hatte die argentinische Organisation, die uns empfing, bereits die Versorgung aus der Luft auf dem grossen Eisfeld des Patagonischen Inlandeises vorgesehen, auf der anderen Seite der geheimnisvollen Bergkette; unsere Expedition wurde im Stil eines alpinen Unternehmens geplant, Träger standen uns also keine zur Verfügung. Unter Umständen würde dieser Abwurf von Material über einen Versuch auf der anderen Seite des Cerro Torre entscheiden, denn diese Flanke wäre für uns nicht zugänglich, wenn wir die gesamte Ausrüstung selbst an ihren Fuss zu tragen hätten. Dabei muss man sich bewusst sein, dass die Lebensmittel und die Ausrüstung zu jener Zeit noch kaum auf die speziellen Bedürfnisse des Bergsteigens ausgerichtet und ziemlich schwer waren; ihr Transport zum Berg auf den eigenen Schultern wäre nicht nur sehr anstrengend gewesen, sondern hätte auch den Spielraum des Einzelnen stark eingeschränkt.

Eingeladen wurde ich vom Italo-Argentinier Folco Doro Altan, der das ganze Unternehmen förderte. Ich wählte Carlo Mauri zu meinem Begleiter, den grossen Kletterer und bewährten Gefährten auf vielen Touren in den Alpen.

Abgesehen von uns zwei aus den Alpen, Carlo Mauri und mir, bestand die Gruppe aus sechs Anden-Bergsteigern: Folco Doro Altan, seinem Bruder Vittorio, Oracio Solari, Ector Edmundo Forte, Miguel Angel Garcia und René Eggmann.

Am 4. Januar 1958 verliessen Vittorio Doro Altan, Carlo Mauri und ich die Stadt Buenos Aires. Mit einigen Tagen Vorsprung auf den Rest der Gruppe sollten wir die Ostflanke des Torre erkunden. Wir gelangten in einem kleinen Flächenflugzeug zum Lago Viedma. Aber hier vergingen erst einmal drei Tage, bevor wir unseren Berg sahen.

Am 9. Januar trat der Cerro Torre endlich zum ersten Mal aus den Wolken und liess sich, wenn auch nur kurz, in seiner ganzen Grösse bewundern. Wir waren noch zu weit entfernt, um einen Zugang auszumachen; jedenfalls war der

Anblick der schlanken, von blütenweissem Eis gesäumten Felsnadel wunderbar. Wir betrachteten sie aus einem urwaldähnlichen Wäldchen nahe der Laguna Torre, und von dort wirkte sie besonders unnahbar. Ebenso mächtig und abweisend schien der benachbarte Cerro Fitz Roy.

Wir richteten unsere Basis in der Nähe der Hütte eines Indio am Anfang des Fitz-Roy-Tals ein. Wenig später erfuhren wir, dass unsere Gruppe erst am 13. statt am 9. Januar zu uns stossen würde. Aber die schlimmere Überraschung war das Auftauchen einer anderen Expedition von Alpinisten aus Trient, geleitet von Cesare Maestri, die ebenfalls den Cerro Torre zum Ziel hatte.

Bei der Begegnung mit den Alpinisten aus Trient war es leider nicht möglich, ein Einverständnis zu finden, obwohl es allen klar war, dass jede Gruppe angereist war, ohne von der anderen etwas zu wissen; Mauri und ich konnten jedenfalls garantieren, dass es für uns so war.

Als unsere Gruppe endlich zusammen war, waren wir uns bald einig, dass ein Wettkampf nichts brachte und wir deshalb besser auf die andere Seite des Berges, also auf seine geheimnisvolle, eisbepackte Flanke, ausweichen würden. Das genügte aber nicht, um die schwirige Situation zu lösen: Durch die nun entstandene Polemik zwischen den Organisatoren der zwei Gruppen (auch die Alpinisten aus Trient hingen von einem italo-argentinischen Koordinator ab) lösten sich die von unseren Förderern versprochenen finanziellen Mittel in Nichts auf. So fehlte uns das Geld für die vorgesehene Versorgung aus der Luft auf das Patagonische Inlandeis jenseits der Bergkette. Unsere Aussicht auf Erfolg wurde stark in Frage gestellt, und ein Scheitern zeichnete sich schon ab, bevor wir überhaupt am Berg waren.

Die Krise war nicht vermeidbar; wir konnten sie nur dank unserer Entschlossenheit, auch gegen jegliche Logik zu handeln, überwinden. Wir beschlossen also, uns der anderen Seite des Cerro zuzuwenden, obwohl wir uns sehr wohl bewusst waren, was uns damit erwartete: Die Westwand des Cerro Torre verlangte einen Anmarsch von rund 60 Kilometern von unserem Ausgangspunkt; dabei musste natürlich auch eine hohe und vergletscherte Bergkette überschritten werden.

Es war nicht leicht. Wir mussten alles Nötige selbst tragen, nur im Talboden konnten wir es auf Pferderücken transportieren. Dann verfolgte uns fast ständig das schlechte Wetter, so dass wir nur wenige Tage wirklich nutzen konnten.

Für diese schwierige Verlegung mussten wir erst das lange Tal des Rio Tunel erreichen und – nachdem wir die ungestümen Fluten des Flusses überwunden hatten – durchlaufen. Die Natur war rau: beeindruckend grau die trostlosen Überreste der von den ersten Siedlern angezündeten alten Wälder. Am Ende des wilden Tals errichteten wir auf 580 Meter über Meer unser Hauptlager. Dann überschritten wir den 1530 Meter hohen Paso del Viento und schlugen nach dem Übergang ein kleines Zelt auf. Die beiden Zelte von Lager II stellten wir dagegen auf den Moränen des Patagonischen Inlandeises, am Fuss des Cerro Adela, auf ungefähr 1350 Metern auf. Wir befanden uns am Rand eines Gletscherbeckens, das wir «Valle della Fame», Hungertal, nannten, da wir wegen der Schwierigkeiten mit dem Nachschub erstmals Hunger litten. Am 25. Januar, nach 15 elend harten Tagen, errichteten wir die zwei weiteren Zelte von Lager III auf einem Felssporn auf rund 1700 Metern Höhe. Dieser Sporn ist der Sockel des Cerro Torre. Damit hatten wir die schrecklichen 60 Kilometer des Anmarsches über Gletscher und Pässe hinter uns, wobei wir nur das Überlebensnotwendige bis hier geschleppt hatten. Am gleichen Tag erblickten wir zum ersten Mal die Westwand des Cerro Torre in ihrem ganzen Ausmass: Sie glich einer reinen, senkrecht in den Himmel aufschiessenden und von Eispilzen gesäumten Lanze. Beim Beobachten der Wolken, die der Wind gegen ihre Kämme und Grate peitschte, wurde es einem schwindlig.

Wie ich es schon geahnt hatte, schien eine Besteigung nur möglich, wenn man einer Folge von Aufschwüngen und Überhängen auf der rechten Seite der Wand bis zum Gipfel folgte. Dazu musste man natürlich erst den Sattel erreichen, der ihn vom Cerro Adela trennt, das allein schon eine schwierige Aufgabe, bestehend aus tausend steilen Metern Eis und Fels – doch eine andere Lösung gab es nicht.

Von diesem Tag an begann die eigentliche Kletterei am Cerro Torre. Mauri und ich bezogen endgültig Lager III, das als Ausgangspunkt zum Gipfelsturm diente.

Wieder folgten Tage dauernde Mühen, die eigentlich überhaupt nichts mit den wirklichen Schwierigkeiten des Torre zu tun hatten: Unsere Kameraden vollbrachten lobenswerte Anstrengungen, um uns über die 40 Kilometer, die uns vom Hauptlager im Tal des Rio Tunel trennten, mit Lebensmitteln, Brennstoff und Ausrüstung zu versorgen. Trotzdem gelangte wenig bis zu uns, da sie es zu einem grossen Teil unterwegs für sich selbst verbrauchten. Wie bereits erwähnt, war die argentinische Verpflegung – und wir verfügten nur über solche – ziemlich rudimentär, dazu schwer und von geringem Nährwert. Überdies verhinderte das anhaltend schlechte Wetter jegliche Handlung und verhüllte ständig den Berg. Das Donnern der Lawinen wechselte ab mit dem Heulen der Sturmböen, die manchmal unsere Zelte fortzureissen drohten. Wir lebten in einer ziemlich trostlosen Atmosphäre, und Besorgnis und Angst obsiegten oft über den Optimismus. Aber die Partie gegen den Cerro Torre war nun eröffnet, und wir waren fest entschlossen, seinen Gipfel zu erreichen.

Trotz des anhaltend schlechten Wetters schafften es Mauri und ich dreimal, bis auf 2300 Meter zu klettern und die schwierigsten Passagen mit Seilen und Haken abzusichern.

Am 1. Februar wurde das Wetter schön, und am 2. brachen wir auf, entschlossen, diesmal Richtung Gipfel zu klettern. Wir wurden von Folco Doro und René Eggmann begleitet, die sich so hoch wie möglich einrichten wollten, um uns von dort aus zu unterstützen.

3 Uhr morgens, die wunderbare Nacht ist klar, und der Vollmond beleuchtet unseren Weg fast taghell. Die bleischweren Rucksäcke zwingen uns, langsam aufzusteigen. Die Steigeisen greifen gut auf den steilen Hängen aus gefrorenem Schnee. Wir haben fast alles dabei, was uns noch zur Verfügung steht: Lebensmittel für zwei Tage, 500 Meter Seil, 30 Eis- und 30 Felshaken, 25 Karabiner, Trittleitern, Hämmer, Pickel, die komplette persönliche Ausrüstung, Foto- und Filmmaterial und ein Zelt, das Doro und Eggmann an der Stelle, wo sie unsere Rückkehr abwarten werden, aufnehmen soll.

Um 6.45 Uhr erreichen wir das Ende der zuvor fixierten Seile und steigen über sehr steile Hänge weiter, wo wir in den schwierigsten Querungen für den Abstieg ebenfalls Fixseile anbringen. Aus unserer jetzigen Perspektive erscheint der Torre leichter zugänglich als in den vergangenen Tagen. Er wirkt gleichermassen fantastisch wie grauenhaft. Wir sind jedenfalls optimistisch, so optimistisch, dass wir kaum merken, wie gross die Schwierigkeiten sind, die wir schon beim Aufstieg zum Sattel überwinden; sie können mit den Schwierigkeiten einiger der bedeutendsten kombinierten Routen in den Westalpen verglichen werden.

Um 12.30 Uhr erreichen wir den Sattel – und werden von der Wirklichkeit erschlagen: Wir sind die ersten Menschen, die den Torre von dieser Seite aus sehen, und werden uns sofort bewusst, dass der Gipfel – sosehr wir uns auch einsetzen mögen – mit unseren Voraussetzungen niemals erreichbar ist. Von hier oben sieht der Berg ganz anders aus: Schwierigkeiten dieser Art können nicht in einem Zug und noch viel weniger an einem einzigen Tag bewältigt werden; man müsste sie in mehreren Anläufen angehen, mit dem Lager im Sattel als Ausgangspunkt. Das war unsere ursprüngliche Absicht, die wir auch so verwirklichen wollten, hätten wir wie geplant über eine komplette, aus der Luft abgeworfene Ausrüstung verfügt.

An diesem 2. Februar pendeln wir also innerhalb von wenigen Stunden vom Gefühl des Sieges zu jenem der Niederlage. Unsere Reaktion ist aber eigenartig, ja fast unverständlich. Ohne ein Wort zu sagen, seilen wir uns mit einem 120-Meter-Seil an und beginnen, Richtung Gipfel zu klettern. Das Stufenschlagen wird durch das überaus harte Eis erschwert, und manchmal ist es gar überhängend. In solchen Momenten greifen wir auf unsere Haken zurück und steigen Meter für Meter an ihnen auf.

Doro und Eggmann, die auf dem Sattel bereits ganz klein erschienen, hatten inzwischen mit dem Graben einer windgeschützten Eishöhle begonnen, wo sie das

Zelt aufstellen wollten. Keiner von uns vier, glaube ich, war richtig überzeugt. Und doch setzten sich alle mit vollen Kräften ein, obwohl wir wussten, dass unsere Anstrengungen für nichts waren. Um 16.30 Uhr schrie mir Mauri von seinem Standplatz aus zu, ich sei das 120-Meter-Seil bis zum Ende ausgegangen; so musste ich anhalten. In diesem Moment holte uns die Wirklichkeit ein, wir wachten wie aus einem Traum auf. Wir hatten nichts mehr, kein Seil und keine Haken, und vom Gipfel waren wir noch Hunderte von Metern, auf denen ein Eisaufschwung auf den anderen folgte, entfernt. Wir waren geschlagen.

Wir stiegen in den Sattel ab, wo wir lange schweigend sitzen blieben. Dann redeten wir endlich: Und erst in diesem Moment fühlten wir uns besser, denn wir versprachen uns, im nächsten Jahr wieder hier oben zu sein, aber dann mit allem Notwendigen. Nun kannten wir die Einzelheiten des Torre. Die Vorstellung brachte uns bereits in diesen «Sattel der Hoffnung» zurück, den Colle della Speranza, wie wir ihn getauft hatten, an jenen Fixseilen, die wir jetzt als Pfand zurückliessen, wo sie waren. Einmal mehr würden sie uns beim Aufstieg zum eben entgangenen symbolträchtigen Gipfel unterstützen.

Die Sonne neigte sich dem Horizont zu, und auch wir begannen den Rückzug vom Colle della Speranza. Der schöne Traum des Cerro Torre blieb in uns lebendig, und wir sollten ihn beinahe ein Jahr in uns weitertragen.

Doch dann – wenige Tage vor der zweiten Expedition, als schon alles bereit und organisiert war – erfuhren wir aus einer Zeitung, dass die Seilschaft Maestri-Egger in Patagonien eingetroffen war und sich gerade zum Abmarsch zum Cerro Torre rüstete. Darauf reisten wir nicht mehr ab.

Auf dem Cerro Mariano Moreno

Noch am gleichen Abend des 2. Februar legten wir das Projekt Cerro Torre zur Seite, und in der Nacht des 3. brachen wir zum höchsten Berg der Südlichen Patagonischen Kordillere auf, dem unerforschten, ungefähr 3500 Meter hohen Cerro Mariano Moreno. Das Problem seiner Besteigung lag vor allem in den ausgedehnten Eisfeldern, die uns von seinem Fuss trennten. Aber auch darin, dass wir alle technische Ausrüstung und die ganze Verpflegung verbraucht hatten.

Das komplex strukturierte Massiv des Cerro Moreno nimmt eine Fläche von rund 1500 Quadratkilometern ein. Es erhebt sich genau in der Mitte des fast flachen Inlandeises, dort, wo Argentinien an Chile grenzt. Hätten wir keinen anderen Eindruck von ihm gewonnen als jenen ersten vom Paso del Viento aus, dann wären wir wohl nie auf die Idee gekommen, ihn zu besteigen, auch weil wir über keine Ski verfügten. Doch es kam wie so oft: Nachdem wir so lange Zeit in dieser abweisenden, polaren Umgebung verbracht hatten, wurde uns sogar der Moreno vertraut.

Als wir uns am Morgen des 3. Februar in der warmen Sonne in Lager III von den Anstrengungen am Torre erholten, elektrisierte uns plötzlich alle dieselbe Idee: Es genügte, dass jemand die guten Wetterbedingungen erwähnte, und schon verstand sich von selbst, dass wir alle mit dem Gedanken spielten, den Cerro Moreno als nächstes Ziel anzugehen. Das schöne Wetter schien anzudauern, der Schnee hatte sich in der Wärme der Sonne gesetzt und war durch die Kälte der Nacht hart genug gefroren, dass er das Gewicht eines Menschen trug, auch wenn dieser ohne Ski unterwegs war. Zudem war es Vollmond, und das würde unsere Fortbewegung so sehr erleichtern, dass wir vor der Wärme des Tages, die den Schnee wieder schmelzen lässt, die riesige Gletscherdistanz bis zum Moreno bewältigen könnten.

Die Verhältnisse hätten nicht besser sein können, und wir beschlossen, noch in der gleichen Nacht aufzubrechen. Wir waren uns der Härte unseres Vorhabens bewusst und setzten uns deshalb genaue Zeitlimiten, die wir unbedingt einhalten mussten, Erfolg oder Scheitern hin oder her. Wir berechneten, dass wir nicht länger als 35 Stunden unterwegs sein durften, das heisst, wir hatten eine Nacht bis zum Fuss des Berges, den folgenden Tag für die Besteigung und die zweite Nacht für die Rückkehr zum nächstgelegenen Lager. Jede Verzögerung wäre gefährlich, sowohl wegen des zu Matsch schmelzenden Schnees als auch wegen unserer Erschöpfung. Überdies würde die Wahrscheinlichkeit, dass sich das Wetter verschlechterte und die Sicht abnahm, damit immer grösser. Wie schon beim Cerro Torre hatten wir keine Rückzugsmöglichkeit und waren knapp an Lebensmitteln. Wir schrieben uns also die 35 Stunden hinter die Ohren und warteten die günstige Stunde ab.

Genau um 22 Uhr, als der Mond aufging, stiegen wir über die steilen Felsen ab, die von Lager III auf dem Sockel des Cerro Torre zum Gletscher führten. Dann begannen wir entschlossen, in einer direkten Linie Richtung Cerro Moreno zu marschieren. Die grosse Durchquerung des Patagonischen Inlandeises hatte angefangen. Von nun an durften wir uns bis zu unserer Rückkehr keine einzige Pause mehr gönnen.

Am Anfang gab die Schneekruste unter unserem Gewicht nach, aber später, gegen Mitternacht, erhob sich ein eisiger Wind und fegte stürmisch über die unermessliche Ebene. Der Schnee wurde hart und das Gehen um einiges leichter.

Ich erinnere mich an diese Eisflächen als etwas Geheimnisvolles – die Distanzen verloren jedes wirkliche Mass, alles war riesig, unerreichbar. Der Horizont schien, besonders im Norden und im Süden, grenzenlos, auch wegen des diffusen Mondlichtes, das jede Furche und jede Unebenheit des Schnees abschwächte.

Um dieses unendliche Inland-Eisfeld in Patagonien zu benennen – es ist 330 Kilometer lang und 50 bis 90 Kilometer breit –, sprach man auch schon, auch wenn dies etwas ungenau ist, vom «Hielo Continental», also vom Kontinentaleis.

Im Morgengrauen, kurz nach 5 Uhr, kamen wir am Fuss des Moreno an. Er wirkte wie ein glasiger, gigantischer Koloss. Hinter einem hohen Eissporn lugte weit entfernt der Gipfel hervor, vielleicht war es auch nur der Vorgipfel. Die 2000 Höhenmeter bis dorthin bedrückten uns. Wir beschlossen, ihn direkt über einen Schneerücken anzugehen, der uns eine weniger steile, aber spaltenreiche und lawinengefährdete Zone ersparte. Dann schnallten wir die Steigeisen an und teilten uns in zwei Seilschaften auf: Doro und ich, Mauri und Eggmann.

Um 6.15 Uhr verschnauften wir kurz oberhalb eines feinen Schneegrates; wir waren beunruhigt: Seit zwei Stunden zog ein leichter Nebel auf und rückte langsam von Süden nach Norden vor. Schon zeichneten sich in der Ferne über dem Gipfel des Cerro Murallon die Umrisse einer drohenden linsenförmigen Wolke ab. Wir brachen wieder auf, in einem schnelleren Schritt, und um 7.20 Uhr standen wir bereits am höchsten Punkt des erwähnten Schneesporns. Hier erleichterten wir unsere Rucksäcke, deponierten die überflüssigen Gegenstände im Schnee und gingen fast im Laufschritt wieder los. Das Pech verfolgte uns, aber wir wollten uns nicht ein zweites Mal innerhalb von nur zwei Tagen mit einer Niederlage abfinden – und so gingen wir weiter. Bevor die Wolken den Berg über uns komplett einhüllten, prägten wir uns die einzuschlagende Route und ihre Anhaltspunkte genau ein; dann setzten wir keuchend unseren Marsch über einen langen, gleichförmigen Hang fort, der uns zum Vorgipfel und weiter bis unter den Gipfelgrat bringen musste.

Gegen 9.30 Uhr hüllten uns die Nebelschleier vollkommen ein. Wind und Graupeln marterten unsere Augen, behinderten unseren Atem, aber der Wille, zum Gipfel zu gelangen, war stärker als alles andere. Manchmal sanken wir bis zu den Knien im mehligen Schnee ein, und der Sturm war so stark, dass unsere Spuren hinter uns sofort verweht wurden. Wir orientierten uns vor allem an der konstanten Windrichtung und ab und zu auch an der Sonnenscheibe, wenn sie flüchtig den Sturm durchbrach und einen wertvollen Augenblick lang auftauchte. Wehe uns, wenn wir uns hier verirrt hätten! Wir wussten, dass zu unserer Linken ein spaltenzerrissener Hang abfiel, während sich zu unserer Rechten Séracs in einem einzigen Abbruch bis zum Fuss des Berges hinunterzogen. Wir brachten den Vorgipfel hinter uns, den wir nur erkannten, weil ein kurzer Abstieg unser konstantes Höhersteigen unterbrach. Die Zeit verging rasch, und uns belastete bereits die Sorge um die Rückkehr zum Lager.

Gegen 11.30 Uhr änderte sich etwas. Plötzlich traf uns von links eine Windböe von aussergewöhnlicher Stärke, und nur durch die neue Richtung des Sturms

– deutlicher als jedes andere erkennbare Zeichen – verstanden wir sofort, dass wir auf dem Gipfelgrat Fuss gefasst hatten. So war es, wir waren dabei, den höchsten Punkt des Cerro Mariano Moreno zu erreichen. Das Unwetter, das uns jetzt erfasste, kam von der anderen Seite des Berges, die sich zum Pazifik wendet und auf unserer Karte als weisse Zone mit dem Wort «inexplorado», unerforscht, bezeichnet war. Vom Sturm halb blind, vor Müdigkeit stolpernd, aber mit dem Gipfel in greifbarer Nähe, fanden wir einmal mehr die Kraft weiterzugehen, wobei wir unsere Richtung etwas nach rechts änderten.

Um 12.30 Uhr riss der Nebel einen Augenblick auf, aber nur nach oben. Und da zeigte sich unseren Augen endlich der felsige Gipfel des Cerro Moreno. Bald danach waren wir ganz oben, rundum vom Nichts umgeben: Der Berg brach auf allen Seiten ab, und seine Flanken verschwanden im dichten Gewölk.

Zwar waren wir vollständig eisverkrustet, aber innerlich wärmte uns eine innige Freude: Wir waren die ersten Menschen, die dort oben standen, und wir hatten es trotz des Sturmes geschafft.

Doch wir hatten keine Zeit und keine Möglichkeit, uns auszuruhen oder eine Aufhellung abzuwarten; vielmehr quälte uns die unumstössliche 35-Stunden-Frist, die wir uns gesetzt hatten. Wie beim Aufstieg, so diente uns auch beim Abstieg die Windrichtung zur Orientierung. Dann, in einer Höhe von 2800 Metern, liessen wir den Sturm endlich hinter uns. Eine schwache, vor der nahen Dämmerung verblassende Sonne begleitete uns bis zum Fuss des Berges, wo wir um 19 Uhr ankamen. Wir hatten nichts mehr zu essen, der Hunger hatte uns schon

Marsch auf dem riesigen Gletscher unterwegs zum Cerro Torre. Im Hintergrund der Cerro Mariano Moreno, rund 3500 m ü. M.

den ganzen Tag lang geplagt. Von den Vorräten angelockt, die sich fast sicher in Lager II am Fuss des Cordon Adela befinden mussten, entschlossen wir uns für diesen sicheren Hafen. Und so packten wir zum zweiten Mal, von der Hoffnung getrieben, die Durchquerung des riesigen Inlandeises an.

Bei diesem entsetzlichen Rückmarsch gab es einen magischen Moment, die Abenddämmerung, der uns vom alptraumhaften Hunger ablenken konnte.

Die wild zerrissene Bergkette vor uns, in deren Richtung wir ausschritten, wurde in ein rotes Licht getaucht; von diesem Augenblick an zog ein Farbenspiel aus warmen Tönen, von Rot bis Dunkelblau, allmählich über den Bogen zwischen dem Cordon Marconi und dem Cordon Adela. In der Mitte des Bildes dagegen, neben dem vergoldeten Bauwerk des Fitz Roy, wanderte die grosse purpurne Scheibe des Mondes hoch oben am immer mehr ins Violett übergehenden Himmel weiter. Dann verlöschte die Abenddämmerung, und alles, auch in unserem Inneren, wurde wieder grau und furchtbar unerreichbar.

Die Temperatur blieb über dem Nullpunkt, und wir sanken im weichen, nassen Schnee bis zu den Knien ein; er zwang uns zu einem langsamen, erschöpfenden Schritt. Hunger, Durst und Schlaf quälten uns. Als ob dies nicht genügt hätte, verirrten wir uns beim schwächer werdenden Licht in einer Zone breiter Gletscherspalten, ein gefährliches Labyrinth, aus dem wir erst nach einer Stunde herausfanden.

Während dieses Gewaltsmarsches spürte ich plötzlich, wie sich das Seil hinter mir spannte. Doro ist wohl in eine Gletscherspalte gefallen, dachte ich und drehte mich mit einem Sprung um, um seinen Sturz aufzufangen: Und dort lag Doro, auf dem Schnee ausgestreckt, friedlich schlafend.

Der Mond beleuchtete unsere Schritte, wir waren trunken vor Müdigkeit, aber auch von den Weiten, die uns umgaben. Manchmal gaben unsere Knie nach, dann setzten wir uns einen Anhaltspunkt, einen Schneehügel etwa, wo wir kurz hätten ruhen können. Aber je näher wir ihm kamen, desto weiter schien sich der Buckel wieder zu entfernen. Dabei war er immer gleich weit weg, genau wie eine Luftspiegelung. Irgendwo erkannte ich einen grossen braunen Fleck auf dem Schnee. Hier hatten wir in der Nacht davor im Zorn den Rest einer Schachtel Kakao, die im Rucksack aufgegangen und ausgeleert war, weggeworfen. Nun stürzten wir uns auf diesen Schnee und leckten ihn gierig auf.

Um 3.30 Uhr kamen wir am Fuss des Cordon Adela in Lager II an. Das Morgengrauen des 5. Februar war schon fast angebrochen. Aber wehe uns, auch hier trafen wir nicht auf die ersehnten Lebensmittel. Im Lager war nichts mehr, es befand sich in einem völlig aufgelassenen Zustand. Immerhin standen noch zwei Zelte, die uns aufnahmen. An diesem Punkt war der Schlaf stärker als der Hunger, wir warfen uns in die Zelte und schliefen sofort ein.

In 30 Stunden fast ununterbrochenem Marsch hatten wir den Wettlauf gegen die Zeit und auch gegen das uns übel gesinnte Schicksal gewonnen. Wir hatten über 70 Kilometer auf Gletschern und Eishängen hinter uns gebracht und damit den ersten wahren Erfolg unserer Expedition errungen.

Die Überschreitung des Cordon Adela

Der Cerro Moreno zehrte unsere Kräfte so vollständig auf, dass wir am 5. Februar bis tief in den Nachmittag hinein schliefen. Als wir aufwachten, war niemand von unseren Freunden, die für Nachschub sorgen sollten, mit Verpflegung zu uns heraufgekommen.

Nun wurde unsere Situation wirklich unhaltbar: So ausgezehrt, wie wir waren, war ein Abstieg bis zum Hauptlager auf der anderen Seite des Paso del Viento im Rio-Tunel-Tal sehr problematisch; gleichzeitig wussten wir aber, dass der sofortige Aufbruch, bevor uns die Kräfte endgültig verliessen, unumgänglich war.

Doch wie in einer richtigen Happy-End-Geschichte tauchten in dem Moment, als wir uns zum Aufbruch fertig machten, vier schwer beladene Männer auf: So sollten sich die Geschicke unserer Expedition endlich einmal durch ein unvorhergesehenes Ereignis zum Positiven wenden.

Wir waren nun mit Verpflegung so reichlich versorgt, dass wir für vier Tage unabhängig waren; dies wollten wir so gut wie möglich nutzen, und so beschlossen wir, bereits am nächsten Tag den noch unbestiegenen Cerro Adela über unserem Lager anzugehen.

Der Cordon Adela ist eine herrliche Kette von vergletscherten Gipfeln südlich des Torre; er bildet einen massiven Riegel zwischen den Eisfeldern des Inlandeises und der trockenen Pampa am Lago Viedma. Der höchste Punkt, der Cerro Adela, nach dem die ganze Kette benannt ist, ragt auf 2960 Meter über Meer auf. Er fällt in einem einzigen, 1500 Meter hohen Abbruch aus Felswänden und steilen Eisrinnen auf das Patagonische Inlandeis ab.

Am nächsten Tag, dem 6. Februar, war das Wetter schlecht. Dennoch konnten wir am Nachmittag einen Gletscher und zwei Pässe nordwestlich der Felsspitzen über dem Rio Tunel erforschen.

Am 7. Februar dagegen folgte auf eine gewittrige Nacht ein wunderschöner, strahlender Morgen.

Mauri und ich brachen unverzüglich auf. Dieses Mal würden wir bestimmt nicht Hunger leiden: Für einmal hatten wir in unseren Rucksäcken genug Proviant dabei. Die schneidende Kälte versprach ausgezeichnete Schneeverhältnisse auf den steilen Hängen. Gegen 7 Uhr, eine Stunde nach unserem Aufbruch, waren wir schon am Fuss des grossen westlichen Riegels der Adela-Kette. Auf dieser Seite, jener gegen das Inlandeis, weist das Massiv keine einzige einfache Besteigungsmöglichkeit auf, zudem ist die Gefahr von Eisschlag sehr gross. Über uns erhob sich ein wahrer Dschungel von mächtigen, wackligen Séracs, die jederzeit zusammenstürzen konnten. Wir mussten so schnell wie möglich weg von hier und stiegen deshalb vom Fuss des Hängegletschers direkt durch das steile, von Eistürmen durchsetzte Westsüdwestcouloir auf.

Zuerst war alles hart und gefroren, doch wenig später brachen rund um uns bereits die ersten Eisbrocken ab.

An diesem Morgen waren wir in hervorragender Form: Ich erinnere mich, wie wir extrem steile Hänge überwanden und dabei nur die Frontzacken unserer Steigeisen benutzten. Ab und zu gönnten wir uns – jetzt, da wir es konnten – einen grosszügigen Schluck eines starken Gebräus aus Milch und Kaffee aus einer riesigen Trinkflasche.

Nach gut 500 Höhenmetern seilten wir uns an; nötig war es eigentlich nicht, aber wir wollten die strenge Atmosphäre der Berge rund um uns respektieren. Zwei Stunden nach unserem Aufbruch vom Zelt lag das steile 900-Meter-Couloir bereits hinter uns.

Nun wurde der Hang flacher, doch die Temperatur war eisig, und ein Meer von weissen Schleierwolken zog über den Himmel. Kündigte sich da etwa ein weiterer Wettersturz an? Wir beschleunigten unseren Schritt einmal mehr und hielten diesen Rhythmus bis zum Gipfel.

Um 10.50 Uhr flatterten unsere Fähnchen im eiskalten, heftigen Wind auf dem höchsten Punkt des Cerro Adela gegenüber von Cerro Torre und Fitz Roy. Die Landschaft war ergreifend: Fasziniert von ihrer Schönheit, blieben wir mehr als eine halbe Stunde dort oben, und in diesem intensiven Moment kam in uns plötzlich die Idee auf, den vollständigen, langen Südgrat des Cordon Adela von Gipfel zu Gipfel zu überschreiten. So konnten wir den noch langen Tag am besten nützen. Wir stiegen also bis zum Sattel ab, von dem wir heraufgekommen waren, und weiter über den Hauptgrat zum zweiten Erfolg des Tages, nämlich zum zuvor unberührten Cerro Adela Sud (2860 m). Von diesem Gipfel seilten wir weiter in den nächsten Pass ab, der den Adela Sud vom Cerro Ñato trennt. Auf halbem Weg tauchten plötzlich unten im Pass zwei Männer von der Seite der Pampa auf, die in unsere Richtung hochkletterten. Es waren die Alpinisten Maestri und Eccher aus Trient auf dem Weg zum Cerro Adela – Pech für sie, sie waren zu spät! Unsere Begegnung war absolut zufällig. Wir erfuhren von ihnen, dass ihre Gruppe die Besteigung des Cerro Torre gleich von Anfang an aufgegeben hatte; wir fragten nicht nach dem Grund.

Um 12.30 Uhr nahmen wir unsere Überschreitung wieder auf, und nur eine halbe Stunde später standen wir bereits auf dem Cerro Ñato (2808 m). Dieser Gip-

Die Westseite des Cerro Torre und die vereiste Kette des Cerro Adela, 2960 m ü. M.

fel war schon 1937 von einer italienischen Expedition von der Pampa aus bestiegen worden. Der Grat, über den wir auf der anderen Seite des Gipfels abstiegen, war unglaublich luftig und heimtückisch.

Mauri und ich waren nicht nur ein perfekt eingespieltes Team, wie fühlten uns an jenem Tag auch wirklich in blendender Form. So stiegen wir weiter, wobei wir uns bei jeder Schwierigkeit voll auf den anderen verlassen konnten. Nur selten mussten wir Stufen schlagen.

Am Ende des Grates, wenig über dem kleinen Sattel zwischen dem Cerro Ñato und dem Cerro Doblado (2675 m), versperrte uns plötzlich ein mindestens 50 Meter hoher Felsaufschwung den Weiterweg. Ein Haken, an dem wir hätten abseilen können, hätte das Hindernis einfach ausgeschaltet, doch wir hatten keine Haken mehr: Sie waren alle am Cerro Torre geblieben. Wir wichen also ins Eis aus. Zuerst stiegen wir über einen extrem steilen Eishang ab, dann schlugen wir dort, wo er überhängend wurde, einen Eispilz heraus, legten das Seil um ihn und überwanden die Stelle, indem wir uns 15 Meter am Doppelseil abseilten. Die einzigen Hilfsmittel, auf die wir uns bei unserer Tour verliessen, waren Seil, Pickel und Steigeisen, genau wie in den alten Zeiten des Bergsteigens. Vor allem aber, so scheint es mir im Rückblick, waren Mauri und ich an diesem Tag vom gleichen Elan wie die Bergsteiger jener vergangenen Zeit beseelt.

Die weissen Nebel wurden allmählich dichter und hüllten uns zeitweise vollständig ein. Wir betraten den dritten Pass und traversierten die Kette weiter über die Hänge des Cerro Doblado. Um 3 Uhr nachmittags hatten wir auch diesen Gipfel erreicht und stiegen sofort auf der anderen Seite ab.

Nun erhoben sich vor uns die beiden Gipfel des herrlichen Cerro Grande. Wir wussten, dass sein Hauptgipfel schon ein paar Tage zuvor von der Gruppe aus Trient von der Pampa her bestiegen worden war.

Da wir aber noch mehr als genügend Zeit hatten, war die Idee verlockend, ihn trotzdem anzugehen. Eine kurze Pause, und schon waren wir wieder unterwegs, beschäftigt mit den vereisten Aufschwüngen dieses neuen Gipfels. Unsere Seilschaft kam weiterhin sehr schnell und perfekt eingespielt voran, wobei wir uns immer im Vorstieg abwechselten. Wenn es das Gelände erlaubte, stiegen wir zusammen auf, einer hinter dem anderen gehend. Kurz nach 16 Uhr betraten wir den Hauptgipfel des Cerro Grande (2804 m) auf allen vieren und uns fest am Pickel haltend; sonst wären wir vom Wind, der immer stärker wurde, weggeblasen worden.

Wir waren uns bewusst, dass uns nun ein komplizierter, unerforschter Abstieg bevorstand. Und doch reizte uns der andere, noch unberührte Gipfel des Cerro Grande, der einladend direkt vor uns stand – wie hätten wir auf ihn verzichten können? Manchmal riss der Nebel kurz auf, und wir nützten diese Aufhellung, um zum Sattel zwischen den beiden Gipfeln abzusteigen. Dann überwanden wir einen feinen, fast senkrechten Eisgrat, kurze Eisaufschwünge, Felswändchen, kurze Gratpassagen und gelangten schliesslich, einmal mehr dem höllischen Sturmwind ausgesetzt, auf den zweiten Gipfel des Cerro Grande (ungefähr 2790 m); wir tauften ihn «Cerro Luca» zu Ehren des neugeborenen Sohnes von Mauri.

Um 17.30 Uhr liessen wir uns zum Sattel zwischen den zwei Cerros ab, von dem wir heraufgestiegen waren, dann weiter gerade über die Nordwand. Der immer dichtere Nebel verlangsamte nun unser Tempo deutlich, und manchmal täuschte er uns derart, dass wir uns plötzlich an heiklen Orten wiederfanden.

Wir mussten unglaubliche Sprünge und Kunststücke vollführen, um die verschiedenen Hindernisse – Spalten, unbegehbare Eismauern – zu überwinden, bis wir schliesslich, nur eine Stunde nach unserem Aufbruch vom Cerro Luca, im grossen Gletscherbecken des Cerro Grande Fuss fassten; sein Gipfel war inzwischen in den Wolken verschwunden. Von hier stiegen wir weiter über den noch unerforschten Gletscher ab, der uns vom fast ebenen Inlandeis trennte.

Dieser Abstieg war nicht einfach: Einerseits wegen der grossen Spalten, die den Gletscher überall zerrissen, anderseits wegen der immer schlechteren Sicht. Schliesslich begann es auch noch zu schneien. Nach einer grossen, tiefen Gletscherspalte, die wir auf einem dünnen Eisvorsprung rittlings über dem Abgrund

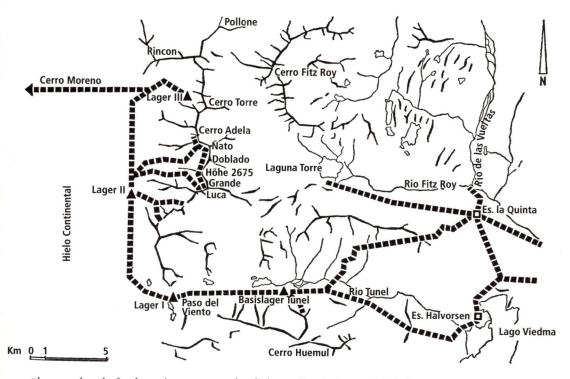

überwanden, befanden wir uns ganz plötzlich am Rand eines gefährlichen Eisbruchs. Wir lösten das Problem mit einer abenteuerlichen, 20 Meter langen Abseilfahrt, bei der wir das Seil einmal mehr um eine vorspringende Eisnase legten.

Niemals werde ich meine Unruhe bei diesem Manöver vergessen: wir am Seil im Leeren baumelnd, unter uns ein dunkler Schlund von unergründlicher Tiefe!

Noch einmal ein Séracriegel, den wir links umgingen, und dann, endlich, bekanntes Gelände. Der Schnee fiel nun in dichten Flocken, der Wind traktierte unsere Augen mit eisigen Nadeln – der gewohnte Refrain des patagonischen Sturms. Doch nun konnte uns nichts mehr daran hindern, sicher aufs Inlandeis zu gelangen. Gegen 21 Uhr, beim Einbrechen der Nacht, trafen wir bei den Zelten von Lager II ein, vom Sturm in zwei weisse Geistergestalten verwandelt.

Die Erkundungstouren von Bonatti und Mauri in Patagonien, 1958

Walter Bonatti auf der Expedition zum Gasherbrum IV. Ein Moment der Erholung auf dem Baltoro-Gletscher

DIE EROBERUNG
DES GASHERBRUM IV
1958

Die imposante «Leuchtende Wand» des Gasherbrum IV, 7980 m ü. M.

Es ist immer noch 1958, und ich bin einmal mehr zu den Bergen des Karakorum unterwegs.

Italien organisiert eine zweite nationale Expedition zu jener grossartigen Gebirgskette in Asien, und ich gehöre auch diesmal dazu. Unser Ziel ist der noch unbestiegene, fast 8000 Meter hohe Gasherbrum IV. Ich sage «fast 8000 Meter», weil ich nie genau herausfinden konnte, ob dieser Berg nun 7980 – wie immer gesagt wurde – oder 7925 Meter hoch ist, wie einzelne Quellen meinen.

Jedenfalls ist der Gasherbrum IV ein majestätischer, wunderbarer Berg, er wirkt provozierend auf Menschen wie mich, die sich der Prüfung seiner Besteigung stellen wollen. Sein Name Gasherbrum IV bedeutet «Strahlender Berg» oder «Berg des Lichtes». Vielleicht würde er unbesiegbar sein, wie viele glaubten. Für mich war er eine faszinierende Herausforderung.

Aus verschiedenen Gründen ergab es sich, dass Carlo Mauri und ich diesen schwierigen Berg von Anfang an in einem Stil angehen mussten, der viel eher an eine alpine Tour als an ein grosses Himalaja-Unternehmen erinnerte: Wir konnten uns nur auf unsere eigenen Kräfte verlassen, abgesehen von der Unterstützung durch den starken, grossmütigen Bepi De Francesch. So mussten wir bei unserem Unternehmen von Tag zu Tag improvisieren und neu entscheiden: ein Stil, der zu jener Zeit eigentlich noch für das Bergsteigen in den Alpen typisch war.

Die Expedition war zwar ein Erfolg, was das Erreichen des Gipfels anbelangte, doch die Besteigung des Gasherbrum IV war – wie jene des K2 – auf menschlicher Ebene keineswegs befriedigend. Deshalb beschloss ich, von nun an nie mehr an einer nationalen, auf die Besteigung eines Gipfels ausserhalb von Europa ausgerichteten Expedition teilzunehmen. Somit war auch die Eroberung des Gasherbrum IV für mich eine enttäuschende, einschränkende und meiner Einstellung völlig widersprechende Erfahrung.

Ich bin überzeugt, dass sich bei einem solchen Unternehmen, unabhängig vom tatsächlichen Ausgang, jedes Mitglied eines Teams unbedingt voll einbringen muss, ohne sich selbst zu schonen, und die eingenommene Rolle so gut wie möglich und verantwortungsbewusst zu erfüllen hat – genau so, wie wenn man im Alleingang oder in Begleitung eines Grüppchens enger Freunde unterwegs ist.

Die Expedition setzte sich zusammen aus Riccardo Cassin, Beppe De Francesch, Toni Gobbi, Carlo Mauri, Giuseppe Oberto und mir; dazu gesellten sich der Arzt Donato Zeni und der Orientalist und Schriftsteller Fosco Maraini.

Am 12. Mai kommen wir auf dem Seeweg in Karachi an, am Abend des 13. ist die Expedition vollzählig – acht Männer und rund 15 Tonnen Gepäck – und durchfährt bereits per Bahn die pakistanische Ebene bis nach Rawalpindi, der letzten

Stadt vor dem Himalaja. Von hier fliegen wir 500 Kilometer weit über Berge, Schluchten und hohe Pässe, um dann in Skardu im oberen Indus-Tal zu landen. Skardu ist der Hauptort von Baltistan, das auch «Kleines Tibet» genannt wird; hier heuern wir 480 Träger an, die für uns den Transport unserer Ausrüstung und Lebensmittel übernehmen.

Im Morgengrauen des 30. Mai bricht die lange Karawane in die wilden Täler von Baltistan auf: Ein 18 Tage dauernder Fussmarsch über 250 Kilometer wird uns an den Fuss unseres Berges bringen.

Beim Anmarsch durch dasselbe Gebiet wie bei der Expedition zum K2 erkenne ich bewegt vertraute Landschaften und Gesichter wieder.

Von Tag zu Tag fühle ich mich mit dieser einfachen Welt der starken Gegensätze, der ungeheuren Entfernungen besser in Einklang. Hier verbinden sich Strenges und Liebliches in perfekter Harmonie; die Temperatur ist mild, die Bewohner sind gütig und voller Menschlichkeit, ihr Leben ist einfach, es besteht vor allem aus Arbeit und Beten: Sie sind glücklich, ohne sich dessen bewusst zu sein. Der Gang durch diese Täler, das Wiedersehen mit diesem verlorenen, zwischen himmelragenden Gipfeln versteckten Paradies – genau wie es sich James Hilton vorstellte und in seinem Roman «Lost horizon» als «Shangri-La» umschrieb – entzündete in mir ein neues Licht.

Askole, auf 3500 Metern Höhe, ist die letzte Ortschaft. Hier trennen uns noch 120 Kilometer vom Fuss des Gasherbrum IV; der Weg ist zum grössten Teil schwierig, aber er bietet Ausblicke auf ein paar der schönsten und höchsten Berge der Welt: K2, Broad Peak, Hidden Peak, Chogolisa, Masherbrum und nicht zuletzt unseren «Berg des Lichtes».

Am 17. Juni schlagen wir auf einer Seitenmoräne des Gletschers, der nach dem Herzog der Abruzzen benannt ist, unser Basislager auf. 48 Tage sind seit unserer Abreise aus Italien verflossen. Wir entlassen die Träger bis auf sechs, die uns beim Materialtransport in die Hochlager helfen werden. Und dann beginnt unser schwieriges Abenteuer.

Es ist nicht einfach, in ein paar Worten die Mühen, Schwierigkeiten, Entbehrungen und Gefahren zusammenzufassen, die uns während 50 langen Tagen bis zum Gipfelsturm ständig begleiteten. Zu den grossen technischen Hindernissen dieses Berges, die wir schon in Italien vorausgesehen hatten, gesellten sich nun die mit der Höhe und dem Wetter verbundenen Schwierigkeiten. Dann kam ein Problem mit dem Nachschub dazu, und schliesslich brach der Monsun mit entfesselter Gewalt los. Die Bezwingung des Gasherbrum IV wurde so zu einem fast unmöglichen Unternehmen. Um den Felsgrat zu erreichen, der von 7100 Metern Höhe zum Gipfel führt, mussten 2000 Höhenmeter in einer Gletschermulde von zehn Kilometern Durchmesser überwunden werden; schwierige Eisbrüche und gleissende Schneehänge, wo wir manchmal bis zur Hüfte einsanken, folgten sich. Diese Bedingungen, verschärft durch die riesigen Lasten auf unseren Schultern, die erdrückende Hitze am Tag und die Schwächung durch den zunehmenden Sauerstoffmangel, erschwerten die Fortbewegung zusehends.

Die ultravioletten Strahlen machten den Schnee zu einem blendenden Spiegel, die Reflexe brannten auf unseren Gesichtern und schädigten die Augen durch die dunklen Gläser unserer Brillen hindurch.

Häufige abrupte Temperaturunterschiede von 65 Grad zwischen Tag und Nacht machten uns benommen. Die Sonne verwandelte die Zelte zu Backöfen, doch wir mussten im Innern bleiben, weil draussen das gleissende Licht unerträglich war. Wir warfen deshalb alle verfügbaren Kleidungsstücke über die Zelte, um die Hitze und die Sonnenstrahlen abzuwehren. Mit jedem Tag schienen die Schwierigkeiten eher noch zu wachsen als abzunehmen; und doch kamen wir – hin und her gerissen zwischen Enttäuschungen und Hoffnungen – Schritt für Schritt dem Gipfel unseres Berges näher.

Wir hatten drei Lager im erwähnten Gletschertal errichtet und auch schon die Furcht einflössende, 700 Meter hohe Eisbastion aus langen, senkrechten Riegeln überwunden, das erste grosse Hindernis alpiner Prägung, das wir «Seraccata degli Italiani», den Eisbruch der Italiener, nannten. Um ihn zu überwinden, mussten Mauri und ich 48 Stunden lang unter der ständigen Bedrohung gewaltiger, wackliger Eistürme verbringen. In regelmässigen, etwa halbstündigen Abständen und in einem Umkreis von 50 Metern setzte sich das Eis unter uns mit schrecklichem Getöse, einem Erdbeben ähnlich, als ob der ganze Berg eben zusammenstürzen würde. Mit vor Angst klopfendem Herz befestigten wir in dieser senkrechten und ausgesetzten Passage 150 Meter Fixseil an Haken, um sicher durchzukommen.

Wenig oberhalb der Eisbastion, bereits auf dem ausgedehnten Hochplateau auf 6900 Metern, hatten wir unser viertes Lager. Doch kaum war es eingerichtet, begannen neue Schwierigkeiten: Plötzlich hörte der Nachschub von unten aus unerklärlichen Gründen auf. Unsere Lage wurde dramatisch, da wir nun nicht nur mit den Schwierigkeiten der Höhe und der dünnen Luft, sondern auch noch mit dem Hunger ringen mussten. Wir gaben nicht auf, obwohl wir ausgehungert und dehydriert waren, und packten die letzten tausend Meter des Felsgrates an, wo wir Lager V auf 7200 Metern einrichteten. Es waren äusserst harte Tage, an die ich mich ungern erinnere.

Vom Hunger getrieben, machten wir uns bewusst zu einem voreiligen Gipfelsturm auf, der an den ausserordentlichen Schwierigkeiten am Anfang des überaus heiklen Grates scheiterte: Wir arbeiteten sechs harte Stunden, bis wir mit dem Pickel eine Reihe von zerbrechlichen Schneewechten zerstört hatten – dabei gewannen wir kaum mehr als 50 Meter Höhe. Nach diesem schroffen Rückschlag, der uns ins fünfte Lager zurückwarf, folgten sechs schreckliche Tage, in denen wir, fast ohne zu essen und immer mutterseelenallein, 300 Meter des fürchterlichen Grates einrichteten. Wir verfügten nur über wenige Haken und über genau diese 300 Meter Seil.

Unsere Lage war nicht mehr länger erträglich, und so wagten Mauri und ich am 14. Juli einen zweiten Gipfelversuch. Doch auch diesmal mussten wir uns ins fünfte Lager zurückziehen, nachdem wir aber immerhin auf 7750 Meter gelangt waren.

Am folgenden Tag, dem 15. Juli, brach über dem ganzen Himalaja das gefürchtete schlechte Wetter herein. Wir blieben zusammen mit De Francesch und Zeni, die am Vortag mit etwas Nachschub zu uns gelangt waren, in Lager V sitzen.

An diesem Punkt war es der Hunger – ungeachtet, ob das schöne Wetter zurückkehren würde oder nicht –, der uns zur Flucht zwang, bevor uns die Kräfte ganz verliessen.

16. Juli. Auf eine stürmische Nacht folgt ein noch härterer Tag. Am Morgen sind die Zelte vollständig unter dem Schnee begraben. Der unaufhörlich fallende Schnee drückt, vom Wind verfrachtet, die Zeltwände so stark ein, dass wir auf dem engen Raum kaum noch nebeneinander Platz finden. Mehrere Male am Tag müssen wir hinaus, um die Zelte vom Schnee zu befreien und die Verankerungen mit Haken und Pickeln zu verstärken, damit die Sturmböen sie nicht fortreissen. Wir sind schutzlos auf der höchsten Stelle des Kammes. Die Zeltwände knattern ständig im Wind, der im Innern einen derartigen Luftzug verursacht, dass wir steif vor Kälte sind und die kostbare Kocherflamme ständig erlischt.

Den ganzen Tag lang sprechen Mauri und ich nur das Notwendigste miteinander. Auf unseren Gesichtern kann man die gleichen Ängste, die gleichen Leiden ablesen. Auch von unseren Gefährten im Zelt nebenan ist wenig zu vernehmen.

Einmal mehr erlebe ich in der Erinnerung alle Schwierigkeiten, Anstrengungen, Entbehrungen und Hindernisse, die wir bis hier überwunden haben. Voller Wut denke ich auch an die unverzeihliche Leichtfertigkeit – oder wie man es nennen will – jener im Basislager, die uns hier oben isoliert und ohne Verpflegung zurückgelassen haben, einen Hauch vom Gipfel entfernt. Eine Angelegenheit, die noch geklärt werden muss! Hals und Nase sind wund und schmerzen, doch am meisten tut die Enttäuschung weh. Als der Abend kommt, sind wir todmüde, als ob wir den ganzen Tag geschuftet hätten …

17. Juli. Das Unwetter tobt seit drei Tagen. Wir haben eine Nacht voller Angst verbracht. Seit gestern Abend fragen wir uns mit wachsender Besorgnis, ob das schlechte Wetter vielleicht mit dem Anfang des Monsuns zusammenhängt und ob wir deswegen hier oben festgehalten werden.

Die Gipfel des Gasherbrum IV. Der äusserste rechts ist der höchste. Es stehen noch grosse Schwierigkeiten bevor.

Wir fühlen uns völlig ausgelaugt. Schon seit zu vielen Tagen haben wir kaum mehr etwas zu essen. Wir müssten unbedingt noch heute einen Rückzugsversuch unternehmen, bevor es zu spät ist – oder ist es etwa schon zu spät?

Wir befinden uns in absoluter Abgeschiedenheit auf einem Grat auf 7200 Metern Höhe, und zehn Kilometer voller Tücken und Hindernisse trennen uns vom Basislager. Seit gestern Abend lässt uns der Gedanke an die Tragödie, die sich bei der deutschen Expedition an den Nanga Parbat im Jahr 1934 ereignete, nicht mehr los: Alle Insassen der Hochlager wurden damals vom Monsun festgenagelt und starben an Erschöpfung und Kälte. Und jetzt befinden wir uns in der gleichen Lage!

Am frühen Nachmittag schieben wir unseren Aufbruch keine Minute länger auf und trotzen dem Sturm zu viert bei unserem Abstieg zu den tieferen Lagern, wo wir nirgends Verpflegung finden. Die Sicht ist gleich null.

Am Abend des 19. Juli treffen wir im Basislager ein und sind endlich wieder einmal alle zusammen. In den letzten fünf Tagen hat es fast pausenlos geschneit, und es schneit auch jetzt noch; von allen Seiten hört man das Donnern der Lawinen. Ein paar Tage lang sind alle über unsere Niederlage deprimiert, doch dann kommen allmählich die für einen nächsten Versuch nötige Überzeugung und Willenskraft wieder auf. «Nein», sagen sich Mauri und ich, «wir werden nicht

Walter Bonatti auf dem Gipfel des Gasherbrum IV. Es ist 12.30 Uhr am 6. August 1958.

als Verlierer nach Italien zurückkehren!» Um zu diesem Entscheid zu kommen, müssen vor allem wir zwei uns allerdings erst mit gewaltigen Mengen Essen aufpäppeln. Und es braucht auch heftige Wutausbrüche, untermalt von Faustschlägen, die schallend auf den Tisch donnern: Sie gelten jenen, die uns in erster Linie folgen wollten, anstatt vom Basislager aus – wie es eigentlich ihre Aufgabe war – die Versorgung der Hochlager zu leiten und auszuführen.

Doch Irren ist menschlich, und die Lektion hat etwas gebracht: Von nun an erfüllt jeder die ihm zugedachte Rolle. Dieses Mal wird es nicht mehr an Verpflegung und Ausrüstung fehlen.

Nachdem wir die Versorgungslogistik koordiniert haben, steigen wir Stufe für Stufe zu den Hochlagern auf. Am 3. August richten Mauri und ich, unterstützt von Gobbi und De Francesch, Lager VI ein. Da es spät ist, müssen wir dieses weitere Zelt allerdings bereits auf 7550 Metern und nicht wie vorgesehen auf dem «Schneekegel» auf 7750 Metern aufstellen. Gobbi und De Francesch steigen noch am gleichen Abend zu Lager V ab. Uns erwarten aber noch grosse Schwierigkeiten, die mehr Zeit als vorgesehen verlangen, und so müssen wir am «Schwarzen Turm» auf ungefähr 7830 Metern angesichts der späten Stunde einmal mehr umkehren. Immerhin haben wir an diesem Tag weitere wertvolle 300 Meter des Felsgrates mit Fixseilen eingerichtet. Am nächsten Tag steigt die Seilschaft De Francesch-Gobbi-Zeni von Lager V zu VI auf und bringt ein letztes Mal Nachschub, bevor sie am gleichen Nachmittag wieder zurückkehrt.

6. August: der Tag der Eroberung des Gasherbrum IV. Wecken um 2.30 Uhr, Aufbruch um 5 Uhr. Ein sehr hoher, dichter Nebel, typisch für den Monsun, bewegt sich von Westen zum Gasherbrum IV; wir müssen uns beeilen. Wir fühlen uns in perfekter Form und kommen ziemlich schnell voran – zwei Faktoren, mit denen wir ausgezeichnete Karten im Spiel haben, sowohl für einen möglichen Gipfelsieg als auch für unsere Sicherheit.

Schon um 6 Uhr, eine Stunde nach Aufbruch, stapfen wir über den «Schneekegel», während wir beim ersten Versuch bis hierher vier Stunden brauchten. Um 7.30 Uhr sind wir auf dem «Schwarzen Turm». Die zwei Tage zuvor fixierten Seile leisten uns jetzt ausgezeichnete Dienste. Wir überwinden Aufschwung um Aufschwung und langen auf einem horizontalen, messerscharfen Grat an; dort, wo seine Schneide zu fein und zerbrechlich ist, müssen wir ihn rittlings begehen. Um 9.10 Uhr erblicken wir eine wunderbare Erscheinung: den kleinen Sattel, der in einem scharfen Einschnitt die soeben überwundenen dunklen Felsen vom leuchtend weissen Marmor vor dem Gipfel trennt. Unser Drang, das nächste Geheimnis zu lüften, ist so gross, dass wir rastlos weitersteigen. Fels und Schnee sind nun in einem einzigen blendenden Weiss kaum zu unterscheiden, während die Farbe des Himmels irgendwo zwischen Schwarz und Kobalt liegt.

Hinauf, immer weiter hinauf. Wir überwinden einen steilen Pfeiler, kurze, senkrechte Felsstufen, gefährliche Schneeplatten und einen dunklen, etwa zehn Meter langen Riss im Marmor; wir nennen diese Passage, die – von der Höhe gar nicht zu reden – Kletterei im vierten Grad verlangt, den «Weissen Kamin». Danach neigt sich der Fels, wird griffiger und leichter, und wir können fast normal gehen.

Endlich, um 10.30 Uhr, stehen wir auf dem höchsten Punkt; dafür hatten wir ihn wenigstens gehalten, doch einmal hier oben, wird uns sofort klar, dass es sich erst um den Vorgipfel des Gasherbrum IV handelt und der Gipfel noch weit weg ist. Wir sind enttäuscht und besorgt. Fasziniert betrachten wir die Landschaft um uns. Was wir auf der anderen Seite des Vorgipfels sehen, ist grandios: Zum ersten Mal seit ungefähr zwei Monaten erkennen wir den Baltoro wieder, zum ersten Mal können wir mit einem Blick seine ganze Länge erfassen – ein rund 50 Kilometer langer Eisstrom, der sich wie ein kristallener Strom hinzieht.

Doch die Unruhe vor dem Kommenden, das noch vor unseren Blicken verborgen ist, drängt uns wieder zum Aufbruch. Der eigentliche Gipfel des Gasherbrum IV ist noch mindestens 300 Meter entfernt, und der Weg dahin ist kompliziert: Eine ausgedehnte und ausgesetzte, muschelförmige Schneemulde verbindet ihn mit dem Vorgipfel; wir nennen sie die «Leuchtende Mulde». Über uns ballen sich die Monsunwolken immer dichter zusammen. Eiskalte Windstösse peitschen uns ins Gesicht. Wir müssen uns beeilen!

Der Gipfel nimmt, je näher wir ihm kommen, immer deutlichere Züge an: Nun erkennen wir seine fünf glatten, senkrechten und mindestens 50 Meter hohen Felsspitzen, die auf dem Hauptkamm aufeinander folgen.

Wir können nicht ausmachen, welche die höchste Spitze ist, während wir sie zur Erkundung erst einmal an ihrer Basis umgehen; schliesslich sind wir dem ganzen Gipfelaufbau entlang auf seiner Westseite gequert, doch das Rätsel ist nicht gelüftet.

Einen Moment lang zweifle ich, ob ich bis zuoberst komme. Ich beginne, direkt auf die Spitze, die am höchsten scheint, hochzuklettern. Unter meinen Füssen bricht die Westwand, die so genannte «Leuchtende Wand», mehr als 2500 Meter ab. Ich klettere in kompaktem, aber an der Oberfläche brüchigem Fels. Nicht weniger heikel ist die dünne Schneeschicht, die ihn stellenweise bedeckt. Ich muss Haken verwenden, um mich zu sichern; Mauri wird sie dann wieder herausschlagen.

Alles hier oben ist äusserst tückisch: Fels, Schnee, Haken und dann natürlich auch die furchtbare Kälte, die meine Hände befällt, wenn ich an den schwierigsten Stellen die Handschuhe ausziehen muss. Gerne würden wir unsere Steigeisen ablegen, aber wir unterlassen es, denn wir könnten sie vielleicht der grossen Kälte wegen nicht mehr anschnallen. Die Schwierigkeit der Kletterei in diesen Passagen liegt im fünften Grad, aber die Höhe, die Kälte und der Wind reiben uns auf, wir kommen kaum voran. Trotzdem: Genau um 12.30 Uhr betreten wir den höchsten Punkt des Gasherbrum IV auf rund 7980 Metern. Wir können auf dem schmalen Grat im Wind, der uns fast die Kleider vom Leib zerrt, kaum stehen; bewegt umarmen wir uns. Mit einer Geste, die überhaupt nichts Rhetorisches an sich hat, wie gewisse später meinten, sondern vielmehr mit tief empfundenem Respekt zu tun hat, rollen wir die Fahnen Pakistans und Italiens aus. Und abgesehen davon, ist es nicht würdevoller, auf einem eben zum ersten Mal bestiegenen Gipfel die Flagge eines Landes auszubreiten als das Emblem eines Sponsors?

Der soeben erreichte Gipfel ist, wie bereits erwähnt, nicht mehr als eine Spitze auf dem steilen, kurzen Felsgrat, der auf seiner Westseite völlig aper, vom Wind abgeblasen ist. Wir können kaum nebeneinander stehen. Auf der Ostseite des Grates ragt eine leuchtende, zuoberst ganz flache Wechte hinaus – wie einladend wäre es, sie zu betreten! Doch sie hängt vollständig ins Leere.

Wir möchten uns gerne etwas stärken, doch der Tee und sein Behälter sind zu einem einzigen Eisblock gefroren. Eine Stunde bleiben wir etwa oben. Diese Zeit reicht aus, um bei der einen oder anderen kurzen Aufhellung das Panorama zu fotografieren, wobei ich den Film wechseln muss: Die Bedienung einer Kamera bei solchen Bedingungen und überdies mit blossen Händen ist ein Unternehmen für sich: Nachdem ich mit Mühe und Not den eben belichteten Film zurückspulen konnte, bricht der nächste Farbfilm, durch die Kälte spröde, beim Einlegen in die Kamera. Ein zweiter geht ebenso kaputt, und als meine Hände schon steif vor Kälte sind, schaffe ich es, einen fügsameren Schwarzweissfilm einzulegen – der Vorsehung sei Dank, dass ich ihn dabei habe! So kann ich die wertvolle Dokumentation unserer Gipfelbesteigung doch noch vervollständigen.

Dann beginnen wir den Abstieg; wir müssen über den kleinen Zahn gerade vor dem Gipfel zurück und hängen dazu drei schnelle Abseilmanöver an den beim Aufstieg wieder herausgeschlagenen Haken aneinander; sie bringen uns wieder in die «Leuchtende Mulde». Unser Abstieg gleicht eher einer Flucht und ist mindestens so schwierig wie der Aufstieg.

Wenig unter dem Vorgipfel hüllt uns dichter Nebel ein. Noch eine Abseilfahrt über den «Weissen Kamin», ein rascher Abstieg über schneidende Grate und scharfe Spitzen zum «Schwarzen Turm», und schon beginnt es zu schneien. Schneewirbel und Windböen peitschen uns und machen uns blind.

Der Sturm erreicht seinen Höhepunkt, als wir um 18.10 Uhr Lager VI erreichen – ein solch wütendes Treiben lässt fast an die Rache des eben besiegten Berges denken. Zurück im kleinen Zelt, haben wir nur ein einziges Verlangen: trinken und nochmals trinken! Wir sind ausgekühlt, unsere Körper werden von

Schüttelfrost befallen. Ist es etwa Angst vor dem, was uns noch erwartet? Denn in der Tat: Wir müssen durch eine wahre Hölle vom Berg runter.

In dieser Nacht finden wir keinen Schlaf, und bereits um 7 Uhr morgens beginnen wir den Abstieg. Jede gut überstandene Minute ist wertvoll und bedeutet ein Hindernis weniger. Der Sturm ist seit gestern Abend noch heftiger geworden, die Felsen sind vollständig unter dem Schnee begraben, Lawinen donnern pausenlos in die Tiefe, werden sofort vom Wind aufgewirbelt und bilden eisige Wolken, die uns Sicht und Atem nehmen und die Luft mit erstickendem Pulver füllen.

Tastend, von einer Eiskruste überzogen und unter dem Schnee nach einem Fels oder einem im Aufstieg angebrachten Seil wühlend, an dem wir uns halten könnten, kommen wir voran. Finden wir ein Stück Fixseil, dann hängen wir uns mit dem ganzen Gewicht daran, obwohl sie in dicke Eiswürste verwandelt sind. Endlich, gegen Mittag, sind wir in der Nähe von Lager V, von wo uns Rufe entgegenkommen: Es sind die Stimmen von De Francesch und Zeni, die hier auf uns gewartet haben.

Die zwei Freunde kommen uns vom Zelt entgegen, als sie unsere Antwort hören, und tauchen wenige Schritte unter uns wie Geister aus dem Sturm auf. Und schon fallen wir uns in die Arme, reden aufeinander ein – da fällt De Francesch, dem ein Schneewirbel die Sicht nimmt, plötzlich vor unseren Augen um und stürzt in den Abgrund. Versteinert sehe ich zu, wie er kopfüber mit einem Schneerutsch im diffusen Licht des Sturms verschwindet. Ein paar Augenblicke vergehen, dann reisst das Gestöber etwas auf, und wir sehen, wie sein kleiner, dunkler Körper über den Hang hinuntergleitet und erneut verschwindet. Weiter unten taucht er wieder auf, ein immer kleiner werdender, verschwommener Punkt. Nun kommt er zum Stillstand. Er rührt sich nicht mehr – doch! Er bewegt sich: De Francesch ist nicht tot! Er ist mindestens 200 Meter, bis ans untere Ende des Hanges, abgestürzt. Auf allen vieren steigt er im weichen, tiefen Schnee, der ihm das Leben gerettet hat, wieder auf und wendet sich zum Sattel unter uns, wo wir ihn einholen – wie durch ein Wunder ist er unverletzt geblieben.

Am gleichen Nachmittag steigen wir zu Lager IV ab, wo wir auf die übrigen Gefährten treffen. Zusammen mit ihnen gelangen wir am nächsten Tag ins dritte, ins zweite und schliesslich ins Basislager. Geplagt und gepeinigt vom anhaltenden Monsunsturm, treffen wir endlich hier ein, drei Tage nachdem wir den Gipfel des Gasherbrum IV bezwungen haben.

Der Brouillard-Grat führt vom eben erst bezwungenen Pilier Rouge auf den Gipfel des Mont Blanc.

DER PILIER ROUGE
IM BROUILLARD-BECKEN
1959

Niemals wäre ich die Besteigung des Pilier Rouge im Brouillard-Becken angegangen, hätte ich gewusst, vor wie viele Probleme sie mich stellen sollte. Anderseits hätte ich diesen roten Pfeiler am Picco Luigi Amedeo auf der Brouillard-Seite des Mont Blanc nie zum Ziel gewählt, wäre er mir nicht so anziehend und geheimnisvoll erschienen. Es mag eigenartig scheinen, aber auf diesem Gedanken gründet fast immer die Logik eines bergsteigerischen Abenteuers. Und damit auch die Planung und Verwirklichung einer der schönsten und schwierigsten Klettereien, die auf dem Gipfel des Mont Blanc enden.

Die Route zum Einstieg des Pilier Rouge ist alles andere als leicht. Dies erklärt, warum der Pfeiler 1959 noch unberührt ist. Vom Val Veni windet sich ein steiler, eher auf Gämsen als auf Menschen zugeschnittener Pfad über von Gletschern der Vergangenheit abgeschliffene Felsabbrüche hinauf. An seinem Ende, nach drei Marschstunden, trifft man auf die Gamba-Hütte [heute steht an ihrer Stelle die Monzino-Hütte, Anm. d. Ü.]. Es handelt sich um einen kleinen Holzbau, der vor rund fünfzig Jahren als letzter Schutz vor dem wilden Kessel des Mont Blanc errichtet wurde. Von diesem Hüttchen bis zum Fuss des Pilier Rouge braucht man weitere sieben Stunden, wohlverstanden mit einer schweren Last auf den Schultern. Der Zugang verläuft zum grössten Teil über den Brouillard-Gletscher. Hier ist die Gefahr plötzlicher Eisstürze so gross, dass man ihn nur in den kältesten Stunden der Nacht begehen sollte. Nach Sonnenaufgang wird der Gletscher zur Falle: Seine schneebedeckte Oberfläche trägt nicht mehr, man sinkt bei jedem Schritt ein. Überdies sind Tausende unter zerbrechlichen Schneebrücken verborgene Spalten bereit, den Unvorsichtigen zu verschlucken, der sich bei den falschen Verhältnissen auf den Gletscher einlässt. Und dann muss man auch mit Steinschlag rechnen. Gesellt sich zu all diesen Gefahren noch schlechtes Wetter, dann wird die Fortbewegung auf diesem Gletscher natürlich noch gefährlicher. Alles zusammengenommen, ist allein schon der Anmarsch zum Fuss des Pilier Rouge auf etwa 3800 Metern Höhe ein wirklich hochalpines Unternehmen.

Am 27. Juni 1959, dem Tag meines Aufbruchs im Talgrund, ist es sehr warm. Es ist ein heisser Frühsommertag. Auf den tiefen Ausläufern des Massivs glänzen noch weisse Schneeflecken zwischen den grünen, in Blüte stehenden und duftenden Matten. Das ist der Bergfrühling. Ich habe mich aus zwei Gründen für diese Jahreszeit entschieden: Einerseits weil wir die längsten Tage des Jahres haben, anderseits weil der Schnee, der den Gletscher noch bedeckt, die Überwindung der Spalten erleichtert.

Andrea Oggioni, treuer Gefährte bei vielen Touren, ist mit mir. Wir haben zusammen mit dem Bergsteigen begonnen. Vor genau zehn Jahren unternahmen wir in der Brenta gemeinsam mit einem dritten Gefährten die erste Wiederholung jener Route, die damals als die vielleicht schwierigste Kletterei dieses Dolomiten-

Massivs betrachtet wurde: die direkte Route in der Südwestwand des Croz dell'Altissimo, eines fast 1000 Meter hohen Abbruchs. Ich erinnere mich noch an unsere Ergriffenheit, als wir den Gipfel nach zweieinhalb harten Klettertagen erreichten. Wir beide waren erst kurz zuvor 19 Jahre alt geworden, und noch vor dem Ende jenes Sommers hatten wir sehr schwierige Touren verwirklicht, sei es in den Dolomiten, sei es in der Mont-Blanc-Gruppe.

An diesem Tag steigen wir nun also langsam, in Erinnerungen und ins Gespräch vertieft, zur Gamba-Hütte auf. Das völlige Fehlen von Spuren zeigt uns, dass wir in dieser Jahreszeit die ersten Menschen sind.

Und doch fühlen wir uns überhaupt nicht allein. Ein Stein, der zu Tale poltert, macht uns auf zwei wunderschöne Gämsen aufmerksam; da – mit langen Sprüngen ziehen sie ein paar Dutzend Meter von uns entfernt, oder besser gesagt über uns, vorbei, würdevoll und elegant; auf einem Felsrücken halten sie an, als ob sie sich in einer vorteilhaften Pose zeigen möchten. Ihre schlanken Silhouetten, die sich so gegen den blauen Himmel abzeichnen, haben etwas Figürliches, etwas Symbolisches an sich. Bei der Gamba-Hütte überraschen wir ein fettes Murmeltier, das seinen Bau im Schutz der Hütte gräbt. Als es uns sieht, flüchtet es nach einem etwas erstickten, charakteristischen Pfiff so schnell wie möglich. Es ist so verwirrt, dass es uns bei seiner Flucht fast zwischen den Beinen hindurchrennt.

Schnell gehen die letzten Stunden des Tageslichtes vorbei; sie sind mit Vorbereitungen ausgefüllt. Die reine Luft des Abends lässt unseren Pfeiler, der von hier aus gesehen das Brouillard-Becken überragt, näher, aber auch abweisender wirken. Die letzte Sonne schwindet nun auch auf den fernen Gipfeln der Grivola und des Gran Paradiso. Am noch hellen Himmel beginnen ein paar Sterne zu funkeln. Dann bricht die Nacht herein. Dort, wo bis vor kurzem noch weit entfernte Dörfer zu erkennen waren, werden nun Lichter angezündet, die vor den schwarzen, welligen Konturen der Berge zittern. Von den nahen Gletschern erreicht uns das Getöse eines zusammenbrechenden Eisturms, der erst jetzt, von der Hitze des Tages angegriffen, verspätet einstürzt. Dann schweigt alles. Nun sind wir wirklich allein. Wir schliessen die Tür der Hütte, legen uns auf die Pritschen und warten auf die Stunde des Aufbruchs. Der Schlaf will nicht kommen, während wir uns in Gedanken und Sorgen über das bevorstehende Unternehmen verlieren.

Um Mitternacht bereitet das Schrillen des Weckers dem Warten ein Ende; weder Oggioni noch ich haben ein Auge zugetan. Der Tee, der auf unserem kleinen Spirituskocher dampft, füllt die Hütte mit angenehmem Duft. Eine Stunde später sind wir zum Aufbruch bereit. Das Wetter ist ausgezeichnet, eine feine Mondsichel erhellt den Berg. Wir gehen los. Stellenweise brechen wir im Schnee ein, doch mit dem Frieren vor dem Morgengrauen wird er unser Gewicht ganz tragen.

Sicher gehen wir dem steilen Eiskorridor unter dem Innominata-Grat entlang, doch die Ruhe dauert nicht lang. In der Tat, gerade als wir eine Schattenzone betreten und unsere Stirnlampen anschalten wollen, wird die Luft von einem lauten Knall, gefolgt von einem dumpfen Dröhnen, zerrissen. Unsere Verwirrung dauert nur den Bruchteil einer Sekunde, dann fliehen wir in Richtung des steilen Hangs; wir stolpern, fallen und verhaspeln uns, bevor wir im Schutz eines Eisvorsprungs anlangen. In diesem Augenblick bricht dort, wo wir kurz zuvor noch standen, eine Eislawine los. Ein grosser Eisturm ist eingestürzt.

Als die Ruhe wieder einkehrt, zittern unsere Beine immer noch. Unsere Kleider sind vollkommen von Eisstaub bedeckt, und vielleicht sind auch unsere Gesichter weiss vor Schreck. Erst zögern wir, dann – wie es in solchen Fällen immer wieder geschieht – gehen wir weiter, nachdem wir ein paar Schürfungen verarztet haben; sie sind die Folgen unserer überstürzten Flucht.

Beim ersten Tageslicht befinden wir uns im Herzen des Gletschers, inmitten eines Netzes von breiten Spalten. Als wir nach langem Hin und Her endlich glauben, den Ausgang aus diesem Labyrinth gefunden zu haben, stellen wir fest, dass wir auf einer von unüberwindlichen Spalten umgebenen Schneeinsel gelandet sind. Wir sind von oben, mit einem Sprung, hierhin gelangt, und deshalb können wir nicht mehr in unsere Spur zurück. Nach vergeblichem Suchen resignieren wir und ziehen uns auf jener Route zurück, die wir gleich von Anfang an ausgeschlossen hatten, da sie über eine Furcht einflössende Schneebrücke führt: Der zerbrechliche Bogen zieht sich mindestens vier Meter von einem Spaltenrand zum anderen, aber er ist so fein, dass er allein schon unter unserem Blick zusammenzubrechen scheint. Angsterfüllt, kriechend und mit angehaltenem Atem, als ob wir so leichter wären, ziehen wir uns schliesslich aus der Klemme.

Die Sonne ist noch nicht aufgegangen, als wir den Fuss des Eiscouloirs erreichen, das sich zum Col Emile Rey hochzieht. Wir steigen über diese vereiste Rutschbahn auf, bis wir zu Felsen gelangen, die uns vor möglichem Eis- und Steinschlag schützen. Und in der Tat: Wenig später, kaum zeigt sich die Sonne, pfeifen Steine und Eisbrocken über den gerade erst überwundenen Eishang hinunter.

Um 8 Uhr erreichen wir den Pfeilerfuss. Während wir ihm näher gekommen sind, haben wir ihn ständig nach dem einfachsten Einstieg abgesucht. Jetzt, da wir vor ihm stehen, nehmen wir seine riesigen Ausmasse wahr. Die Einstiegsrinne etwa erweist sich als steile, mindestens 20 Meter lange und vollkommen vereiste Verschneidung. Wir benötigen zwei volle Stunden, um das Eis geduldig wegzukratzen und sie hinter uns zu bringen. Dann treffen wir auf eine wunderbare Wand aus kompaktem, reinem Granit. Ihre Risse bieten eine Vielfalt von eleganten Passagen, die den bekanntesten klassischen Felstouren in nichts nachstehen. Die zum grössten Teil freie Kletterei folgt genau der Mitte des Sporns. Nur an wenigen

Stellen müssen wir einen Haken schlagen, der unser Vorankommen sicherer, wenn auch nicht schneller macht. Die Wand ist fast immer senkrecht, und deshalb verlassen wir uns dort, wo Griffe und Tritte selten werden, auf die Haken und Trittleitern, auch weil unsere Rucksäcke ziemlich schwer sind.

So legen wir von 10 Uhr morgens bis 6 Uhr abends Schritt für Schritt unsere Route in den Fels. Wir reden nur das Notwendigste und wechseln uns im Vorstieg ab. Ich lasse mich einzig ablenken, wenn ich den Blick nach Courmayeur richte, um mein Haus auszumachen, das hier oben als weisses Pünktchen sichtbar sein sollte. Die Kletterei nimmt uns so in Anspruch, dass wir ganz überrascht sind, als wir gegen 18 Uhr plötzlich von Wolken eingehüllt werden; wer weiss, woher sie kommen.

Wir sind auf einer leidlichen Terrasse in ungefähr 4100 Metern Höhe angelangt. Über uns zieht sich die rote Wand weitere 150 Meter senkrecht hoch bis zum Kopf des Pilier Rouge. In unserem Innersten kosten wir schon die Freude aus, bald dort oben anzukommen. Wir haben noch gute drei Stunden Tageslicht, doch wir halten es für gescheiter, die Nacht auf dieser bequemen Terrasse zu verbringen. Bevor es dunkel wird, klettere ich noch 30 Meter weiter und bringe ein Seil an, das uns morgen den Aufbruch erleichtern wird. Der Nebel löst sich nicht auf, sondern wird vor Einbruch der Nacht immer dichter.

Oggioni ebnet mit dem Pickel das Eis aus und verbreitert den Absatz, auf dem er die Nacht verbringen wird. Ich mache dasselbe auf einer Stufe zwei Meter weiter oben. Dann bleibt uns nichts anderes zu tun, als in unsere gummierten Säcke zu schlüpfen.

Wie es für das Hochgebirge typisch ist, gehen die ersten Stunden des Biwaks schnell vorbei. Dann beginnt die Tortur der Kälte und der Sorgen.

In einem gewissen Moment – ich bin noch nicht ganz wach – habe ich das Gefühl, in ein weiches Bett zu versinken. Ein paar spitze Felsvorsprünge, die mir am Abend noch in den Rücken stachen, scheinen einer bequemen Watteschicht gewichen zu sein. Das Gleiche passiert, wenn ich meine Position seitlich verändere, mich nach vorne schiebe oder anlehne. Jede Stellung, die ich einnehme, hat einen wohltuenden Effekt. Seltsam, denke ich, träume ich etwa? Oder ist es die Kälte, die einen gefühllos werden lässt? Nichts Gutes ahnend, schrecke ich auf und zerreisse beinahe den Reissverschluss des gummierten Sackes, als ich angstvoll den Kopf hinausstrecke. Verflixt, es schneit! Wir sind vollkommen unter dem Schnee begraben! Mit einem Schrei wecke ich Oggioni, und für wenige Augenblicke lähmt uns schon die furchtbare Angst, hier oben blockiert zu werden.

Dann analysiere ich die Situation etwas ruhiger. Es schneit immer noch still und in grossen Flocken, und wir sind weit oben, auf über 4000 Metern und an einem ausgesetzten Platz.

Andrea Oggioni im Morgengrauen des 29. Juni 1959. Nach dem ausgiebigen Schneefall in der Nacht steht ein schwieriger Rückzug bevor.

Das Risiko eines erzwungenen Rückzugs wäre fast gleich gross wie jenes eines erzwungenen Aufstiegs; zwar sind nur noch 150 Meter Wand über uns. Aber von ihrem höchsten Punkt bis zum Gipfel des Mont Blanc verläuft einer der längsten und tückischsten Eisgrate: ihn bei solchen Verhältnissen anzugehen, wäre Wahnsinn. Unter uns bricht die Wand 300 Meter ab, aber das ist noch wenig im Vergleich zu den tausenderlei Schwierigkeiten des restlichen Abstiegs. Dort unten fallen steile Eiswände ab, die nun den Lawinen ausgesetzt sind. Weiter unten schliesslich wartet der chaotische Brouillard-Gletscher. Bei schlechter Sicht ist es ziemlich schwierig, dort herauszukommen.

Man kann sich angesichts dieser Betrachtungen die Unruhe vorstellen, die uns bis zum Morgengrauen begleitete: Es war Mitternacht, als ich den plötzlichen Wettersturz bemerkte, und von da an folterte uns der Gedanke, wie wir uns aus der Klemme ziehen könnten. In der Zwischenzeit blieb uns nichts anderes übrig, als den Schnee von Hand wegzuwischen, den der Wind auf der Terrasse anhäufte.

Endlich kommt der Morgen, milchigweiss wie Watte. Wir bleiben zusammengekauert in unseren Säcken, als ob wir auf etwas warteten. In diesem absurden Moment des Zauderns machen wir nichts anderes, als dem Heulen des Windes und dem Prasseln der Graupelschauer auf unsere gummierten, gefrorenen Säcke zu lauschen. Dann erreicht uns das dumpfe Donnern der Lawinen, die überall vom nun schneebeladenen Berg hinunterstürzen. Eine davon löst sich unmittelbar über uns und streift uns. Der steife Biwaksack schützt uns herzlich wenig vor dem eisigen Schneestaub, der überall eindringt. Ich nehme die Energielosigkeit, die mich immer noch gefangen hält, kaum wahr, es ist wie eine Distanz, eine Gleichgültigkeit über das, was passiert. Schliesslich rüttelt mich meine lange Erfahrung als Alpinist wach und bringt mich in die Wirklichkeit zurück. Ich springe auf und zwinge Oggioni ebenfalls dazu. Nun weiss ich, dass wir absteigen werden – koste es, was es wolle.

So gut es geht, packen wir unsere Rucksäcke neu. Unsere Kleider, die schon durchnässt waren und jetzt dem Sturm ausgesetzt sind, verwandeln sich schnell in Eispanzer. Um nicht ganz zu erstarren, klettere ich ohne einen Moment länger zu warten die 30 Meter am gestern Abend fixierten Seil auf. Verflucht! Hätte ich es nur als Doppelseil verwendet und durch die Hakenöse gezogen, könnte ich es jetzt einfach an einem Ende abziehen! Das Manöver, um es einzuholen, ist hingegen ziemlich kompliziert, nicht nur wegen der Kälte, die meine blossen Hände lähmt, sondern auch wegen der Eiskruste, die das Seil einhüllt. Inzwischen schlägt Oggioni die wertvollen Haken, an denen wir während unseres Biwaks verankert gewesen sind, mit dem Hammer aus dem Fels.

Kurz nach 10 Uhr beginnen wir das erste der langen Reihe von Abseilmanövern; jedes ist 40 Meter lang, und fast alle führen ins Leere oder über eis-

überzogene Granitplatten hinunter. Zum Glück sind unsere Handlungen gut aufeinander eingespielt, und so wühlt der eine im Schnee auf der Suche nach einem Riss im Fels darunter, wo man einen Haken für die nächste Abseilfahrt anbringen könnte, während der andere die Seile einholt.

Gegen 13 Uhr hört der Sturm auf einen Schlag auf. Die Wolken lichten sich und geben den Blick auf die umliegenden Berge frei. Sie sind wegen der Neuschneemassen nicht mehr wieder zu erkennen. Der Fels tritt nur unter den Überhängen hervor, der ganze Rest ist unglaublich weiss. Während wir weiter abseilen, wird unsere Aufmerksamkeit von der reibeisenartigen Oberfläche unter uns in Beschlag genommen: vom Brouillard-Gletscher. Der Gletscher ist noch weit entfernt, die Sicht ziemlich schlecht; nur hie und da, zwischen zwei Nebelschwaden, können wir etwas erkennen, doch von oben wirkt er völlig flach. So suchen wir ein paar Anhaltspunkte und prägen uns die kleinste Einzelheit ein, die uns bei der Orientierung in diesem Labyrinth helfen könnte.

Ein letztes Manöver am Doppelseil bringt uns an den Fuss des Pilier Rouge. Wir befinden uns auf einem steilen Hang aus grünlichem, geschliffenem Eis, das eben von einer grossen Lawine blank gefegt wurde. Mit dem Pickel schlagen wir Stufen ins blanke Eis, um zu einer sicheren Felsrippe zu gelangen. Wegen einer brüsken Bewegung verliert Oggioni seine Mütze; sie purzelt hinunter und verschwindet in einer Spalte 100 Meter weiter unten. Ab und zu dringen ein paar flüchtige Sonnenstrahlen durch, während wir uns auf der Rippe mit dem bis zur Hüfte reichenden Schnee herumschlagen. Auf einmal steigt die Temperatur schlagartig an, die Luft wird schwül, der Schnee schwer und klebrig wie Gips. Sogar unsere steifen Kleider tauen wieder auf. Doch die plötzliche Erwärmung nach dem üppigen Schneefall zeitigt sofort ihre Folgen: Die Felsen, die eben noch schlummernden Tieren glichen, wachen auf einen Schlag auf und schütteln sich die eisige Kruste vom Rücken.

Unzählige Lawinen brechen los, alles dröhnt und donnert. Zum Glück sind wir hier in Sicherheit, doch der Blick hinauf zu den Wänden, über die wir eben noch abgeseilt sind, ist erschütternd. Hunderte von Quadratmetern Fels befreien sich mit einem einzigen Ruck vom dicken Schneepanzer. Er stürzt hinunter, schlägt auf die Felsen auf, wird dabei zu Staub und reisst beim Flug alles mit, was ihm begegnet. Schliesslich nimmt die Lawine einen anderen Lauf und ergiesst sich über den Eishang, den wir gerade erst gequert haben und der zum Sammeltrichter der ganzen darüber liegenden Wand geworden ist.

Eine Stunde nach dem Beginn des grauenhaften Schauspiels wechselt die Szenerie einmal mehr. Erneut haben sich Wolken gebildet, und es fängt an zu schneien; zuerst in grossen Flocken, dann graupelt es, und schliesslich beginnt der Wind wieder zu toben und wirbelt Schneewolken auf, die uns ins Gesicht peitschen. Die Sicht ist wieder beinahe gleich null, und einmal mehr verwandeln sich unsere Kleider in steife Taucheranzüge.

Wir kommen auf der Rippe fast nur tastend voran. Als wir in einen kleinen Sattel gelangen, begreifen wir, dass wir den Pfeilersockel erreicht haben. Wir verlassen uns immer noch auf unsere Intuition und halten uns an ein paar Felsen auf der rechten Seite, wo wir eine weitere Folge von Abseilmanövern beginnen. Wir sehen gar nichts, wissen aber, dass etwas weiter unten eine Reihe von steilen, etwa 200 Meter langen Rinnen beginnt, die auf den Gletscher münden. Und da ist schon das erste dieser Couloirs, die so eng wie Kehlen sind. In diesem Gelände erweisen sich die Abseilfahrten am Doppelseil als sehr riskant, denn wir sind wirklich genau in der Schussbahn der Lawinen. Wir durchwühlen den tiefen Schnee auf der Suche nach einem Riss im Fels, wo wir einen Haken anbringen könnten – eine Utopie.

Abgesehen davon, dass uns noch lediglich drei Haken geblieben sind, sind die Felsen in diesen Schluchten nur aufeinander gestapelte Trümmer, die einzig vom Frost und vom Schnee zusammengehalten werden. Deshalb steigen wir schliesslich in freier Kletterei ab und vertrauen dabei nur uns selbst.

Dann kommt das Problem, wie und wo wir den grossen Bergschrund überwinden. Wir halten wegen der möglichen Lawinen nach links, und am Ende ziehen wir uns aus der Klemme, indem wir einen langen Satz von einem Spaltenrand zum anderen machen. Zwischen den Trümmern früherer Lawinen bewältigen wir eine weitere Passage im Laufschritt, um vor der Gefahr zu flüchten, und dann fassen wir endlich Fuss auf dem Brouillard-Gletscher, wo wir furchtbar tief im Schnee einsinken.

Obwohl es weiterhin ununterbrochen schneit, hat der Sturm sich gelegt. Vielleicht weil wir nun weit unten sind und in einer von den Ausläufern des Mont Blanc geschützten Zone. Auch die Sicht ist jetzt wieder besser. Es ist 17.30 Uhr, in wenigen Stunden wird es dunkel sein. Dies wiederholen wir uns immer wieder, quasi um uns anzuspornen, doch in diesem Eischaos haben wir nicht die geringste Ahnung, in welche Richtung wir uns wenden sollen. Sicher ist nur, dass wir uns ziemlich weit weg von der gestern Morgen begangenen Spur befinden. So müssen wir nicht befürchten, wieder auf diese Furcht erregende Schneebrücke zu treffen, vorausgesetzt, dass sie überhaupt noch da ist.

Wir gehen einem grossen Korridor entlang, der sich links hinter einem Séracriegel hinzieht. Dank ein paar massiger Eissäulen, die vor kurzem eingestürzt sind und nun Brücken über breite Spalten bilden, entkommen wir dieser Falle. Doch wir sinken bis zur Taille im weichen Schnee ein. Und in ein paar Stunden ist es dunkel …

Es ist nicht einfach, das Szenario dieses mühsamen Abstiegs über den Gletscher zu rekonstruieren. Der Schnee war so tief, dass wir keinen Meter vorankamen, ohne uns mit Händen und Füssen einen Weg zu bahnen. Oft bereiteten wir die Route so vor, aber wenig später wurde sie durch ein unvorhergesehenes Hindernis versperrt, und wir mussten wieder zurück. Es war ein stetes, zermürbendes Auf und Ab, ein unaufhörliches Vor und Zurück zwischen Séracs, Schneebrücken, zerbrechlichen Wechten, Spalten, Hängen und Höhlen, wo man fast immer kriechen musste, um sich im tiefen, unstabilen Schnee leichter zu machen. Alles ohne Sicht und ohne zu wissen, wo wir enden würden. Nur dank unserer Intuition hielten wir uns auf der linken Seite des Gletschers in der Hoffnung, dort auf den kleinen Felspass mit der Kote 3438 im Südgrat der Innominata zu treffen. In diesem Schneechaos voller unsichtbarer Spalten war die kleine Scharte unser einziger möglicher Fluchtweg. Und tatsächlich: Vor Einbruch der Nacht wurde unser Starrsinn belohnt. Bei dieser Schlüsselstelle angelangt, dem felsigen Sättelchen, war ich sicher, dass mich nichts mehr beunruhigen könnte, nicht einmal ein weiteres Biwak im Schnee. Natürlich war es nur die Euphorie des Momentes, die mich so optimistisch werden liess: In Wirklichkeit hielten wir keine einzige Minute an vor lauter Angst, noch einmal eine Nacht im Freien verbringen zu müssen; nein, wir eilten fast Hals über Kopf über die leichten, frisch verschneiten Felsen hinunter und nutzten die letzten Minuten Tageslicht aus.

Und dann bricht die Nacht herein. Wir halten direkt in die Mitte des Couloirs, wo wir uns weiter hinuntertasten. Die Schneedecke ist hier weniger dick, aber wir befinden uns immer noch auf ungefähr 3000 Metern Höhe. Und inzwischen schneit es weiter.

Eine letzte Schwierigkeit erwartet uns am Ende des Couloirs, wo sich plötzlich ein unerwarteter Abgrund öffnet. Auf gut Glück errate ich einen Riss im Fels und schlage dort unseren letzten Haken, um mich dann sehr misstrauisch daran abzulassen. Dabei halte ich mich nur mit den Händen an einem einzigen 40-Meter-Seil, das ich durch die Hakenöse gezogen habe, damit ich es als Doppelseil verwenden kann. Um das Seil möglichst wenig zu belasten, suche ich mit den Füssen nach guten Tritten im Fels. Dann sind die 20 Meter des Doppelseils aus, aber die Leere unter den Füssen geht weiter. Es ist stockdunkel, und ich kann nicht ausmachen, wie hoch der Abbruch noch ist. Deshalb hisse ich mich wieder bis zum Haken hoch, lege, unterstützt von Oggioni, auch das zweite 40-Meter-Seil aus und knote es mit dem anderen zusammen; so erreiche ich das Ende des Abbruchs. Endlich fassen wir auf dem gutmütigen Châtelet-Gletscher Fuss. Von da sind wir schnell in der Gamba-Hütte, die natürlich nach wie vor leer ist.

Es ist 22 Uhr. Durchnässt, steif und starr schlüpfen wir unter einen Berg von Decken.

Bereits um 4 Uhr morgens setzen wir uns wieder in Bewegung. Sicher wird sich jemand um uns sorgen, wir müssen also so schnell wie möglich ins Tal hinunter.

Während wir schweigend auf dem schmalen, frisch verschneiten Pfad absteigen, denke ich zurück, wie der Berg am Tag unseres Aufbruchs war: überflutet von Sonne, von Farben und Leben. Wie verschieden jetzt alles ist, und wie blass nun auch unsere Hoffnungen wirken, die wir noch vor kaum drei Tagen hegten. Und doch: Wir denken schon an einen nächsten Versuch am Pilier Rouge.

Am Nachmittag des 3. Juli, nach drei aufeinander folgenden Schönwettertagen, sind wir in der Gamba-Hütte zurück; sie ist wieder trocken und gastlich. Während des Sonnenuntergangs beeindrucken uns aber die seltsamen, violetten Farbtöne am Horizont derart, dass wir – ohne einen Augenblick länger zu überlegen – gleich wieder schnell ins Tal absteigen, anstatt uns auf die Hüttenpritschen zu legen. Nach der kürzlich gemachten Erfahrung wollen wir nicht noch einmal in schlechtes Wetter geraten.

Am nächsten Morgen aber strahlt die Sonne wunderbar; und so sind wir noch vor dem Abend wieder in der Gamba-Hütte. Heute ist der Sonnenuntergang schön, auch wenn in der Luft noch etwas ist, das uns nicht ganz überzeugt.

Der Wecker ist auf 23.30 Uhr gerichtet, und um Mitternacht brechen wir auf. Im Unterschied zum letzten Mal scheint der Mond nicht, deshalb schalten wir die Stirnlampen an. Das Schicksal will es, dass es hier oben immer einen Grund zur Beunruhigung gibt: Diesmal friert es in der Nacht überhaupt nicht. Dadurch sind wir einerseits verunsichert, ob das Wetter hält, anderseits wird der Schnee weich wie mitten am Tag und trägt nicht. Darin zu gehen, ist eine echte Strafe.

Beim ersten Morgengrauen sind wir noch nicht so weit wie beim letzten Mal, und doch schon müder. In der Nähe des kleinen Sattels auf 3438 Metern sehen wir, wie sich um die Aiguille Noire de Peuterey ein Wolkenkragen bildet. Wir zögern einen Augenblick lang, aber es ist nur ein negativer Gedanke, den wir gleich wieder verscheuchen, als die Nebel sich auflösen.

So dringen wir einmal mehr auf den berüchtigten Brouillard-Gletscher vor. In den vergangenen Tagen ist wirklich viel Schnee gefallen. Hier und da sind unsere Spuren noch erkennbar; sie scheinen von einem Betrunkenen angelegt. Dennoch sind sie für uns wertvoll, um unsicheren, unter dem Neuschnee versteckten Schneebrücken auszuweichen.

Gegen 8 Uhr erreichen wir die eisige 20-Meter-Rinne am Fuss des Pilier Rouge. Plötzlich kracht es: 100 Meter über uns hat sich ein dicker Eiszapfen gelöst und fällt geradewegs auf uns zu. Instinktiv drücke ich mich gegen die Wand. Ein Knall zerreisst die Luft, gefolgt von weiteren, dumpferen Aufschlägen. Ich habe gerade noch Zeit, die Arme zu heben, um meinen Kopf zu schützen, bevor ich von einem Eishagel getroffen werde – ohne Schaden zu nehmen. Oggioni unter mir hat weniger Glück, er wird von einem Eissplitter mitten ins Gesicht, zwischen Auge und Nase, getroffen. Natürlich ist sein Unfall ernst zu nehmen, aber im Moment kann ich nichts für ihn tun: Wir müssen diesen gefährlichen Ort verlassen. Blutend und vom Schlag betäubt, folgt mir mein Gefährte bis über die schwierigen vereisten Platten, wo ich seine Wunden endlich verarzten kann. Oggioni gehört zu jener Sorte, die nicht leicht aufgibt, und so klettern wir weiter.

Um 13.30 Uhr sind wir schon auf den kleinen Absätzen, die uns für unser unglückliches Biwak dienten. Eine kurze Rast, und weiter, direkt hinauf zum Gipfel des Pfeilers. Die herrliche Kletterei und der wunderschöne Tag begeistern uns derart, dass wir die alles andere als leichten Felsen schnell hinter uns bringen.

Um 18.30 Uhr sind wir auf dem Gipfel des Pilier Rouge – ein fantastischer Erfolg, und wir stellen fest, dass es uns vor dem Eindunkeln bestens noch bis zum Gipfel des Picco Luigi Amedeo reichen würde. Dann könnten wir morgen in aller Früh den Brouillard-Grat begehen und so die Ankunft auf dem Mont Blanc bei Sonnenaufgang geniessen. Doch wir beschliessen – die drei Stunden Licht, die uns noch bleiben, nicht beachtend –, für einmal nicht über die Stränge zu schlagen, und geben uns mit dem von Anfang an vorgesehenen Programm zufrieden.

So klettern wir über den gezackten Grat unseres Pfeilers und lassen uns dann am Doppelseil in den kleinen Sattel zwischen dem Pfeiler und der Wand des Picco Luigi Amedeo ab. Hier befreien wir eine günstige Terrasse vom Eis und richten unser Biwak ein.

Obwohl ich über unseren Erfolg zufrieden bin, kann ich nicht einschlafen, auch weil eine schlechte Vorahnung in meinem Inneren von Stunde zu Stunde wächst. Ich befürchte nämlich, dass uns das Wetter einen Streich spielen wird. Die Temperatur ist in der Nacht ungewöhnlich stark gefallen, die Sterne funkeln heller als normal.

Ein paar Stunden später bildet sich am Himmel ein leichter Dunstschleier.

Ich wecke Oggioni und teile ihm den Stand der Dinge mit. Er streckt nicht einmal seinen Kopf aus dem Sack und sagt nur: «Wirklich?» Und schon schläft er wieder. Der Nebel wird immer undurchsichtiger. Es gibt keinen Zweifel mehr, schlechtes Wetter zieht auf! So muss ich mir einmal mehr überlegen, wie wir am schnellsten und sichersten von hier oben wegkommen. Nun mache ich mir Vorwürfe, dass wir gestern nicht bis zum Picco Luigi Amedeo weitergeklettert sind. Damit hätten wir kostbarste Stunden gewonnen. Ich denke nach, überlege und folgere schliesslich, dass das Unwetter am frühen Morgen losbrechen wird, wenn in der Nacht solche Anzeichen erkennbar sind. Es bleibt uns also nichts anderes übrig, als beim ersten Licht loszuklettern und so weit wie möglich zu kommen.

Ein Blick auf die Uhr, es ist 2.30 Uhr. In einer Stunde wird es hell sein. Ich wecke Oggioni ein zweites Mal. Als er eine Minute später wieder zu schnarchen beginnt, werde ich wütend und schüttle ihn grob. Wenig später, als wir uns zum Aufbruch bereit machen, meint er scherzend: «Ich habe wirklich eine ruhige Nacht verbracht. Natürlich war mir die Wetterveränderung nicht gleichgültig, aber da du dich schon darum gekümmert hast, was sollte ich mir auch noch Sorgen machen – das hätte nichts an der Sache geändert!» Wir müssen darüber herzhaft lachen. Es wird unser letztes Lachen sein.

Um 5.10 Uhr können wir losgehen. Wir haben alle mitgenommenen Kleider angezogen und klappern wegen der schneidenden Kälte trotzdem noch mit den Zähnen. Der Wind tobt. Wir sind so steif und ungelenk, dass uns schon die erste, 15 Meter hohe Platte alles abverlangt. An dieser Stelle, wo wir gestern noch spielend durchkamen, muss ich einen Haken schlagen.

Im Osten und bis zu den Bergen des Wallis beginnt es zu wetterleuchten. Ein heftiges Gewitter zieht auf. Es erscheint wie ein schwarzer Polyp, der am Himmel hängt und lodernd rote Lichter aussendet. «Kommt ein Gewitter vom Osten», sagen die alten Leute am Südfuss des Mont Blanc, «dann ist es kurz, aber heftig.» Die hohen Wolkenschleier, die das Gewitter vorausschickt, überziehen nun den ganzen westlichen Horizont und verschmelzen mit den Bergen der Dauphiné. Es gibt also keine Hoffnung, wir müssen so schnell wie möglich weg von hier!

Auf dem Picco Luigi Amedeo, den wir um 8 Uhr erreichen, peitschen uns eisige Windstösse. Das Gewitter hat nun die Gegend von Genf erreicht. Kreideweisse Wolken heben sich vom violettfarbenen Himmel ab und berühren erst den Gipfel des Mont Blanc, bevor sie seine Flanken einhüllen. Der Wind pfeift über den Brouillard-Grat, den wir jetzt begehen, und sein Heulen ist so laut, dass wir uns nicht mehr verständigen können. Abgesehen davon, dass uns die Kälte den Mund sowieso verschliesst. Der Grat ist noch stark verschneit, und seine luftigen Wechten zwingen uns zu einer Vorsicht, die unseren Schritt verlangsamt.

Bald sind auch wir in den Wolken eingehüllt, die sich gesenkt haben. Gegen 10.30 Uhr, als wir schon fast am Ende des felsigen Abschnittes des langen Grates angelangt sind, überfällt uns plötzlich ein Schneesturm. Schnell überwinden wir jene letzten, leichten 30 Meter im Fels. Dann füllt sich die Luft mit seltsamen Geräuschen, die wir erst verstehen, als ein stechendes Kribbeln unsere Körper befällt. «Der Blitz!», schreien wir beide gleichzeitig, werfen die Pickel weg und eilen wie zwei Verrückte gleich wieder über den soeben erst überwundenen Felsaufschwung hinunter. Erschrocken und verwirrt ziehen wir die Biwaksäcke aus gummiertem Tuch aus dem Rucksack, um uns damit einzuhüllen und vor der Elektrizität zu schützen, die hier zusammenkommt. Von allen Seiten grollt und hallt der Donner.

Eine verfluchte Situation! Wir sind auf über 4600 Metern auf einem der längsten Grate des Mont Blanc, und auch wenn sein Ende inzwischen nicht mehr weit weg ist, nageln uns hier die Blitze und der Sturm fest. Wir können nicht weiter, wir können aber auch nicht lange in dieser Lage hier oben bleiben.

Etwas später packen wir unsere Biwaksäcke wieder zusammen; wir wagen es aber nicht, die Pickel zu berühren, denn die Luft ist noch so stark mit Elektrizität geladen, dass sie nach wie vor vibrieren. Schliesslich entscheiden wir uns, sie in die Hand zu nehmen und weiterzuklettern. Wir halten es für zu gefährlich, auf der Gratschneide zu bleiben, und wechseln deshalb in seine steile Südwestflanke. Glücklicherweise ist noch nicht viel Neuschnee gefallen, der die grosse Rutschbahn, auf der wir uns fortbewegen, gefährlich machen würde.

Eine halbe Stunde später, immer noch in der steilen Flanke, prasselt ein Hagelschauer über uns nieder, der sich in einem Schwall über den Hang ergiesst. Die strömende Flut risse uns sicher mit, wären wir nicht fest an unseren Pickeln verankert. Dann hört die Hagelwelle wieder auf. Aber die dicke Schicht von Körnern, die nun die Flanke bedeckt, bildet eine ernsthafte Rutschgefahr auf dieser Seite des ganzen Berges. Auch von hier müssen wir so schnell wie möglich weg.

Nun halten wir direkt auf den Mont Blanc de Courmayeur zu, den Vorgipfel des Mont Blanc. Ein zweiter Hagelschauer trifft ein, dann ein dritter, der sich bald in dichte Schneeflocken verwandelt. Der Wind bleibt immer gleich heftig, und rundherum rollt der Donner.

Wir müssen die wie verrückt surrenden Pickel wieder wegwerfen. Die mit Elektrizität geladene Luft knistert. Das Kribbeln im ganzen Körper ist zurück, und zudem scheint uns eine unsichtbare Hand die Haare, die unter den Mützen hervorschauen, ausreissen zu wollen. Es ist eine Tortur, weniger körperlich als geistig. Jetzt züngeln neben den lodernden Blitzen auch noch flüchtige blaue Elmsfeuer in der Luft, die am trüben Himmel ziemlich düster wirken. Einmal mehr bleiben wir lange unbeweglich und voller Angst im Schnee sitzen, der uns wie winzige, aus dem Hang ragende Vorsprünge allmählich zudeckt.

Zeit geht vorbei, ich weiss nicht wie viel, bis wir den Mut finden, uns zu bewegen. Wir wenden uns gegen ein paar Felsen, die wir im Sturm knapp erkennen können. Nun müssen wir wirklich unbedingt auf den Mont Blanc de Courmayeur und von da weiter bis zum Hauptgipfel des Mont Blanc kommen. Erst dort oben werden wir auf der anderen Seite flüchten und zur Vallot-Hütte absteigen können. Aber vom einen Gipfel zum anderen dürfen wir keinen Fehler begehen. Die Brenva-Flanke ist gerade rechts des Grates und lauert mit ihren Wechten, die über einer 1600 Meter abfallenden Wand ins Leere vorspringen.

In der Nähe dieser äusserst gefährlichen Zone wagen wir nur noch ein paar kleine Schritte auf einmal in die Richtung, wo wir den noch unsichtbaren Gipfel vermuten. Aber wenig später, als die Felsen der Tourette, die uns zur Orientierung dienten, hinter uns verschwinden, fühlen wir uns erneut dem Chaos preisgegeben. Die Zeit geht vorbei, ohne dass es einmal aufhellt. Der heftige Schneesturm hat uns vollständig mit einer Eiskruste überzogen, und an das Blitzen und Donnern haben wir uns inzwischen gewöhnt. Widersinnig genug, scheint es uns schon eine ganz normale Geste, bei einem Blitz den Pickel wegzuwerfen und erst danach wieder aufzunehmen. Befreien wir uns zu spät von ihm, ist die Hand, die ihn hält, wie gelähmt; manchmal haben wir auch das Gefühl, wir könnten ihn fast nicht loslassen, weil er daran klebt oder von ihr magnetisch angezogen wird.

Wir gehen im Zickzack weiter, vorsichtig, manchmal auch auf allen vieren, wenn wir im Sturm eine Gefahr zu erkennen meinen. Ab und zu verwechseln wir einen Schneehaufen mit einer Spalte oder einem Abgrund, manchmal halten wir sogar einen gewöhnlichen Graben für den Abbruch der Brenva-Flanke. Der Schnee ist so tief, dass wir manchmal nicht einmal mehr wissen, ob wir auf- oder absteigen.

Dann geschieht etwas Eigenartiges. Nachdem wir schon so lange unterwegs sind, habe ich das Gefühl, immer noch auf dem gewellten Rücken vor dem Gipfel zu sein. Und ich frage mich, wo der gelobte Gipfel sein könnte. Plötzlich, völlig unerwartet, peitscht mir der Wind von vorne einen stechenden Eisschauer ins Gesicht. Einen Augenblick später glaube ich ganz in meiner Nähe ein weisses Schneehuhn im Schnee zu erkennen; ungläubig bleibe ich stehen. Der Vogel fliegt über dem Boden davon, doch einen Moment später ist er wieder da, dann flüchtet er wieder in der gleichen Richtung.

Seit wann, frage ich mich, gibt es Schneehühner auf dem Mont Blanc, und dies erst noch mitten im Sturm? Ich schüttle mich, und als ich einen weiteren Schritt auf das Schneehuhn zugehe, durchfährt mich die Erleuchtung: Ich bin auf dem Gipfel des Mont Blanc! Tatsächlich, hier sind noch die alten Spuren eines Alpinisten zu erkennen, der vielleicht bei Südwind hier oben war. Hier sind sie, unverwechselbar, in den Schnee gefroren und vom Wind freigeweht. Wie kann man nur so blöd sein, eine Menschenspur mit einem Schneehuhn zu verwechseln! Schuld an der Täuschung ist der Wind, der den feinen Schneestaub neben der Spur aufgewirbelt und der Spur das Aussehen eines sich bewegenden Vogels gegeben hat. Der stürmische Wind, der über den Gipfel fegt, kommt von Nordosten; bis jetzt sind wir vor ihm geschützt gewesen, und er sagt mir, dass wir auf dem höchsten Punkt des Mont Blanc sind. «Wir sind auf dem Gipfel!», schreie ich meinem Gefährten zu, der sich ungläubig nähert und mich umarmt. Oggioni steht zum ersten Mal auf den 4807 Metern des Mont Blanc; er ist erstaunt, aber auch ein wenig perplex.

Es ist 15.30 Uhr; wir haben fünf Stunden für eine Strecke gebraucht, die man unter normalen Umständen in zwei bewältigt. Wir dürfen keine Minute verlieren, weitere Gefahren warten. Ich orientiere mich immer gegen den Wind und halte auf den Grat auf der anderen Seite des Berges, den Bosses-Grat, die Normalroute des Mont Blanc, und auf die Vallot-Hütte zu. Zuerst sind auf dem luftigen, windgepeitschten Grat alte Spuren zu erkennen, die den Weg weisen; doch zehn Minuten später, in der Nähe der Tournette, wo die Route wieder komplizierter wird, haben wir keine Anhaltspunkte mehr und versinken in unstabilen, vom Wind angehäuften Schneebänken. Der einzige Vorteil zu vorher ist, dass Donner und Blitze nun schwächer sind, doch die Sicht ist immer noch gleich null.

Wir werden zwei weitere Stunden des blinden Umherirrens benötigen, bis wir die ersehnte Vallot-Hütte erreichen. Zweimal waren wir schon ganz nahe, aber wir hielten sie für einen Sérac.

Der Vallot-Hütte, dieser dreckigen, erbärmlichen, aber gut verankerten Rettungsboje, der zahlreiche Alpinisten das Leben schulden, gilt meine Dankbarkeit – einmal mehr finde ich Schutz in dieser elenden Schachtel aus knirschendem Blech und kann im Sicheren warten, bis der Mont Blanc sich ausgetobt hat.

Beim Sonnenuntergang vertreibt der Nordwind wie durch einen Zauber den Sturm. Von den letzten Sonnenstrahlen berührt, ragt der leuchtende Schneekegel des Mont Blanc im eisigen Wind, der Schneefahnen über seine Grate hinaustreibt, in den Himmel. Nun haben wir wirklich gewonnen. Morgen, noch vor Sonnenaufgang, werden wir ins Tal absteigen.

Oggioni drückt die Nase gegen die Scheiben und bestaunt noch einmal seinen Gipfel, auf dem er – welche Ironie des Schicksals! – gestanden ist, bevor er ihn nun endlich auch sehen kann.

Dann bricht die Nacht ein, wir schlüpfen in unsere gummierten Säcke und hören wie schon so oft dem Heulen des Windes zu, dieses Mal aber mit neu gefundener Lebensfreude.

2

3

❺

❻

Legenden zu den Farbtafeln

1 Die Ostwand
des Grand Capucin
(3838 m ü. M.)

2 Die Drei Zinnen

3 Die pakistanische
Südseite des K2
(8611 m ü. M.)

4 Der Nevado Rondoy
Nord in Peru (5820 m
ü. M.). Andrea Oggioni
folgt Walter Bonatti über
den steilen Gipfelhang.

5 Die Nordwand
der Grandes Jorasses
(4206 m ü. M.)

6 Der Brenva-Sporn
(rechts der Bildmitte)
zieht sich vom Col Moore
hoch zur Mur de la
Côte nahe beim Gipfel
des Mont Blanc.

7 Die Pfeiler des
Mont Blanc

8 Walter Bonatti,
am 18. Februar 1965
vom Schwarzsee her
unterwegs zur Matter-
horn-Nordwand

9 Letzte Vorbereitungen
vor dem Start zur ersten
Alleinbegehung der
Matterhorn-Nordwand
im Winter am
18. Februar 1965

10 Gletscherabbruch
in die San-Rafael-Lagune
im chilenischen
Patagonien

11 Ein anmutiger runder
See liegt zwischen
dem Calén-Fjord und
dem Bernardo-Fjord
im chilenischen Teil
Patagoniens.

Walter Bonatti im Basislager unmittelbar
nach der Besteigung des Rondoy Nord

DIE BESTEIGUNG
DES RONDOY NORD
1961

Der Rondoy Nord ist ein wunderbarer, 5820 Meter hoher Berg, der zur Huayhuash-Kordillere in den peruanischen Anden gehört. Zu seinem Fuss gelangten wir in einer fünftägigen Wanderung von Chiquian, dem letzten Dorf, gefolgt von einer Karawane von 17 mit Lebensmitteln und Ausrüstung beladenen Tieren – Maultieren und Pferden. Unsere Gruppe setzte sich zusammen aus Bruno Ferrario, Andrea Oggioni, Giancarlo Frigieri und mir – aus vier Italienern also, die von drei Einheimischen unterstützt wurden.

Während des Anmarsches hatte es geregnet und geschneit, und die Naturpisten hatten sich in Schlammgräben verwandelt, in denen die Tiere stellenweise bis zum Bauch versanken. Am Anfang verlief der Weg im Talgrund, an Agaven, Kakteen, Lianen und wunderbar duftenden tropischen Blumen vorbei. Dann wanderten wir durch den Pajunal, jene gelben Weiten aus zähen, harten Grasbüscheln, welche die hoch gelegenen Bergrücken überziehen.

So gelangten wir ans Ufer der einsamen, wilden Mitukocha-Lagune, wo wir unser Basislager aufschlugen. Es war der 23. Mai 1961. Der See liegt knapp 4200 Meter über Meer. Schnell brach die Nacht herein, während ein Unwetter wütete, das uns seit Stunden schon die Landschaft rundherum verbarg.

Am nächsten Morgen, als das Wetter wieder aufhellte, entdeckten wir in einem Halbkreis über uns die wunderbare Landschaft, überragt von den vier Riesen dieses Beckens: Nevado Jirishanca, Rondoy, Ninashanca und Paria Nord. Der Rondoy zog uns am meisten an. Er wirkte wie eine elegante, reine Pyramide mit zerbrechlichen, vorspringenden Schneegraten. Lange betrachteten wir die schwebende Welt durch unsere Ferngläser, diese unglaubliche Flucht von Orgelpfeifen aus Eis, die vom Gipfel in einem einzigen Abbruch 800 Meter abfallen. Einen direkten Versuch über diese Wand schlossen wir vollständig aus; vielmehr sahen wir vor, den Berg über den linken Grat anzugehen, der uns schon auf Abbildungen weniger problematisch erschienen war.

Am 25. Mai betraten Oggioni und ich mit zwei unserer peruanischen Freunde den ausserordentlich spaltenreichen Gletscher vor der eigentlichen Pyramide des Rondoy. Dort wollten wir eine Route finden, die sicher und schnell genug war, dass sie für den Materialtransport benutzt werden konnte. Wir benötigten sieben Stunden, um die Schlüsselpassagen des Eisbruchs zu bewältigen und sie mit Haken und Fixseilen zu sichern; Eismauern wechselten ab mit wackligen Séracs mitten in einem wahren Spaltenlabyrinth. Nach dieser ersten Schwierigkeit öffnete sich über uns eine weite, gutmütige Schneemulde.

Die folgenden Tage brauchten wir für das Einrichten eines Hochlagers in der Mitte der Schneemulde auf ungefähr 5000 Metern und für die Besteigung zweier Gipfel, die in Reichweite aufragten: des Cerro Paria Nord, eines unberührten, 5172 Meter hohen und vorwiegend felsigen Gipfels, und des Nevado

Die eben erst bezwungene Wand des Nevado Rondoy Nord, 5820 m ü. M.

Ninashanca (5637 Meter). Auch wenn es sich um ansehnliche Berge handelt, waren es für uns nur gute Akklimatisationstouren im Hinblick auf den anspruchsvolleren Angriff auf den Rondoy.

Inzwischen war es Ende Mai, doch das schlechte Wetter hielt uns immer noch im Basislager fest: Es schneite und regnete ständig, auf den Steilhängen sammelten sich gefährliche Neuschneemengen. Wir verstanden, dass wir – bei dieser aussergewöhnlichen Wetterentwicklung – am Rondoy keine weiteren Hochlager entlang der Route einrichten konnten. Deshalb würden wir in einem Zug von der Basis zum Gipfel auf- und wieder absteigen müssen. Oggioni und ich sollten dabei die Spitze bilden, während Ferrario und Frigieri im Hochlager auf uns warten würden.

Am 4. Juni hellte der Himmel auf, und wir stiegen sofort, jeder mit ungefähr 20 Kilo beladen, zum Hochlager auf. Wir durften keine Zeit verlieren. Am gleichen Tag, um 23.25 Uhr, traten Oggioni und ich das grosse Abenteuer an. Wir hatten ursprünglich auf das Licht des Vollmondes gezählt, aber die Regen- und Schneetage hatten unseren Aufbruch derart verspätet, dass der Mond sich jetzt fast im letzten Viertel befand und erst um 2 Uhr nachts aufgehen würde. Als wir aus dem Zelt traten, war es stockdunkel. Wir knipsten die Taschenlampen an und wählten als

Anhaltspunkt die dunkle Masse des Berges, die sich gegen den Sternenhimmel abhob. Der Schnee war weich, bei jedem Schritt sanken wir bis zu den Knien ein. In den Rucksäcken hatten wir etwas Verpflegung, ein paar Eis- und Felshaken, Karabiner, Hämmer und 120 Meter Seil. Eine Stunde später waren wir am Fuss der Eiswand, und hier sanken wir nicht mehr ein: Das Thermometer zeigte zehn Grad unter null an.

Der Eishang erwies sich als aussergewöhnlich steil, stellenweise war er fast senkrecht und verflucht ausgesetzt. Wir stiegen weiter auf, allein auf unsere Erfahrung vertrauend und ohne einen Haken zu setzen; damit hätten wir nur Zeit verloren und uns vor allem dem Eisschlag länger ausgesetzt.

Mit dem Schlagen von Stufen und akrobatischen Kunststücken verbringen wir den Rest der Nacht dort oben auf den Orgelpfeifen. Wir wechseln nur die notwendigsten Worte: «Was siehst du?» – «Kann ich kommen?» – «Seil ein!» – «Achtung, das Eis ist brüchig!»

So erreichen wir den linken Grat, aber als die Sonne aufgeht, entdecken wir, dass wir es auf dieser Route niemals auf den Gipfel des Rondoy schaffen werden: Eine einzige Folge von luftigen, zerbrechlichen Schneewechten liegt vor uns, die unser Gewicht niemals tragen werden. Jenseits des Grates aber öffnet sich ein Schwindel erregender Abgrund bis hinunter auf den Gletscher. Von unserem Standpunkt ist der Gipfel nur 200 Höhenmeter entfernt. Wir sehen ihn oder glauben wenigstens, ihn hinter ein paar absurden Schneepilzen zu erkennen; von da, wo wir sind, können wir ihn nicht erreichen.

Stumm und traurig beginnen wir über die soeben überwundene Wand abzusteigen, die nun wegen der von der Sonne ausgelösten Lawinen sehr gefährlich ist.

Gegen Mittag sind wir im Lager zurück. Ferrario und Frigieri, überzeugt, wir hätten den Gipfel erreicht, kommen uns freudig entgegen. Als sie die Wahrheit vernehmen, sind sie so niedergeschlagen wie wir selbst. Bis 21 Uhr bleiben wir dösend im Zelt. So konnte die Geschichte aber sicher nicht enden; es verstand sich von selbst, dass wir einen weiteren Versuch unternehmen würden. Wir waren uns allerdings bewusst, dass wir die fürchterliche 800-Meter-Wand mit ihren Eiswölbungen diesmal direkt angehen müssten.

Etwas später hagelte es heftig, aber nur kurz. Wieder klarte das Wetter auf, und dank der Kälte gefror die Hagelschicht. Dann, plötzlich, der Entscheid: «Wir gehen!» Und um 22 Uhr waren wir wieder auf dem Gletscher unterwegs, den wir schon in der Nacht zuvor begangen hatten.

Um schneller voranzukommen, erleichterten wir unsere Rucksäcke, wobei wir leider auch auf unsere Biwaksäcke verzichteten. Noch bevor wir den Wandfuss erreicht hatten, stiegen dichte, sich stauende Nebel aus dem Talgrund auf und

Die schwierige und gefährliche Gipfelzone des Rondoy Nord

hüllten uns ein; wir sahen trotz unserer Lampen fast nichts mehr. Wir waren aber optimistisch: Es ist sehr kalt, dachten wir, also werden die Nebel bald wieder verschwinden, dann kommt der Mond, und alles geht bestens. Doch so sollte es nicht sein.

Wir stiegen direkt in die Wand ein. Die Stunden gingen vorbei, der Nebel jedoch blieb, und wir kletterten auf gut Glück hoch. Auf dem steilen, gleichförmigen Hang mussten wir uns sehr vorsichtig bewegen und Stufen schlagen, ohne Haken zu benützen, um möglichst schnell zu sein.

Wir hatten damit gerechnet, bei Tagesanbruch die schwierigsten Stellen zu erreichen. Um 2.20 Uhr begann es jedoch zu schneien, und das machte die Sache komplizierter. Die Flocken fielen dicht, wir dachten aber, es sei nur ein vorübergehender Schauer, und stiegen weiter. Nach einer halben Stunde machte uns die Schneedecke in der Wand Sorgen. Der kleinste über uns abbrechende Rutsch wäre bald zur Lawine angewachsen und hätte uns weggefegt. Und die gleiche Gefahr hätte uns auch beim Abstieg gedroht.

Als wir in einer Art Einbuchtung der Wand angelangt sind, flüchten wir mit einer schnellen Querung nach links in den Schutz eines ausgeprägten Überhangs. Das Manöver dauert nur ein paar Minuten, aber es scheint uns eine Ewigkeit, und unsere Brust droht vor Anstrengung zu platzen. Kaum wähnen wir uns im Schutz der Lawinen, kommt uns der Verdacht, über uns könnte sich ein Eisabbruch lösen, und zwar genau von dieser Eiswölbung ausgehend, die die Wand auf dieser Seite säumt. Und schon packt uns neue Angst.

Immer noch im Licht der Taschenlampe entdecken wir über uns ein paar dunkle Flecken: Felsen, aber zu welchem Sporn gehören sie? Wir erreichen sie, der Intuition folgend. Dann schlagen wir im Schutz der Felsen eine kleine Nische ins Eis, wo wir uns zusammenkauern, um auf den Morgen zu warten.

Es war uns nicht klar, wo wir uns genau befanden, aber wir schätzten die erreichte Höhe auf ungefähr 5500 Meter. In unserem Innersten wussten wir, dass wir einmal mehr umkehren mussten; aber mit dem Morgengrauen besserte sich das Wetter. Die Nebel lösten sich auf, die Sonne kam. Wir erkannten, dass wir in der Wandmitte gelandet waren, genau unter jenen Fels- und Eisüberhängen, die dem Rondoy ein derart abweisendes, unzugängliches Aussehen verleihen.

Der Gipfel lag, vor unseren Augen verborgen, hinter riesigen, vorspringenden Eiskappen, doch wir verstanden, dass wir eine Route hinauf finden würden. Und so stiegen wir weiter. Wir packten einen Felssporn mit brüchigen Griffen an, wo die Haken nur mit Mühe hielten. Dann griffen wir einen Eisüberhang an, der ebenso spröde war.

Nun nahm der Berg über uns ein neues Gesicht an. Massige Eiszapfen hingen wie Marmorsäulen über unseren Köpfen, und um uns gab es nur Einbuchtungen und Höhlen, Eispilze und von den Eisrändern herabhängende Zapfen, die weit aufgerissenen Haifischmäulern ähnelten. Und wir mussten uns einen Weg durch diese Gebilde bahnen und dabei ja keines zerbrechen; Tonnen von Eis würden sonst auf uns fallen. So gingen wir weiter, bis wir kurz vor der Schneide des linken Grates und in der Nähe des Gipfels in die letzte einer ganzen Reihe von Höhlen gelangten. Wir waren in der Falle, denn die Höhle hatte keinen Ausgang, sie endete in der Wand!

Ich hatte eine Idee, und das war die Lösung: Ich begann am Grund der Höhle einen waagrechten Tunnel ins Reifeis zu graben. Nach grossen Anstrengungen kam ich wie erhofft auf der anderen Seite des Berges heraus, jenseits des berühmten Grates, den wir am Tag zuvor wegen seiner gefährlichen Wechten für unbegehbar eingeschätzt hatten.

Die Passage, die ich eben gegraben hatte, war mindestens fünf Meter lang und kostete mich volle zwei Stunden Arbeit. Die Uhr zeigte 13.30 Uhr.

Der Gipfel war nur noch etwa 30 Meter über uns, doch der Hang, der uns davon trennte, war unglaublich steil und schneebeladen. Und inzwischen verschlechterte sich auch das Wetter wieder, in der Luft tanzten schon ein paar Schneeflocken herum. Nun fühlten wir uns wirklich nahe beim Gipfel, nichts konnte uns

mehr daran hindern, dass wir ihn erreichen. So kletterten wir Meter um Meter über das kurze Wandstück weiter, das uns noch vom höchsten Punkt trennte.

Ich stieg weiter, indem ich aufrecht am Hang stand, den ich aber dennoch mit meinem ganzen Körper streifte – so steil war er. Mit den Händen befreite ich ihn von der obersten Schneeschicht, dann zerschlug ich mit dem Pickel das brüchige Eis, das unzählige tückische Hohlräume verbarg; sie glichen überdimensionierten Löchern eines Schwammes. Dann füllte ich die Hohlräume mit Schnee und klopfte und presste ihn mit den Fäusten zusammen, um den Hang zu festigen. In Wirklichkeit waren es keine 30, sondern 80 Meter bis zum Gipfel.

Von der Seite gesehen wirkten sie nicht so steil. Ich schuftete fast vier Stunden; der Sturm wütete inzwischen, hüllte mich ein und peitschte mir ins Gesicht. Wäre ich nicht sicher gewesen, dass der Gipfel nun wirklich in Reichweite war, hätte ich den Zustand nicht so lange ausgehalten. Mir half dabei auch der Gedanke, die Nacht nach der Besteigung im Schutz der Höhle, von der wir kamen, verbringen zu können.

Um 17.10 Uhr an jenem 6. Juni ergriff ich den Gipfel zuerst mit den Händen, dann betrat ich ihn mit den Füssen. Einen Schritt weiter, und plötzlich nahm ich durch einen Schneewirbel den Abgrund vor mir wahr: Ich stand auf dem äusser-

Andrea Oggioni folgt Walter Bonatti über den letzten Hang vor dem Gipfel des Rondoy Nord.

ten Rand der Gipfelwechte, die ins Leere hinausragte. Schnell stieg ich wieder zurück und schrie Oggioni zu, der wenig unter mir sicherte, ja aufzupassen. Der ganze Gipfel hätte auf einen Schlag abbrechen können. Irgendwie schaffte ich es dann, den Gefährten nachkommen zu lassen. Wir schauten uns in die Augen, schüttelten uns die Hand und begannen sofort wieder den Abstieg im Sturm über die eben begangene Route.

Kurz vor Einbruch der Dunkelheit waren wir in der Höhle zurück, wo wir ein hartes, zwölfstündiges Biwak verbrachten. Wir waren in einem erbärmlichen Zustand, völlig durchnässt und später vor Kälte starr; kein einziges Kleidungsstück war trocken geblieben, überdies hatten wir keinen Biwaksack dabei. Zudem beunruhigte uns auch der nach wie vor üppig fallende Schnee, der den Abstieg am nächsten Tag sehr gefährlich werden liess. Wir steckten die Füsse in unsere Rucksäcke und warteten, einer an den anderen gelehnt, bis die Nacht vorbei war.

Einmal mehr hörte es kurz vor dem Morgengrauen zu schneien auf, und die Sterne gingen wieder auf. Dann kam die Sonne und erweckte uns zu neuem Leben.

Es war nur eine vorübergehende Sonne, aufgehängt über einem dichten Wolkenmeer, das näher kam, aber sie reichte uns, um ein zweites Mal hochzusteigen. Wir wollten unseren Gipfel noch einmal sehen und ihn auch fotografieren. Umso mehr, als die Spur schon gezogen war. Und so berührten wir den höchsten Punkt des Nordgipfels ein zweites Mal um 7.30 Uhr.

Sicherlich wäre unsere Besteigung kompletter gewesen, hätten wir den Grat bis zum wenig höheren Südgipfel überschreiten können. Aber ganz abgesehen von der drohenden Wetterverschlechterung verunmöglichten die unstabilen Schneewechten den Übergang vom einen zum anderen Gipfel. Es reichte, dass ich einen Fuss darauf setzte – und schon stürzte eine gewaltige Wechte ein, die mich beinahe ins Leere mitgerissen hätte.

Ferrario und Frigieri sahen von ihrem Standort 800 Meter weiter unten zwei schwarze Pünktchen, die sich auf dem Gipfel gegen den blauen Himmel abzeichneten, und schrien uns zu. Aber wir konnten sie von da oben nicht hören. Wir dachten nur daran, möglichst schnell abzusteigen, um den Lawinen zu entkommen, die sich mit dem ersten Sonnenlicht zu lösen begannen und zu Tale donnerten.

Antoine Vieille, Pierre Kohlmann, Robert
Guillaume und Pierre Mazeaud (von oben)
am 9. Juli 1961 vor dem Fourche-Biwak,
von ihnen selbst mit dem Selbstauslöser
fotografiert

DIE GROSSE TRAGÖDIE
AM FRÊNEY-PFEILER
1961

11. Juli 1961: Nach dem ersten Biwak setzt Walter Bonatti den Aufstieg am Frêney-Pfeiler fort.

Aus dem leisen Gemurmel des Grüppchens in meiner Nähe erkenne ich die Stimme von Doktor Bassi: «Unglaublich, dass er mit dieser Azotämie[1] überhaupt noch lebt.» Die Bemerkung lässt mich gleichgültig, und genauso wenig kümmert mich der Zustand meiner vom Fels und von der Kälte übel zugerichteten Hände und jener meiner Augen, die noch vom Sturm entzündet und geschwollen sind. In einem meiner Arme steckt eine Kanüle, durch die langsam eine Flüssigkeit in meine ausgezehrten Venen tröpfelt. Und doch fühle ich mich im Vergleich zu ein paar Stunden zuvor wie neugeboren. Das Bett, in dem ich im Halbschatten des Raumes liege, ist warm und trocken. Unbeweglich in der belebenden, milden Wärme ausgestreckt, spüre ich, wie sich meine Knochen wieder zusammensetzen, als wären sie vorher gebrochen gewesen.

Die Stunden vergehen. Die Infusion hat zu träufeln aufgehört. Endlich herrscht Stille und Ruhe – aber nicht in meinem Inneren, wo der Alptraum der Abgründe, Stürme, Blitze, Gesichter, der Verzweiflung und des Todes keinen Augenblick nachlässt.

Ich rekonstruiere das Mosaik jener unglaublichen Ereignisse.

Andrea Oggioni, Roberto Gallieni und ich einerseits und die Franzosen Pierre Mazeaud, Pierre Kohlmann, Robert Guillaume und Antoine Vieille andererseits beschliessen aus reinem Zufall und ohne voneinander zu wissen, am gleichen Montag, dem 10. Juli 1961, denselben noch unbestiegenen Felssporn des Mont Blanc, den so genannten Frêney-Pfeiler oder Frêney-Zentralpfeiler, anzugehen. Dieser Pfeiler ist ein Problem von hohem alpinistischem Interesse, sowohl wegen der beeindruckenden Schönheit des roten Felsaufschwungs als auch wegen der Höhe, auf der er liegt, sowie wegen seiner grossen Abgeschiedenheit. Abgesehen von den grossen technischen Schwierigkeiten, wohlverstanden, die seine Besteigung bietet. Kaum sind wir uns – zu unserer gegenseitigen Überraschung und Bestürzung – auf dem Anmarsch begegnet, beschliessen wir, eine einzige Gruppe zu bilden, im Namen jener Solidarität, die weder Grenzen noch Diskriminierung kennt. Wir haben den Ruf, den Mont Blanc hervorragend zu kennen, sie sind die besten französischen Kletterer jener Zeit.

Das Wetter ist gut, und der Luftdruck bleibt hoch. Die drei Seilschaften, die wir gebildet haben, wechseln sich in der Führung ab. In nur eineinhalb Tagen sind wir von Courmayeur bereits bis auf 80 Meter unter den höchsten Punkt des Pfeilers gekommen. Und genau hier beginnt am Mittag des 11. Juli die erschütterndste Tragödie, die erfahrenen Alpinisten am Mont Blanc je zugestossen ist.

Während wir zügig hochklettern, um den Fuss des letzten Pfeileraufschwungs zu erreichen, bemerken wir, dass sich über uns Wolken zusammenballen. Da der

---

[1] Stickstoffüberschuss im Blut

Am 11. Juli etwa um 1 Uhr nachmittags bricht ein überraschender Schneesturm los und hält die Kletterer fest. Oggioni (im Vordergrund) wird gefolgt von der Seilschaft Mazeauds.

Erfolg nunmehr nahe ist, lassen wir uns dadurch nicht sonderlich beunruhigen. «Wir werden auf dem Gipfel sein, bevor ein Sturm kommen kann», sagen wir uns. Doch bereits eine Stunde später entlädt sich das Gewitter mit voller Wucht auf diesem letzten Abschnitt über uns, wo wir eben etwa 40 überhängende Meter bezwungen haben. Sofort seilen wir uns ab, lassen aber Haken, Seile, Karabiner und Trittleitern in der Wand hängen. Der Schneesturm bricht entfesselt los, während wir uns auf den wenigen schmalen Bändern zusammenfinden, die es oben an der so genannten «Chandelle» gibt, einem markanten, 15 Meter hohen Felszacken, der den Sockel zur überhängenden letzten Spitze des Pfeilers bildet.

Blitz und Donner folgen sich ununterbrochen, die Luft ist mit Elektrizität gesättigt, der Wind peitscht uns stechenden Schnee ins Gesicht. Wir befinden uns auf über 4500 Metern Höhe, auf jenem Pfeiler, der dem Mont Blanc als Blitzableiter dient. Wir drei Italiener richten uns auf einer schmalen Leiste ein; die Franzosen sind gerade dabei, sich in zwei Grüppchen aufzuteilen, als Kohlmann von einem Blitz im Gesicht gestreift wird. Er bricht, von der Wucht der Entladung getroffen, zusammen, doch Mazeaud erreicht ihn mit einem Sprung und kann ihn gerade noch festhalten. Kohlmann ist einige Minuten lang wie gelähmt. Wir suchen nach Coramin, und Mazeaud gibt es ihm ein. Schliesslich erholt sich unser Gefährte, und wir bereiten uns endgültig auf das Biwak vor.

Während der Sturm unvermindert weiterwütet, richten wir uns folgendermassen ein: Auf einem kleinen Vorsprung sitzen Oggioni, Gallieni und ich; auf einem anderen Absatz, seitlich von uns, haben sich Vieille, Guillaume und Mazeaud niedergelassen. Auf einer dritten kleinen Terrasse biwakiert Kohlmann allein, damit er sich bequemer ausstrecken kann. Wir wussten es nicht, aber genau da begann wohl sein psychologisches Drama.

Uns bleiben nur noch 80 Meter Kletterei über die unbekannte Spitze, bevor die leichten Schneegrate beginnen, die zum Gipfel des Mont Blanc führen. Nach seinem Gipfel erwartet uns – neben dem Gefühl, den Pfeiler bezwungen zu haben – die Vallot-Hütte, das sichere Refugium, von dem der Abstieg nach Chamonix einfach sein würde. Eine halbtägige Aufhellung hätte uns genügt, um unser Abenteuer glücklich zu beenden. Aber wir sollten den Gipfel nie erreichen.

Es beginnt zu dämmern. Das Gewitter nimmt an Heftigkeit noch zu. Wir stecken im Biwakzelt, das wir zu dritt wie einen grossen Sack benützen, und können den Verlauf des Sturmes nur an der Wucht des Donners verfolgen. Entfernt er sich ein wenig, atmen wir erleichtert auf, kracht er direkt über uns, befällt uns wieder die Angst. Die Blitze blenden uns durch den dichten Zeltstoff hindurch. Da sind wir nun, voller Leben und Kraft, und doch vollkommen machtlos gegen die entfesselten Elemente. An den Haken, an denen wir gesichert sind, hängt auch unser Material: Haken, Steigeisen und Pickel – bessere Blitzfänger könnte man

sich nicht ausdenken. Am liebsten möchten wir das Zeug wegwerfen, aber wie kämen wir je hinauf oder hinunter, wenn wir uns davon trennten? Keiner redet: Jeder ist auf sich selbst konzentriert.

Während wir uns einmal mehr vor Augen halten, wie sehr wir dem Zufall ausgeliefert sind, spüren wir eine brutale Kraft, die an unseren Beinen zerrt: Wir sind von einem Blitz gestreift worden. Wir schreien auf, wir leben noch, doch wir wissen alle, dass uns ein Blitzschlag von einem Augenblick zum anderen zu Asche versengen kann. Wir rufen uns gegenseitig zu, um uns zu vergewissern, dass alle leben. Dann folgt eine schreckliche Stille, deren Bedeutung wir kennen: Es ist das Phänomen, das einer weiteren Konzentration der Elektrizität vorausgeht; und diese wird sich wieder genau über uns entladen. In der Tat wiederholt sich ein paar Minuten später der Schlag, der diesmal viel heftiger ist und uns beinahe aus der Wand katapultiert. Eine vollkommen klare Stimme dringt zwischen den aufgeregten Schreien bis zu mir: «Wir müssen fliehen!» Ich weiss nicht, ob der Ruf von Oggioni oder Gallieni kommt. Diese Worte – in Verzweiflung ausgestossen – widerspiegeln die Seelenverfassung von uns allen. Ich habe das deutliche Gefühl, dies sei nun das Ende, und ich glaube, die anderen denken das Gleiche. Mein Leben zieht an mir vorüber, Gesichter, die mir lieb sind und die ich nie mehr sehen werde: Eindrücke, die nur ein paar Augenblicke währen und doch ganz klar sind und unglaublich lang zu dauern scheinen.

Das Gewitter scheint sich wie durch ein Wunder zu verziehen. Man hört jetzt nur noch das leise Aufprallen der Schneegraupeln auf dem gummierten Tuch, das uns bedeckt. Wir rühren uns nach wie vor nicht und schauen nicht einmal hinaus, wo es inzwischen dunkel ist. Niemand spricht, niemand isst. Zwar ist es sehr ernst, dass es nun schneit; doch wir fühlen uns dadurch fast erleichtert: Wir sind den Blitzen entronnen und leben. Selten bin ich bei einem solchen Unwetter in einer Wand gewesen – da können weder Technik noch Geschicklichkeit etwas ausrichten.

Langsam kriegen wir Atemnot. Wir reissen den Stoff des schützenden Tuchs ein Stück weit auf und atmen gierig die frische Luft ein. Nun sind wir unter dem Schnee begraben. Der warme Atem verursacht im Innern des Sackes eine hohe Feuchtigkeit, die sich in Wassertropfen oder Eiskristalle verwandelt. Ich will nicht auf die Uhr schauen, um nicht feststellen zu müssen, wie langsam die Zeit vergeht. Manchmal stöhnt einer und flucht über unsere missliche Lage, die Kälte oder das marternde Gefühl des Erstickens. Von den Franzosen wissen wir nichts, aber die gleichen Klagen dringen auch von ihrem Biwak zu uns herüber.

So geht schliesslich die Nacht vorbei, und eine milchige Helle kündet das Morgengrauen des Mittwoch an. Erst jetzt schauen wir aus unserem Sack hervor und sind über die Menge des in der Nacht gefallenen Schnees tief bestürzt. Die Franzosen neben uns sind ganz darunter versunken. Kohlmann steht auf dem

Absatz unter uns aufrecht da und zeichnet sich als dunkle Erscheinung gegen den glühenden Horizont ab. Ein strahlender Tag scheint aufzuziehen. Eine Welle des Glücks durchflutet uns: Der viele Neuschnee und die inzwischen eingetretene empfindliche Kälte sind also Vorboten des guten Wetters. In Kürze sind wir alle aus unseren Biwaksäcken, bereit, das letzte Stück der Kletterei anzutreten. Ich schiesse einige Fotos – sie werden tragischerweise die letzten sein –, dann packen wir die Rucksäcke. Während ich meine Dinge verstaue, werden wir völlig unerwartet von einem neuen Sturm überfallen, der sogleich stechende Wirbel aufpeitscht. Wir wissen nicht recht, ob es wirklich wieder schneit oder ob es nur der heftige Wind ist, der in den in der Nacht gefallenen Schnee fährt. Jedenfalls schlüpfen wir erneut unter unsere Hülle, und auch die Franzosen ziehen sich wieder zurück. Diesmal sind wir etwas weiter unten auf dem grösseren Absatz von Kohlmann; hier können wir – Oggioni, Gallieni und ich – etwas bequemer zusammenkauern. Kohlmann steigt dagegen auf den Vorsprung auf, auf dem wir die letzte Nacht verbracht haben. Dann beginnt erneut das Warten.

Während der Aufhellung habe ich bemerkt, dass der Schnee bis in tiefe Lagen, bis auf die Alpweiden der grünen Berge gegenüber des Mont Blanc gefallen ist. Wir können nicht glauben, dass das Unwetter nach so viel Schneefall erneut losbrechen wird. Die Franzosen fragen mich, was ich zu tun gedenke. Ich schlage vor zu warten, immer noch in der Hoffnung, den Gipfel zu erreichen. Der Aufstieg stellt – so paradox es scheinen mag – den kürzesten Fluchtweg dar. An Lebensmitteln und Ausrüstung fehlt es nicht, wir können also ausharren: In dieser Jahreszeit wird ein Unwetter sicher nicht lange dauern. Der Gedanke, vom Pfeiler auf den Frêney-Gletscher abzuseilen, beunruhigt mich hingegen. Zwar wäre es bei schlechtem Wetter zweifelsohne der logischste Rückzug; jetzt ist er aber wegen der riesigen Neuschneemengen zu lawinengefährdet und damit zu riskant geworden. Zudem würde er mindestens zwei Tage erfordern, ein halber Tag wäre dagegen genug, um nach oben auszusteigen.

Mazeaud und seine Gefährten sind auf einer kleinen Terrasse sechs oder sieben Meter von uns entfernt, und Kohlmann ist neben ihnen. Mazeaud, der einen gewissen Einfluss auf seine Kameraden ausüben kann, wechselt ein paar Worte mit mir und schlägt vor, dass wir beide gemeinsam aufbrechen sollten, sobald eine Aufhellung dies erlauben würde. Unsere Aufgabe wäre dann, die gefürchteten 80 überhängenden Meter mit Haken und Seilen einzurichten; dann würden wir unsere fünf Gefährten nachsteigen lassen. Wir einigen uns in diesem Sinn, aber die Aufhellung wird nicht kommen. Wir essen aufs Geratewohl ein bisschen Schinken, Fleisch und Marmelade, trinken aber nichts, denn in diesem Sturm ist es unmöglich, unseren Kocher für das Schmelzen von Schnee in Gang zu setzen.

Es schneit weiter, Stunde um Stunde geht vorbei. Zwischen den unzähligen Gedanken, die sich in meinem Kopf überstürzen, suche ich in meiner Erinnerung nach vergleichbaren Momenten, in denen mich das schlechte Wetter in den Bergen festnagelte. Ich erinnere mich, dass ein Sturm in dieser Jahreszeit nie länger als ein bis zwei Tage andauerte. Daher sage ich mir: Ein Tag ist schon vorbei, und der Sturm kann nicht länger als weitere 24 Stunden dauern. Irgendwie müssen wir diesen Tag noch hinter uns bringen, dann werden wir endlich weitergehen können.

Das Ausharren in dieser unbequemen Lage wird immer unerträglicher. Wir sind auf einem Raum zusammengedrängt, der nur einer Person genug Platz böte. Den Kopf können wir nicht heben, und wir können uns auch nicht auf die Seite drehen; das Sitzen in ständig gebeugter Haltung zerreisst uns fast die Wirbelsäule. Unter solchen Umständen braucht es nicht viel, dass einem die Nerven durchgehen. Es gibt Augenblicke, in denen wir die Hülle, die uns gefangen hält, zerreissen möchten. Aber wehe, wenn wir es wirklich täten! Oggioni, Gallieni und ich sprechen über alles Mögliche – Erinnerungen, Pläne, Hoffnungen, Freundschaften, über Schönes und Unerfreuliches –, nur um uns die Zeit zu vertreiben. Oggioni meint: «Erinnerst du dich, Walter – vor einem Monat in Peru? Da sagten wir uns, ‹der Tag wird kommen, wo wir am Pfeiler sind›!» Welche Ironie – damals dachten wir, in unseren Bergen sei alles viel unproblematischer. Und dabei befinden wir uns jetzt in der gleichen Situation – vielleicht ist sie sogar noch schlimmer – wie dort am Nevado Rondoy, den wir in einem Sturm bewältigten und dabei zwei Tage und zwei Nächte ungeschützt im Freien verbrachten. Gallieni ist der Mann der Vitamine, er verteilt allen Tabletten, vor allem Vitamin A und C. In einem aus Seilen improvisierten Schwebebähnchen schickt er auch den Franzosen ein paar hinüber und legt etwas zu essen dazu, denn die vier sind eher knapp dran.

Wir müssen unbedingt Wasser lassen. Aber es ist unmöglich, aus dem Sack zu kriechen, in den wir eingehüllt sind. Wir schlagen Gallieni vor, seinen ungefütterten Plastikhelm zu opfern, und benützen ihn einer nach dem andern. Es ist ein unbeschreibliches Manöver; wir müssen uns winden und krümmen und gegenseitig festhalten, um nicht abzustürzen. Unsere Beine baumeln dabei im Leeren, die Kleider behindern uns – die ganze Aktion nimmt eine halbe Stunde in Anspruch.

Und es schneit weiter, immer dichter. Aus dem Inneren des Sackes frage ich Gallieni, der am Rand sitzt: «Aus welcher Richtung bläst der Wind?» – «Mir scheint, immer von Westen!», antwortet er. Das bedeutet Sturm. Mazeaud ruft mir überschwänglich zu: «Sobald es schön wird, gehen wir hoch, ich und du! Wenn du glaubst, dass es besser ist, nach links auszusteigen, versuchen wir es selbstverständlich auf dieser Seite.»

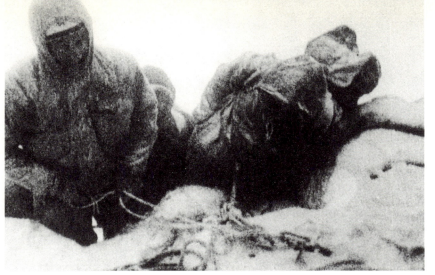

Bonatti, Oggioni und Gallieni kurz nach Beginn des verheerenden Sturms (oben); Vieille, Mazeaud und Kohlmann sind an der Felswand gesichert, während der Sturm wütet (Mitte); der resignierte Vieille bleibt lange auf dem Rucksack sitzen, bevor er sich zum Biwak einrichtet (unten).

Oggioni versteht kein Französisch und fragt mich, was Mazeaud gesagt hat. Ich erkläre es ihm. Der Gedanke, endlich von hier wegzukommen, erfreut ihn sichtlich. Mazeaud meldet sich wieder: «Hältst du einen Ausstiegsversuch auch für möglich, wenn sich das Wetter noch nicht völlig beruhigt hat?» Er weiss, dass ich in der Lage bin, bei jedem Wetter vom Gipfel des Mont Blanc abzusteigen, wie ich es in der Vergangenheit schon mehrmals gemacht habe. Ich antworte mit Ja, aber wir müssten eine weitere Nacht abwarten: Denn in meinem Inneren fühle ich, dass der Sturm sich morgen legen wird.

Unter unserer Zelthülle verwandelt sich der Atem in Wasserdampf, wir sind völlig durchnässt. Besorgt denke ich an die intensive Kälte, die dem schönen Wetter vorangehen wird. Wir werden uns von der Sonne also etwas aufwärmen lassen, bevor wir den letzten Überhang in Angriff nehmen.

Fast überraschend bricht die Nacht herein. Wir sind sehr nervös und können kein Auge zutun. Gallieni beginnt von seinen Kindern zu erzählen. Ich fliege in meinen Gedanken 3000 Meter hinunter, in die heimelige Traulichkeit meines Zuhauses. Oggioni redet von Portofino, das er nicht kennt; dann meint er: «Wir Alpinisten sind wirklich arme Kerle ... bei all den schönen Dingen, die es in der Welt gibt, bringen wir uns in solche Situationen!» Und Gallieni sagt: «Und wenn ich daran denke, dass ich in Milano Marittima ein gemütliches Haus habe und daneben das reine, warme Meer! Man muss sich nicht einmal die Mühe machen zu schwimmen, im niedrigen Wasser kann man kilometerweit spazieren...» Oggioni verbirgt seine Sorge hinter Scherzen und Sprüchen; er scheint am ruhigsten, aber ich bin sicher, dass nur wir zwei uns wirklich im Klaren sind, wie unsere Lage ausschaut: hoffnungslos.

Die Nacht vom Mittwoch auf den Donnerstag geht vorbei. Am Morgen schlüpft Mazeaud in unseren Zufluchtsort; mit tausend Verrenkungen richten wir uns zu viert ein und verbringen gemeinsam den Rest des Tages. Die Plastikhülle, die seinen Biwaksack bedeckt hatte, ging durch die Gewalt des Sturmes in Fetzen. Wir versuchen, uns gegenseitig Mut zu machen; aber wir sind nicht mehr sehr überzeugt. In meinem Innersten überlege ich mir schon die sicherste Methode, um uns über die Aufstiegsroute abzuseilen: Für mich ist der Gipfel des Pfeilers inzwischen unerreichbar, aber ich sage es meinen Kameraden nicht, um sie nicht zu entmutigen.

Mazeaud erzählt mir von seiner Begehung «meines» Pfeilers am Petit Dru, die er in der vergangenen Woche unternommen hat. Wir verabreden, uns eines Tages in Courmayeur oder in Chamonix zu treffen, um uns an die Augenblicke zu erinnern, die wir jetzt erleben. Wir haben schrecklichen Durst und versuchen ihn zu löschen, indem wir Schnee essen; wir formen Bällchen und lassen sie im Mund zergehen. Ich denke, wie schön ein Wasserhahn ist: Man dreht ihn auf und hat so

Morgen des 12. Juli: Während der kurzen Aufhellung nach dem nächtlichen Sturm tauchen Guillaume, Mazeaud und Vieille aus dem Biwak auf.

viel Wasser, wie man will. Es scheint paradox, dass man inmitten solcher Schneemengen vor Durst vergeht. Und der eiskalte Schnee brennt im Mund und macht ihn wund.

So vergeht der Donnerstag, und eine weitere Nacht bricht an. Während dieser langen Stunden des Dunkels sind Oggioni und ich am meisten unter der Hülle eingepfercht und leiden besonders unter dem Sauerstoffmangel. Oggioni, nur ihm allein, vertraue ich nun meinen Entschluss an, um jeden Preis abzusteigen. Er stimmt zu, ist aber darüber erschrocken.

Auch die Nacht von Donnerstag auf Freitag geht vorbei. Ich hatte den Wecker meiner Armbanduhr auf 3.30 Uhr gestellt, und als er um diese Zeit pünktlich abgeht, rufe ich allen zu: «Wir müssen unbedingt absteigen! Wir können nicht länger bleiben, sonst ist es zu spät, die Kräfte würden uns fehlen.»

Es wird langsam Tag. Es ist Freitag, und der Sturm hält nun ununterbrochen seit über 60 Stunden an. Man kann nichts sehen. Nebel und Schnee bilden eine graue, undurchdringliche Mauer. Einen Teil des Materials lassen wir zurück. Ich habe keinen Pickel mehr, da ihn einer der Gefährten am ersten Tag versehentlich in den Abgrund fallen liess. Wir teilen die Aufgaben für die Manöver des Abstiegs, die nun folgen, genau auf: Ich werde vorausgehen und den Abstieg einrichten, indem ich Haken schlage oder andere Sicherungen anbringe, an denen wir dann das Doppelseil befestigen. Nach mir werden die Gefährten folgen: Mazeaud als Erster, mit der Aufgabe, jedem zu helfen, der es nötig hat, dann die anderen. Oggioni wird den Schluss der Gruppe machen, da er am erfahrensten und schnellsten ist, wenn es um das Einholen der Seile geht.

Genau um 6 Uhr beginne ich, mich in die stürmische Leere abzulassen, blindlings, ohne zu wissen, wo ich ankommen werde. Ich habe sofort das Gefühl, in der Gewalt eines aufgebrachten Meeres zu sein. Das Schneegestöber macht mich schwindlig. Der schwere Sack und das Gewicht der Haken, die ich an der Taille trage, um die Seile befestigen zu können, ziehen mich furchtbar stark in die Tiefe und behindern mich in meinen Bewegungen. Um mich zu orientieren, muss ich jede Kleinigkeit beachten und versuchen, jede Furche in der Wand zu erkennen und auszunutzen. Meine Augen schmerzen, weil mein Blick ständig der stechenden Helle des Sturmes ausgesetzt ist. Die Manöver dauern sehr lange, aber noch länger scheint mir das Warten auf die Seile, die mir meine Kameraden von oben für das Einrichten der nächsten Abseillänge herunterlassen müssen. Hin und wieder ergibt es sich, dass wir an der gleichen Stelle zusammenkommen und dann zu viert oder fünft an einem einzigen Haken hängen. Ich muss meine Verrichtungen mit blossen Händen tun. Dann lande ich auf einem kleinen Absatz. Ich bin noch nicht gesichert und strecke mich deshalb über den Abgrund, um dort, wo es möglich ist, einen Haken zu schlagen. Plötzlich sehe ich einen Schatten, der dem Seil entlang heruntergleitet: Es ist Kohlmann, der wegen der Kälte seinen Griff um das Seil gelockert hat und nun auf mich prallt und mich ins Leere schleudert ... Ich stürze in den Haken, den ich noch nicht richtig eingeschlagen hatte, ergreife ihn mit einem Ruck – und bleibe wie durch ein Wunder daran hängen.

Bei einer Abseilfahrt auf etwa halber Höhe des Pfeilers kann ich am Ende des Seils keinen Standplatz finden: Absätze gibt es hier keine, und der Schnee hat sich selbst unter den Überhängen festgesetzt. Im lauten Heulen des Sturms kann ich nur mit grösster Mühe nach oben zu verstehen geben, dass ich ein zusätzliches Seil brauche, um es am Doppelseil zu befestigen, an dem ich hänge. Sie schicken mir das Seil hinunter, nachdem sie es beschwert haben. Mit ein paar akrobatischen Verrenkungen schaffe ich es, die Seile miteinander zu verknoten, und gleite dann weiter in die Leere hinab – wie eine Spinne an einem langen Faden. Ich hänge nun vollständig in der Luft und suche immer noch nach einer Sicherungsmöglichkeit, die ich nicht finden kann. Ich bin sehr beunruhigt, einerseits weil ich nicht weiss, wo ich meine Fahrt beenden kann, anderseits weil ich mich eben über einen riesigen Überhang abgeseilt habe, der mir die Möglichkeit nimmt, mich mit meinen Gefährten zu verständigen; sie warten oben auf ein Signal von mir. Mit kühnen Pendlern ins Leere erreiche ich schliesslich einen Felsvorsprung. Darauf schreie ich den Freunden durch den Sturm zu, sie könnten jetzt den Abstieg beginnen. Das Seil wird vor mir hochgezogen, und ich nehme an, dass sich jemand daran zum Abseilen angemacht hat. Plötzlich aber entfernt es sich und entschwindet ganz. Da bin ich nun: auf einem Felszacken mitten im Zentralpfeiler, ohne Ausrüstung für den weiteren Abstieg und mit dem Verdacht, dass meine Gefährten sich anderswo abseilen, da sie mich nicht finden können. Ich schreie nochmals aus Leibeskräften, um meinen Standort anzugeben. Lange, angstvolle Minuten gehen vorbei. Und dann taucht endlich ein dunkler Schatten über mir auf: Es ist Mazeaud, der instinktiv geahnt hat, wo ich mich befinden könnte, und nun zu mir kommt.

Wir können nur einen Teil der langen, zusammengeknoteten Seile einholen; der Rest verklemmt sich unlösbar in der Wand. Damit haben wir von jetzt an weniger Seil zur Verfügung. Unsere Abseilmanöver, jedes durch eine qualvolle Episode gekennzeichnet, gehen im gleichen langsamen Tempo weiter, aber wir kommen doch dem Fuss des Pfeilers immer näher.

Wir schlottern vor Kälte, unsere Zähne klappern. Unsere vollkommen durchnässten Kleider sind vom Frost steif gefroren. Das dumpfe Rollen einer Lawine gibt mir zu verstehen, dass wir fast beim Pfeilerfuss angelangt sind. Aber es ist bereits später Nachmittag:

Während der kurzen Aufhellung erkennt man im letzten Abschnitt des Pfeilers die vereisten Seile und Trittleitern vom Vortag. Sie kommen nicht mehr zum Einsatz.

Diese Nacht werden wir im Col de Peuterey biwakieren. Auf dem Plateau jenseits der Randkluft reicht der Schnee uns bis zur Brust. Eine Zeitlang schicke ich Mazeaud voraus, die anderen folgen. Ich bleibe stehen, sichere sie mit dem Seil und weise ihnen die Richtung. Vor einer ausserordentlich hohen Schneebank scheint die Gruppe ins Stocken zu kommen; ich hole sie ein und gehe nach vorn. Intuitiv wende ich mich dem Punkt zu, den ich als günstigsten Biwakplatz einschätze. Auch wenn ich nichts sehen kann, habe ich den Ort im Kopf, als ob ich ihn in meinem Kopf fotografiert hätte. Hinter mir geht Oggioni, und mit ihm diskutiere ich, ob es nicht günstiger wäre, in einer Gletscherspalte Zuflucht zu nehmen, als ein Iglu zu bauen, was mit dem pulvrigen Schnee sowieso schwierig wäre. Mazeaud stimmt der Idee der Gletscherspalte zu, und wir entscheiden uns für diese Lösung.

Bevor die Nacht vom Freitag auf den Samstag hereinbricht, nach zwölf Stunden Abseilen, haben wir das neue, schwierige Biwak eingerichtet. Kohlmann scheint nach wie vor am meisten hergenommen zu sein. Wir platzieren ihn in unserem Biwakzelt. Guillaume bereitet ihm mit dem Gas, das ihm noch geblieben ist, ein lauwarmes Getränk zu. Wir können nach wie vor nichts trinken, da wir nur über den unbrauchbaren Spirituskocher verfügen. Es herrscht eine bestialische Kälte. Der Wind weht unablässig und wirbelt den Schnee auch ins Innere der Gletscherspalte, in die wir geflüchtet sind. Von allen Nächten ist diese die schlimmste, auch weil sie auf die vorangegangenen, bereits sehr harten Biwaks folgt. Wir teilen die verbliebenen Lebensmittel unter uns auf: getrocknete Pflaumen, Schokolade, Zucker und ein wenig Fleisch, das in der Kälte steinhart gefroren ist. Kohlmann zeigt mir seine Finger: Sie sind beunruhigend weiss. Damit er sie sich wirkungsvoller massieren kann, reiche ich ihm unser noch fast voll gebliebenes Fläschchen mit dem Brennsprit; er setzt es jedoch an den Mund und will zu trinken beginnen. Hat er etwa den Spiritus mit Schnaps verwechselt? Ich reisse ihm das Fläschchen vom Mund weg, aber leider zu spät: Es ist ihm gelungen, ein paar Schlucke zu nehmen. Wahrscheinlich wohnen wir hier den ersten Anzeichen jener Verrücktheit bei, die ihn bald befallen wird.

Es ist stockdunkel. Unser Biwak ist die Hölle: Stöhnen, Kälteschauer, das Heulen des Windes, Schnee, der immer dichter fällt. Ab und zu müssen wir unsere Schutzhüllen von der schweren Schneelast befreien, die sich darauf ansammelt. Mit verschiedenen Strategien versuche ich noch einmal, den Spirituskocher in Funktion zu setzen, muss es aber aufgeben: Draussen herrscht Sturm, und unter der Hülle fehlt der Sauerstoff; das Flämmchen erlischt sofort. Wie schon in den vergangenen Tagen müssen wir uns mit kleinen Schneebällchen begnügen, die wir im Mund zergehen lassen. Wir sind verzweifelt, niemand gibt es aber zu. Oggioni schlägt vor: «Tun wir ein Gelöbnis – wenn wir lebend aus diesem Abenteuer kommen, dann wollen wir vergessen, dass es diesen Pfeiler gibt!» Ich willige ein.

Die Nacht geht sehr langsam vorbei.

Zur gleichen Stunde wie am Vortag, um 3.30 Uhr am Samstagmorgen, erheben wir uns beim Schrillen meines kleinen Weckers von diesem unmöglichen Lager. Wir wollen die Zeit nutzen und dieser grauenvollen Situation endlich ein Ende setzen. In der Nacht sind weitere 60 Zentimeter Neuschnee gefallen. Trotz des Schneesturms, der immer noch anhält, scheinen alle das vierte, qualvolle Biwak gut überstanden zu haben. Wir brechen auf. Es ist überflüssig, mich mit meinen Gefährten über die beste Route zu beraten: Sie vertrauen mir vollkommen, und dadurch spüre ich die schwere Last, sie in Sicherheit führen zu müssen, und zwar auf der einzigen noch begehbaren Route: über die Gruber-Felsen. Aber wir müssen die Gamba-Hütte vor dem Abend erreichen, sonst … ich erspare uns die Folgerung.

Guillaume gibt Kohlmann eine Coraminspritze. Ich beginne inzwischen, unmittelbar gefolgt von Oggioni und Gallieni, einen Graben durch den hohen Schnee zu bahnen. Wir sind zu einer einzigen Seilschaft zusammengebunden: ich, Oggioni, Gallieni, Mazeaud, Kohlmann, Vieille und Guillaume. Der Schneehang vor den Gruber-Felsen ist mit erschreckend viel unstabilem Neuschnee beladen, der sich von einem Moment zum anderen in eine Lawine verwandeln könnte. Ich weise meine Kameraden an, schnell zu sein und bei jeder Seillänge am richtigen Punkt einen Standplatz zu beziehen, von dem aus sie mich sichern und halten könnten, falls ich von einer Lawine weggerissen würde, während ich das Couloir anschneide, das mich von den Gruber-Felsen trennt. Alles geht gut, und ich komme unversehrt aus der gefährlichen Querung heraus. Ich rufe den anderen zu, einer nach dem anderen solle in meiner Spur nachkommen. Doch Vieille schafft es nicht, er fällt dauernd hin, richtet sich aber immer wieder mühsam auf: Er ist Opfer einer grossen Krise. Guillaume geht an seiner Seite, stösst ihn, nimmt ihm den Sack ab und lässt ihn auf dem Hang liegen. Vieille scheint auf unsere Zurufe nicht zu reagieren. Unterdessen seile ich mich über die erste Länge dieser weiteren, langen Folge von Abseilmanövern über die Gruber-Felsen ab.

Nun hellt der Himmel auf, aber die Wetterbesserung wird nicht lange dauern. Ich höre die anspornenden Zurufe meiner Gefährten an Vieille, der das Couloir immer noch nicht gequert hat. Unterdessen steigt Kohlmann zu mir herunter. Es vergeht eine halbe Stunde. Da ich mir die Verzögerung meiner Freunde dort oben nicht erklären kann, hangle ich mich ein paar Armlängen am Seil hoch, um nachzusehen, was los ist. Gallieni, mitten im Couloir stehend, schreit mir zu, Vieille sei total erschöpft und würde die Traversierung aus eigener Kraft niemals schaffen. Er fragt, ob man ihm nicht helfen sollte, indem wir ihn am Seil hängend quer über den Hang ziehen. Ich bin einverstanden und treibe alle zur Eile an, denn sonst werden wir die Gamba-Hütte heute Abend nie erreichen, ja, nicht einmal die Gruber-Felsen hinter uns bringen.

Ich seile mich wieder zu Kohlmann ab. Aus den aufgeregten Stimmen meiner Gefährten schliesse ich, dass die Hilfsaktion für Vieille im Gange ist. Ich warte darauf, dass sich einer zu uns abseilt. Doch es geht fast eine halbe Stunde vorbei, ohne dass jemand erscheint; zudem verstummen die Stimmen nach und nach. Ich bin verwirrt. Wir können doch nicht für jedes Abseilmanöver so viel Zeit aufwenden! Wieder klettere ich am Seil hoch, bis ich meine Kameraden sehe. «Warum kommt ihr nicht nach?», frage ich. Jemand, vielleicht ist es Gallieni, gefolgt von Mazeaud, antwortet mir: «Vieille stirbt.» Ich bin wie versteinert. Das Grüppchen meiner Freunde steht auf der anderen Seite des Couloirs um Vieille herum, der von hier wie ein dunkles, unbewegliches Bündel auf dem weissen Schnee aussieht.

Nächste Seite:
Die Frêney-Flanke, das wildeste und komplexeste Gletscherbecken des Mont Blanc

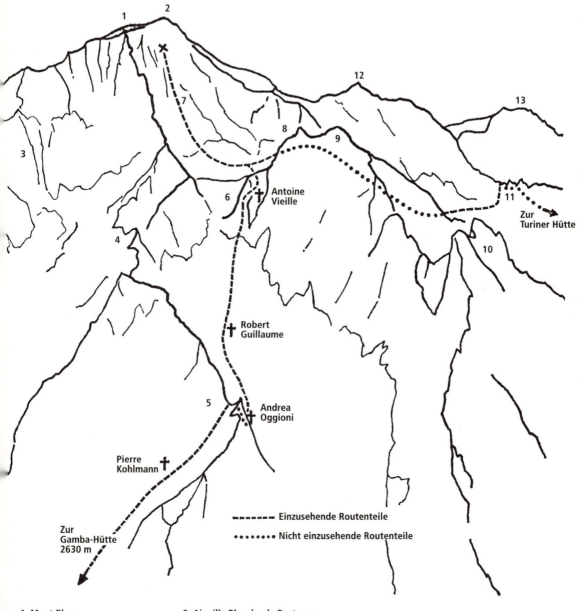

- - - - - Einzusehende Routenteile
· · · · · · Nicht einzusehende Routenteile

1 Mont Blanc
2 Mont Blanc de Courmayeur
3 Pilier Rouge du Brouillard
4 Innominata
5 Col de l'Innominata
6 Gruber-Felsen
7 Frêney-Pfeiler
8 Col de Peuterey
9 Aiguille Blanche de Peuterey
10 Aiguille Noire de Peuterey
11 Col de la Fourche
12 Mont Maudit
13 Mont Blanc du Tacul

Ich kehre zu Kohlmann zurück, ohne ihm etwas zu sagen. Zeit verstreicht, vielleicht 20 Minuten. Nur der Wind pfeift durch die Luft, Stimmen sind keine mehr zu hören, und es hat wieder zu schneien angefangen: eine stille, schreckliche Agonie in einer unheimlichen Atmosphäre. Ich steige nochmals auf: Vieille ist tot. Ich sehe zu, wie meine Gefährten ihn an einem Haken sichern, zusammen mit dem Rucksack von Gallieni, den sie vollgestopft mit überflüssig gewordenen Dingen zurücklassen. Keine einzige Klage wird laut. Es ist 10 Uhr. Ich bereite Kohlmann, der bis jetzt nichts wahrgenommen hat, etwas auf den harten Schlag vor. Dann kommt Mazeaud, der ihn in halben Sätzen die Wahrheit verstehen lässt. Der Freund erleidet einen heftigen Schock und bricht in Tränen aus.

Wir seilen weiter ab. Als wir alle sechs am gleichen Haken hängen, benütze ich einmal mehr die Gelegenheit, die Kameraden für die kommenden Abseilfahrten zu grösster Geschwindigkeit anzutreiben. Die Aufforderung schliesse ich mit der grausamen Bemerkung «…wenn wir nicht so enden wollen wie Vieille», um sie zur Eile zu bewegen. Oggioni ist auch bei dieser Abseilerei wieder am Ende der Gruppe und wie immer mein rechter Arm. Er trägt einen gleich schweren Rucksack wie ich, Mazeaud und Guillaume. Gallieni trägt abwechselnd den Rucksack der anderen zwei. Mazeaud treibt seine französischen Kameraden ständig an.

Es ist ungefähr Mittag, als uns ein paar Stimmen erreichen. Ich habe mich eben von meinen Gefährten abgeseilt und glaube zuerst, dass sie rufen. Bald bin ich aber sicher, dass die Schreie von unten kommen. Kein Zweifel, es sind die Retter: eine Gruppe von Bergführern aus Courmayeur. Das Reglement dieser Bergführer-Vereinigung, der ich zu jener Zeit angehörte, sieht vor, dass allen Kollegen, die sich in Not befinden, Hilfe zu bringen ist. Ich antworte und veranlasse meine Gefährten, alle gleichzeitig zu rufen, damit wir mit Sicherheit gehört werden.

Nun seilen wir uns etwas erleichtert weiter ab.

Bis zum unteren Ende der Gruber-Felsen ereignet sich kein Zwischenfall. Aber dann, während ich einen weiteren Haken für das letzte Abseilmanöver über den Bergschrund zu schlagen versuche, zeigt Oggioni plötzlich die ersten Anzeichen jener Krise, die für ihn fatal werden sollte. Ein unterdrückter Schrei unmittelbar hinter mir lässt mich herumschnellen, und ich kann meinen Freund gerade noch rechtzeitig festhalten, der ohne Widerstand zu leisten und zu bremsen über die letzten Meter Seil abgleitet. Mir ist schon seit einigen Seillängen aufgefallen, dass Oggioni mir sehr dicht folgt und alle Handgriffe beim Abseilen wie automatisch ausführt. Mein armer Freund! Seit dem Beginn unseres Rückzuges kann ich ihn zum ersten Mal richtig anschauen und erfasse das ganze Leiden, das in seinem Gesicht steht. Sein Ausdruck ist gespannt, als ob er ein bitteres Lächeln andeuten möchte, und in seinen Augen ist die totale Niederlage zu lesen. Es ist klar: Seine letzten Kräfte sind am Erlöschen. Ich möchte ihm Mut machen, ihm zureden, aber was kann ich schon sagen, der ich in derselben Verfassung bin und das Unmögliche zu vollbringen versuche, um alle da herauszubringen? Wir schauen uns lange an, trostlos traurig.

Am Ende beschliesse ich, das Seil, an dem meine Gefährten einer nach dem anderen hinuntergleiten werden, über meine Schulter zu legen und mit aller Kraft zu halten – ich habe es nicht geschafft, einen einzigen Haken in den Fels zu schlagen. Es ist 5.30 Uhr nachmittags.

Nun sind wir auf dem Frêney-Gletscher. Ich rechne nach, dass wir seit gestern Morgen, als wir den Abstieg begannen, bis jetzt mindestens 50 Mal abgeseilt haben; die meisten Längen haben wir am Doppelseil hinter uns gebracht. Eine kurze Aufhellung lässt uns die ganze Fläche des chaotischen Frêney-Gletschers erkennen: Die Neuschneemassen sind erschreckend. Noch schlimmer ist aber, dass kein Mensch hier oben ist und nicht einmal Fussspuren vorhanden sind. Woher aber sind dann die Stimmen gekommen, die wir vor ein paar Stunden gehört haben? Später werde ich in den Zeitungen lesen, dass die Rettungsmannschaft uns auf dem Col de Frêney gesucht hatte. Aber warum dort, wenn doch inzwischen alle wussten, dass wir auf dem Zentralpfeiler waren? Zentralpfeiler aber heisst, dass wir bei schlechtem Wetter über die einzige Route abseilen müssten, die ein Minimum an Sicherheit bietet, nämlich über die Gruber-Felsen auf den darunter liegenden Frêney-Gletscher. Das ist unter den Mont-Blanc-Bergführern bestens bekannt. Alle wussten also, dass wir am Zentralpfeiler unterwegs waren, und zwar wussten sie es, weil mein Freund Gigi Panei, ein hervorragender Mont-Blanc-Führer, schon beim ersten Alarm auf der Suche nach einer Notiz von uns ins Fourche-Biwak aufgestiegen war. Und er hatte sie gefunden: ein Blatt Papier, das wir bei unserem Aufbruch zurückgelassen hatten, und auf dem unser Ziel klar angegeben war. Panei sorgte dafür, dass diese Botschaft verbreitet wurde, und die ganze Welt wusste, wo wir waren.

Als wir auf dem Frêney-Gletscher ankamen und keine einzige Spur eines Retters antrafen, fielen wir wieder in die schwärzeste Verzweiflung. Wir waren überzeugt gewesen, dass die Stimmen vom Fuss der Gruber-Felsen zu uns gelangt waren, es war uns logisch erschienen, daran zu glauben, es konnte gar nicht anders sein. Diese Überzeugung hatte uns die Kraft verliehen, die grässlichen Schwierigkeiten, denen wir begegnet waren, auszuhalten und zu überwinden. Doch jetzt fanden wir uns vollkommen allein wieder und sollten allein bleiben. Vor uns der lange Schreckensweg über den Gletscher und der Gegenanstieg durch das Couloir unter dem Col de l'Innominata, um schliesslich auf der anderen Seite des Sattels zur Gamba-Hütte abzusteigen.

So beginnen wir also unseren langsamen und mühevollen Abstieg über den Frêney-Gletscher. Es liegt sehr viel Neuschnee, ich kann mich nicht erinnern, dass ich hier – auch bei meinen winterlichen Unternehmen – jemals auf so hohen Schnee gestossen bin. Was wir auf unserem Marsch zurücklassen, ist keine Spur, sondern ein tiefer Graben.

Glücklicherweise lichtet sich der Nebel weiter, die Sicht wird zunehmend besser. Ich löse Mazeaud an der Spitze ab und betrete das Spaltenlabyrinth, indem ich auf das Couloir zuhalte, das zum Col de l'Innominata hochzieht, dem letzten ernsthaften Hindernis auf unserem Weg in die Sicherheit. Ich sterbe fast vor Müdigkeit, vor Schmerzen, vor Kälte, aber ich will mich nicht gehen lassen. Unsere Abstände werden immer grösser. Oggioni sinkt alle paar Schritte zusammen, von der Anstrengung völlig entkräftet. Seinen Rucksack hat er Gallieni übergeben. Wir sind alle miteinander verbunden, aber wir torkeln ungeordnet, mit lockerem Seil weiter, trunken vor Müdigkeit. Mir wird klar, dass wir in dieser Verfassung schwerlich noch bei Tageslicht zum gefürchteten Couloir und bis in den Col de l'Innominata gelangen. Gallieni, der unmittelbar hinter mir folgt, scheint am wenigsten mitgenommen. Ich beschliesse deshalb, mich mit ihm zusammen von der Gruppe zu trennen, um schneller voranzugehen und innert nützlicher Frist den Sattel zu erreichen. Wir müssen den Anstieg durch den abweisenden Eisschlauch für unsere langsameren Gefährten einrichten, solange wir noch etwas sehen: also vor dem Einbrechen der Nacht.

In unseren Spuren kommen die Kameraden in dieser Reihenfolge nach: Mazeaud, Kohlmann, Oggioni, Guillaume. Ich habe den Fuss des Couloirs erreicht. Eis und Schnee überziehen es vollständig und machen es zu einer einzigen, einheitlich weissen, blank gefegten Eisrille, wie man sie sonst in Patagonien antrifft. Ich steige ein und kämpfe mich sogleich verbissen hoch, denn es bleibt mir nur noch eine halbe Stunde Tageslicht. Vom Gletscher kommen jetzt auch die anderen herüber, und wir bilden wieder eine einzige Seilschaft: ich, Gallieni, Oggioni, Mazeaud und Kohlmann. Guillaume ist nicht dabei. Ich werde später von Mazeaud erfahren, dass Oggioni ihm bei seinem letzten Atemzug auf dem Gletscher beigestanden ist.

Als ich auf dem Col de l'Innominata ankomme, ist es stockdunkel. Es ist Samstag, nach 9 Uhr abends, und wir sind nun seit sechs Tagen im Freien unterwegs. Die Luft füllt sich wieder mit Schneegestöber, und das Wetterleuchten im Westen zeigt das Herannahen eines weiteren Gewitters. Schnee und Eis haben hier oben jede Ritze, jeden Felszacken ausgefüllt und unter sich begraben, und ich kann daher nicht einmal einen einzigen Haken schlagen, an dem ich meine vier Gefährten im Nachstieg sichern könnte. So lege ich das Seil, in das meine weiter unten stehenden Freunde eingebunden sind, wieder über die Schulter. Ich treibe sie zur

Eile an, doch das Manöver dauert endlos lang. Die Anweisungen vermischen sich mit Schmerzensklagen und Verzweiflungslauten. Oggioni, gerade hinter Gallieni, scheint unfähig, sich am steilen Hang zu halten. Durch das über meine Schulter laufende Seil gesichert, versucht Gallieni, ihm auf alle Arten zu helfen. Die anderen, weiter unten, schreien aufgeregt. Es ist ein einziges Chaos.

Die Stunden ziehen vorbei, und wir sind immer noch am genau gleichen Punkt. Ich kann mich nicht bewegen, manchmal wird am Seil so stark geruckt, dass ich beinahe ins Leere gezerrt werde. Der Schmerz des Seils, das in meine Schulter einschneidet, macht mich fast ohnmächtig. Wenn ich jetzt zusammenbreche, dann bedeutet das für alle das Ende. Vielleicht ist es das Wissen darum, das mich über jede Grenze hinaus durchhalten lässt. Oggioni hat sich in drei Stunden keinen einzigen Meter mehr von jenem Punkt, an dem er blockiert ist, bewegt. Jeder Ansporn scheint vergeblich zu sein. Mein Freund antwortet nur hie und da mit einem Klagelaut: Er ist wie in Trance. Irgendwo ist er mit einem Karabiner eingehängt. Er müsste nur den Karabiner lösen, damit wir ihn hochziehen könnten, aber er hat nicht mehr die Kraft dazu. Vielleicht ist er so erschöpft, dass er nicht mehr zusammenhängend denken kann. Ich möchte mich zu ihm abseilen, aber ich muss das Seil festhalten, an dem Gallieni und er hängen. Schliesslich entscheide ich mich für die letzte und einzige Lösung: Gallieni und ich müssen uns von den Kameraden trennen, um schnell dorthin abzusteigen, wo sicherlich auch die Retter sind: in die nahe Gamba-Hütte. Diese Entscheidung hätte ich zweifelsohne früher treffen müssen, um so viel wertvolle Zeit zu gewinnen. Noch heute bedauere ich, sie nicht von Anfang an gefällt zu haben.

Gallieni schreit den anderen unseren Beschluss zu und vergewissert sich, dass Oggioni an seinem Haken gut gesichert ist, dann löst er das Seil, das ihn mit der Gruppe verbindet, und holt mich bald im Sattel ein. Oggioni bleibt am Seil und ist mit dem starken Mazeaud verbunden. Ich bin überzeugt, dass in zwei Stunden alle gerettet sein werden.

Doch dann zieht sich Kohlmann, unangeseilt und unsicher tastend, am Seil hoch und steigt fast ungestüm an Mazeaud und Oggioni vorbei und weiter zu Gallieni. Dieser erkennt die Verstörung des Gefährten und schafft es, Kohlmann festzuhalten und mit einem Karabiner in unser Seil zu klinken; er hangelt sich darauf mit den Armen hoch und nimmt dabei nicht wahr, dass ich es immer noch über die Schulter halte. In Kürze sind wir zu dritt auf dem Col de l'Innominata. Kohlmann schreit, er habe Hunger und Durst, und fragt dann: «Wo ist die Gamba-Hütte?» Er ist offensichtlich von Sinnen, und es ist auch klar, dass wir ihn jetzt nicht im Sattel zurücklassen können. So nehmen wir ihn zwischen uns beide ans Seil.

Ich lasse Gallieni auf der anderen Seite des Sattels als Ersten ab. Dann ist die Reihe an Kohlmann, der nun offenbar jegliche Sicherheitsregel missachtet. Als ich dran bin und meine Kameraden weiter unten schon fast eingeholt habe, treffe ich auf ein dünnes Seil (es wird sich später als 50-Meter-Seil herausstellen); es ist zum grössten Teil unter dem Schnee begraben und hängt in der dicken Schneeschicht fest, die in den letzten Tagen gefallen ist. Ich nehme an, dass es jemand bewusst im Sattel an einem Haken fixiert hat, noch bevor der ganze Schnee fiel. In der Tat werden wir später erfahren, dass dieses Seil zwei Tage zuvor selbstlos von den Amerikanern John Harlin und Gary Hemming angebracht worden war, um einer schweizerisch-deutschen Seilschaft Hilfe zu leisten, die, vom Sturm blockiert, im Craveri-Biwak in der Nähe der Dames Anglaises festsass; und auch, um uns zu helfen, die wir – falls wir noch lebten – zweifellos über den Col de l'Innominata kommen müssten. Aber warum befindet sich dieses Seil auf der Südseite des Sattels und nicht auf seiner abweisenden, eisgepanzerten Nordflanke, wo es den «unmöglichen» Gegenanstieg durch das Couloir gelöst hätte?

Ich dachte immer, dass die schweizerisch-deutsche Seilschaft – oder wer sonst mit diesen Bergsteigern in den Sattel aufgestiegen war – das von Hemming und Harlin selbstlos und auch zu unserer Rettung zurückgelassene 50-Meter-Seil von der Nordseite des Col de l'Innominata entfernt und stattdessen über die Südseite hinuntergelassen habe. Dabei stützte ich mich auf die Thesen jener, die schon unmittelbar nach der ganzen Angelegenheit den Ablauf der Ereignisse so erzählten. Nun aber entnehme ich – auch wenn die Schilderung nicht ganz klar ist – dem Buch von Gary Hemming, dass das Seil der Amerikaner von Anfang an von ihnen selbst auf der Südseite angebracht worden war.[1] Wenn es so ist, dann ändert sich natürlich mein in der Vergangenheit geäussertes Urteil über jene, die das Seil vor uns benützt hatten. Sie bitte ich um Nachsicht und Verständnis für meine falsche Interpretation.

Auch wenn es an einem Ort angebracht ist, wo es für uns nicht mehr entscheidend ist, benützen wir das Seil von Harlin und Hemming so lange wie möglich und steigen dann mit unseren eigenen Mitteln weiter ab. Aber Kohlmann wird immer gefährlicher. Er lässt sich auf dem Rücken abrutschen, hängt am Seil, das ich über die Schulter halte, und belastet es weiter, als ich zu ihm absteigen sollte. Damit blockiert er mich, und kaum wird das Seil endlich leichter, weil er sich irgendwo sonst festhält, sagt mir ein nächster Ruck, dass er es wieder belastet – auf die Gefahr hin, dass wir alle drei abstürzen. Wir können ihn weder mit anspornenden Rufen noch mit Schimpfen und Drohen aufrütteln. Er gibt zusammenhanglose Sätze von sich und gestikuliert dabei wild. Ich hatte gedacht, in einer Stunde hier abzuseilen: mit Kohlmann in diesem Zustand werden es drei.

Endlich kommen wir am Fuss des Couloirs auf der Südseite des Sattels an und erreichen noch weiter unten den Rand des Châtelet-Firns. Um zur Gamba-Hütte zu gelangen, müssen wir jetzt nur noch über ein paar verschneite Schneebuckel, die, abgesehen vom tiefen Schnee, keine Gefahren oder Schwierigkeiten bieten. Wir können endlich etwas aufatmen und wollen nur noch möglichst rasch zur Hütte. Aber da ereignet sich ein weiterer unerwarteter Zwischenfall: Gallieni lässt versehentlich einen Handschuh fallen. Während er sich danach bückt, versucht er gleichzeitig, die ungeschützte Hand in die Jacke zu stecken, um sie zu wärmen. Kohlmann deutet diese Geste auf unglaubliche Art und nimmt wahrscheinlich an, Gallieni wolle eine Pistole hervorholen: Er breitet die Arme aus, stürzt sich schreiend auf ihn, umklammert ihn und will ihn den Hang hinunterstossen. Gallieni

---

[1] Aus dem 1992 im Verlag Vivalda erschienenen Buch «Una storia degli anni '60» von Mirella Tenderini über Gary Hemming [keine deutsche Ausgabe; Anm. d. Ü.] geht folgendes hervor: Die Amerikaner John Harlin und Gary Hemming – sie zelteten in jenen Schlechtwettertagen am Fuss des Mont Blanc – erfuhren, dass zwei Alpinisten, die zur Besteigung der Punta Gugliermina aufgebrochen waren, seit ein paar Tagen als vermisst gemeldet waren. Es handelte sich um den Schweizer Henry Briquet und den Deutschen Konrad Kirch. Gary und John stiegen zur Gamba-Hütte auf, um ihnen Hilfe zu leisten, aber «sie wurden von den Bergführern und vom Hüttenwart ziemlich übel, wie Eindringlinge, empfangen; sie blieben aber trotzdem in der Hütte». Dort erfuhren sie, dass auch die Gruppe Mazeaud-Bonatti vom Unwetter festgenagelt war, und zwar auf dem Frêney-Zentralpfeiler. Am nächsten Tag schneite es, aber Gary und John beschlossen, dennoch eine Erkundung in der Nähe der Aiguille Croux zu unternehmen. «Unterwegs erblicken sie drei Menschen, die über den Schneehang absteigen. Es sind die drei Bergführer, die den zwei Vermissten Briquet und Kirch hätten Hilfe bringen sollen. Geben sie etwa auf?» Gary und John entscheiden sich an diesem Punkt, den zwei Unglücklichen selbst zu helfen. «Sie kehren in die Hütte zurück, teilen dem Hüttenwart ihren Beschluss mit und sagen ihm, dass sie das Craveri-Biwak erreichen wollen, eine winzige Blechschachtel unter den Dames Anglaises, wo die zwei Vermissten möglicherweise Zuflucht gesucht haben.»
«John und Gary erreichen den Col de l'Innominata, eine Scharte zwischen zwei Felspfeilern. Der Zugang ist nicht leicht, da es immer schneit.» Als sie im Sattel ankommen, erreicht sie zu ihrer Überraschung aus der Ferne eine Stimme: Die Burschen leben noch! «Gary und John können aber allein nichts unternehmen. Sie seilen rasch am Seil ab, das sie zurücklassen, um die letzten 50 Meter bereits für den nächsten Aufstieg eingerichtet zu haben, und kehren in die Hütte zurück, um jemanden zu finden, der mit ihnen wieder hochgeht.» «‹Zuviel Schnee.› Niemand will gehen. ‹Wie bitte? Die zwei leben noch, sie sind aber nach fünf Tagen sicher äusserst schwach. Zu zweit können wir nichts tun. Es liegt zu viel Schnee für zwei Personen, aber wenn wir in einer Gruppe von 10 oder 20 hochgehen, können wir uns ablösen, um uns eine Spur über den Frêney-Gletscher zu den Burschen zu bahnen …› Niemand rührt sich. Briquet und Kirch kehren schliesslich allein zurück. Sie hielten sich die ganze Zeit über im Craveri-Biwak auf und waren zwar geschwächt, aber noch in der Lage, sich zu bewegen; die Stimmen von Gary und John, die sie vom Sattel gehört hatten, und eine kurze Wetterbesserung ermutigten sie, den Abstieg zu beginnen. Das im Col de l'Innominata fixierte Seil war eine willkommene Lösung der schwierigen 50 Meter unter dem Sattel.»
«Sie sind erschöpft und zeigen erste Anzeichen von Erfrierungen. Die Amerikaner beschliessen, sie ins Tal zu begleiten. Die Hütte ist voller Bergführer der Rettungswacht, es hat nicht einmal mehr genügend Schlafplätze für alle. Überdies hat sich Gary in einem Wutausbruch gegen die Bergführer gestellt, die sich geweigert haben, mit ihm und John den sieben Bergsteigern am Pfeiler entgegenzugehen. Die Atmosphäre ist sehr gespannt. Die Amerikaner halten es für besser zu gehen. ‹Die anderen werden ja nicht einfach dort bleiben und nichts tun, sie werden sich wohl zu etwas entscheiden.›»
«Doch niemand rührt sich, und als die sieben aus eigenen Kräften im anhaltenden Sturm absteigen, sind sie sehr hergenommen. Vier von ihnen sterben an Erschöpfung. Nur Bonatti, Mazeaud und Gallieni können sich retten. Im Col de l'Innominata angekommen, benützen auch sie das von John und Gary auf der Südseite zurückgelassene Seil. Da sie denken, es sei von den Bergführern der Rettungswacht angebracht worden, fragen sie sich, warum jene es nicht über die schwierigere Nordseite unter dem Sattel hinuntergelassen haben, wo es den mühseligen Gegenanstieg abgekürzt hätte; damit wäre ihre Odyssee – vielleicht – weniger tragisch ausgegangen.»

kann sich befreien; ich helfe ihm dabei und versuche, den Angreifer zurückzuhalten, indem ich das Seil spanne. Darauf wirft sich Kohlmann auf mich. Ich weiche ihm aus, er fällt um, wälzt sich und tobt: Er ist nun wirklich vollkommen von Sinnen. Er steht wieder auf und versucht, uns erneut anzufallen. Wir können ihn jedoch auf Distanz halten, indem jeder auf seiner Seite das Seil spannt – tatsächlich sind wir alle mit dem gleichen Seil verbunden, und Kohlmann ist in der Mitte angeseilt. Wir können ihn aber nicht so bis zur Hütte schleppen und dürfen anderseits keine Minute länger verlieren. Um uns loszubinden, müssten wir die vereisten Knoten lösen, was jetzt völlig unmöglich ist. Wir haben auch kein Messer dabei, um das Seil durchzuschneiden; und doch müssen wir uns irgendwie von unserem armen, wahnsinnig gewordenen Kameraden trennen. Er lauert auf jede Bewegung von uns, bereit, sich wieder auf uns zu stürzen. Schliesslich ziehen wir, während wir mit den Zähnen das Seil straff halten, einer nach dem anderen die Hosen bis zur Leiste hinunter, um so das vereiste, um unsere Taille gebundene Seil hinunterrutschen zu lassen. Unser Vorhaben gelingt, ohne dass Kohlmann etwas wahrgenommen hat. Darauf rufe ich Gallieni zu: «Lass los, hau ab!», und dann wälzen wir uns so schnell wie möglich durch den Schnee von unserem Gefährten weg. Nun sind wir sicher, die Retter in ein paar Minuten zu erreichen. Kohlmann, den wir an einer gefahrlosen Stelle zurückgelassen haben, ist keinem Risiko ausgesetzt. Als ihn aber die Helfer erreichen, können sie nichts mehr tun: Er liegt in den letzten Zügen.

Wie treibende Wracks, fast auf allen vieren durch Schnee und Dunkelheit taumelnd, erreichen wir endlich die Gamba-Hütte. Draussen zeigt nicht das kleinste Licht ihren Standort an. Ebensogut könnte man ihre dunklen, verschwommenen Umrisse für einen der vielen Granitblöcke halten, mit denen der Moränenrücken übersät ist. Ich kann sie nur ausmachen, weil ich diese Gegend wie mein Zuhause kenne. Wir gehen um die Hütte herum und klopfen an die Fenster. Dann gelangen wir zum Eingang. Wir hören drinnen Schritte, eine Hand schiebt den Riegel zurück. Die Tür öffnet sich weit: Wir sehen in den Raum, der nur spärlich durch eine Kerze erleuchtet ist. Er ist voller Menschen, die schlafen. Ich steige über ein paar schlafende Körper, ohne jemanden zu erkennen. Plötzlich springt jemand auf die Füsse und ruft: «Walter, bist du es?»

Nun springen alle auf und eilen herbei.

Wir, die Vermissten, haben nun endlich die Männer gefunden, die ausgezogen waren, um uns zu suchen.

Ich schreie: «Beeilt euch! Einer liegt da draussen! Die anderen sind im Couloir unter dem Col de l'Innominata! Schnell, schnell!» Es ist 3 Uhr in der Nacht zum Sonntag. Der Sturm lässt keinen Augenblick nach. Ich strecke mich auf dem Tisch in der Mitte der Hütte aus. Man löst uns die Steigeisen von den Schuhen, zieht uns aus, steckt uns in trockene Kleider und gibt uns warme Getränke. Eine tiefe Betäubung überfällt mich.

Nach etwa drei Stunden wache ich auf. Es ist Tag geworden. Die Tür öffnet sich knarrend. Die Umrisse zweier Männer zeichnen sich dunkel vom helleren Grau jenseits der Türschwelle ab. Einer der beiden kommt näher und umarmt mich: mein Freund Gaston Rébuffat, der soeben mit einem Helikopter von Chamonix herübergekommen ist. Dann sprechen seine Lippen jene Worte aus, die ich nie mehr vergessen werde: «Oggioni ist tot. Sie bringen ihn herunter.» Ein unsäglicher Schmerz überfällt mich. Die Körper meiner Gefährten sind einer nach dem anderen zusammengelesen worden, ausser jenem von Vieille, der wegen des Sturms für weitere sechs Tage nicht erreichbar ist.

Mein brüderlicher Freund Pierre Mazeaud, der einzige, den man noch lebend gefunden hat, umarmt mich und weint mit mir.

Im Bett, in dem ich nun liegen muss, durchblättere ich die ersten Zeitungen. Meldungen, Sonderberichte, die uns galten, den «Vermissten auf dem Zentralpfeiler des Mont Blanc», hatten Tag für Tag grössere Schlagzeilen ausgelöst. Dann die schreckliche Nachricht: «Vier Tote, Bonatti lebt!» Leider hatte die Tatsache, dass ich lebend vom Frêney-Pfeiler zurückgekommen war, während vier Kameraden starben – die Franzosen Antoine Vieille, Robert Guillaume, Pierre Kohlmann und mein italienischer Freund Andrea Oggioni – für Aufsehen gesorgt; einige Journalisten hatten damit ein leichtes Spiel. Eine gewisse Presse jener Zeit, nicht so sehr schlecht informiert als unredlich, bringt die öffentliche Meinung gegen mich auf. In jenen in alle Richtungen ausgestreuten Berichten sind Personen, Tatsachen und Aussagen willkürlich durcheinander gebracht, verdreht; manchmal so weit, bis Werte und Bedeutungen genau das Gegenteil der Wirklichkeit schildern. Der Schmerz und die Trauer der Überlebenden werden mit Delirium verwechselt, ihr mitfühlendes Schweigen und sogar ihre bewegten, spontanen Worte der Verehrung für die toten Freunde als Feigheit, wenn nicht sogar als Schuldgeständnis ausgelegt. Man stellt Gerichtsverfahren in Aussicht, will an die Abgeordnetenkammer interpellieren und geht so weiter, ohne Skrupel, ohne gesunden Menschenverstand. Es ist paradox, grotesk. Neben dem Schmerz um meine toten Gefährten, im Bewusstsein, dass ich nichts Besseres oder anderes für ihre Rettung hätte unternehmen können, und neben meiner körperlichen Erschöpfung muss ich auch noch kämpfen, um mich gegen die absurden Anklagen zu verteidigen. Sie sind nur aus Feigheit jener, die sie äussern, keine explizite Anschuldigung, ich sei der Grund für den Tod der vier Freunde. Man beginnt zu denken, dass die Leute zweifellos eher bereit sind, zu verdammen als zu bewundern, und dass sie das Mitgefühl mit den Toten nur auf Kosten der Überlebenden aufbringen.

Oft ist es der Mann von der Strasse, der mit seiner krankhaften Gier nach Sensation die Entstehung und Verbreitung dieser Art von Information will. Aber es muss auch gesagt werden, dass die Zeitungen in der Suche nach der Schlagzeile, dem Knüller fast immer zynisch und grausam sind. So entsteht eine Kettenreaktion, und alle kritisieren und richten, finden Verantwortliche und zeigen auf, wie ich mich am Zentralpfeiler hätte verhalten sollen. Dabei verfüge ja gerade ich über die Erfahrung unzähliger grosser Touren. Wie schon vor fünf Jahren nach der dramatischen Winterbesteigung des Mont Blanc werden in den Zeitungen, im Fernsehen und am Radio Interviews und Gespräche am runden Tisch angeregt, bei denen der Professor X, der Schauspieler Y, der Experte Z und der Abgeordnete K befragt werden und kommentieren, wenn nicht urteilen, was ich oder meine Freunde hätten tun oder unterlassen sollen. Wir aber, die überlebenden Protagonisten, bleiben ungehört und niedergeschmettert zurück.

Aber Opfer dieser Zustände ist auch der gewöhnliche Leser, der, auf diese Art angestiftet, aus einer normalen menschlichen Reaktion heraus den Zeitungen schliesslich im gleichen zynischen Ton schreibt. Deshalb kann man dann in gewissen Leserbriefen solche Dinge lesen: «Tollkühne Taten gegen die Natur ...», «sie suchten die Gefahr und sind darin umgekommen ...», «ehrlich gesagt, ich könnte keine einzige Träne vergiessen ...», «solche Leute sollte man in ein Arbeitslager stecken». Das ist die Frucht der unehrlichen Information: eine traurige moralische Gleichgültigkeit, die selber moralisieren will. Der Wahrheit halber muss auch gesagt werden, dass es Journalisten gab, welche die Geschehnisse kompetent, objektiv und auch einfühlsam kommentierten. Aber es waren wenige.

Die Wahrheit ist – ob sie nun gefalle oder nicht –, dass wir dort oben auf dem Pfeiler alle zusammen sieben Männer und Brüder waren; dass wir durch ein wütendes Schicksal in eine tödliche Falle abseits vom Rest der Welt gerieten; aber auch, dass uns dort niemand, ausser gegen das Ende des Dramas hin, hätte retten können – und dass ich dort oben ganz einfach überlebte. Weil ich mich, vielleicht mehr noch als die anderen, nicht sterben lassen wollte.

Später schrieb Pierre Mazeaud in seinem Bericht, der einzige Überlebende der vier Franzosen, dass er mir das Leben verdanke und dass er ohne mich auch gestorben wäre. Und eines Tages sollte mir dann Frankreich die höchste offizielle Anerkennung überreichen, das Kreuz der Ehrenlegion – «für die mutige Haltung und die brüderliche Solidarität während des dramatischen Unternehmens». In meiner Heimat sollte es hingegen viel länger dauern, bis – ich rede schon gar nicht von der Würdigung eines Verdienstes – immerhin meine Unschuld anerkannt wurde.

Die Zeit rückt jedoch die Dinge an ihren richtigen Platz und lässt Gerechtigkeit walten. Doch die Zeit ist ein Richter, auf den man lange warten muss.

Der Überlebenswille ist manchmal wirklich überraschend. Bald erlange ich die verlorenen Energien, nicht nur die körperlichen, wieder zurück. So kehrt mein Blick zum Zentralpfeiler zurück und umfängt liebevoll die grausamen, aber faszinierenden Umrisse des Mont Blanc. «Wir werden auf den Zentralpfeiler zurückkehren, um auch diese letzten 80 Meter zu bezwingen!» Das haben Mazeaud und ich abgemacht, als er das Spital in Lyon verlassen kann. Für uns wäre dies vor allem eine Wallfahrt zum Schauplatz der Tragödie gewesen, aber auch die Vollendung eines Werks, das unsere Freunde verwirklichen wollten.

Aber wir hatten uns zu viel vorgenommen, und aus jedem schönen Traum wird man brüsk in die Wirklichkeit zurückgeholt. In der Tat, auch wenn alle Menschen gewisse Handlungen nachvollziehen könnten, gibt es daneben doch immer das erbarmungslose Gesetz des Ehrgeizes und des Erfolgs, das diese Gefühle wieder zunichte macht – und das erstaunt nicht weiter: Sobald das Wetter besser ist, wenige Wochen nach unserer Tragödie, steigt eine italienisch-französische Seilschaft in den Zentralpfeiler ein. Natürlich sind wir zwei nicht dabei: Unsere physischen Kräfte sind noch eingeschränkt. Die zwei Kletterer lassen sich von einem Hubschrauber auf dem Gipfel des Mont Blanc absetzen, seilen sich dann über den Peuterey-Grat zum gleichnamigen Pass ab und packen von dort aus den Pfeiler an. Sie werden aber nach drei Tagen zur Umkehr gezwungen. Der Frêney-Pfeiler bleibt unbesiegt, aber die bis hier aufrechterhaltene Zurückhaltung ist eingestürzt. In Kürze wird jenes Felsbollwerk von trauriger Berühmtheit das Ziel der stärksten Seilschaften der Welt sein.

Auf die völlig abnormale Schlechtwetterperiode folgt ein ungewöhnlich warmer und trockener Sommer: Nie lag am Mont Blanc so wenig Schnee. Ein schlechter Scherz? Am 29. August 1961 bringen es acht Männer aus vier verschiedenen Nationen fertig, den Gipfel des Pfeilers zu erreichen; untereinander führen sie einen erbitterten Wettkampf. Damit stieg man bei diesem Erfolg nicht nur einfach sinnbildlich über die Toten hinweg; einzelne Bergsteiger jener Gruppe behaupteten gar (und schrieben es auch), sie hätten damit «die schönste Huldigung an die Opfer» dargebracht. Ich möchte in diesem Zusammenhang bemerken, dass Oggioni, Guillaume, Kohlmann und Vieille vom ersten Moment an in Einklang standen und vor allem Freunde waren, und dass der Helikopter für sie erst nach dem Ende der Tragödie aufstieg, um ihre Leichen zu Tale zu bringen. Sie starben also für ein reines Ideal, eine bestimmte Ethik verfolgend. Ein Beispiel, das man nicht entweihen und noch viel weniger mit solchen «Huldigungen» beschmutzen sollte.

Wie bei einer langen Rekonvaleszenz gewinne ich langsam wieder meine Form zurück, um in die Berge zurückzukehren: ausgedehnte Märsche durch die Wälder, zunehmend härtere, schwierigere Klettertouren auf immer grösserer Höhe. Und dann endlich der grosse Test: Mont Blanc über die «Diagonale» und

Mont Maudit über die «Kagami-Route» – zwei Eistouren, die sich über die breite Brenva-Flanke hochziehen; 1932 respektive 1929 erstmals begangen, waren sie seither nicht wiederholt worden. Damit vollende ich mein lange gehegtes Projekt, alle bis Anfang der Sechzigerjahre eröffneten Routen in der oberen Brenva-Flanke zu begehen. Ich weiss nun auch, dass ich wieder in der richtigen physischen Verfassung bin, um grosse, hochalpine Touren anzugehen.

Ich lege meine Erinnerungen an den nunmehr entwerteten Frêney-Pfeiler zur Seite, der schliesslich am 29. August 1961 auf die erwähnte Art besiegt wurde, und wende meine Aufmerksamkeit der noch unberührten Wand zwischen den drei Pfeilern und dem Peuterey-Grat zu, die sich oberhalb von Courmayeur direkt zum Gipfel des Mont Blanc aufschwingt. Sie verlangt weder akrobatische Kunststücke noch luftige Biwaks. Aber sie stellt immerhin einen wunderbaren Aufschwung dar, gebildet aus einer harmonischen Folge von Fels und Eis, und gehört zu jener Kategorie Wände, welche den klassischen Alpinismus jener Zeit verkörpern, als das Bergsteigen noch vor allem als Abenteuer verstanden wurde, als Stil, der seinen höchsten Ausdruck im Erreichen des Gipfels fand. Wie in alten Zeiten also verlangt diese Art Besteigung – abgesehen von Seil und Pickel – vor allem zwei kräftige Beine, ein gesundes Herz und starke Handgelenke, um unzählige Stufen in das Eis zu schlagen, das auf dieser Route überwiegt. Es ist unglaublich, dass eine solche Wand, die 800 Meter hoch zum Gipfel des Mont Blanc aufragt, bis heute – 1961 – unbestiegen ist. Seit Jahren hatte ich sie fasziniert betrachtet; vor zwei Monaten wäre sie sicher mein nächstes Ziel gewesen, hätte ich nur im Entferntesten geahnt, dass die Franzosen sich ebenfalls am Frêney-Pfeiler messen wollten.

20. September 1961. Es ist ein warmer, klarer Spätsommertag, der sich in eine raue, frostige Nacht verwandeln wird. In dieser Jahreszeit besteht ein grosser Temperaturunterschied zwischen den schon kurzen Tagen und den Nächten, die immer länger werden. Eine für den Herbst typische Bedingung; wenn aber der Luftdruck beständiges Wetter anzeigt, kann man im Hochgebirge noch schnelle Besteigungen unternehmen.

Einmal mehr bin ich in der Gamba-Hütte, die nun vereinsamt ist. Auf die Kälte der Nacht wartend, welche die von der Wärme gelockerten Steine wieder fest mit der Wand verbindet, lege ich mich in die Sonne. Mein Seilgefährte ist Cosimo Zappelli: 28 Jahre alt und aus Viareggio, Enkel von Seeleuten, Bergsteiger aus Berufung. Ich verstehe diesen jungen Mann, der wie ich seine Vaterstadt verlassen hat, um am Fuss des Mont Blanc zu leben. Nach der Tragödie am Pfeiler habe ich ihm mein Seilende angeboten, und seither begleitet er mich auf fast allen meinen Touren und wird es weiterhin tun. Bis zum Tag, drei Jahre später, als er als Führeraspirant der Bergführer-Vereinigung von Courmayeur beitreten wird, von welcher ich mich abgewandt habe. Spontan und auch mit deutlichem Ressentiment: Zwischen mir und dieser Gruppe von Bergführern gab es nie einen Dialog und auch kein Verständnis. Jener Tag, als Zappelli sich zu diesem Schritt entschied – aus menschlicher Sicht durchaus verständlich und unumgänglich –, war für mich eine grosse Enttäuschung. Vielleicht, sagte ich mir, hat er die Frucht meiner Erfahrungen nie zu ergreifen verstanden. Oder vielleicht sind wir einfach zwei verschiedene Menschen. Ich binde ihn dann von meinem Seil los und behalte die schönen Erinnerungen. Wie hätte ich mich mit einem Bergführer von Courmayeur ans gleiche Seil binden können, nachdem ich dazu veranlasst worden war, diese Vereinigung aus verschiedenen Gründen aus meinem Leben zu löschen? Bergführer, die zudem von nun an auch von meinem Freund Zappelli repräsentiert würden.

3.30 Uhr. Die Dunkelheit ist undurchdringlich, die Luft eisig. Wir brechen im matten Schein der Stirnlampen auf, und als wir im Col de l'Innominata ankommen, ist es noch dunkel. Besser, noch etwas zu warten. Gleich nach dem Sattel kauern wir uns in unseren Biwaksäcken zusammen und warten schweigend. Ein leichter Wind säuselt, die Sterne funkeln und zittern. Vom Frêney-Gletscher dringt hin und wieder das dumpfe Krachen einstürzender Eistürme herauf. Alles ist wie üblich. Aber die Tragödie vom vergangenen Juli lebt in mir neu auf und wühlt mich auf. Ich kämpfe gegen die psychologische Barriere, die mich hier oben festhalten will. Endlich wird es langsam Tag. Ich seile ein erstes Mal am Doppelseil durch das Couloir unter der Scharte ab und stosse auf zwei Haken, einer neben dem anderen, beide völlig unzuverlässig. An jenem tragischen Abend hatte ich es irgendwie geschafft, sie in den weissen Eispanzer zu schlagen. Gerade an diesen zwei Haken begann Oggioni langsam zu sterben. Und jetzt ist alles so einfach.

Der Gletscher unter mir ist schrecklich ausgeapert, mit wackligen Eistürmen gespickt. Einer ist besonders beeindruckend: Von weitem sieht er wie eine weisse, im Gleichgewicht auf dem Gletscher ruhende Säule aus; leider müssen wir genau unter ihm durch, und zwar im Laufschritt.

Ich erzähle Zappelli von einem seltsamen Zusammentreffen von zwei Ereignissen, das sich vor ein paar Jahren hier auf dem Frêney-Gletscher ereignete. An jenem Tag war ich als Bergführer mit einem Schweizer Gast namens Gysi unterwegs; wir stiegen über die lange Passage der Brogliatta Richtung Peuterey-Grat auf. Um Gysi zur Eile zu ermuntern, erzählte ich ihm, dass an dem Punkt, wo wir uns befanden, eine grosse, scheinbar stabile Eisrippe unter den Füssen des berühmten Bergführers Lionel Terray und seines Seilgefährten eingestürzt war. Terray konnte sich wie durch ein Wunder retten, aber sein Freund verschwand. Kurz und gut, ich hatte meine Erzählung noch nicht beendet, als Gysi und ich in die Luft katapultiert wurden und dann wuchtig auf den Rücken aufschlugen. Wie durch ein Erdbeben war der riesige Eisturm um einige Meter senkrecht gesunken und hatte sich, ohne zu zerbersten, wieder gesetzt: ein wahres Wunder.

Auch unter dem Eindruck dieser Erinnerung eilen Zappelli und ich atemlos unter der weissen Säule durch, eine Art wackliger, an seinem Fuss mindestens 100 Meter langer Parthenon. Und dann passiert etwas, das mir heute noch zu denken gibt: Kaum haben wir die Gefahr hinter uns, lässt uns ein trockener Knall herumfahren. Einen Moment lang scheint in uns und rundherum alles stillzustehen – dann, von einem fürchterlichen Gepolter begleitet, beginnt dieser ganze Parthenon aus Eis zu wanken, sich aufzublähen und schliesslich in einer Wolke aus Eistrümmern zu zerbersten, die sich brüllend ausbreitet und auf uns zu wälzt. Wir entgehen ihr nur knapp. Als alles wieder ruhig ist und sich, als ob nichts passiert wäre, beruhigt hat, schauen wir uns an – sprachlos.

In etwas mehr als einer Stunde gelangen wir in der Nähe des höchsten Punktes der Punta Gugliermina in die Sonne. Der lange Grat, der sich von hier zur Aiguille Blanche und weiter zum Mont Blanc hochzieht, begeistert mich immer wieder von neuem: frei und luftig, die Szene beherrschend, windet er sich sanft von einer Gratspitze zur anderen zum Gipfel des Mont Blanc hinauf. Und die vereiste Wand auf der Brenva-Seite verliert sich im Abgrund; sie ist prächtig in ihrer Reinheit. Das Blau des ruhigen Himmels dehnt sich bis zu fernen Horizonten aus, wo nur ein paar glühende Wolken treiben. Über den tiefer liegenden Tälern schweben feuchte, herbstliche Nebelmeere, welche die Sonne zögernd auflöst.

Am Mittag sind wir auf der Aiguille Blanche und eine Stunde später im Col de Peuterey unterhalb davon. In der dünnen Wärme auf dem 4000 Meter hohen Sattel strecken wir uns in der Sonne aus. Heute gehen wir nicht mehr weiter.

Im September 1953 gelangte ich erstmals hier herauf – später folgten viele andere Male. Ich war damals zum Mont Blanc unterwegs, zu meiner ersten Besteigung dieses Berges, und es war kein Zufall, dass ich den Weg über diesen Sattel gewählt hatte; schon damals faszinierten mich der Zentralpfeiler und die Südwand, die wir heute begehen. Auch an jenem Tag waren Roberto Bignami und ich früh hier oben aus dem Couloir auf der Nordseite, das direkt zur Brenva hochzieht, ausgestiegen. Und auch damals strahlte der Himmel so klar und prachtvoll wie heute. Wir waren die einzigen Lebewesen auf den Graten des grossen Berges und verbrachten den ganzen Tag damit, an der Sonne zu liegen, über tausenderlei Dinge zu plaudern, mit offenen Augen zu träumen und die unendliche Ruhe in uns aufzunehmen. Alles ist wie damals, als ob die Zeit stillgestanden wäre. Und doch, wie viele Dinge haben sich inzwischen geändert, wie viele Erfahrungen liegen dazwischen, die ich nicht noch einmal machen möchte, wie viele Gesichter, die ich nie mehr wiedersehen werde: Dazu gehört auch Bignami, der in den Bergen des Himalaja verschollen ist.

Kurz nach 16 Uhr versinkt die Sonne hinter dem Brouillard-Grat, und schon eine Stunde später ist der Schnee fest gefroren. Wir machen uns auf, um den Fuss unseres Berges zu erkunden und einen Übergang über den Bergschrund auszumachen. Dahinter ragt die Wand in ihrer ganzen Grösse auf. Links hebt sich die Spitze des Zentralpfeilers herausfordernd vom kalten, durch fahles Licht erhellten Himmel ab. Unerwartet überfällt mich ein Gefühl der tiefen Bestürzung. Ich schaue mich genauer um: da die Gletscherspalte des letzten Biwaks, der Hang, der Vieille zum Verhängnis wurde, die Gruber-Felsen, dann der finstere Frêney-Gletscher, und dort unten, im violetten Abendschatten, das grausame Couloir zum Col de l'Innominata. Ich sehe nicht nur die äusserlichen Dinge wieder. Eine Handvoll Männer irren gebeugt und stumm durch den tiefen Schnee, fallen hin und erheben sich wieder; vom Tod gezeichnet, sucht einer den anderen zu stützen. Wohin mein Blick fällt, sehe ich das gleiche Trugbild. Ich spüre eine grosse Traurigkeit und den Wunsch, dieser bedrückenden Geisterwelt zu entfliehen.

2.15 Uhr. Der grosse, drei Viertel volle und immer noch zunehmende Mond verschwindet hinter dem schwarzen Profil des Mont Blanc. Die Sterne funkeln am Himmel. Wir bereiten uns vor, den Sattel zu verlassen. Es herrscht lähmende Kälte, totale Stille.

Bald lenkt mich das Handeln von den Gedanken ab, die mich immer noch unablässig bedrängen. Der Hang ist steil, gefroren, seine obersten Kristalle knistern, und stellenweise muss ich mit meinem Pickel ein paar Stufen hacken. Das Morgengrauen erreicht uns am Fuss der Felsen, im Herzen der Wand. Die rote Scheibe der Sonne steigt wie ein Wunder am Horizont auf. Es ist eine glühende, dampfende Kugel, als ob sie nach ihrer Schöpfung überschüssiges Gas ablassen müsste. Eine neue, herrliche Sonne, eine Sonne, die man hier oben verehrt wie jene Menschen, die sie anbeten.

Die Kletterei ist bei diesen Verhältnissen begeisternd und sicher. Ich versuche, möglichst direkt aufzusteigen. Drei Haken dringen singend in den roten Granit einer grossen Verschneidung in der Wandmitte ein. Dann geht es weiter über gesprenkelte Felsen, gerade hoch zum Gipfel des Mont Blanc de Courmayeur. Am Abend, als wir durch das Val Veni absteigen, blicke ich noch einmal zu meiner prachtvollen Wand auf, die im Mondschein leuchtet. Es ist ein wahres Schauspiel. Und ich komme gerade von dort oben.

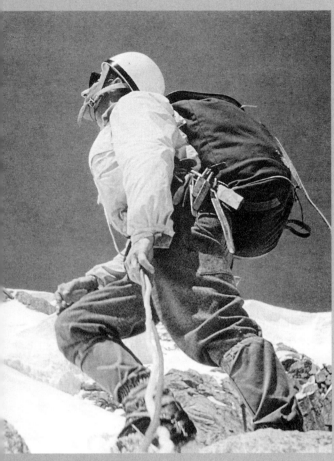

Walter Bonatti in der Nordwand
des Grand Pilier d'Angle

AM PILIER D'ANGLE
1962

Die beiden von Walter Bonatti eröffneten Routen in der Nordwand des Grand Pilier d'Angle: Bonatti/Gobbi 1957 (links) und Bonatti/Zappelli 1962

Ich hatte eben die Nordwand der Grandes Jorasses begangen und stieg nun ins Tal ab. Es war August 1949. Mein Geist stand immer noch unter dem Eindruck der Schwindel erregenden, fliehenden Eisbastionen, und überall in meinem Körper waren noch die Schauder zu spüren, die sich in den zugigen Biwaks auf 4000 Metern angesammelt hatten. Ich war also in jener Verfassung, in der man nur flache, sichere, warme Gegenden schätzt und angenehme, leichte Dinge, welche die Erholung erleichtern. In diesem Zustand wanderte ich über die Wiesen von Entrèves hinunter, das damals noch ein schönes Bergdorf war. Da machte mich jemand auf den grossen Pilier d'Angle in der Brenva-Flanke aufmerksam: Eine Seilschaft war eben über seine grossen, vereisten Platten aufgestiegen. Obwohl mich acht Kilometer Luftlinie vom Pfeiler trennten, schienen seine Umrisse greifbar nahe. Sein Anblick war abweisend, und niemand hätte dies in jenem Moment mit mehr Berechtigung sagen können als ich. Aber wer waren diese Ausnahmekönner, die so viel gewagt hatten und denen gegenüber ich mich als Null fühlte? Ich erfuhr, dass einer von ihnen der herausragende Hermann Buhl aus Österreich war. Als ich das wusste, war die Sache schon viel annehmbarer.

Einige Jahre vergingen, bis sich das Missverständnis klärte: Buhl hatte damals mit seinem Gefährten Schliessler nicht den Nordabbruch des Pilier d'Angle, sondern die Nordwand der Aiguille Blanche begangen. Eine grossartige Wand, wohlverstanden – ich weiss es, weil ich sie auch durchstiegen habe –, aber die Kletterei über den Pilier d'Angle ist im Vergleich dazu eine ganz andere Sache.

Die grösste Felsmasse im Becken der Brenva war von dieser Seite bis dahin unerforscht gewesen. Von seinem höchsten Punkt auf 4200 Metern stürzt der Pfeiler in einer 1000-Meter-Wand auf den grossen Gletscher darunter ab; seine Form erinnert merkwürdig an den nach oben gekehrten Kiel eines Schiffes.

Der Pilier d'Angle, der «Eckpfeiler», weist eine Entrèves zugekehrte Ostwand, einen gegen Nordosten gedrehten, abgerundeten und mächtigen Sporn und eine vollständig gegen Norden gerichtete, etwas verborgene Wand auf, von der man vom Talgrund aus nur das Profil wahrnehmen kann. Sie ist schattig und von fallenden Eistrümmern wie ein Spinnennetz gerillt und gefurcht. Der Nordostsporn dagegen ist schlank und besteht aus wunderbarem Granit. Doch es ist die Ostwand, die dem Aufschwung seinen üblen Ruf eingetragen hat. Sie ist hell, fahl, verstümmelt: das labile Überbleibsel eines der grössten Bergstürze, die sich seit Menschengedenken in den Alpen ereignet haben. Ein erster grosser Abbruch ging an der Ostseite des grossen Pfeilers am 14. November 1920 nieder; er riss den Hängegletscher mit, den es zu jener Zeit noch wenig unterhalb des Col de Peuterey gab. Aber das war nur das Vorspiel zu der eigentlichen Katastrophe, die sich fünf Tage später, am 19. November, ereignete: An jenem Tag brach in einer Art apokalyptischer Szene der ganze obere Aufbau des Pilier d'Angle, eine mindestens 500 Me-

ter hohe Wand, auf einen Schlag zusammen und stürzte ins obere Becken des Brenva-Gletschers. Von hier setzte die Steinlawine ihren verheerenden Weg mit zunehmender Wucht fort und verwüstete schliesslich den Wald im Talgrund. Seit diesem Ereignis scheint sich die Ostwand des unstabilen Pfeilers langsam zu beruhigen, aber kleinere Ausbrüche sind noch heute zu beobachten.

Vom 1. bis zum 3. August 1957 führe ich die Erstbegehung des Pilier d'Angle über den kompakten Nordostsporn durch: ein schwieriger und eleganter Anstieg in grossartiger Umgebung. Die Tour hatte eine stimulierende Wirkung auf mich, als ob ich von einer schmackhaften Frucht, die ich in zwei Hälften geteilt hatte, nicht genug gekostet hätte. Der Nordostsporn teilt in der Tat zwei klar erkennbare und deutlich verschiedene Wände, die auch zwei vollkommen unterschiedliche alpinistische Probleme darstellen: da die vollständig vereiste und verschlossene Nordwand; hier die felsige, offene und der Sonne ausgesetzte Ostwand. Letztere bezwang ich am 11. und 12. Oktober 1963 mit meinem Freund Zappelli. Doch an dieser Stelle hier will ich von der schwierigen Nordwand erzählen.

Je mehr Kenntnisse ich über Unternehmen im Eis erwarb, desto grösser wurde meine Überzeugung, dass die Nordwand des Pfeilers die grössten Schwierigkeiten vereinigt, die man im Hochgebirge antreffen kann – geht man sie nach dem für mich gültigen Kriterium an, das den Durchgang zwischen den zwei grossen Hängegletschern vorsieht. Diese Wand ist sicher das wildeste und gefährlichste kombinierte Gelände, dem ich in den Alpen je begegnet bin. Glatte und oft überhängende, vollständig mit Eis oder schlecht gesetztem Schnee überzogene Felsbänder wechseln ab mit unerhört steilen Eishängen, auf welchen Séracs und Wechten zerbersten und so den Anstieg ständig bedrohen. 1000 Höhenmeter, die man in einem riesigen, düsteren und kalten Trichter mit wenig bis hier gefiltertem Licht überwinden muss – Furcht erregend. Auf dieser Route spielen die Wetterbedingungen eine entscheidende Rolle. Wird man nach dem ersten Drittel der Kletterei von einem Sturm oder von einer plötzlichen Erwärmung erwischt, kann man nicht mehr umkehren: Man steigt entweder rasch hoch oder bleibt – auf einer Höhe von etwa 4000 Metern – in der Gewalt der Elemente und muss mit Kälte und Lawinen rechnen. Diese Wand war lange das letzte und schroffste Bollwerk, das der Mont Blanc seinen Erkundern entgegenhielt. Und doch – aus diesem geheimnisvollen Impuls, der den Menschen seit jeher ins Unbekannte und Unmögliche treibt, fühlte ich ein unwiderstehliches Verlangen, dort hinaufzusteigen.

Es gibt nur zwei äussere Bedingungen, bei denen die Begehung der Route günstig ist: einmal nach einem ausgiebigen Schneefall, der die Eishänge gleichmässig mit gutem Trittschnee bedeckt und ihre Begehung deutlich verkürzt; in diesem Fall verschwinden aber die Felsbänder auf halber Höhe unter einem ebenso heiklen wie schwierigen Eispanzer. Anderseits ist die Begehung unmöglich, wenn die Felsen vollständig aper und eisfrei sind; dann begegnet man aber einem anderen, weitaus gefährlicheren Problem: Die Eishänge sind wegen des Ausaperns und der niedergegangenen Rutsche blank gefegt und glasig; man muss deshalb eine Stufe nach der anderen ins Eis hacken, was wiederum sehr viel Kraft und Zeit in Anspruch nimmt. Dadurch ist man länger dem häufigen Eis- und Steinschlag ausgesetzt.

Wir sind noch weit entfernt von der revolutionären Eisklettertechnik, wie sie heute mit guten und zuverlässigen Geräten ausgeübt wird. Es liegt in der Natur der Berge, dass man in solchen Wänden nicht gleichzeitig gute Verhältnisse im Fels und im Eis antrifft; immer nur eines der beiden Elemente weist günstige Bedingungen für eine Begehung auf. Ein Unternehmen dieser Art erfordert deshalb sowohl Mut als auch Besonnenheit und Selbstbeherrschung – drei Faktoren, die Frucht einer umfassenden und gewissenhaften Vorbereitung sind. Eine solche ausgezeichnete geistige Verfassung, die unbedingt mit guten Verhältnissen am Berg einhergehen muss, zeichnet sich bei mir gegen Mitte September 1961 ab. Und so breche ich zum Einstieg des Pfeilers auf.

Ich erreiche den Col Moore um 2 Uhr in einer wundervollen, eisigen Nacht. Der zunehmende Mond scheint extra dafür geschaffen zu sein, diese Landschaft mit seinem Licht zu verzaubern. Der Col Moore ist eine richtige Kanzel hoch über dem Herzen der Brenva, eine Art afrikanischer «Tree-top», von welchem man die wilden Tiere aus der Höhe und in Sicherheit beobachten kann. Hier oben sind die Raubtiere durch die Sércas ersetzt, die brüllend zusammenstürzen und sich am Fuss der Wand auftürmen. Still, als ob sie auf dem Rücken liegend schliefe, neigt sich die majestätische Brenva-Flanke nach rechts, und der Gletscher darunter vermischt sich mit den harten Schatten der niedrigeren Berge. Wenn diese Konturen im Licht des Mondes fast gutmütig scheinen, dann bewirkt aber der gleiche Mond auf dem steilen Pilier d'Angle gleich gegenüber erschreckende Effekte: Wegen der täuschenden Perspektive sieht seine Nordwand von hier absolut senkrecht aus, und ihr Hängegletscher scheint so weit herauszuragen, dass er jeden Augenblick hinunterstürzen und einen treffen könnte. Die ganze Wand ist weiss, glänzend und weist keine Unebenheit auf: eine unwirklich erscheinende, 1000 Meter hohe Tafel aus Fels und Eis. Ich weiss, dass dies nicht der Wahrheit entspricht und der Berg in dieser Nacht ideale Voraussetzungen für eine Besteigung bietet. Aber das schauderhafte Schauspiel löst in mir einen negativen psychologischen Mechanismus aus, der mich auf diesem Sattel festnagelt. So verweile ich eine gute halbe Stunde absolut still, als ob ich vom Pfeiler hypnotisiert wäre. Zappelli, als guter Schüler, schweigt. Plötzlich rufe ich zu meiner eigenen Überraschung und fast unbewusst aus: «In dieser Wand will ich mein Leben nicht verlieren!»

Ich gehe nach Hause. Ich wundere mich immer noch über meinen Verzicht, für den ich weder jetzt noch später eine Erklärung finde. Alles stimmte, und die Wand brüstete sich fast mit ihrer «Achillesferse». Und dennoch, ich bin umgekehrt. Welch wundersames Werk ist doch die menschliche Psyche! Zu allen Erfindungen, ja sogar zu Wundern fähig, löste sie nun über geheimnisvolle Wege in mir Gefühle aus, welche die Angst unerträglich werden liessen. Auch das ist eine Erfahrung.

Der Winter geht vorbei, und schon Mitte Juni des nächsten Jahres offenbart sich meine Wand wieder in guten Verhältnissen: Eine dicke, sicher wirkende Schneeschicht bedeckt sie, die Nächte sind kalt und vom Vollmond erhellt. Ich bin zum Glück in guter Form. In der Nacht des 19. Juni erreiche ich den Fuss des Pfeilers; aber da fällt der Luftdruck plötzlich: Wird das Wetter etwa schlecht? Obwohl der Himmel noch mit Sternen übersät ist, veranlassen mich meine Zweifel zur Umkehr. Ich werde sie nicht bereuen: Ein paar Stunden später, im Morgengrauen, beginnt es zu schneien. Glücklicherweise ist es nur ein kurzer Schneeschauer. So stehe ich zwei Tage später wieder am Fuss des Pfeilers, diesmal mit der Gewähr für gutes Wetter. Der Mond, der auf drei Viertel abgenommen hat, ist vor kurzem aufgegangen, bescheint die Nordwand und betont einmal mehr ihre Schwierigkeit. Die Angst befällt mich wieder, aber sie ist in dieser Umgebung ein vollkommen normales Gefühl, und diesmal kann ich damit umgehen.

Sofort stehe ich vor einem Problem: der Überwindung des Bergschrundes; er zieht sich durchgehend quer durch die Wand und ist sehr breit. Sein oberer Rand hängt mit Mauern aus Eis und Schnee über. Vergebens suche ich einen schwachen Punkt. So entscheide ich mich für ein extremes Manöver, das mir in der Vergangenheit schon andere Male zum Erfolg verholfen hat: Ich lasse mich in die Randkluft ab, bis ich eine Schneebrücke in der Spalte erreiche; von hier aus beginne ich eine Art spiralförmigen Gang in den Schnee zu graben, durch den ich über dem bergseitigen Rand der Spalte aussteigen kann. Es ist eine anstrengende Arbeit: Zwei Stunden lang mühe ich mich mit Pickelschlägen ab, die mich unter Eissplittern begraben, aber am Schluss steige ich aus.

Es ist 1 Uhr in der Nacht des 22. Juni. Ich stehe nun am Fuss der unerhört steilen Hänge; sie bestehen aus gutem, gefrorenem Trittschnee und sind von tiefen Längsrillen durchzogen: offenkundige Zeugnisse der unzähligen Rutsche, die in den warmen Tagesstunden hier niedersausen. Ich beginne den Aufstieg und halte mich, mit dem Pickel Stufen schlagend, schräg nach rechts. Zappelli kommt nach jeder Seillänge nach. Allmählich gelangen wir in die Zone, wo alle Eislawinen zusammenlaufen – sowohl die aus dem oberen Teil unserer Wand als auch jene, die von den Séracs der «Poire» über uns abbrechen. Hier peinigt einen die Angst dermassen, dass man nicht einmal den Kopf zu heben braucht, um sich bewusst zu werden, was unversehens geschehen könnte; man würde den Eisschlag schon im Herzen oder im Blut spüren, bevor man ihn überhaupt hörte. Deshalb fährt man bei jedem Windstoss, bei jedem Klirren und Knirschen vor Schreck zusammen. Die Lawinen, die ich schon an diesen Hängen abbrechen sah, haben riesige Ausmasse und stürzen mit einer Front, die bis zu 400 Meter breit sein kann, auf den Gletscher hinunter, wo sie weisse, einen halben Kilometer hohe Staubwolken aufwirbeln. Nur schon der Luftdruck einer solchen Naturkatastrophe würde reichen, um einen Menschen, der davon berührt wird, mit sich zu reissen.

Ich halte immer noch nach rechts und umgehe einen letzten Felssporn, der den Sockel der Wand bildet. Nun sind wir völlig ungeschützt vor Eisabbrüchen. Der Mond beleuchtet düster die vorspringenden Séracs der «Poire» und der Major-Route. Ich muss extrem schnell sein, sage ich mir immer wieder, denn die Schnelligkeit ist hier der einzige Schutz. Aber ich bin gezwungen, mit dem Pickel bei jedem Schritt einen kleinen Tritt in den harten Hang zu schlagen. Der Schneehang ist an gewissen Stellen von den Lawinen so abgescheuert, dass er nur noch eine dünne, tückische Kruste über dem blanken Eis bildet. Der Zeitaufwand für das Stufenschlagen scheint unendlich. Unterdessen bäumt sich der Hang immer steiler auf.

Nun komme ich in eine Schattenzone, denn der Mond verschwindet hinter dem Pfeiler. Ich schalte die Stirnlampe ein, die eine spärliche Beleuchtung abgibt. Nicht ohne Unbehagen spüre ich die ganze Nordwand des Pilier d'Angle über mir; ich kann keine Einzelheiten mehr wahrnehmen, sondern nur noch eine schwarze, unförmige Masse. Ich versuche, die richtige Richtung einzuschlagen: Wir müssen in jene Zone gelangen, die ich schon beim Studieren der Wand «Rocce sinuose» getauft habe. Es handelt sich um eine zwingende Passage, die ich unbedingt finden muss – eine weitere Sorge, zu der noch die bedrückende Erkenntnis kommt, dass wir uns mit jedem gewonnenen Meter immer weiter von der letzten Rückzugsmöglichkeit entfernen.

Es fängt zu tagen an. Und da sind auch die «Rocce sinuose»; die von mir eingeschlagene Richtung war also zutreffend. Aber ich nehme auch meine Umgebung wahr: Sie jagt einem Angst ein. Wir befinden uns im Herzen des grossen Pilier d'Angle. Die Wand bricht unter unseren Füssen unerhört steil und blank gefegt bis zum Gletscher tief unten ab, der noch im Dunkeln liegt. 100 Meter über uns hingegen, nach den «Rocce sinuose», scheint die Route durch ein Band von senkrechten, manchmal sogar überhängenden und gleichmässig vereisten Felsen versperrt zu sein. Die Felszunge mit ihrer Eiskruste erinnert mich an gewisse Wände in Patagonien. Es gibt keine Alternative, wir müssen sie direkt übersteigen. Anderseits wäre es an diesem Punkt vielleicht gefährlicher umzukehren als weiterzusteigen.

Zappelli folgt Bonatti über die tief verschneiten, senkrechten Felsen, etwa auf halber Höhe der Wand.

Genau in dem Moment, als ich die «Rocce sinuose» angehe, erschüttert ein furchtbares Krachen die Luft: Von den Eistürmen im oberen Teil der Major-Route stürzt eine Eislawine 1000 Meter hinunter; sie wirbelt durch die Luft, als ob sie den ganzen Himmel mitreissen möchte. Obwohl wir ausserhalb der Schusslinie sind, erbleiche ich; die Lawine zerrt alles mit, was ihr in der Brenva-Flanke begegnet, und fegt einen Teil davon blank; nachdem sie dort niedergesaust ist, wo wir in der Nacht schräg hochgestiegen sind, kommt sie unten auf dem Gletscher zum Stillstand. Der Eisstaub dringt bis zu uns herauf.

Eine Stunde später, als wir die «Rocce sinuose» ohne besondere Schwierigkeiten überwunden haben, befinden wir uns unter dem quer verlaufenden Felsband, das die Nordwand durchgehend versperrt. Es ist die Schlüsselstelle der ganzen Begehung; das Band zieht sich an seinem schmalsten Punkt über 120 Höhenmeter hoch, es ist von Eis und Schnee weiss überzogen. Ich beginne diese Felsplatten mit dem Pickel von ihrer Kruste zu befreien, um Griffe und Tritte zu finden sowie Risse, in die ich ein paar Sicherungshaken schlagen könnte. Die Haken dringen nur selten und mit mühevoller Arbeit in die von durchsichtigem Eis verstopften Risse ein. Ich kann uns nie einwandfrei sichern. Die Griffe, sofern man überhaupt welche findet, sind glasig und glitschig. Ich trage ständig die Steigeisen an den Füssen, deren Zacken sich im vereisten Fels verbeissen und den besten Halt bieten. Unter mir öffnet sich ein mindestens 500 Meter tiefer Abgrund.

Die Sonne, die vor etwa einer Stunde aufgegangen ist, hat die Atmosphäre erwärmt, und bereits pfeifen, von der höheren Temperatur gelöst, Eissplitter und Steine durch die Luft. Einige treffen mich, dank des Helms können sie mir aber nichts anhaben. Für diese schrecklichen 120 Meter benötige ich etwa fünf Stunden. Von Anfang an muss ich auf den vereisten Platten ohne Handschuhe klettern, um mich besser halten zu können. Die scharfen Eiskristalle verletzen meine Finger, die zu bluten beginnen und so unsere Route markieren. So steige ich Meter um Meter hoch. Die Anspannung schränkt unser Gespräch auf das Allernotwendigste ein: «Pass auf, der Haken sitzt nicht sicher ...», «Achtung, Wassereis!», «Was siehst du weiter oben? Gibt es einen Ausstieg?», «Nein, immer noch senkrechter, vereister Fels!», «Warne mich, wenn du etwas Grosses hinuntersausen siehst!» Und so gehen wir fünf Stunden lang ohne eine einzige Pause weiter.

Gegen 11 Uhr haben wir die grosse Unbekannte, die senkrechte, 120 Meter hohe Mauer hinter uns. Nun legt sich die Wand zurück, aber gerade deshalb bewege ich mich von jetzt an völlig ungeschützt in der Sturzbahn des gefährlichen Hängegletschers, der von der Sonne erst gestreift wird. Die kleinste Salve würde genügen, um uns aus der Wand zu fegen.

Das leiseste Geräusch lässt meinen Kopf in die Höhe fahren, und ich unterbreche die Kletterei. Ich suche nach Felsen, die irgendwie Sicherheit bieten, auch

wenn ich weiss, dass mich vor einer Eislawine nichts schützen könnte. Es fällt mir schwer, meine Angst zu beherrschen. Weiter rechts fällt die fast senkrechte, enge Rinne ab, durch welche die Eistrümmer des Hängegletschers herunterdonnern. Ich fälle einen Entscheid: Ich sichere mich am letzten Felsen, lasse Zappelli nachkommen und beginne dann ohne weitere Umstände leicht nach rechts ansteigend Stufen in das grüne Eis des Trichters zu schlagen.

Auf der anderen Seite der Rinne zieht sich ein sicherer, einladender Felssporn hoch, bis dort muss ich 40 Meter queren, was genau der Länge des Seils entspricht. Die Passage über diesen glatt gefegten Trichter ist eine der furchterregendsten Querungen, an die ich mich erinnern kann. Dabei gehe ich so vor: Ich hacke zuerst kleine Kerben ins Eis, auf denen ich, auf den Zacken meiner Steigeisen stehend, das Gleichgewicht halten kann, während ich den nächsten Tritt schlage. Zappelli, an den Felsen mit zwei misslichen Haken gesichert, verfolgt mit grösster Aufmerksamkeit meine Bewegungen, die durch den schweren Sack auf meinen Schultern noch akrobatischer werden. Falls ich das Gleichgewicht verlieren oder mich ein Eisgeschoss treffen sollte, würde ich am Seil hängend ins Leere stürzen. Mein Gefährte würde das Seil augenblicklich blockieren, vorausgesetzt, die zwei Haken, an denen er gesichert ist, würden nicht ausbrechen. Zum Glück geht alles gut. Ich werde nur von ein paar harmlosen Eisstückchen getroffen. Was ich da mache, ist sicher kein orthodoxes Vorgehen, aber es erlaubt mir, so schnell zu sein wie überhaupt möglich.

Als ich, vor Anstrengung schwer atmend, am anderen Rand des Trichters ankomme, fliegt mir etwas vor den Augen vorbei und lässt mich zusammenzucken: Es ist ein gelbbrauner Schmetterling, der offensichtlich durch eine warme Luftsäule hier hinauf getragen wurde. Er wird sterben, sobald der abendliche Frost eintritt. Im Augenblick aber beneide ich ihn: Er ist der Einzige von uns, der sich blitzschnell von hier entfernen könnte.

Es gilt keine Minute zu verlieren. Kaum bin ich auf der anderen Seite der Rinne, rufe ich Zappelli zu, er solle die Haken am Standplatz zurücklassen und mir sofort nachsteigen. Hier, am Rand des Sporns, sind wir immer noch in Gefahr. Deshalb steigen wir etwa 40 Meter bis zu einigen trockenen und endlich sicheren Felsen auf. Es herrscht eine schwüle Hitze.

Nun können wir uns eine kurze Rast gönnen. Die mit Rotwein gefüllte Feldflasche, die ich wie eine Reliquie aus dem Sack ziehe, bringt mich zum Lächeln: Heute ist mein Geburtstag. Im Grunde genommen ist die Kletterei durch diese Wand eine Art wie eine andere auch, das Fest zu begehen. Wir essen Datteln und getrocknete Feigen, ein paar Vitamin-C-Tabletten, trinken einen Schluck Wein, und alles zusammen kommt uns wie das beste Mittagessen vor, das man sich wünschen kann.

Nach meiner Berechnung sind wir weit über die erste Hälfte der Wand hinaus. Nun weiss ich mit Sicherheit, dass wir nicht mehr zurückkönnen, ich weiss aber auch, dass die Schlüsselstelle der ganzen Tour hinter uns ist. Unter uns, 40 Meter weiter unten, tritt die Wand zurück und verschwindet, man sieht nur gähnende Leere. In der Ferne erkennt man gerade noch die Gegend rund um den Col du Géant, nichts anderes. Am Horizont schwebt ein feiner Schleier hoher, windzerzauster Wolken. Seitlich von uns fallen dagegen steile Eisabbrüche in die Tiefe ab, nur von den Konturen der hängenden Séracs unterbrochen. Das Auge findet nirgends einen Ruhepunkt. Nur selten habe ich mich in den Alpen an einem derart beeindruckenden Ort befunden. Wir haben Kocher und Biwaksack dabei, aber schon nur die Vorstellung, in einer solchen Eistafel übernachten zu müssen, lässt uns sofort wieder weitergehen.

Ich beginne, über eine Folge von überhängenden, schwierigen Felsrippen aufzusteigen. Bald kommt der Schatten, der Formen und Umrisse hart erscheinen lässt, und innert Kürze fühle ich die bissige Kälte an den Händen und am ganzen Körper. Der Ausstieg aus der Wand auf den Gipfel des Pilier d'Angle kompliziert sich. Was ist besser: über die tief verschneiten Felsen hochzuklettern oder noch einmal die Eisrinne zu queren, um auf den Hängegletscher zu gelangen und von dort zum Gipfel zu halten? Ich entscheide mich für die zweite Lösung. Der Trichter ist hier oben etwa rund 80 Meter breit, etwa doppelt so breit wie dort, wo ich ihn schon gequert habe, und besteht vollkommen aus blankem Eis. Er erfordert also zwei Seillängen Querung, diesmal nach links ansteigend, die noch einmal hartes Stufenschlagen verlangen werden. Nach 40 Metern versuche ich vergeblich, einen Standhaken in einen aus dem Eis ragenden Felsen zu schlagen: Er weist keinen einzigen Riss auf. Zwei Meter weiter links kann ich einen Eishaken setzen, der aber keine grosse Sicherheit bietet, da die dünne Oberfläche durch die Wärme sehr zerbrechlich ist. Ich sichere mich, so gut es geht, in der Mitte des Couloirs, lasse den Kameraden nachkommen und nehme die zweiten 40 Meter der Traversierung in Angriff.

Die trockene Kälte, die auf den schwülen Tag folgt, sprengt die Eisplatten, die an den drohenden Überhängen kleben. Ständig lösen sich einige, zischen durch die Luft und zerschellen auf dem Hang über uns. Alles geht gut, solange uns nur Splitter treffen, dann aber kommen grössere Stücke hinuntergesaust. Eben habe ich am Ende der zweiten Seillänge einen zweiten Haken ins Eis gesetzt, als mich ein Krachen, gefolgt vom Aufschrei Zappellis, zusammenfahren lässt: Eine Eisschuppe hat ihn erwischt, aber der Helm hat den Schlag abgeschwächt, und er ist, dank des Hakens, an den er sich gerade noch klammern konnte, nicht mitgerissen worden. Was, wenn er das Bewusstsein verloren hätte?

Die Gefahr wird immer grösser. Ich beschliesse, alle zehn Meter einen Haken ins Eis zu schlagen und so mehr Verankerungen zu haben, die uns – sollten uns weitere Geschosse treffen – halten könnten. Es sind noch keine fünf Minuten seit dem Zwischenfall vergangen, der Zappelli betroffen hat, als der ganze Berg erzittert. In der Nähe des Mont-Blanc-Gipfels hat sich eine ungeheure Eislawine gelöst, die seitlich von uns niedergeht, dem Hängegletscher der «Poire» entlang. Dieser grosse Abbruch wirkt wie ein Sprungbrett für den Eissturz – das Schauspiel, das sich meinen Augen bietet, werde ich nie vergessen. Ich habe den Eindruck, von der Lawine gestreift zu werden, aber Gott sei Dank ist es nicht so. Zum Glück bleibe ich, ohne mich zu rühren, auf den Zacken meiner Steigeisen stehen und halte das Gleichgewicht, während meine Blicke die Naturkatastrophe verfolgen. Alles dröhnt und kocht einige Sekunden lang, dann steigen weisse, violett reflektierende Wolkenwirbel zu uns herauf. Ich fühle mich unendlich klein, der Willkür ungeheurer, vom Zufall bestimmter Kräfte ausgeliefert. Und als die Ruhe wieder eingekehrt ist, erbleiche ich einmal mehr: Als ich zu den «Rocce sinuose» hinunterschaue, die wir im Morgengrauen durchstiegen haben, sind sie von der Eislawine weiss gepudert, die beim Rückprall wieder bis in die Mitte der Wand des Pilier d'Angle hochschoss.

Ich bin die 40 Meter des Seils ausgegangen, befinde mich aber immer noch in der senkrechten, blank geschliffenen Eiswand. Ich gehe weiter und lasse meinen Gefährten am gestreckten Seil gleichzeitig nachkommen. So steige ich endlich über dem grossen Eisturm auf den Hängegletscher aus. Hier ist der Schnee pulvrig und tief, es könnte sich jederzeit eine Lawine bilden. Ich muss den ganzen Schneehang queren, bevor ich einen schwachen Punkt in der langen Randkluft am Fuss des letzten Aufschwungs ausfindig machen kann. Nun fehlen nur noch 150 Meter bis zum Gipfel des Pilier d'Angle, aber sie bestehen aus einem extrem steilen, von Pulverschnee bedeckten Eishang. Diese Nordwand scheint uns den Erfolg nicht so leicht machen zu wollen.

Die beissende Kälte macht sich bemerkbar, und die Kleider und Schuhe, die während des Tages durch und durch nass wurden, erstarren jetzt.

Ich überwinde eine letzte Spalte mitten in der Wand und steuere direkt auf den Gipfel des Pilier d'Angle zu. Um 18.05 Uhr erreiche ich ihn: Es ist ein langer, messerscharfer und überwechteter Grat. Mir gegenüber zeichnet sich der Frêney-Zentralpfeiler ab; unter uns und in unserem Rücken öffnet sich der Col de Peuterey, von der Aiguille Blanche überragt. Parallel zu unserer Route hebt sich der Innominata-Grat ab, der aus tief liegenden Gletschern aufsteigt. Viel, viel weiter unten treten zahlreiche grüne, sonnenüberflutete Berge hervor. Nun füllen sich unsere Augen, die an diesem Tag abgestumpft sind, wieder mit Farben.

Auch wenn wir noch über ein paar Stunden Tageslicht verfügen, ziehe ich es vor, auf einem bequemen Felsband auf dem Gipfel des Pfeilers zu bleiben und dort zu warten, bis der Frost der Nacht den zerbrechlichen Schneekamm des Peuterey-

Grates festigt. Aber ich warte auch auf den Mond, der das letzte Stück unseres Weges bis zum Gipfel des Mont Blanc beleuchten wird.

Etwa um Mitternacht wird der ganze Berg von Licht und Schatten überflutet. Es herrscht beissende Kälte. Wir haben Mühe, uns in Bewegung zu setzen, aber als wir dann die Kraft dazu finden, ist das Gehen eine wundervolle Sache, und der Schnee knirscht jetzt fest und sicher unter unseren Steigeisen.

Als sich die ersten Anzeichen des Morgengrauens bemerkbar machen, sind wir schon am Ende des schönen Peuterey-Grates. Unser Blick umfasst die starre, wie verzauberte Aussicht, da und dort von den Krallen des heftigen Windes zerzaust, der sich inzwischen erhoben hat. Dann die letzten Felsen und schliesslich der Gipfel. Als ich ihn betrete und auf die andere Seite blicke, bietet sich mir das schönste Schauspiel, das man bei Tagesanbruch vom Gipfel des Mont Blanc sehen kann: Auf der einen Seite liegt die italienische Flanke, von warmem und funkelndem Licht überflutet, auf der anderen Seite Savoyen, noch in Nacht getaucht.

Walter Bonatti im Schneesturm während einer Trainingstour für die Begehung des Walker-Pfeilers mitten im Winter

IM WINTER IN DER
GRANDES-JORASSES-NORDWAND
1963

Im Zuge einer normalen Weiterentwicklung begann sich im Alpinismus das Problem der Winterbegehung der Nordwände im Hochgebirge zu stellen; sie sind alles in allem die schwierigsten, aber auch die bedeutendsten Wände: ständig vereist, von ernsthaftem Charakter und an den kurzen Wintertagen ganz ohne Sonne. Ihre Durchsteigung sollte in den Sechzigerjahren die neue Dimension des alpinistischen Abenteuers sein.

In den Alpen gibt es viele Nordwände, aber der Inbegriff aller findet sich in einem stolzen Trio vereint: Matterhorn, Eiger und Grandes Jorasses. Drei faszinierende Berge, welche für die Schönheit, die Schwierigkeit und letztlich auch die Geschichte der Eroberung der Alpen stehen.

Im März 1961 wurde die Eiger-Nordwand, 1962 die Nordwand des Matterhorns erstmals im Winter begangen; die schwierigste und eindrucksvollste Wand, jene der Grandes Jorasses, widersetzte sich dagegen allen Angriffen.

Das Scheitern der verschiedenen Versuche liess die Überzeugung reifen, dass man für die Winterbegehung dieser Wand die im Himalaja erprobte Technik anwenden müsste: eine Begehung durch mehrere Alpinisten, die zusammenarbeiten würden, wobei die Aufgaben der Einrichtung des Anstieges mit Haken, Fixseilen und sukzessive nach oben verschobenen kleinen Zelten genau aufgeteilt wären.

Das Projekt, in diesem Expeditionsstil geplant, wurde im März 1962 von vier Alpinisten aus drei Ländern ausgeführt – aber es endete mit einem Misserfolg. Nach vier Tagen harter Bemühungen befanden sich die Seilschaften erst am Anfang des Walker-Pfeilers. Ich kenne die Gründe für den Abbruch ihres Unternehmens nicht (es war nicht das schlechte Wetter), aber es bestärkte meine tiefe Überzeugung, dass man der Winterbegehung der Grandes-Jorasses-Nordwand gerade wegen ihres Symbolgehalts mit Respekt beggenen müsste. Unter Respekt verstehe ich, dass ihre Schwierigkeiten mit dem gleichen Geist und den gleichen Voraussetzungen, wie sie die früheren Alpinisten hatten, angegangen werden müssten. Welchen Sinn würde es sonst machen, eine Wand wie jene der Jorasses um jeden Preis und Kompromisse eingehend zu durchsteigen? Man würde nichts weiter erreichen, als ihr den Reiz des Unbekannten und Unmöglichen zu rauben und damit jene Auseinandersetzung verhindern, die unser ganzes Wesen in Anspruch nimmt und das Beste und das Menschliche, was noch in uns geblieben ist, zum Vorschein bringt.

Noch nie war im Alpinismus ein so massiver moralischer Niedergang zu beobachten wie in den letzten Jahren [also zu Beginn der Sechzigerjahre, Anm. d. Ü.]. Die Karrieremacherei hat auch vor den Bergsteigern nicht Halt gemacht, die sich nicht scheuen, gewisse Erscheinungen des Zerfalls als «fortschrittlich» zu bezeichnen und den Mund mit dem in Mode stehenden Begriff «Entwicklung» vollzunehmen. Eine wirkliche Entwicklung wäre, wenn überhaupt, die traditionelle, glanzvolle Technik der Alpen auf den Himalaja zu übertragen.

Ich hasse es, um einen Berg zu wetteifern. Aus diesem Grund habe ich mich bisher vom Wettrennen um die winterlichen Nordwände ferngehalten, auch wenn sie zu meinen Projekten gehören. Die wachsende Mittelmässigkeit im Bergsteigen widert mich dermassen an, dass ich mir geschworen habe, für die Tradition einzustehen.

Mein Projekt ist zwar geheim, aber mein Name taucht nach dem Scheitern der «Himalajisten» doch immer häufiger neben den anderen, immer zahlreicheren Anwärtern für die «unmögliche» Nordwand in den Zeitungen auf. Ich fühle viele Augen auf mich gerichtet und weiss, dass zwischen Genf, Paris, Chamonix, Grindelwald und München hin und her telefoniert und besprochen wird, wo ich mich gerade aufhalte. Aber die Konkurrenz schlägt man am besten, indem man sie überrascht. So beginne ich schon im Herbst und immer ganz im Geheimen eine peinlich genaue physische und mentale Vorbereitung. Ich kenne den Walker-Pfeiler, da ich ihn schon vor 14 Jahren im Sommer begangen habe, ich kenne aber vor allem die Grenzen meiner Widerstandskraft gegen Kälte, Müdigkeit und Einsamkeit im Hochgebirge. Sie ist für mich die wichtigste Voraussetzung, will man eine solche Kletterei ausführen. Begleiter bei diesem Abenteuer wird der noch junge Cosimo Zappelli sein, mit dem ich inzwischen gut eingespielt bin. Wir werden unser Unternehmen angehen, indem wir uns an den folgenden ehrlichen Grundsatz halten: Beim Anmarsch zum Berg, bei der Kletterei und dem Abstieg ins Tal vertrauen wir ganz auf unsere eigene Kraft, ohne uns eines Helikopters oder irgendwelcher Funkgeräte zu bedienen (wie sie von einigen, die der Zeit vorausgingen, damals schon eifrig benutzt wurden). Falls wir, unsere Vorgaben respektierend, erfolgreich sein würden, dann wäre die Winterbegehung der Grandes-Jorasses-Nordwand einfach eine persönliche Bestätigung für uns. Aber sie wäre auch eine Hommage an jenen Alpinismus, den wir würdigen und in dessen Geist sich schon die Generationen vor uns massen.

Eine perfekte körperliche Verfassung erreiche ich nicht beim schwierigen Felsklettern, sondern beim Skilaufen. Wer mich kennt, ist nicht erstaunt, mich plötzlich häufig auf den Skipisten anzutreffen. Das Prinzip ist, dass auf jede Bergfahrt mit der Seilbahn eine ununterbrochene, möglichst schnelle Abfahrt über die verborgensten, ungleichmässigsten Hänge mit tiefem und auch schlechtem Schnee folgt.

Gegen Weihnachten, als ich die Verhältnisse am Berg für gut halte, breche ich zur grossen Wand auf. Ich mache es aber, indem ich eine Skitour mit drei Freunden über das Mer de Glace vortäusche. An einem bestimmten Punkt trennen wir uns. Während die Freunde weiter den Gletscher hinunterfahren, bleiben Zappelli und ich allein zurück und steigen zur Leschaux-Hütte auf. Bis vor acht Jahren (also bis Mitte der Fünfzigerjahre) war sie eine behagliche Unterkunft in einem der bezauberndsten Winkel des Mont-Blanc-Gebietes; aber eine riesige Lawine hat sie eines Tages erfasst und zerstört, so dass nur noch ein Haufen Balken und verbogene Blechtafeln zurückblieben. Dieser Ort ist für uns ein Biwak, wo wir uns vor dem Wind, aber nicht eigentlich gegen den Schnee schützen können.

Am gleichen Abend verschlechtert sich das Wetter, und am nächsten Morgen müssen wir im dichten Schneegestöber nach Chamonix abfahren und von hier zu Fuss – die Seilbahnen sind wegen des schlechten Wetters ausser Betrieb – durch den Mont-Blanc-Tunnel, der sich noch im Bau befindet, nach Courmayeur zurück.

Darauf folgt ein harter, schneereicher Winter; nach Aussagen der Meteorologen ist es der schlimmste der letzten 50 Jahre – jedenfalls gewiss der ungünstigste, um sich an ein Unternehmen von dieser Tragweite zu wagen. Aber «die Würfel sind gefallen», und ich will mich nicht mehr zurückziehen.

Einen Monat später, im Januar, kommt endlich das schöne Wetter zurück, aber mit Temperaturen, bei denen sogar ein Bewohner Sibiriens schaudern würde. Immerhin scheint die Sonne, der Luftdruck ist hoch, und die Wettervoraussagen aus Frankreich und der Schweiz stellen stabiles Schönwetter in Aussicht.

Dienstag, der 22. Januar. Ich setze den Aufbruch für den folgenden Morgen um 7 Uhr fest. Zappelli trifft pünktlich zur verabredeten Zeit bei mir ein, doch sein Gesicht ist verzerrt, und er sagt: «Ich halte den Schmerz nicht mehr aus! Ich habe einen Abszess unter der Krone eines Zahns!» In seinem ohnehin schon runden Gesicht ist die eine Backe enorm angeschwollen, die Augen verraten eine schlaflose Nacht. Das ist ein harter Schlag. Statt der Gletscherseilbahn wählen wir sofort die Strasse nach Aosta und suchen einen Zahnarzt auf. Nachdem die Krone entfernt ist und Zappelli Antibiotika erhalten hat, scheint das Problem gelöst.

Anfang Nachmittag fahren wir mit der Seilbahn zum Col de Géant hoch. Aber Höhe und Kälte sind die schlimmsten Feinde kranker Zähne, und in der Turiner Hütte geht es gleich wieder los. Wie kann ich mit einem Kameraden in einer solchen Verfassung weitergehen? Alles scheint sich gegen uns verschworen zu haben: Nach anderthalb Monaten Wartezeit, gerade jetzt im Moment des Aufbruchs, zerbricht alles. Ich platze vor Wut. Zappelli leidet und schaut mich stillschweigend an. Er ist verständlicherweise verzweifelt, aber nicht resigniert. Eine Stunde geht vorbei. Wir könnten unseren Aufbruch um ein paar Tage verschieben, aber es stehen zu viele Anwärter auf die erste Winterbegehung der Grandes-Jorasses-Nordwand bereit; wenn wir zu lange warten, werden wir bestimmt jemanden zwischen den Beinen haben. Was tun? Wir warten noch etwas – und schnallen schliesslich ungeachtet der späten Stunde die Ski an und fahren direkt zum Mer de Glace ab.

Die Sonne ist am Untergehen. Der Dru ist von rotem Licht überflutet und scheint in Flammen zu stehen, während die niedrigeren Grate mit dem violetten Himmel verschmelzen. In der Luft liegt eine beklemmende, schwere Stille: Vielleicht müssen wir morgen über diese Schneehänge, über die wir nun mit unseren Ski schnell abfahren, wieder aufsteigen. Wir verlassen das Mer de Glace bei seinem Zusammenfluss mit dem Leschaux-Gletscher und steigen in der grauen Abenddämmerung über ihn hoch. Die Kälte wird immer durchdringender. Zappelli wird in regelmässigen Abständen von stechenden Schmerzen im kranken Zahn befallen. Dennoch gehen wir unseren Weg und verweigern jeden Gedanken an Rückzug.

Es ist dunkle Nacht, als wir die Überreste der Leschaux-Hütte erreichen. Vor einem Monat haben wir hier einen Teil der Ausrüstung im Schnee verborgen, die wir jetzt im Schein der Taschenlampen wieder ausgraben. Dann beginnt das Ritual des Rucksackpackens: Wie lange wird unser Abenteuer voraussichtlich dauern? Wie viele und welche Lebensmittel sollen wir mitnehmen? Aus Vorsicht bemessen wir alles reichlich. Die Säcke werden dadurch erschreckend schwer; die ganze Last ist sicher nicht in einem Mal bis zum Wandfuss zu schaffen. Schweigend verzehren wir schnell einen kleinen Imbiss, dann richten wir uns im Schutz der Bleche für das Biwak ein. Dank ein paar Beruhigungspillen kann Zappelli einschlummern.

Bonatti auf dem Anmarsch zur Nordwand der Grandes Jorasses, 23. Januar 1963

24. Januar. Wir stehen noch vor dem Morgengrauen auf: Der Himmel ist sternenübersät, die Kälte beissend, das Thermometer zeigt 20 Grad unter null. Auch heute hängt der Aufbruch von meinem Gefährten ab, dessen Zustand aber besser zu sein scheint. Wir laden uns die ganze Bürde auf die Schultern, nachdem wir die Ski angeschnallt haben, und wenden uns zum Fuss der Jorasses. Die Luft hellt auf, und die Wand vor uns wirkt mächtig und glasig. Ein metallischer Himmel scheint ihre Unzugänglichkeit noch zu betonen. Der Harschschnee gibt nach, wir sinken zwei Stunden lang bei jedem Schritt ein, zusammengedrückt von den sehr schweren Rucksäcken; als wir die ersten Steigungen erreichen, scheinen unsere Schul-

tern unter dem Gewicht auseinander zu fallen. Wir halbieren die Last und deponieren die Hälfte an einer gut sichtbaren Stelle auf dem Gletscher. Mit der anderen gehen wir weiter. Dann pendeln wir anderthalb Stunden hin und her, vor und zurück, und bringen so unser Gepäck zur Wand.

Am frühen Nachmittag kommt heftiger Wind auf, der über den Gletscher fegt und dabei eisige Schneewolken aufwirbelt. Wir sinken immer noch im Schnee ein. Seine oberflächliche Kruste muss bei jedem Schritt durchbrochen werden, damit wir einigermassen Halt haben. Wir können nicht glauben, dass wir die einzigen sind, die in diesen weissen unendlichen Weiten zu dieser von den besten Bergsteigern umworbenen grossen Wand unterwegs sind. Und doch, von der Leschaux-Hütte an war keine einzige Spur mehr zu erkennen.

In der Dämmerung haben wir unsere ganze Last am Fuss des Walker-Pfeilers zusammen. Wir stecken die Ski, die wir hier zurücklassen, in den Schnee, ebnen ein paar Quadratmeter im Schutz eines grünlichen Séracs aus und richten uns für unser zweites Biwak auf dem Anmarsch zur Wand ein. Die Nacht wird bald einbrechen, und wir sind müde; aber das hindert uns nicht daran, den weiteren Anstieg bis zum Bergschrund zu erkunden. Damit können wir uns ein genaues Bild über die Verhältnisse machen, die uns in der Wand erwarten. Der Einstieg, eine blanke, smaragdgrüne Eisplatte, ist ausgesprochen steil. Ich steige ein paar Meter hoch. Für jeden Schritt muss ich erst ein paar Kubikdezimeter äusserst spröden Eises entfernen, bevor ich den Fuss absetzen kann.

Die Dunkelheit überrascht uns bei unserer Erkundung, am Fuss der Mauer: 1200 senkrechte Meter – im Sommer schon schwierig und erst recht gänzlich unbekannt bei winterlichen Bedingungen.

Wir kehren zum Absatz im tiefen Schnee zurück zu einer endlosen Biwaknacht, einem sehr unruhigen, zermürbenden Halbschlaf. Positiv ist aber, dass Zappellis Gesundheit wieder ganz hergestellt ist. Gegen Mitternacht kommt ein steifer, eisiger Wind auf. Wir harren auf das erlösende Morgengrauen, um aufbrechen zu können.

Als das Morgenrot kommt, sind wir schon auf den Beinen und treffen gerade die letzten Vorbereitungen. In den Rucksäcken verstauen wir das Material, das wir am häufigsten brauchen werden, der Rest kommt in einen grossen zylindrischen Leinensack, den wir am Seil hochziehen müssen.

Es ist 8.30 Uhr am Morgen des 25. Januar, als wir den eigentlichen Angriff auf die grosse Nordwand beginnen. Ich setze einen ersten Sicherungshaken, dann fängt die harte Arbeit des Stufenschlagens im Eis an. Sogleich empfinde ich ein Unbehagen, einerseits wegen der Kälte, die meine Bewegungen steif werden lässt, andererseits wegen der extremen Spröde des Eises, das bei jedem Pickelschlag von einer feinen Äderung durchzogen wird und dann wie eine Glasscheibe zersplittert. Würde ich nicht besondere Vorsicht anwenden, riskierte ich beim Hauen jeder Stufe einen Sturz. Ich steige 40 Meter schräg auf, bevor ich mein Vertrauen zurückgewinne. Einen Moment lang scheint mir der Berg zuzulächeln, indem er mir einen von der Sonne gelb beleuchteten Ausschnitt des Gipfels zeigt. Bevor Zappelli nachsteigt, lässt er wie verabredet den zylindrischen Leinensack los; ich werde ihn in einer zweiten Phase einholen. Ich sehe ihn ein paar Mal wie die Pendel einer Uhr hin und her baumeln, und als er zum Stillstand kommt, ziehe ich ihn hoch, mein Gleichgewicht auf dem Eishang wahrend – ein Manöver, das sich während des ganzen Tages unzählige Male wiederholen wird. Wir verständigen uns in kurz angebundenen Sätzen, sparen jedes überflüssige Wort, jede Geste, die zu viel ist. Der Wind hat sich gelegt. Azurblau schimmernder, gläserner Schatten und polare Kälte umfangen uns, die Luft wirkt fest und riecht nach Metall. Ich bin dabei, über den vereisten, felsigen Wandsockel zu klettern; die Handschuhe, die ich noch trage, werde ich bald ausziehen müssen, um mit blossen Händen besseren Halt zu finden.

Ein bewegendes Ereignis unterbricht unerwartet die Ruhe. In die Grabesstille des Berges dringt plötzlich das immer lautere Dröhnen eines Motors. Kurz darauf taucht am Himmel gegen Chamonix ein dunkles Pünktchen auf, das in der Sonne hin und wieder wie ein Stern aufleuchtet. Es ist ein Helikopter, der direkt auf uns zuhält. Ich erinnere mich, dass ein Freund uns nach ein paar Tagen hier aufsuchen wollte. Er hat sein Versprechen gehalten. Er fliegt einige Kreise, um die Strömung der Luft zu erkunden, und dann nähert sich die winzige Libelle der Wand, bis sie diese zu berühren scheint. Hinter dem Plexiglasgehäuse erkennen wir unseren Freund, der uns zuwinkt. Diese Begegnung ruft uns ins Bewusstsein, wie weit wir uns von der übrigen Welt entfernt haben. Nun empfinde ich das Alleinsein als unbehaglich, und ich bin fast erleichtert, als der Helikopter sich entfernt.

Ich nehme die Kletterei wieder auf, ertappe mich aber dabei, wie ich mit dem Blick unsere Ski suche, diese dort unten am Wandfuss eingesteckten Holzlatten. Abgesehen von uns sind sie die einzigen Fremdkörper in dieser dem Menschen gegenüber unerbittlich gleichgültigen Natur. Die winterliche Nordwand der Jorasses hat die Eigenschaft, dass man von ihr aus nicht das kleinste Zeichen von Leben wahrnehmen kann. Hier oben sind nur Gewitter zu hören und Stürme und Lawinen zu sehen. Wer die Wand in dieser Jahreszeit begeht, könnte meinen, er sei durch einen Zauber in die leere Antarktis oder auf einen Planeten ohne Leben versetzt worden.

Unterdessen sind wir bis zum Anfang des grossen Eisfeldes gekommen. Der schwere Sack, den wir nachziehen, macht uns fast wahnsinnig. Die Reibung gegen den Fels hat ihn an mehreren Stellen zerschlissen, und wir befürchten, dass er nicht mehr lange halten wird.

Die Nordwand der Grandes Jorasses: der Walker-Pfeiler, der Whymper-Pfeiler und die Punta Croz (von links)

Gegen Abend glaube ich das Krächzen einer Dohle zu hören, auch wenn es mir an diesem Ort ohne Leben unwahrscheinlich scheint. Aber die Dohle ist tatsächlich da und scheint unsere Gesellschaft zu schätzen. Schwarz und scheu segelt sie im Einklang mit der Strömung des Windes. Dann bricht sie mit plötzlichen Flügelschlägen ab, zischt hinunter oder steigt geschwind auf und zieht wieder, unbefangen mit der Luft spielend, ihre Kurven. Manchmal scheint sie im blauen Äther stehen zu bleiben, so unbeweglich, als ob sie aufgehängt wäre, dann aber beschreibt sie sofort wieder ihre Kreise und Spiralen von unerhörter Eleganz. Frohlockend schnellt sie vorbei und schwebt weiter in ihrem entrückten, lautlosen Flug. Hin und wieder stösst sie heisere Rufe aus und scheint sich an ihren in der Leere widerhallenden Lauten zu freuen. Wenn sie den Umrissen der Wand entlanggleitet, fliegt sie so nahe an mir vorbei, dass sie mich fast streift, meistens aber zeichnet sich ihre auffällige, flüchtige Form gegen die schneeweissen Gletscher oder die blaue Himmelskuppel ab. Man sagt, schwarze Vögel seien ein Unglück verheissendes Omen. Ich aber empfinde die Anwesenheit der Dohle hier als unendlich freundlich.

Das Licht schwindet rasch, und der dunstige Schatten der Nacht fällt über uns herein, während ich noch nach einem guten Biwakplatz Umschau halte. Endlich, es ist schon dunkel, kann ich einen guten Sicherungshaken über zwei schmalen Absätzen setzen; vom Eispanzer befreit, werden sie uns als Lagerstätte dienen. Wir sind auf ungefähr 3200 Metern. Nachdem wir die Seilringe, in die wir uns einbinden, am Haken befestigt haben, setzen wir uns und lassen die Beine ins Leere baumeln. Das Wetter gibt uns zu keinerlei Bedenken Anlass. Der Himmel ist von Sternen übersät und die Temperatur entsprechend niedrig. Obwohl jede Bewegung schwierig ist, gelingt es uns, den Gaskocher aufzustellen und ein warmes Getränk zuzubereiten. Wir trinken es schon lauwarm, um Gas zu sparen.

Im Morgengrauen des Samstag ist das Barometer um einige Millimeter gefallen. Innert kurzer Zeit überzieht sich der Himmel mit feinen, perlfarbenen Schleiern, die langsam nach Süden abtreiben. Der Wind ist noch günstig; mir scheint, die Störung gehe bald vorüber, aber leider wird es nicht so sein. Die Vorbereitungen für den Aufbruch nehmen uns länger als vorgesehen in Anspruch, und wir können die Kletterei erst um 9.30 Uhr wieder aufnehmen. Etwa 70 Meter weiter oben erwartet uns die erste grosse Schwierigkeit der Nordwand: der «Allain-Riss». Doch heute werden wir, entgegen unseren Absichten, den Riss bloss von unten sehen. Gegen Mittag nämlich werden die kompakten Wolkenschleier von den Krallen eines regelrechten Sturms zerfetzt, der auf uns einzupeitschen beginnt und uns schliesslich noch vor dem «Allain-Riss» auf einem Terrässchen festnagelt.

Der Wind wirbelt das Schneegestöber heulend auf und uns ins Gesicht, so dass wir die Augen nicht offen halten können. Der feine Schneestaub dringt

überall ein. Ein Gefühl der Mutlosigkeit überfällt mich, ich fürchte, dass wir das Unternehmen abbrechen müssen. Der ganze Nachmittag geht vorbei, ohne dass ich einen Entscheid fälle. Dann bricht die Nacht herein, und der Sturm wütet unvermindert weiter. Nicht einmal zwingende menschliche Bedürfnisse bringen uns dazu, unsere Säcke zu verlassen.

Sonntagmorgen. Diesiges Licht, heulender Wind, Schneeschauer und Schneewirbel, das schlechte Wetter hält an. Es wäre weise, die Tour abzubrechen, aber diese Wand hat mir zu viel Unruhe, zu viele Opfer abverlangt, als dass ich mich einfach mit einer Niederlage abfinden könnte. Wir sind gut ausgerüstet, und das Wissen darüber bringt mich dazu, den schwierigen Entscheid weitere 24 Stunden aufzuschieben. Ich versuche, meinen Trübsinn hinter einem Spruch zu verbergen, der fröhlich tönen sollte, und sage meinem Gefährten: «Warum sollten wir gerade heute absteigen, es ist doch Sonntag.»

Die Temperatur, die vor dem Morgengrauen bis gegen 30 Grad unter null abfiel, scheint am frühen Nachmittag milder zu werden. Der Wind lässt nach, und vor dem Abend steigt das Barometer um fünf Millimeter. Das sind Schönwetterzeichen, unsere Ausdauer wird also belohnt. Die Gewissheit, den Anstieg fortsetzen zu können, gibt uns die Heiterkeit zurück. Und so richten wir uns zum dritten Biwak in der Wand ein, nachdem wir unserer Freundin, der Dohle, die wieder um uns fliegt, gute Nacht gewünscht haben.

Seit über 43 Stunden haben wir uns nicht mehr von derselben Stelle, wo wir am gleichen Haken angemacht sind, gerührt. Das vierte Morgengrauen bricht an, und wir befinden uns immer noch auf 3300 Metern. Wir fühlen uns aber in bester physischer und mentaler Verfassung. In der Nacht habe ich einen wichtigen Beschluss für das Gelingen des Unternehmens getroffen: Der schwere Materialsack behindert und verlangsamt unseren Aufstieg. Wir werden ihn an einem Haken zurücklassen, nachdem wir ihm die nötigen Lebensmittel für einen schnellen Aufstieg – wir schätzen, dass er von diesem Moment an nicht länger als drei Tage dauern wird – entnommen haben. Wir müssen also in dieser kurzen Zeit die 900 Wandmeter über uns bewältigen. Allem Anschein nach und aus dem Barometerstand zu schliessen, kehrt das gute Wetter zurück. Sicher wird das leichtere Gepäck unseren Aufstieg vereinfachen, auch wenn die Rucksäcke, die wir auf den Schultern tragen, von jetzt an noch viel schwerer sind.

Gegen 8 Uhr sind wir zum Aufbruch bereit. Der «Allain-Riss» unterzieht mich sofort einer harten Prüfung: Einerseits sind meine Muskeln nach zwei Tagen eisiger Bewegungslosigkeit noch ganz steif, andererseits kann ich wegen der technischen Schwierigkeiten nicht mit den Handschuhen klettern. Beim ersten Kontakt mit dem Fels und den Haken aus Eisen habe ich das Gefühl, glühende Gegenstände zu ergreifen. Zappelli nimmt im Eifer eines Manövers den ersten Haken, kaum hat er ihn aus dem Fels gezogen, versehentlich zwischen die Lippen: Als er das eiskalte Metallstück von seinen feuchten Lippen wegreisst, an denen es kleben bleibt, verletzt er sie, und sie beginnen sogleich zu bluten. Die Zeitungen reden (ich werde es nach meiner Rückkehr lesen), sich auf diese Tage beziehend, von «einer fünften Welle kalter Polarluft, welche die italienische Halbinsel überflutet», und selbst im tief liegenden Gebiet von Modena werden 25 Grad unter null gemessen.

Der «Allain-Riss», eine Passage von nur 30 Metern, verlangt gut zwei Stunden anstrengende Kletterei. Die Wand ist glatt und überhängend, die Haken dringen nur schwer in die mit Eis verstopften Risse ein und sind unzuverlässig. Das Gewicht des Rucksackes zieht den Körper verflucht weit von der Wand weg, die Hände sind fast gefühllos, und die Last auf den Schultern behindert uns in unseren Bewegungen. Dann, nach dieser ersten Konfrontation mit der Kletterei, kommt unser ganzes Leistungsvermögen zurück. Nun erwartet uns ein langer Hang aus blankem Eis, der hartes Stufenschlagen erfordert. Die Anstrengung ist so gross, dass es mir sogar zu heiss wird.

Um 11.30 Uhr gehe ich die zweite grosse Schwierigkeit der Wand an: die 90-Meter-Verschneidung. Hier weisen die Felsen schneefreie Stellen auf, aber unmittelbar darauf folgen wieder dicke Krusten, die sogar noch die Überhänge bedecken. Ich muss weit spreizen und dabei erst die vereisten Passagen auf der Suche nach Griffen und Rissen vom Eis befreien. Nach ein paar Stunden steigen wir schon aus der grossen Verschneidung aus. Nun klettern wir über glatt geschliffene Platten hoch, die fast durchgehend mit Eis überzogen sind. Unsere Moral und die Behändigkeit unserer Bewegungen haben jetzt ein solches Niveau erreicht, dass wir weder die Kälte noch das Gewicht des Sackes spüren. Wir vergessen sogar zu essen und empfinden auch nicht, dass wir seit fünf Tagen kaum geschlafen haben. Unsere Verfassung ist perfekt, und der Himmel ist auch wieder ganz klar. Zum ersten Mal fühle ich in meinem Herzen die Gewissheit, dass wir es schaffen werden.

Um 4 Uhr nachmittags sind wir auf 3600 Metern Höhe, unter dem berühmten Pendelquergang, der Krönung der ganzen Tour. Die Route wird hier unerwartet von einer glatten, überhängenden Platte versperrt. So lasse ich mich an einem Haken, an dem ich ein Seil befestige, etwa zehn Meter ins Leere ab. Dann, mich nach wie vor am Seil festhaltend, nehme ich Schwung und führe einen grossen Pendler nach rechts aus, wobei ich wie ein Lot über die Wand laufe, als ob ich mich in einer Welt ohne Schwerkraft bewegte. So erreiche ich ein paar Felsvorsprünge, an denen ich mich, immer noch weiter schwingend, halte und hochziehe, bis ich auf einem kleinen Absatz bin. Mein Gefährte wiederholt das gleiche Manöver, vom Seil unterstützt, das uns verbindet und das ich fest und gut sichere. Darauf ziehe ich das Seil durch den Haken und hole es ein. Nun ist auch das ge-

Zappelli, an der Wand gesichert, unterstützt Bonatti bei der Querung der steilen, vereisten Felsplatten.

tan. Es ist ein entscheidender Moment der Kletterei: Hat man diese «Brücke» einmal abgebrochen, dann ist man von allem, was weiter unten liegt, isoliert und kann sich nicht mehr über die eben begangene Route zurückziehen. Aber wir sind von einem solchen Elan erfüllt, dass wir uns geradezu nach oben katapultiert fühlen.

Die Nachmittagssonne taucht erst die Gipfel in Feuer, dann stirbt sie langsam wie eine verlöschende Kerze. Wir aber steigen weitere 40 Meter hoch, bis wir auf eine grosse, von Eis überzogene Felsschuppe stossen. Wir befreien sie mit dem Pickel vom Eis und verankern unsere Seile an dieser Stelle, um hier eine weitere Biwaknacht zu verbringen. Es wird eine äusserst unbequeme Nacht, wir müssen, an die Schuppe gelehnt, aufrecht stehen bleiben. Auch heute Abend hatten die ersten Schatten sich im blassen Violett des Horizonts abgezeichnet, bevor die Nacht wie dunkles, alles überflutendes Wasser aus der Tiefe aufstieg. Wir zaudern. Die ersten Sterne stehen am kobaltfarbenen Himmel, und bald funkeln ihrer Tausende. Über uns ragt die finstere Masse der gefürchteten «Schwarzen Platten» auf. Ein weiterer Tag ist vorbei, eine weitere Nacht angebrochen: die sechste. Aufrecht stehend und mit einem Haken an der Schuppe verankert, haben wir nicht die geringste Möglichkeit, unsere Position zu verändern. Dennoch schaffen wir es, etwas zu essen und sogar auf dem Kocher, den ich mit einem Arm auf der Schuppe im Gleichgewicht halte, ein bisschen Schnee zu schmelzen – ein langes, schwieriges Unterfangen, da ich die Kartusche ab und zu unter den Kleidern aufwärmen muss, denn die Kälte blockiert das Austreten des Gases und löscht die kleine Flamme.

In diesen Tagen habe ich oft an meine Sommerbegehung im Jahre 1949 zurückgedacht. Ich war 19 Jahre alt, gleich alt wie mein Seilgefährte Andrea Oggioni. Und dennoch wagten wir uns in die Nordwand der Grandes Jorasses, die damals als schwierigste Wand der Welt galt. Nur vier Seilschaften hatten sie vor uns durchstiegen, nachdem sie 1938 erstmals von Cassin, Esposito und Tizzoni bezwungen worden war. Diese Tage sind in meiner Erinnerung die intensivsten und, trotz unserer damaligen Armut, auch die aufregendsten meines Lebens. Es war kurz nach dem Krieg, und wir waren so arm, dass wir nicht einmal eine gewöhnliche Sturmhaube besassen. Wir ersetzten sie durch ein baumwollenes Brotsäckchen, aus dem wir zwei Löcher für die Augen geschnitten hatten. Auch unsere Rucksäcke waren Überbleibsel aus dem Krieg, die wir an irgendwelchen Verkaufsständen erworben hatten. Das Seil war, wie schon erwähnt, ein Hanfstrick, die Haken hatten wir aus einer Eisenstange gewonnen und dann mit dem Hammer selber über dem Feuer geschmiedet. Die Vitamine, die man für eine solche Prüfung braucht, lieferten uns ein halbes Dutzend Äpfel und ein paar Tomaten, die in den Rucksäcken sofort zerquetscht waren. Und doch fühlten wir uns als die abgehärtetsten und glücklichsten jungen Männer der Welt – und von Lebenslust erfüllt!

Trotz der unbequemen Lage sind wir guter Laune und tauschen ein paar Witze aus, bevor wir vom Schlaf übermannt werden. Im Halbschlaf habe ich das Gefühl abzurutschen, aber es ist nur ein Traum, nichts passiert. Zappelli schlummert. Plötzlich ein Aufschrei, ein Schrei von mir, der beide aus dem Schlaf reisst: Ich pendle in einem Gewirr von Seilen über dem Abgrund. Wie eine Vorahnung ist mein Traum Wirklichkeit geworden: Aus meiner misslichen Position, den Körper an die Schuppe gelehnt, sind meine Füsse auf dem Eis abgerutscht, und ich fand mich plötzlich einen Meter weiter unten in den Seilen hängend wieder. Ich kann mich aber in dieser neuen Lage einrichten.

Während ich wieder auf den Schlaf harre, blicke ich mich um. Über der Aiguille Verte verbreitet sich ein grosser dunkler Fleck über den Sternenhimmel. Ich konsultiere das Barometer: Es sinkt langsam. Das Wetter wird uns einmal mehr verraten. Von diesem Moment an verstreichen die Stunden vor dem Morgengrauen voller Angst: Werden wir die zweite Wandhälfte hinter uns bringen, bevor uns der Sturm erwischt?

Im ersten Morgengrauen des Dienstags bewegen wir uns schon über die Überhänge der «Schwarzen Platten». An diesem Morgen kommen mir die am Wandfuss zurückgelassenen Ski winzig, zerbrechlich und unerreichbar vor. Lange, dunkle und grosse Wolken treiben von Nordosten am Horizont: Zeichen eines nahen Sturms. Ein heftiger Wind geht ihm voraus, der uns ungeheuer behindert. Nun ist unsere Lage ganz anders; wir müssen alles aufs Spiel setzen und mit offenen Karten spielen.

Um schneller voranzukommen, muss ich die Handschuhe ausziehen und auf die Sicherungshaken möglichst verzichten. Die Schwierigkeiten nehmen zu, und ich bewältige fast alles in freier Kletterei, vollkommen auf meine Hände vertrauend. Die Temperatur ist eisig. In der Luft liegt nun ein verwaschenes Weiss, aufgehängt über einem Laken aus Grautönen. Wie bei einer Flucht darf uns nichts mehr bei unserem Rennen nach oben anhalten.

So überwinden wir die «Schwarzen Platten» und auch die steilen Felsen darüber, dann den «Eselsrücken», das «Obere Firndreieck» und den «Roten Kamin». Und hier verlässt uns das Tageslicht wieder. Ich nehme den Sonnenuntergang mit seinen feurigen Strahlen durch den Nebel in einem eisigen Klima kaum wahr. Der Sturm rückt uns auf den Leib. Schon hüllen uns ein paar Schneeschauer mit erstickenden Wirbeln ein. Das Thermometer, das ich auf der Brust trage, scheint bei 35 Grad minus festzustehen; vielleicht würde es noch weiter sinken, hätte der Zeiger nicht schon die untere Grenze der Skala erreicht. Müssten wir jetzt anhalten, würden wir erstarren. Wir haben Angst. Wir müssen unbedingt alle Schwierigkeiten überwinden, die uns vor dem Gipfel trennen, bevor es Nacht wird. Auf die Gefahr hin, dass wir einmal mehr an einem Haken hängend biwakieren müssen.

Fast blindlings bringen wir die horizontale Querung unter dem «Roten Turm» auf 4050 Metern hinter uns und überwinden noch den darauffolgenden überhängenden Kamin. Dann erstirbt auch das letzte, undeutliche Licht, und wir können ausser dem hellen Streifen des Seils, das uns verbindet, nichts mehr erkennen. Ich binde mich los, hänge mich an einen Haken, den ich tastend über dem Kamin gesetzt habe, und seile mich zu Zappelli ab, der gemartert von der Kälte wartet. An diesem Punkt nehmen wir es nicht mehr sehr genau, sondern machen uns an einer einzigen Verankerung fest, das heisst am Seil, das von oben herunterhängt. Dann schlüpfen wir in unsere Biwacksäcke, die jegliche Schutzfunktion eingebüsst haben und sich im Wind wie Ballons blähen.

Der Sturm bricht los. Wir werden hin und her geschleudert, und unsere Füsse werden in Kürze gefühllos. Im Sack kondensiert der Atemdampf sofort und überzieht unsere Gesichter mit einer Eismaske. Wir verbringen die Zeit damit, unsere Füsse gegeneinander zu schlagen und jeden Teil unserer Körper zu massieren. Einschlafen? Das wäre gleichbedeutend mit nicht mehr aufwachen! Die Angst ist so gross, dass wir nicht den Mut aufbringen, über unsere Lage zu reden. Ich denke nur darüber nach, wie elend der Mensch gegenüber den Mächten der Natur ist. Ab und zu, wenn ich die Augen schliesse, habe ich das Gefühl, wie ein Stück Strandgut willkürlich auf einem sturmgepeitschten Meer zu treiben. Der brutale Wind drückt uns mit dem Donnern einer Sturzwelle, deren Spritzer durchdringenden Nadeln gleichen, an die Wand. Ich fühle mich wie ein Schiffbrüchiger: Unser Rettungsfloss ist das Seil, das uns mit dem Haken verbindet. Überflüssig zu sagen, dass uns die Nacht ewig vorkommt.

Ein fahles Morgengrauen kündet sich an. Der Leschaux-Gletscher ist verschwunden. Eine bleierne Kappe lastet auf dem ganzen Berg. Die Aiguille Verte und der Dru haben zeitweise das Aussehen von weit entfernten Geistern. Wir sind nur noch 130 Meter vom Gipfel entfernt, und dennoch scheint er unerreichbar zu sein. Aber was wäre aus uns geworden, hätten wir gestern nicht diese letzten Felsen erreicht? Mit grösster Mühe nehmen wir die Kletterei wieder auf. Der Sturm stürzt sich brüllend auf den Berg und reisst Eisplatten des Gipfelgrates ab. Die Füsse und Hände gehorchen unseren Anweisungen nur zögernd. Und doch müssen wir dieses letzte Stück überwinden. Ich will unbedingt hinaufkommen, ich will unbedingt weiterleben!

Meine Hände fassen die vereisten Griffe jetzt nicht mehr an, nein, sie umklammern sie wie Schraubstöcke. Es ist nicht mehr einfach eine Kletterei, es ist ein verbissener Kampf ums Überleben. Endlich – die Schneewechte unter dem Gipfel. Noch 30 Meter über vom Frost zusammengehaltene Felsen. Dann folgt eine von dichtem Reif gesäumte, glatte Granitplatte. Die Hände bleiben an der Platte kleben, ich beisse vor Schmerz die Zähne zusammen, noch eine akrobatische

Einlage, und dann streckt sich über mir eine riesige, gespenstische Schneelocke vor – eine jener Visionen, denen man zwischen dem wachen Zustand und dem Schlafen begegnet. Ihr linker Rand ist von einer grünlichen Transparenz. Ich versuche, die Wechte zu zerstossen, um auszusteigen, aber eine Wolke aus Schneestaub nimmt mir die Sicht. Mit fast geschlossenen Augen und vom Eis verklebten Augenlidern hebe ich den Pickel hoch und schlage ihn über dem Grat in den Schnee. Einen Augenblick später wälze ich mich auf die andere Seite: Ich bin auf dem Gipfel der Grandes Jorasses.

Ich stehe auf. Der Wind stösst mich weg, und ich mache einige Schritte, um im Gleichgewicht zu bleiben, fast ungläubig, dass ich mich nicht irgendwo festklammern muss. Es scheint mir unmöglich, dass man in der gleichen Minute zwei so verschiedene Realitäten erleben kann: vor mir die Befreiung von einem Kampf, der sieben Tage dauerte; hinter mir der Alptraum eines tragischen Endes, als alles schon gut schien.

Ich sehe meinen Gefährten nicht, aber stelle mir jede seiner Bewegungen vor: Mit vom Eis überzogenem Gesicht klammert er sich an die letzten, vereisten Schuppen, besorgt versucht er, möglichst schnell zu sein, um den Dämonen zu entgehen, die ihn verfolgten, und er beeilt sich, um auf die andere Seite zu schauen, in die Helle der italienischen Seite. Es dürstet ihn nach Licht, nach waagrechten Konturen, er sehnt sich nach Gesichtern und Erinnerungen, er verspürt nur das Verlangen, auf dem Gipfel anzukommen, um dann sogleich ins Tal abzusteigen. So war ich vor einer Minute.

Und da taucht auch Zappelli aus dem Schneesaum des Gipfels auf. Sein frohlockender Blick trifft sich mit meinem. Wir umarmen uns. Auch das Seil entspannt sich einen Moment lang: Der zwischen uns über dem Abgrund bis hier fest gestraffte Bogen erschlafft auf eine wundersame Weise in ungeordneten Schlaufen vor unseren Füssen. All das dauert nur wenige Augenblicke: Die Kälte lähmt uns, der Wind hält unsere Worte in den Kehlen zurück. Ich will diesen Moment unseres Leben an diesem Ort, wo Leben nicht bestehen kann, festhalten, und wir fotografieren uns gegenseitig mit dem Apparat, der in einem Eisblock eingekapselt ist. Wer weiss, ob wir dieses Bild je sehen werden? Dann flüchten wir taumelnd. Ich schaue auf die Uhr, es ist fast 10 Uhr. Der Talgrund lässt sich zwischen dem stürmischen Schneegestöber nur erraten. Neue Sorgen lösen jene ab, die uns bis hier begleitet haben: nicht mehr die Senkrechte, die flüchtigen Felsen, das Risiko, in der Wand blockiert zu werden, sondern die Gefahr von Lawinen, die Gefahr der Schneehänge, die harmlos scheinen, aber sich in einem Schlund öffnen oder in ein Labyrinth verwandeln könnten, wo man im Sturm leicht verschwindet.

Während wir über die vereiste Gipfelkuppel der Grandes Jorasses absteigen, übertönt das Knirschen der Steigeisen den Schall des Windes, der immer mehr abflaut. Dann weicht das Eis verschneiten Felsen, die keine Probleme bieten. Die Querung des Whymper-Couloirs macht mir einige Bedenken, doch die befürchtete Lawine bricht nicht los. Es schneit weiter. Ich befürchte, dass wir ein weiteres Biwak im Schneesturm machen müssen. Bei den «Rochers du Reposoir» habe ich aber eine gute Idee: Wir seilen zweimal am Doppelseil ab, und dann gehts schnurstracks über den Gletscher hinunter. Hier unten liegt tiefer Schnee, und die Sicht ist sehr schlecht. Wir sinken bis zum Gürtel ein, torkeln wie Betrunkene, während wir uns einen Weg bahnen und dabei einen tiefen Graben hinter uns lassen. Aber wir kommen schnell tiefer. Das Thermometer zeigt jetzt 15 Grad unter null an, es ist fast warm. Ich knöpfe meine gefütterte Jacke auf und frage mich, wie lange ich sie nun schon ununterbrochen trage. Wann habe ich sie angezogen? Vor sieben Tagen, gegen 3 Uhr nachmittags: Wir befanden uns gerade in der Kabine der Luftseilbahn, die zur Turiner Hütte hinauffährt.

Wir lassen die Grandes-Jorasses-Hütte auf der Seite liegen und halten nicht an, sondern eilen direkt durch die Lawinenrunsen bis in den Talgrund des Val Ferret hinunter. Hier wird jemand auf uns warten, denke ich. Aber es ist keine einzige Spur eines Menschen zu erkennen, der Schnee ist unberührt wie auf dem Jorasses-Gletscher. Ich kann es nicht glauben und einen Fluch nicht unterdrücken. Um die wenigen Kilometer auf der Strasse zurückzulegen, deren Asphalt unter der Schneedecke begraben ist, brauchen wir etwa drei Stunden: welch ein übler Scherz! Als wir die Bar betreten, auf die man eingangs Entrèves trifft – sie war zu jener Zeit der äusserste Vorposten, hinter dem sich im Winter das Nichts ausdehnte –, sind die Leute überrascht von unserem Erscheinen. Sie fragen uns: «Aber solltet ihr nicht erst morgen zurückkehren?» Ich schaue zum Fernseher auf und verstehe: Mit ernster Miene verkündet ein Bergexperte, dass Zappelli und ich – wenn keine Komplikationen eintreten – den Gipfel der Jorasses morgen erreichen werden.

Ich bestelle ein Taxi, das mich nach Hause fahren soll. Und – das ist der Gipfel – auch hier erwartet mich niemand. Eine gute Stunde lang warte ich draussen vor verschlossener Haustür. Das ist mein achtes Biwak.

Nach der Rückkehr vom Whymper-Pfeiler
zeigt Walter Bonatti die Verletzung,
die ihm ein fallender Stein zugefügt hat.

STURM UND STEINE AM WHYMPER-PFEILER
1964

7. Juli 1964. Es ist das fünfte Mal in den letzten beiden Sommern, dass ich in der Absicht, den noch unberührten Nordsporn der Pointe Whymper der Grandes Jorasses anzugehen, über den Leschaux-Gletscher aufsteige. Jedesmal kreuzte ein Sturm, eine plötzliche Erwärmung oder ein tiefer Barometerstand mein Vorhaben, noch bevor ich den Wandfuss erreicht hatte. Ausgenommen im vergangenen Jahr, als ich das Vergnügen hatte, wenigstens den Bergschrund zu überschreiten, bevor ich im Laufschritt umkehren musste.

Die verführerische und gleichzeitig abweisende Nordwand der Jorasses erreicht den Höhepunkt ihres schauerlichen Wunderwerkes in ihren drei Pfeilern Walker, Whymper und Croz. Im Unterschied zu den zwei anderen fällt der Whymper-Pfeiler senkrecht vom höchsten Punkt ab und mündet in seiner unteren Hälfte in einen düsteren, vom Wandfuss zurücktretenden Eishang. Genau diese breite Runse macht die Wand höchst gefährlich; hierhin gelangen praktisch keine Sonnenstrahlen, dafür laufen die Steinschläge von allen drei Gipfeln des Berges in der Einbuchtung zusammen.

Ich habe mich für diese Route begeistert, weil sie meiner Meinung nach alle erforderlichen Eigenschaften hat, um ein grosses alpinistisches Problem im Hochgebirge darzustellen. Die Schwierigkeiten sind gross, aber von traditioneller Art, und die Atmosphäre ist ernst. Der Whymper-Pfeiler verkörpert das Alpha und Omega in der faszinierenden Eroberungsgeschichte der Grandes Jorasses.

Schon 1931, als die ganze Nordwand noch zu erkunden war, war es ausgerechnet jene vereiste Einbuchtung, die sich wegen ihrer logischen Linie den Spezialisten Brehm und Rittler aufdrängte. Sie versuchten als Erste ihre Begehung und stürzten bei der Kletterei tödlich ab. Jemand, der sich ebenfalls an das Unternehmen machte, fand ihre Körper am Fuss der vereisten Schlucht. Von da an wagte sich niemand mehr an diese Route.

Nun bin ich dran. Es ist noch Nacht, alles ist ruhig, das Tropfen der Eiszapfen widerhallt in der reglosen Nacht. Aber zu dieser Stunde vor dem Morgengrauen sollte man eigentlich das Eis «hören», das als Zange alles zusammenhält. Etwas stimmt nicht, ich fühle es und kann mich nicht zum Einsteigen entschliessen. Dann, kaum bricht die Morgendämmerung an, mache ich nach einem brüsken, fast irrationalen Beschluss kehrt und ziehe mich in meiner Spur wieder zurück.

Auf dem Rückweg über das Mer de Glace, nunmehr im vollen Tageslicht, bemerke ich ein lebhaftes Hin und Her von Hubschraubern um die Aiguille Verte. Später werde ich erfahren, dass in jenen Stunden der Morgendämmerung, die für mich voller Zweifel und Ungewissheit waren, ein furchtbares Bergunglück stattgefunden hat, vielleicht das schlimmste, das je durch eine plötzliche Erwärmung verursacht worden ist. Es ereignete sich auf der Nordseite der Aiguille Verte, wo plötzlich eine Schneewechte abbrach und 14 Menschen – Schüler und

Instruktoren der berühmten ENSA, der Nationalen Hochgebirgsschule von Chamonix – vom Berg hinunterriss. Unter den Opfern war auch der Skiweltmeister Charles Bozon.

Am 24. Juli kehre ich an den Fuss des Whymper-Pfeilers zurück. Ich bin allein unterwegs, einem Impuls der Leidenschaft und des Grolls gegen diese für mich bis heute unnahbare Route folgend. Ich steige in die Wand ein und durch ihr trügerisches Netz aus steilem, sprödem Eis hoch.

In der Umgebung dieser strengen, ernsten Profile finde ich sofort wieder die Erregung des extremen und einsamen Ringens, das die Emotionen und das Empfindungsvermögen erweitert. Ich lächle, als ich mich an die Worte jenes Schreiberlings erinnere, der mir «Fanatismus der Propheten und Besessenheit der Wahnsinnigen» zuschrieb und mein Wirken als «Verwegenheit um ihrer selbst willen, sinnlos steril» definierte. Ich kenne meinen Verleumder nicht, aber aus seinen Worten geht hervor, dass er jener frustrierten Masse der Gesellschaft angehört, die vom Leben wie Tiere im Käfig eingezwängt wird. Zu einem Leben im Käfig verpflichtet – Büro, Auto und so weiter. Gezwungen, im Gehege der falschen Mythen im Kreis zu gehen. Tyrannisiert von vergänglichen Illusionen, die den Menschen vergegenständlichen, indem sie ihn zu einer Nummer erniedrigen. In der Tat kann nur ein «Nummern-Mensch» auf diese Art und Weise denken.

Nach und nach bin ich ins Herz des Whymper-Pfeilers hochgestiegen. 500 Meter Wand aus glänzendem Eis fallen unter meinen Füssen ab; noch einmal gut 600 Meter der Furcht erregenden Mauer scheinen mir direkt auf den Kopf zu fallen. Ihre Ausbauchungen sind mit ungeheuren Schneemengen gefüllt, die sich dick aufbauschen wie frisch gezapfter Bierschaum.

Zuvor war ich derart in meine Gedanken versunken, dass ich dies alles nun wie auf einen Schlag entdecke. Es ist offensichtlich, dass an ein Weiterklettern bei solchen Schneeverhältnissen nicht zu denken ist.

Traurig steige ich ab, und in der Abenddämmerung wähle ich einen Felsabsatz für das Biwak aus. Erst die Kälte des Morgengrauens wird das Abseilen über den riskanten Eisschlund hinunter ermöglichen.

Um den Bann meines wiederholten Scheiterns am Whymper-Pfeiler zu brechen, begehe ich am 30. Juli den Trident de Tacul über seine noch unberührte Nordkante: eine schöne Kletterei, direkt hinauf über kompakten Granit, luftig und schwierig. Mein Begleiter ist der Skimeister Livio Stuffer, der sich auch als starker Kletterer erweist. So finde ich zu meiner Heiterkeit zurück, die mir der Whymper-Pfeiler vorübergehend genommen hat.

Aber es geht nur ein Tag vorbei, und da taucht am Horizont ein Werk der menschlichen Gemeinheit auf. Es ist der 31. Juli 1964, der zehnte Jahrestag der Eroberung des K2, an der ich teilgenommen hatte. Diese Gelegenheit macht sich eine Zeitung mit grosser Verbreitung zunutze, um eine «sensationelle Nachricht» abzufeuern – eingeflüstert von jemandem, der mich sicherlich nicht mag. Im Artikel steht, und es wird am nächsten Tag wiederholt, ich hätte mich bei jenem Unternehmen als feiger, gemeiner Mensch, als Verräter, Gewissenloser, Anfänger, Lügner, Dieb betragen. Was könnte man überhaupt noch Schlechteres über einen Menschen sagen? An diesem Punkt erschöpft sich meine Toleranz. Ich fühle, dass ich nicht mehr nur stillschweigend verdammen kann, wer mich so niederträchtig trifft; das verlangt nach einer angemessenen Bestrafung. Ich appelliere deshalb an ein Gericht und reiche eine Verleumdungsklage ein. Zwei Jahre später werde ich öffentlich Recht bekommen, als das Gericht – nachdem alle Zeugen vernommen und die Unterlagen verglichen sind – die Wahrheit anerkennt, die ich bereits zuvor in einem Kapitel des Buches «Le mie montagne» [in deutscher Übersetzung 1964 unter dem Titel «Berge – meine Berge» erschienen; siehe im vorliegenden Buch S. 59; Anm. d. Ü.] geschildert habe.

Ich verliere mich nicht in den Untiefen des Hasses, wohin mich eine gewisse Presse führen möchte, sondern gebe mich mit Leidenschaft in das Ringen um die Eroberung des Whymper-Pfeilers.

Zum siebten Mal kehre ich unter die Wand zurück. Schlechtes Wetter treibt mich wieder zur Umkehr, aber das ist egal. Es wird ein achtes Mal geben. Als ich nach Hause komme, erwartet mich dort mein Freund aus Genf, Michel Vaucher, den ich seit einem Jahr nicht mehr gesehen habe. In der überschwänglichen Freude des Augenblicks und um ihm meine Freundschaft kundzutun, teile ich ihm mein Vorhaben mit. Ich erzähle ihm von meinem Auf und Ab am Whymper-Pfeiler und von meinen Hoffnungen auf Erfolg. Dann, als ich in seinen Augen ein begeistertes Aufblitzen wahrnehme, frage ich ihn schwungvoll: «Willst du beim nächsten Versuch mein Seilgefährte sein?» Seine Antwort ist natürlich zustimmend, und seine Freude ist so gross wie meine eigene.

Um 3 Uhr morgens am Donnerstag, den 6. August, beleuchten unsere Stirnlampen die Eisprofile des beängstigenden Einstiegs. Alles ist ruhig, die Kälte hält alles zusammen. Am Tag dagegen ist dieser Ort wegen des ständigen Steinschlags eine wahre Hölle. Ich beginne, Stufen in das blanke Eis zu schlagen. Fast auf einen Schlag geht die nächtliche Kälte weg, was wenig beruhigend ist. Das Gewicht auf unseren Schultern beginnt zu drücken. Es sind Rucksäcke für ein grosses Unternehmen, sie enthalten Haken, Karabiner, Trittleitern, Hämmer, Biwaksäcke, einen Kocher und Lebensmittel für mehrere Tage. Wir sind mit zwei 40-Meter-Seilen um die Taille angeseilt, haben die Steigeisen an den Füssen, den Pickel in der Hand; das Wasser werden wir unterwegs aus Schnee und Eis schmelzen.

Die Morgendämmerung erreicht uns auf 3100 Metern. Wir steigen schweigend, wie automatisch hoch: Ich schlage Stufen in das Eis, der Freund kommt nach jeder Seillänge nach. Am Himmel funkelt noch ein Stern wenig über der Pointe Whymper: die Venus. Ich erinnere mich an einen gleichen leuchtenden Stern, der mir in der Morgendämmerung vor ein paar Jahren erschienen war, als ich den Cerro Adela im südlichen Patagonien bestieg. Damals war er ein gutes Vorzeichen. Doch der Zauber der schönen Erinnerung wird sofort von einer Ladung Steine gebrochen. Dennoch, die Verhältnisse in diesem ersten Wandteil sind hervorragend. Michel und ich sind zum ersten Mal an einem grossen Berg zusammen unterwegs, aber es zeigt sich sofort, dass wir perfekt eingespielt sind. Ich spüre, dass nach so vielen vergeblichen Versuchen diesmal nun die idealen Bedingungen für einen Sieg über die Wand bestehen.

Wir steigen jetzt über relativ aperen Fels auf; der vereiste Schlund liegt inzwischen bereits unter uns. Hier lösen wir uns im Vorstieg ab, eine Seillänge gehe ich voran, Vaucher die nächste. So kommen wir schneller voran, und die Kletterei ist dadurch auch weniger anspruchsvoll – auch wenn ich es nicht gewohnt bin, mit einem Seil, das zu mir herunterhängt, zu klettern. Ich muss hier hinzufügen, dass ich normalerweise nie völliges Vertrauen in den Kameraden habe, der vorsteigt. Aber mit Vaucher ist es anders. Vaucher gibt mir, wie Pierre Mazeaud und Carlo Mauri – Freunde und Gefährten bei vielen alpinen und aussereuropäischen Unternehmen –, totale Sicherheit, so dass es, wenn er vorausklettert, genauso ist, als ob ich mich selber an seinem Platz befände.

Das Wetter bleibt wunderbar. Am Walker-Pfeiler, nur wenige hundert Meter parallel von uns, wimmelt es von Seilschaften. Es herrscht ein so reger Betrieb, dass seine Strenge gemildert wird. Wie eine endlose Reihe von Ameisen auf einem Baumstamm erscheint die Prozession der Alpinisten. Unglaublich im Vergleich zur absoluten Abgeschiedenheit, in der er sich vor knapp zwei Jahren befand, als wir seine erste Winterbegehung unternahmen. Da sind Seilschaften, die hinter dem Gipfelgrat verschwinden, und andere, die gerade erst zum Einstieg gelangt sind. Sie reden und schreien in den unterschiedlichsten Sprachen. Der einzige Klang, der nie herüberdringt, ist jener des Kletterhammers, der auf einen Haken einschlägt: Die Wand ist inzwischen offensichtlich von Haken übersät. Von da aus betrachtet, wo wir sind, erscheint der Walker wie der richtige Ort für einen fröhlichen Ausflug aufs Land.

Um 10 Uhr morgens komme ich beim Podest meines einsamen Biwaks von vor zwei Wochen an. Ich finde ein Päckchen Zucker und zwei Päckchen Biskuits, die noch intakt sind, und entscheide mich für einen kurzen Halt. Vaucher, 20 Meter weiter unten, macht sich bereit, mir nachzuklettern; ich rufe ihm zu, auf die linke Seite zuzuhalten, wo ein Wasserrinnsal läuft, mit dem er seine Feldflasche füllen kann. Kaum sichere ich ihn mit dem Seil, als zwei grosse Blöcke direkt auf die Felsen wenig über uns prallen und zerbersten. Ein Steinschauer ergiesst sich in unsere Richtung. Ich schreie «Michel!» und presse mich eng an die Wand. Ein Luftdruck wie bei einer Explosion schiebt meinen rechten Fuss weg. Dort hat mich ein Stein nur um Zentimeter verfehlt und streift dann Vaucher weiter unten. Mein Freund bleibt wie durch ein Wunder unverletzt, doch der Stein hat die beiden Seile getroffen, die auf dem Absatz in meiner Nähe locker auf einem Haufen lagen. Er hat sie in fünf Teile geschlagen. Die Enden aller vom Stein durchtrennten Seilstücke sind wie durchgeschmolzen und rauchen noch. Ich frage mich, was mit meinem Fuss geschehen wäre, hätte der Stein ihn getroffen, aber ich denke auch an mein Biwak hier auf diesem Podest vor zwei Wochen.

Das Problem ist ernst und verlangt dringend nach einer Lösung: Hier haben wir erst einen Viertel der Wand durchstiegen, und unsere Seile sind unbrauchbar: Das längste Seilstück misst noch ungefähr 22 Meter. Was tun? Um weiterzusteigen, müssen wir die längsten Teile zusammenknüpfen; diese Knoten werden aber natürlich nicht durch die Karabiner gleiten. Wir machen es dennoch und nehmen die Kletterei auf kühne Art wieder auf.

Die Sonne, die uns etwa eine Stunde lang beschienen hatte, ist nun hinter dem Grat der Jorasses verschwunden. Wir werden sie für den Rest des Tages nicht mehr sehen. Die Luft ist wieder frostig geworden, und die Wand hat sich noch mehr verdüstert. Wir klettern immer noch in jenem Wandteil, den ich schon bei meinem Versuch im Alleingang erkundet hatte, weichen ein paar verspäteten Steinschlägen aus und hacken uns geduldig über steilste Eisplatten hinauf. Am späten Nachmittag erreichen wir den höchsten Punkt, den ich bereits einmal erreicht hatte. Wenig darüber – Vaucher hat die Führung inne – schreit er mir plötzlich zu: «Walter, bist du bis hierher gekommen?» – «Nein, mein höchster Punkt war da, wo ich mich jetzt befinde.» – «Aber», lässt sich mein Freund wieder vernehmen, «hier steckt ein Haken!» Und tatsächlich, da ist er, gut verankert. Ein historischer Haken, von altem Typ und gerostet; er geht sicherlich auf den tragischen Versuch von Brehm und Rittler zurück. Vaucher versucht, ihn mit dem Hammer herauszuschlagen, aber er bleibt – unglaublich, aber wahr – nach wie vor fest im Fels stecken. Darauf beschliessen wir, dass er bleiben soll, wo er ist, als stummes Andenken an jene, die vor 33 Jahren vielleicht genau hier abgestürzt sind.

In den wenigen Stunden Tageslicht, die uns noch bleiben, ereignet sich wenig. Am Abend kauern wir auf zwei Felsschuppen zusammen, die von einem riesigen Vorsprung geschützt sind. Wir bereiten uns für unser erstes Biwak vor, nachdem wir zwei Seilstücke fixiert haben, die uns morgen den Beginn der Kletterei erleichtern werden. Das Wetter ist nach wie vor herrlich. Die ersten Schatten haben

Michel Vaucher folgt Walter Bonatti. Es ist der dritte Tag des Unternehmens; schlechtes Wetter bricht ein.

die lärmige Prozession auf dem Walker zum Stillstand gebracht. Am ganzen Berg ist endlich wieder Ruhe eingekehrt.

Jeder kauert auf seiner Schuppe, ohne zu reden. Vaucher hat es sich 15 Meter unter mir bequem gemacht. Als uns die Dunkelheit einhüllt, schlafen wir ein.

Plötzlich fahre ich aus dem Schlaf: Der Fels zittert wie bei einem Erdbeben. Ich habe das erschreckende Gefühl abzustürzen. Nein, es ist der Berg, der über mir in Aufruhr geraten ist. Weiter oben sehe ich, wie die Wand in der Dunkelheit rot wird, als ob sie plötzlich zu einem Lavafluss geworden sei. Beim Aufprall zertrümmert alles und erglüht durch die Reibung. Die Luft wird durch ein anhaltendes Dröhnen zerrissen. Einen Augenblick später stürzt die Feuerkaskade auf mich zu und – es ist fast nicht zu glauben – überspringt mich. Ich nehme ein paar dunkle Blöcke, gross wie Waggons, wahr, die seitlich von mir aufschlagen und Funken versprühen. Ich merke, dass ich schreie, ich ziehe den Kopf zwischen die Schultern und drücke mich gegen die Wand, um in ihr zu verschwinden. Ich denke nicht mehr, ich warte, das ist alles. Alles prägt sich in meinem Geist ein. Ein Luftstoss quetscht mich an die Wand und raubt mir den Atem.

Die Stein- und Feuerkaskade ist vorbei, sie fliesst schon weiter unten dem Gletscher zu. Nun lässt auch das Krachen nach und hört allmählich ganz auf. Wie durch ein Wunder bin ich zwar von Fels- und Eisstaub bedeckt, aber unverletzt. In der Luft bleibt der beissende Geruch von Schwefel zurück. Was aber ist aus Vaucher geworden? Ich rufe seinen Namen. Und er antwortet und schreit nach mir. Er ist unverletzt. Der Berg ist wieder unbeweglich und stumm, als ob nichts vorgefallen wäre; unser innerer Aufruhr wird sich aber nur langsam wieder legen.

Im ersten Licht des Morgens erscheint die Wand wie mit Baggern bearbeitet. Vorsprünge und Einbuchtungen sind verschwunden, vom Bergsturz weggefegt. Der Gletscher weit unten zieht sich schwarz und flach Hunderte von Metern ins Tal. Am Wandfuss sind sogar die drei ersten, sehr breiten Spalten verschwunden, die Eistürme sind niedergemäht. Ich lehne mich über den Abgrund hinaus, um mehr zu verstehen: Da, der Punkt, wo sich die Felsmasse gelöst hat. Ein ganzer, ungefähr 120 Meter hoher Felssporn fehlt: Es gibt ihn einfach nicht mehr! An seiner Stelle öffnet sich eine weite Nische aus hellem Fels, die von Eis umrandet ist. Es ist offensichtlich, dass der Felssturz zufällig ist, verursacht von einer langsamen und natürlichen Verletzung der ganzen Granitrippe; wer weiss, wie lange sie schon im Gange war. Nun müssen wir aber durch die Absturzbahn des Felssturzes aufsteigen, deren Platten wie abgehobelt wirken. Mich beunruhigen einige vorspringende Platten, die am Rand der Absturzstelle kleben. Mit der steigenden Temperatur werden sie sicherlich ausbrechen. Deshalb klettern wir sofort los, um von der morgendlichen Kälte zu profitieren, bevor die Sonne die Wand berührt.

Doch die Erwärmung tritt sehr schnell ein. Wir befinden uns noch in der Passage, wo wir die Seile angebracht haben, als die erste Breitseite losgeht. Sie verfehlt uns um wenige Meter. Ich hebe den Kopf, um mich zu versichern, dass nichts mehr kommt, und … bang! – werde ich wie von einem Blitz getroffen. Ein verspäteter Stein hat mich mitten auf der Stirn erwischt und wirft mich beinahe hinunter. Das Blut rinnt mir in die Augen und macht mich blind. Der Schmerz verunmöglicht jegliche Bewegung. Ich fürchte, ohnmächtig zu werden, loszulassen. Vaucher ist zehn Meter unter mir und kann mir nicht helfen. Mit grösster Mühe reisse ich mich zusammen und hisse mich am Seil hoch. Aber ich sehe nach wie vor nichts wegen des Blutes, das mir die Augen füllt. Endlich erreiche ich den Haken. Nun blute ich auch aus der Nase. Ich löse ein Stück Eis und halte es an die Stirn, auf den Kopf und unter die Nase – ohne die geringste Wirkung. Ich weiss nicht, wie ich das Blut stillen soll. So steige ich wieder bis zu Vaucher ab, dann seilen wir beide zu den Schuppen des Biwaks ab. Hier kann mich der Freund so gut wie möglich verbinden. Dann setze ich mich rittlings auf eine vorspringende Schuppe und lege den Kopf nach hinten; in dieser Position harre ich lange bewegungslos aus. Zuerst verstopft mir das Blut die Kehle, dann hört es zu fliessen auf. Während der ganzen Zeit fallen weitere Steine hinunter.

Endlich dreht die Sonne hinter den Grat, die Temperatur wird kühler, und die Steinschläge nehmen ab. Wir versuchen weiterzusteigen. Es ist schon 9.30 Uhr, wir müssen schnell hoch, bevor das Monster wieder erwacht.

Es ist schwirig, sich an einem Sandgemisch festzuklammern, das nur vom Frost auf dem abgescheuerten Fels gehalten wird, aber es gibt nichts anderes. Mittags erreichen wir eine Nische knapp unter dem rechten Rand des Bergsturzes. Hier müssen wir wegen der häufigen Steinschläge anhalten. Das Wetter verschlechtert sich. Gegen 14 Uhr überfällt uns ein Hagelschauer, der bis 18 Uhr dauert. Dann wird es wieder kalt, aber nun ist es schon spät, wir müssen uns hier für ein weiteres Biwak verankern. Wie am Abend zuvor fixieren wir zwei Seilstücke auf der Strecke, über die wir morgen losklettern werden: eine Art vereisten Schlauch, der am oberen Rand des Felsausbruches endet. Wir sind nun auf ungefähr 3700 Metern. In einem ganzen Tag sind wir nur etwa 100 Höhenmeter weiter gekommen. Aber wir denken natürlich nicht an Rückzug, auch weil unsere Seilstücke zu kurz sind; an ihnen über die abgescheuerte Zone – praktisch die ganze Wand unter uns – abzuseilen, wäre verrückt.

So biwakieren wir zum zweiten Mal und in einer weit weniger bequemen Position als in der letzten Nacht. Immerhin schaffen wir es, unseren Durst zu löschen, indem wir in einem Plastiksäckchen ein Wasserrinnsal auffangen, das von einem Überhang tropft.

Diese Nacht beginnt mit einem Gewitter: Lange blitzt und donnert es, dann tritt heftiger Hagel ein, der schliesslich in dichten Schneefall übergeht.

Im Morgengrauen des Samstags schneit es immer noch, wenn auch nur leicht. Als der Himmel ein paar Stunden später aufreisst, befinden wir uns auf einem vollkommen weissen Berg. Parallel zu uns erscheinen auf dem Walker, der endlich wieder menschenleer ist, vier dunkle Pünktchen auf dem zu einer einzigen blendend weissen, 1200 Meter hohen Eissäule erstarrten Pfeiler. Es sind zwei Seilschaften, die durch den Schneefall im obersten Drittel der Wand festgenagelt worden sind. Lange schaue ich zu den vier Unglückseligen hinüber und sorge mich um sie. Dann sage ich mir, dass sie wahrscheinlich genau so Angst um uns haben.

Der dritte, wechselvolle Tag beginnt. Wie am Morgen des Vortags setzen auch heute die Steinschläge kurz nach dem Morgengrauen wieder ein, aber gegen 9 Uhr werden sie allmählich seltener. Etwas widerstrebend nehmen wir den Aufstieg auf. Wir klettern über den letzten Teil der schrecklich steilen und schwierigen Eisrinne: Es sind nur ein paar Dutzend Meter, aber wir brauchen dazu fast zwei Stunden. Als wir uns gerade in der Mitte dieses letzten Stücks des vom Felsausbruch geschaffenen Schlauches befinden, stürzt eine weitere Ladung Steine hinunter und schlägt 15 Meter unter mir in der Nähe von Vaucher auf. Er bleibt auch dieses Mal unverletzt, aber einer der zwei noch brauchbaren Seilreste wurde von einem Stein getroffen und durchschlagen, nur drei Meter von der Seilschlinge entfernt, in die mein Gefährte eingebunden ist. Seit zwei Tagen leben wir nun im Alptraum der Steinschläge, die durch die unstabilen Reste des grossen Ausbruches ausgelöst werden. Nun benützen wir nur noch ein einziges, ungefähr 18 Meter langes Seilstück, das längste, das uns geblieben ist. Es wird so kompliziert, uns mit Haken zu sichern, dass wir möglichst ohne sie auszukommen versuchen. Wie immer lösen wir uns im Vorstieg ab.

Endlich können wir aus dem 120 Meter langen, vom Bergsturz hinterlassenen Schlauch aussteigen, der ganz dem Steinschlag ausgesetzt war. Danach klettern wir den Rest des Tages in der Falllinie des Whymper-Pfeilers über vereiste, oft schneegefüllte Kamine hoch. Die Schwierigkeit dieses Abschnitts mit seinen vom Wassereis überzogenen, kompakten und fast senkrechten Granitplatten ist extrem. Wir schaffen es nicht, hier einen einzigen Haken zu schlagen, sie springen immer wieder vom Fels ab. Es ist schon fast Abend, als ich mir beim Versuch, einen Haken einzutreiben, einen wuchtigen Hammerschlag auf den linken Daumen versetze. Ich bin der Ohnmacht nahe.

Unser drittes Biwak richten wir in der Mitte einer vereisten Einbuchtung ein, der wir wegen ihrer Ähnlichkeit mit der berühmteren «Spinne» am Eiger den gleichen Namen geben. Heute haben wir 250 Höhenmeter geschafft, und gleich viel trennen uns noch vom Gipfel. Im Verlauf des Tages hat sich das Wetter etwas verbessert, aber die Wand ist nach wie vor völlig eingeschneit. Wie an jedem Abend steige ich auch heute vor der Dunkelheit noch ein Stück hoch und fixiere ein Seilstück für den nächsten Morgen. Meine Hände sind von der Kälte verkrampft. Das Thermometer fällt auf 15 Grad unter null ab. Vielleicht ist der Nordwind der Grund dafür, der jetzt stärker ist als der Westwind. Durchnässt, wie wir sind, werden wir in unseren Kleidern steif wie Stockfische. Wir sind auf 4000 Metern. Einmal mehr richten wir uns auf einer Felsrippe, die wir vom Eis befreien, zum Biwak ein. Eigenartig, in der ganzen Wand gibt es keinen Absatz, der zwei Personen aufnehmen könnte, und so müssen wir uns auch diese Nacht trennen.

Während ich mich mit ein paar Verrenkungen auf einer kleinen Felsnase einrichte, ziehe ich versehentlich am Seil, das dadurch den nachlässig hingelegten Biwaksack bewegt. Ich drehe mich gerade noch rechtzeitig um, damit ich sehen kann, wie er im Abgrund verschwindet. Ich schreie vor Wut, aber es nützt nichts. Nun gibt es wirklich Grund zur Sorge: Die Kälte nimmt immer noch zu, und ich habe keinen Biwaksack mehr. Der Himmel reisst jetzt auf, hier und da funkeln Grüppchen von Sternen am Himmel. Morgen wird es schön sein, sage ich mir. Aber dieses Morgen muss ich in einem guten Zustand erreichen! Vor uns, in der Gipfelpartie der Pointe Walker, sehe ich ein Lichtlein aufleuchten. Es kommt aus dem Biwak der vier deutschen und österreichischen Alpinisten, die wie wir zum Ausstieg nach oben gezwungen sind, wie wir später erfahren werden. Der Anblick des kleinen Lichts ist wie ein Lebenshalm, nach dem man greifen kann. Ich stecke die Füsse in den Rucksack und kauere mich eng zu einem fast kugelförmigen Körper zusammen. Natürlich kann ich nicht schlafen, und so lasse ich mich auf tausenderlei Gedanken ein. Später kommt Wind auf und wirbelt einen alles durchdringenden Schneestaub auf. Die Nacht vergeht mit Kälteschauern und Zähneklappern.

Es ist Sonntagmorgen früh, die Sonne verspätet sich. Ein Meer von bauchigen, sturmschweren Wolken deckt den Himmel im Nordosten zu. Gegen 7.30 Uhr sind wir bereit, uns in Bewegung zu setzen. Mein linker Daumen, durch den Hammerschlag von gestern schwärzlich und geschwollen, tut mir fürchterlich weh. Voll benützen kann ich eigentlich nur die rechte Hand. Ich halte durch, bis ich den Rest der eisüberzogenen «Spinne» hinter mir habe, aber dann muss ich die Führung bis zum Gipfel sofort an Vaucher abgeben. Der Zustand des Daumens verschlechtert sich deutlich, es pulsiert darin, als ob er brandig würde. Ich kann mich damit nicht halten, aber ich schaffe es auch nicht, mit der linken Hand den Hammer zu benützen, um die Haken herauszuschlagen. Damit mir dies gelingt, muss mich mein Freund blockieren, während ich voll im Seil hänge.

Im Verlauf des Vormittags erscheint ein Hubschrauber. Er kommt vom Mer de Glace und fliegt mehrmals ganz nahe an der Wand vorbei. Es ist klar: Er sucht uns. Er schwebt aber unter uns, viel tiefer unten. Wahrscheinlich sucht man uns im ersten Wandteil, da man uns wegen der schrecklichen Verhältnisse am Berg auf dem Rückzug vermutet. Nun erhebt sich der Helikopter und kommt auf unsere Höhe. Aber er steigt noch weiter auf, bis zum Gipfel, und kreist dort mehrmals herum. Wir winken wie verrückt mit den Armen, um die Aufmerksamkeit der Piloten auf uns zu ziehen, aber sie sehen uns nicht. Sie fliegen überall herum, ausser in unserer Nähe. Dann führt der Hubschrauber ein Manöver aus, das uns bestürzt: Er fliegt direkt hinunter und erkundet dann sorgfältig den Fuss des Eisschlundes am Wandfuss, 1000 Meter unter uns. Jetzt ist alles klar: Sie konnten uns in der Wand nicht finden, halten uns für tot und suchen nun unsere Körper auf dem Gletscher. Die erfreuten Zurufe, die wir bei seinem Erscheinen an den Helikopter richteten, verwandeln sich in Beschimpfungen, untermalt von verschiedenen viel sagenden Gesten. Am meisten ärgert uns die Tatsache, dass sie uns nicht finden; wir wissen, dass die Piloten nach ihrer Rückkehr die Nachricht von unserem Verschellen verbreiten werden, und jene, die auf uns warten, werden qualvolle Stunden verbringen. Der Hubschrauber fliegt noch etwas in der Zone am Wandfuss herum, dann steuert er die Gipfelregion an und wendet schliesslich zum Rückflug ins Tal von Chamonix.

Wir konzentrieren uns vollständig auf unser Programm. Gegen Mittag werden wir von den Wolken eingehüllt. In der Nähe des Gipfels überzieht uns der feuchte, eisige Wind mit einer Schneekruste. Wir versuchen zu «rennen», um dieser Hölle, die nun schon so lange dauert, zu entgehen. Die Kletterei erfordert viele Haken, wir nehmen es nicht mehr allzu genau. Glatte, kompakte Felsen wechseln ab mit unüberwindbar aussehenden Überhängen, die glücklicherweise viele Risse aufweisen. Der mühsame Aufstieg wird durch die kurzen Seilfragmente noch erschwert; sie nötigen uns zu extremen Kunststücken. Wir sind immer noch in einer dichten Nebelbank gefangen, die uns die Sicht nimmt. Aber jetzt legt sich der Sporn, über den wir hochklettern, allmählich zurück, wird immer schmaler und geht schliesslich in den Gipfel über.

Über uns ist nichts mehr: So nehmen wir fast überrascht zur Kenntnis, angekommen zu sein.

Wir haben es geschafft, trotz aller Widerwärtigkeiten. Wir haben jedoch keine Zeit, uns darüber zu freuen; das Problem des Abstiegs – die Nacht bricht an, und das Unwetter hält immer noch an – steht im Vordergrund. Es ist 18.30 Uhr. Wir beginnen über die andere Seite des Berges abzusteigen. Aber ist es wirklich die gegenüberliegende Flanke? Zwei Mal nähern wir uns wieder dem Hang, über den wir eben gekommen sind, aber wir merken es noch rechtzeitig. Schliesslich erkenne ich, vom Instinkt und vom Wind geleitet, die sanften Felsen wieder, die sicherlich auf die italienische Seite ausgerichtet sind.

200 Meter unter dem Gipfel zwingt uns die Dunkelheit anzuhalten. Wir richten uns zum vierten Biwak ein, das nicht weniger qualvoll sein wird als die anderen, denn es hat wieder zu schneien angefangen. In zwei Stunden hätten wir im Talgrund sein können, aber der Whymper-Pfeiler, der sich schon bei unserem Aufstieg verteidigt hatte, stellt uns weiter jede Art von Fallen und Schwierigkeiten entgegen. Mit diesem letzten Schneeschauer, der den Abstieg am nächsten Tag erschweren wird, scheint er sich fast zu rächen.

Diese Wand, die wir nun bezwungen hatten, stellte vielleicht das letzte würdevolle Bollwerk eines grossen, traditionellen Alpinismus dar.

Walter Bonatti nach der Rückkehr von
seinem winterlichen Alleingang durch die
Matterhorn-Nordwand

MATTERHORN-NORDWAND
IM WINTER UND ALLEIN
1965

Es ist das Jahr 1965. Ein Jahrhundert zuvor eroberten der Engländer Edward Whymper und seine Gefährten mit ihrer legendären Besteigung über den Hörnli-Grat erstmals das Matterhorn. Zwei Tage später erreichte auch Jean-Antoine Carrel den Gipfel über den Lion-Grat. In rund 65 Jahren alpinistischer Erfolge kapitulierten von da an alle ausgeprägten Linien – Wände und Grate – des markanten Berges vor dem Mut des Menschen; darunter auch die schwierige und stark umworbene Nordwand, einer der ernstesten Prüfsteine der Alpen.

Diese Wand gehörte zum berühmten Nordwand-Trio Matterhorn, Eiger, Jorasses. Aber alles war am grossartigen Matterhorn noch nicht gemacht. Seine breite Nordwand wartete noch auf die Begehung über die direkteste Route, deren logische Linie schon 1928 offensichtlich war, als die ganze Mauer noch unbezwungen war. Auf jene Zeit geht der unglückliche Besteigungsversuch von Kaspar Mooser und Viktor Imboden direkt über den Abbruch der grossen Nordwand zurück. Seit damals hatte niemand mehr diesen Anstieg probiert.

Meinem Beschluss treu, denke ich schon seit Monaten an keine grossen Klettereien mehr. Ich habe beschlossen, mit dem extremen Alpinismus aufzuhören, und bin hingegen bereit, zu einer langen, abenteuerlichen Reise nach Kanada und Alaska aufzubrechen. Doch der nagende Wurm des extremen Bergsteigens ist noch nicht völlig in Lethargie gefallen und beginnt sich zu regen. So kommt – im Gedenkjahr der Matterhorn-Besteigung – mein altes Projekt unwiderstehlich wieder auf: eine direkte Linie mit dem gleichen Einstieg, wie ihn Mooser und Imboden wählten, durch die Nordwand zu verwirklichen. Vielleicht ist es die Faszination des Datums. In Wirklichkeit wünsche ich mir glühend, trotz meiner Vorsätze, das Matterhorn zu besteigen und auf meine Art die hundert Jahre seiner Geschichte zu ehren. Ich entschliesse mich, in meinem Beschluss eine Klammer zu öffnen und sie gleich nach der Tour ohne Bedauern wieder zu schliessen. Ich werde also eine neue Route in der Nordwand angehen, und das muss im Winter stattfinden: Im kommenden Sommer wird mich ein Ozean vom Matterhorn trennen.

In der Welt der Berge fehlen die Freiwilligen nie, die jedem – wohin auch immer – folgen würden, der sich auf dem Zenit seiner Laufbahn befindet. Doch das Leben hat mich gelehrt, dass auch der Beste unter ihnen den bescheidensten Freund nicht aufwiegt. Der Freund ist für mich eine wahre Oase in der Wüste der menschlichen Beziehungen. Ich wähle deshalb für dieses neuerliche und letzte alpinistische Unternehmen meine Begleiter unter meinen Freunden aus: Gigi Panei aus den Abruzzen und Alberto Tassotti aus den Karnischen Alpen. Beide sind nicht mehr jung, aber sicherlich in bester Verfassung, abgehärtet und voller Begeisterung. Aus Liebe zu den Bergen leben sie wie ich am Fuss des Mont Blanc. Man könnte sagen, sie lebten seit einer Ewigkeit dort, aber sie werden, gleich wie es auch mir passiert, von den meisten Einheimischen als Eindringlinge und unbequeme «Fremde» betrachtet.

Am 10. Februar steigen wir ein. Die Wand ist gleich von Beginn an steil, verschneit und schwierig. Eine Dreierseilschaft ist natürlich langsamer, die Manöver dauern länger, und der Wintertag ist kurz. Wir kommen aber gut voran, sind bestens aufeinander eingespielt und glücklich, zusammen hier oben zu sein. In den kurzen Anweisungen, die das Klettern erfordert, verwandeln sich die Namen von Panei und Tassotti bald in «Goitone» und «Tass», ihre alten Übernamen aus Kriegszeiten, die wie durch einen Zauber auftauchen, als ob die Zeit einen Sprung zurück getan hätte.

Wir stossen auf keine Spuren, die von unseren Vorgängern stammen könnten, aber es ist offensichtlich, dass Mooser und Imboden vor der Passage aufgaben, die ich am Ende «Quergang der Engel» nennen werde.

In insgesamt drei Tagen Aufstieg gelangen wir vom Talgrund bis jenseits des «Quergangs der Engel», wo eine weitere Schlüsselstelle wartet: die überhängende Felsbarriere, welche quer durch die Nordwand verläuft und dem Berg eine fast spiralförmige Bewegung verleiht. Hier bricht in der Nacht ein Sturm los, der uns auf einen Schlag festnagelt und uns alle Hoffnung nimmt.

Wir stecken in den Biwaksäcken, fast über der Wand pendelnd. Nur zwei kleine rote Nylonplanen in Sackform schützen den oberen Teil unserer Körper gegen die heftigen Windstösse, die mit 100 Stundenkilometern eisigen Schneestaub auf uns niederpeitschen. Die Planen knattern Furcht erregend und sind ständig knapp davor, zerrissen zu werden. So dauert es 24 Stunden lang ohne Unterbruch; dann, gegen Abend, erreicht der Sturm seinen Höhepunkt. Meine Plane bläht sich plötzlich wie ein Spinnaker im vollen Wind. Tassotti und ich stecken unter der gleichen Hülle und können zuschauen, wie inwendig eine Verstärkung nach der anderen reisst, bis schliesslich das Sacktuch auf einen Schlag vollends platzt. Übrig bleibt nur noch ein windgepeitschter Fetzen. Wir klammern uns verzweifelt daran und schützen das Gesicht mit diesen Resten, um nicht zu ersticken. In diesem Zustand verbringen wir die ganze Nacht.

Am Morgen stelle ich fest, dass das Barometer weitere 15 Millimeter gefallen ist: Der Sturm wird noch zunehmen. Es bleibt uns nichts anderes übrig, als so schnell wie möglich zu flüchten, und so beginnen wir einen akrobatischen, mühevollen Rückzug im Sturm: 400 Meter Abseilen am Doppelseil.

In Zermatt stehen die Dinge so ungünstig, dass wir den schrecklichen Stunden in der Nordwand beinahe nachweinen: Tassotti, Feldwebel in der Militärischen Hochgebirgsschule, kann seinen Urlaub nicht verlängern und muss sofort zu seiner Einheit zurück. Panei, Trainer der Skinationalmannschaft der Junioren, steht unter dem Druck der nahen nationalen Meisterschaften und muss ebenfalls gehen; er lässt mich allerdings in der Hoffnung, dass er zurückkehren kann. Ich bleibe also allein in Zermatt, um das Feld in Erwartung meines Freundes zu «besetzen».

Biwak mitten im Sturm nach dem «Quergang der Engel» beim ersten Begehungsversuch mit Panei und Tassotti

Die Berühmtheit ist ein zweischneidiges Schwert. Die Presse bringt immer noch fette Schlagzeilen über unseren unglücklichen Versuch. Die Bedeutung der neuen, im Winter angegangenen Route auf das Matterhorn, ihr Zusammenfallen mit dem Jubiläum und – warum auch nicht – das «Scheitern Bonattis» sind drei Elemente, die für Nachrichten sorgen. Man holt so ein alpinistisches Problem aus seinem 40 Jahre dauernden Dornröschenschlaf und schürt ein Wettrennen, das selbst den gleichgültigsten Kletterer aufzuhetzen vermag. Der ausgeworfene Köder zeigt die ersten Resultate: Schon kann man in den europäischen Zeitungen lesen, wer sich in Frankreich, in Deutschland und in der Schweiz darauf vorbereitet, dorthin aufzubrechen, «wo Bonatti gescheitert ist».

Quälende Tage gehen vorbei, die mich etwas an die Geschehnisse nach dem Frêney-Zentralpfeiler des Mont Blanc erinnern. Das Wetter bleibt zu meinem Glück unsicher. Aber wie ich es geahnt habe, telefoniert mir Panei eines Tages, er könne auf keinen Fall noch einmal in die Wand einsteigen. «Dann gehe ich eben allein!», schreie ich wutentbrannt und in herausforderndem Ton in die Muschel. Ich hoffe, dass ich damit bei ihm einen empfindlichen Punkt berühre und ihn dazu bringen kann, seinen Beschluss zu ändern. Allein? Das ist in einem solchen Fall allerdings absurd! Ich räume sogleich ein, dass mein Ausruf nur ein Ausdruck der Auflehnung war. Und doch beginne ich bald dieses «Allein» auf eine andere Art zu erwägen und ihm einen konkreteren Sinn zu geben. Natürlich, allein, das ist doch die logischste Sache der Welt, warum habe ich nicht schon vorher daran gedacht?

Und dann wünsche ich mir nichts anderes mehr. Sobald sich das Wetter wieder bessert, werde ich den Weg zum Matterhorn unter die Füsse nehmen. Allein.

Der Aufbruch am 18. Februar geht in einer spannungsgeladenen Atmosphäre vor sich: Über meinen vorangehenden Versuch sind zu viele Worte verschwendet worden, und ich möchte nicht nochmals Anlass zu weiteren Kommentaren geben. Ich will alles in grosser Heimlichkeit unternehmen.

Am Morgen des Aufbruchs sind drei Freunde bei mir: Daniel Pannatier, Guido Tonella und Mario De Biasi, mit dem ich schon in Sibirien gewesen war. Ich habe die drei gebeten, mich etwas weiter als bis zum Schwarzsee zu begleiten, um einen simplen Skiausflug vorzutäuschen und Neugierige und Indiskrete abzuhalten. Dort angelangt, ziehe ich mich im Schutz eines Felsens für die Kletterei um und packe den Rucksack. Aber im Augenblick des Abschieds übermannen mich meine Gefühle. Ich möchte mich heiter und gelassen zeigen, aber es gelingt mir nur, einen erstickten Gruss zu stammeln, dann flüchte ich. De Biasi versteht, was mit mir los ist, und findet einen Vorwand, um mich noch ein Stück weit zu begleiten.

Über mir türmt sich das Matterhorn düster in den lichtdurchlässigen, fast schwarzen Himmel. Seine Felsen erscheinen messerscharf und von beängsti-

genden Abgründen umgeben. Ich bin hin und her gerissen: Einerseits sollte ich meinen Freund nun zurückschicken, weil der Weg immer anspruchsvoller wird, anderseits möchte ich meinem egoistischen Wunsch nachgeben und ihn so lange wie möglich bei mir behalten. Und so lasse ich den Dingen ihren Lauf.

Am späten Nachmittag erreichen wir die Hörnli-Hütte. Ich beschliesse gleich, bis an den Einstieg der Nordwand weiterzugehen: Würde ich die Nacht im Innern der Hütte verbringen, die im Winter verlassen ist und eine schädliche «Geschlossenheit» ausstrahlt, dann wäre mein Gefühl der Einsamkeit noch stärker. Deshalb gehe ich weiter, und De Biasi folgt mir immer noch. Etwas später wird er von einem blanken Eishang am Weitergehen gehindert werden. Auf dem Sattel unmittelbar nach der Hörnli-Hütte verschwindet die Sonne hinter dem Matterhorn, und wir betreten eine eiskalte Schattenzone.

«Ich wollte, ich wäre Bergsteiger, um dich begleiten zu können», sagt De Biasi kurz danach und verabschiedet mich mit einer Umarmung. Ich bringe kein einziges Wort heraus, meine Kehle ist wie zugeschnürt. Ohne mich umzudrehen, gehe ich weiter, ich will nicht sehen, wie mein Freund sich entfernt. Er muss umkehren, es ist schon spät, und ein langer Marsch trennt ihn vom Talgrund. Ein jäher Schritt über eine Spalte zwingt mich, mich nochmals umzudrehen. De Biasi ist immer noch am gleichen Fleck. Erst jetzt kann ich ihm einen Abschiedsgruss zurufen: «Alles wird gut gehen!», sage ich zuletzt. «Sicher, Walter!», antwortet mein Freund und verschwindet hinter dem Grat.

Ich bin von meinen Gefühlen und von der tiefen Stille, die den Berg in der Stunde des Sonnenuntergangs umgibt, wie betäubt. Um mich herum sehe ich eine leere, erloschene Welt, die Menschen und Leben abweist. Alle Dinge scheinen seltsam in der Luft zu hängen: Fels, Eis, Schnee, ja selbst der Berg, alles schwebt zwischen Wirklichkeit und Vorstellung. Um nicht in Angst zu verfallen, zwinge ich mich, an nichts mehr zu denken, und marschiere wie ein Roboter zum Wandfuss weiter. Ich übersteige den grossen Sérac. Auf dem Plateau darüber entdecke ich ein paar Spuren unserer alten Stapfen im Schnee, die jetzt hart und vom Wind angenagt sind. Diese Entdeckung bringt mir weder Erleichterung noch Trost.

Die Dunkelheit überrascht mich unter der Wand, als ich auf dem Schnee einen flachen Platz herrichte, wo ich mich in meinem Biwaksack hinlegen kann. Dabei denke ich: «Wenn doch wenigstens schlechtes Wetter käme! Dann könnte ich morgen früh flüchten und zurückkehren. Und was, wenn ich es sofort täte?» Aber es ist nur die Stimme meines zerbrechlichen Alter Ego, das sich in diesem schwierigen Moment durchsetzen möchte.

Ein Leuchten dringt plötzlich aus dem Tal herauf: In Zermatt sind die Lichter angegangen – ein fantastisches Schauspiel. Es bringt mich auf tausend Gedanken, die alle zum gleichen Schluss führen: «Wäre es nicht besser aufzugeben?»

Doch, ich weiss eigentlich nicht warum, ich bleibe. Die ganze Nacht geht vorbei, ohne dass der Schlaf kommt und meine Unruhe besänftigt. Die Augen können sich nicht vom schwarzen Schatten der Wand über mir lösen.

Beim Morgengrauen wird die Kälte unerträglich. Als ich aus dem Sack schlüpfe, bin ich ganz steif. Bevor ich die ersten Schritte tue, bin ich nochmals ein paar Augenblicke unentschieden, ob ich sie nach oben oder zurück nach Zermatt richten soll. Schliesslich nehme ich den Weg zur Wand im Bewusstsein, damit eine Mutprobe gegen mich selbst zu unternehmen.

Die Mauer zeigt sich sofort abweisend, ich muss einen Haken schlagen, um mich zu sichern. Ich öffne den Sack, um ihn herauszuholen, und finde dabei ein Paar überflüssige Skifelle; weiss Gott, wie die da hineingekommen sind. Schweren Herzens muss ich sie wegwerfen. Zizì scheint zu lächeln. Zizì ist der kleine Stoffbär, den mir der jüngste Sohn meines Zermatter Freundes Pannatier als Maskottchen für dieses Abenteuer geschenkt hat. Seit gestern Nachmittag trage ich das Bärchen am Rucksack, und ich habe es schon lieb gewonnen.

Die Kletterei, die nun folgt, nimmt mich vollständig in Anspruch und ist eine wahre geistige Befreiung. Der ganze Tag geht dann rasch und sozusagen ohne Geschichte vorbei. Allerdings nimmt mich die Tour so in Anspruch, dass ich sogar zu essen vergesse. Und so gehe ich vor: Ich sichere zuerst den Rucksack an einem Haken, wie man einen Seilgefährten sichern würde. Dann steige ich eine ganze Seillänge auf. Am Ende dieser Länge befestige ich das Seilende an einem weiteren Haken, dann lasse ich mich bis zum Seil ab, nehme den Sack auf die Schultern und klettere wieder bis zum höchsten schon erreichten Punkt hoch. Bei diesem System haben Zeit und Mühe kein Mass mehr – um auf den Gipfel zu gelangen, werde ich das Matterhorn mindestens zweimal im Aufstieg und einmal im Abstieg erklettern.

Die Nacht überrascht mich zum zweiten Mal, diesmal mitten in der Wand, 15 Meter vom einzigen Felszacken entfernt, an dem ich mich verankern kann. Im Dunkeln erzwinge ich diese 15 Meter und erreiche den Felszacken gerade noch rechtzeitig, um die Lichtsignale wahrzunehmen und zu beantworten, die mir De Biasi vom Tal aus schickt.

Der Wind beginnt mit brutalen Böen auf die Wand einzupeitschen. Obschon ich brennenden Durst habe, kann ich mich deshalb nicht entscheiden, Schnee zu schmelzen, um mir ein Getränk zuzubereiten. Schliesslich verzichte ich darauf und ziehe es vor, im Biwaksack zu verschwinden.

Ein Karussell von Bildern zieht an meinem Geist vorbei. Ich sehe wieder die sibirischen Jurten im fernen Jakutien, das Gesicht meines Vaters, das Meer von San Fruttuoso und seine Christusstatue, die Rosen im Garten von Freunden, Inspektor Maigret, der einen grossen Humpen Bier trinkt, die Gesichter der mir lieben Menschen. Und einmal mehr befällt mich ein Gefühl grenzenloser Einsamkeit.

Spät in der Nacht verfinstert sich der Himmel. Es scheint fast, als wolle sich das Wetter ändern. Ich konsultiere mein Barometer, aber es steht unverändert hoch. Wenn ich ihm vertrauen kann, gibt es keinen Grund zur Besorgnis. Würde ich jedoch meinem Instinkt folgen, dann müsste ich nun sofort umkehren, um mir stürmische Stunden zu ersparen. Bei meiner Rückkehr werde ich dann vernehmen, dass es in jener Nacht auf der italienischen Seite des Matterhorns schneite. Aber der anbrechende Tag löst die Nebel auf, und das Wetter wird wieder strahlend schön.

Es ist beinahe Mittag, als ich den Beginn des «Quergangs der Engel» erreiche. Seine extrem glatten und kompakten Felsen lassen nicht viele Haken zu, die zudem alle unzuverlässig sind; überdies sind die Platten so stark geneigt, dass ich beim Traversieren mein Gleichgewicht fast nicht halten kann. Dieses Mal ist der «Quergang der Engel» von einer lockeren Schicht Schnee bedeckt, die ich vor jedem Schritt erst entfernen muss. Hätte Panei das letzte Mal nur wenigstens vergessen, die wenigen Haken, die ich mit Mühe und Not gesetzt hatte, wieder zu entfernen! Es sind 120 Meter querende, fast horizontale Kletterei über steile, vereiste und tückische Platten. Engelssache eben. Diese Platten beschäftigen mich bis zum Abend. Ich steige mit der grössten Vorsicht manchmal nur kurze Stücke weiter und setze dabei wenige Haken, die mehr psychologische als tatsächliche Sicherung bieten. Dann kehre ich zurück, lade mir den Rucksack auf die Schultern, der immer schwerer scheint. Ich komme also mit dem gleichen System – vor und zurück – voran, aber da ich querend klettere, darf ich das Seil nicht voll belasten.

Manchmal taucht am Himmel sehr weit weg ein kleines Flugzeug auf, das herumzuschnüffeln scheint. Die Nachricht, dass ich hier oben bin, ist sicher durchgesickert, man sucht mich vielleicht, scheint mich aber noch nicht gefunden zu haben. Wie vom Wind getragene Raubvögel steigen diese Flugzeuge in weiten Kreisen auf und lassen sich dann wieder fallen. Manchmal wirken sie im kalten Schatten der Wand matt, manchmal leuchten sie in der Sonne wie mitten am Tag funkelnde Sterne.

Gegen Abend erreiche ich den Biwakplatz, an dem ich mit Panei und Tassotti einen Tag und zwei Nächte blockiert war. Hier finde ich ein gutes Dutzend Haken und ein Säckchen mit Lebensmitteln, die wir auf dem kleinen Absatz zurückgelassen hatten. Panei, als zuverlässiger Seilletzter, musste die Haken, die ich geschlagen hatte, wieder einsammeln. Da wir nicht mit einem Rückzug rechneten, führte er seine Aufgabe so gewissenhaft aus, dass ich bis jetzt nur einen einzigen Haken wieder gefunden habe. Als ich mich für das Biwak einrichte, entgleitet mir der Hammer und fällt in den Abgrund – ein grosses Missgeschick, hätte ich nicht einen Reservehammer dabei.

Einmal an der Wand verankert, klemme ich als Erstes den Kocher zwischen meine Beine und bereite mir ein Getränk zu. Ich ertappe mich, wie ich mit lauter Stimme mit meinen Freunden spreche. Die natürlich nicht hier sind. Jeden Abend, wenn ich zu klettern aufgehört habe, bestürmen mich unzählige Gedanken, und tausenderlei Erinnerungen leben auf. Es sind die Geister eines Unternehmens im Alleingang.

Jenseits der Überhänge gerade über mir, die mein Blick nicht überwinden kann, liegt das Unbekannte; aber auch die Gewissheit, nicht mehr umkehren zu können. Ein Rückzug würde genau durch diese überhängenden, spiralförmigen Felsen über mir verunmöglicht, die sich schräg nach links ziehen – Strukturen, die eine ganze Reihe von Abseilmanövern und unmöglichen Pendlern verlangen würden.

Ich bin auf einer Art Stufe zum Biwak zusammengekauert, aufgehängt mitten in einer senkrechten Wüste. Unter meinen Füssen, zwar unerreichbar für meine Augen, pulsiert das Leben. Ein leichtes Leben, eine verlockende Vorstellung für jemanden, der wie ich zwischen Himmel und Erde hängt. Aber es ist auch ein banales, enttäuschendes Leben, und um ihm zu entfliehen, bin ich hier aufgestiegen. Die Tatsache bleibt aber, dass die Einsamkeit hier wirklich gross ist, fast unmenschlich gross. Ich frage mich, ob ich an diesem Punkt nicht die Grenzen der Vernunft überschritten und das Schicksal aus purem Stolz herausgefordert habe. Aber gelten Weisheit und Schicksal nicht vielleicht für das, was wir sind? Ich folgere aus meinen Gedanken, dass für mich die Weisheit darin bestand, das Matterhorn anzugehen; mein Schicksal wird entscheiden, ob ich auf dem Gipfel dieses Berges ankomme.

Ich schaue auf die Uhr: In wenigen Minuten wird es 19.30 Uhr sein. Zermatt ist noch zauberhaft beleuchtet, aber es sind nicht diese Lichter, auf die ich warte. Heute Abend habe ich meinem Freund dort unten im Tal eine wichtige Nachricht zu übermitteln: Ich habe beschlossen, bis zum Gipfel weiterzuklettern. Eine halbe Stunde später nehme ich die Lichtsignale von De Biasi wahr und antworte zuerst mit einer weissen Rakete, die meinen Standort angibt, sofort gefolgt von einer grünen, die signalisiert, dass ich die Kletterei fortführen werde. Mit der dritten, roten Rakete hätte ich den Abbruch meines Unternehmens angezeigt; sie ist nun überflüssig. Ich werfe sie in den Abgrund.

Am Morgen tue ich mich beim Erklettern der Überhänge wegen des Gewichtes des Rucksackes so schwer, dass ich beschliesse, alles herauszunehmen, was ich nicht unbedingt benötige. Zuerst nehme ich ein Stück Käse und werfe es ins Leere, dann ist die Reihe an zwei Gaskartuschen. Das gleiche Ende nehmen zwei Portionen Marmelade, der Speck, Biskuits, Trockenfleisch, die Trockensuppe und zum Teil der Zucker und die Kondensmilch. Bei solchen Unternehmen leidet man mehr an Durst als an Hunger.

Nachdem ich den Riegel der Überhänge einmal überwunden habe, gibt es keine Rückzugsmöglichkeit mehr, und es bleibt mir keine andere Wahl, als direkt auf den Matterhorn-Gipfel zuzuhalten. Ich klettere in Richtung eines zweiten senkrechten Aufschwungs hoch und stelle fest, dass ich es fast automatisch tue, mit abwesendem Geist. Zum Glück rüttle ich mich auf, als ich merke, dass mir die Gedanken entfliehen; ich bin sicher von der Einsamkeit und der Kälte abgestumpft. Ich muss meine Gedanken unbedingt an der Hand nehmen und sie an ihren richtigen Platz führen, sonst riskiere ich noch einen Absturz. So halte ich mehrmals an und schüttle mich, ich wecke mich, um mich aus diesem Zustand der mentalen Trägheit zu befreien: Ich will einfach, dass mein Verstand wieder klar und präsent ist.

Über der Mauer stellt mir die Nordwand eine Falle: Eine breite Zone glatter und vereister Felsen scheint einmal mehr den weiteren Anstieg zu versperren. Es ist etwa 4 Uhr nachmittags, und mir bleiben nur noch etwas mehr als zwei Stunden Tageslicht. Weiter oben, nach der kritischen Zone, glaube ich auf der rechten Seite eine leidliche Biwakmöglichkeit zu entdecken. Dorthin muss ich kommen.

Der Himmel ist durchsichtig, aber die Luft ist von der Kälte wie marmoriert. Es ist nur das leichte Rascheln des Schneegestöbers auf den Eiskristallen zu hören. Nichts, was mich umhüllt, gehört zum Leben. Ich schaue Zizì an, das Stoffbärchen: Er lächelt immer mit seinen grossen gelben Glasaugen. Ich spreche zu ihm, als ob er mich verstehen könnte: «Was meinst du, Zizì, schaffen wir es bis zu jenem Plätzchen dort oben?» Und instinktiv streichle ich ihn; dabei bemerke ich, dass meine Hände bluten und von der Kälte rissig sind. Bis jetzt konnte ich die Handschuhe nur für kurze Stücke anbehalten.

Ich weiss, dass ich mich an der Grenze des Möglichen bewege, bin mir bewusst, wie weit ich von der Welt entfernt bin; wenn ich an etwas Lebendes, an die Normalität denke, bin ich sehr bewegt. Die Wand ist hier mehr als bisher vereist und scheint sogar ihre Formen verloren zu haben, ja, es kommt mir vor, als ob sie eine riesige Muschel wäre, in deren Innern ich klettere. Schaue ich nach oben, kann ich den Gipfel nicht sehen, blicke ich nach unten, entdecke ich auch Zermatt nicht mehr.

Einige Steine, vom Wind gelöst, durchschneiden pfeifend die Luft und verlieren sich im Abgrund. Dieses Bild verbinde ich spontan mit Whympers Katastrophe vor hundert Jahren; die vier Körper der Bergsteiger, die in jenem fernen 1865 abstürzten, müssen hier ganz in der Nähe vorbeigeflogen sein. Eine schauerliche Vision. Ich möchte schon weiter sein.

Es ist Nacht, und ich bin müde, sehr müde. Mein Mund brennt vor Durst, der Speichel schmeckt bitter. Ich weiss selber nicht, wie ich den Biwakplatz noch rechtzeitig erreicht habe.

Die Nordwand des Matterhorns mit der von Walter Bonatti im Alleingang eröffneten Route

Schatten, Wind, Kälte und der Gedanken überdrüssig. Wieder sind es diese Elemente, welche die neue, lange Nacht füllen.

Langsam bricht der Morgen an. Es ist 6.30 Uhr am Montag, den 22. Februar. Das dritte Biwak in der Wand geht zu Ende. Aber es muss unbedingt das letzte sein! Ein Kranz von Eiszäpfchen umrahmt mein Gesicht und schmerzt auf der Haut. Das kleine Thermometer, das an meiner Windjacke hängt, zeigt 30 Grad unter null. Auch in dieser Nacht habe ich kein Auge zugetan. Ich sitze auf einem 30 Zentimeter breiten Vorsprung, den ich gestern Abend vom Eis befreit habe. Mit dem Rücken lehne ich gegen die senkrechte Wand, die Füsse baumeln ins Leere. Zwei Seilschlingen halten mich fest: die eine um die Brust, die andere um die Knie. Seit mindestens einer halben Stunde umklammern meine Hände im Innern des Biwaksackes nervös die kleine Taschenlampe. Mit ihr will ich auf die Lichtsignale von De Biasi antworten, die er mir sicher schicken wird; bestimmt verfolgt er nämlich meinen Aufstieg mit dem Fernglas von einer Alphütte aus. Bis zur verabredeten Zeit fehlen nur noch wenige Minuten. Es ist Vollmond, aber der Schattenkegel, den das Matterhorn ins Tal wirft, taucht den Standort meines Freundes in völlige Dunkelheit. In diesem Moment beherrscht mich nur ein Gedanke: die Lichtsignale empfangen und darauf antworten – drei oder vier langsame und dann mehrere kurze Blinkimpulse, um anzuzeigen, dass alles in Ordnung ist, dass ich diese Nacht überstanden habe und bis zum Schluss weiterkämpfen werde. Und da ist schon das Lichtlein, es ist von Tag zu Tag kleiner, weil ich immer weiter oben bin. Von hier aus, im harten Schatten des Matterhorns, scheint es eine glühende Nadelspitze zu sein. Vielleicht sehe ich es zum letzten Mal, denn mit etwas Glück werde ich morgen auf dem Gipfel sein. Ich verfolge die langsam abgegebenen Signale, die nach vier Impulsen aufhören. Dann ziehe ich meine Hand aus dem Sack und antworte im gleichen Rhythmus. Nun geht mein Freund zu schnelleren Signalen über, die im Unterschied zu den ersten leben und beben wie Worte. Ich antworte meinerseits auf ausgelassene Art, als ob ich ihm aus voller Kehle zurufen würde. Jenes kleine Licht von Mario, das aus dem 2000 Meter tiefer gelegenen Tal aufsteigt, ist das einzige menschliche Zeichen, das mich seit drei Tagen und drei Nächten begleitet.

Der Himmel wird grau, es dämmert. Die Lichter von Zermatt verlöschen eines nach dem anderen in der Helle des neuen Tages. Dann wird alles zur blauen, reinsten Unendlichkeit ohne Horizonte und ohne Erdenschwere. Meine ausgetrockneten Augen verlangen noch zu schauen, das Universum aufzunehmen, und ich verweile und verfolge das unermessliche Schauspiel. Berauscht vom Schweigen, von der Stille und den extremen Grenzen zittert mein erregter Geist. Vor hundert Jahren war Whymper in der Postkutsche nach Zermatt gekommen, und um diesen Berg zu besteigen, stellte er eine Expedition von Bergführern und Trägern zusammen, wie man es heute noch in den Anden und im Himalaja tut. Jetzt aber, genau in diesen Tagen, wird eine Raumsonde, die Ranger 8, vom Menschen auf den Mond geschossen; man will Bildberichte über die Beschaffenheit seiner Landschaften, wo bald Menschen Fuss fassen sollen, erhalten und übermitteln. Hundert Jahre Geschichte und Schwindel erregende technische Fortschritte trennen das Unternehmen von Whymper von meinem; und dennoch: Ich, Mensch meiner Zeit, habe das Bedürfnis verspürt, das Abenteuer in einem dem Menschen entsprechenden Mass zu leben, das Abenteuer der Begegnung zwischen

David und Goliath. Und ich bin sicher, dass meine kleine grüne Rakete von gestern Nacht dort unten im Tal als Botschaft empfangen worden ist, die einen zutiefst menschlich fühlen lässt.

Die wieder aufgenommene Kletterei ist unerhört hart: Ein überhängender, ungefähr 30 Meter hoher Aufschwung aus schlechtem Fels erhebt sich über meinem Kopf und muss überwunden werden. Die Flugzeuge, die in immer grösserer Nähe um das Matterhorn kreisen, lassen mich ahnen, dass der Gipfel nicht mehr weit weg ist. Nochmals versuche ich, den Rucksack zu erleichtern, um schneller zu sein. Weitere Lebensmittel, die zwei Trittleitern und ein paar Haken fliegen in den Abgrund. Es reizt mich auch, den Helm wegzuwerfen, meinen ruhmreichen Helm, der mich in den letzten vier Jahren bei all den schwierigsten Unternehmen begleitet hat. Aber nach einem Augenblick des Zögerns ziehe ich die Hand zurück und streiche damit über seine Beulen, als ob es Verletzungen wären: Jede von ihnen entspricht einem der Steine, die am Mont Blanc, in den Anden und an vielen anderen Bergen hinuntergefallen sind. Ich stecke ihn wieder in den Rucksack, neben das Stoffbärchen, und klettere weiter.

22. Februar 1965: Jemand fotografiert Walter Bonatti von einem kleinen Flugzeug aus, als er den Gipfel des Matterhorns erreicht.

Ich bin immer noch allein mit meiner Erschöpfung. Die Anstrengungen dieser Tage und die immer dünner werdende Luft verlangsamen meine Bewegungen. Ich komme mir fast vor wie eine biblische Person, dazu verdammt, ewig aufzusteigen.

Gegen 3 Uhr nachmittags, als ich nur noch 50 Meter unter dem Gipfel bin, erblicke ich unerwartet das leuchtende Kreuz auf dem höchsten Punkt. Die Sonne, die es von Süden her bestrahlt, lässt es erglühen. Seine lichtüberfluteten Umrisse blenden mich beinahe. Selbst die inzwischen zahlreichen Flugzeuge, die mich in der letzten Stunde mit ihren brummenden Motoren betäubt haben, scheinen die Feierlichkeit dieses Augenblicks zu fühlen. Vielleicht aus Taktgefühl entfernen sie sich ein wenig und lassen mich die letzten Meter in Stille aufsteigen.

Wie hypnotisiert breite ich die Arme aus, umfasse das Kreuz und drücke es an meine Brust.

Walter Bonatti im März 1953 auf dem Matterhorn, nachdem er mit Roberto Bignami die Überhänge im oberen Teil des Furggen-Grats erstmals überwunden hat

LEB WOHL, ALPINISMUS
1965

Es gibt Augenblicke im Leben, in denen man das Bedürfnis hat, Bilanz zu ziehen, eine Inventur von sich selbst – im Guten und im Schlechten – aufzustellen. Es gibt Umstände, in denen man überprüfen will, ob die eigenen Zielsetzungen immer noch gleich geblieben sind oder in welchem Mass sie sich verändert haben. Damit diese Prüfung einen Nutzen bringt, muss sie umfassend und mitleidslos sein, eine schwierige Einschätzung auf halbem Weg zwischen blinder Eigenliebe und Selbstverachtung, zwischen der Einbildung, jemandem zu nützen, und der leisen, schmerzlichen Furcht, es nicht zu tun. Nun ist dieser Moment da, und ich sehe deshalb meine ganze Vergangenheit durch.

Aus meiner Kindheit habe ich nur ein paar blasse Eindrücke bewahrt; meine erste wirkliche Erinnerung fällt mit dem Ausbruch des Zweiten Weltkriegs zusammen. Ich war damals zehn Jahre alt, und von da an sind alle Landschaften meiner Jugendzeit, die ich noch im Kopf habe, von der Erinnerung an den Hunger begleitet. Man muss den Hunger eines zehn- bis fünfzehnjährigen Jungen einmal gespürt haben, um ihn zu verstehen. Als ich ihn endlich stillen kann, fünf Jahre später, ist es an der Zeit, eine Arbeit zu finden, es sind schwierige Jahre, und ich wende mich mit einer schwierigen Vergangenheit auf den Schultern dem neuen Leben zu. In jenem Alter vergeht die Zeit langsam, und jede Erfahrung gräbt sich in die Seele ein und hinterlässt dort ein unauslöschliches Zeichen.

Mit jenem ersten Teil meiner Existenz verbinde ich also die düsteren Bilder des Hungers und der Bombardierungen. Dann ist da noch die erschütternde Erinnerung an die Partisanen: Jungen, ein paar Jahre älter als ich, frühere Spielgefährten, von Kugeln durchlöchert und mit von Schuhen zertretenem Gesicht. Als die Geschicke sich wenden, sind Mussolini und seine Minister an der Reihe – bei einer Tankstelle werden sie aufgehängt. Verstümmelt und halb nackt, so baumelt er vor mir auf dem Piazzale Loreto, der «Duce d'Italia»; mythisch und unsterblich in den Hymnen des Regimes, die sie uns in der Schule jeden Morgen vor dem Beginn der Lektionen singen liessen. Ein letztes tragisches Kriegsbild besiegelt meine Jugendzeit: Es sind die Tage des Rückzugs der deutschen Truppen. In Cremona ist die Brücke über den Po zerstört. Ein Fährboot setzt mich an das andere Ufer über. Es ist nicht mehr wieder zu erkennen: Lastwagen, Kanonen, Panzer, Munition, Helme – Kriegsmaterial aller Art steht und liegt herum, zertrümmert, vergraben und von den Bomben der letzten Woche wieder aus dem Boden gerissen. Behelfsmässige Kreuze stehen überall herum, und Leichengeruch verbreitet sich in der Luft, Zeichen dafür, dass einige Gefallene noch nicht eingesammelt worden waren. Da stehe ich, allein, mit einem Köfferchen in der Hand, und marschiere etwa zehn Kilometer den Fluss entlang durch diesen endlosen Friedhof bis zum Haus meiner Verwandten. An diesem Ufer des Po gab es einmal die lichten Wälder meiner Kindheit, in der Erinnerung bewahrt als stille Schlupfwinkel mit

Weiden und Pappeln, deren Ruhe nur vom Zirpen der Grillen und vom lauten Quaken der Frösche gestört wird.

Seit jenen Tagen sind viele Jahre vergangen, und viele Mythen, an die man uns glauben liess, sind zusammengebrochen. Und doch konnte ich einen eigenen Sinn des Lebens und der Dinge entwickeln, einen eigenen Grund zu sein und zu glauben, Frucht einer besonderen Erziehungsmethode, Frucht jener Lehren, die man aus den eigenen Erfahrungen zieht und für die man auch selber bezahlen muss. Heute würde ich das Ergebnis mit keinem anderen in der Welt tauschen.

Ich bin 35 Jahre alt und habe, alles in allem, kein leichtes Leben gehabt. Aber aus einem bestimmten Gesichtswinkel betrachtet, war meine Erfahrung doch privilegiert, ausgefüllt, voller Emotionen: die einzige Art von Erfahrungen, die zählt und nach der jeder Mensch streben sollte.

Um mich besser zu kennen und meine eigenen Massstäbe zu finden, habe ich «unmögliche» Berge bestiegen. Ich wurde dabei von der Schönheit der Gebirgsnatur getrieben, von der Herausforderung und dem Drang nach Wissen. Mit meinem Individualismus, der von jenen, die urteilten, nicht immer geschätzt wurde, glaube ich, auch anderen etwas gegeben zu haben: Habe ich mit meinen Unternehmen nicht bewiesen, dass der Mensch Kräfte hat, die ihm ständig die Möglichkeit geben, über sich selbst hinauszuwachsen, und die die Grundlage jedes Handelns bilden?

Viele haben sich für meine bergsteigerischen Unternehmen interessiert. Darunter waren Leute, die sich mit mir und meiner Denkart identifizierten, und andere, die sie erörterten und kritisierten; das ist normal und gehört zu den komplexen Wechselwirkungen zwischen Menschen. Jeder ist das Produkt seiner eigenen Grenzen und Erfahrungen, seiner Lebensart, die natürlich im Bezug zur Zeit und zu den Umständen steht, in denen er lebt. Man sollte deshalb niemanden bewerten, ohne diese Umstände in Betracht zu ziehen. Ich stellte mir immer gerne vor, wie mein Leben ausgesehen hätte, wäre ich in einer früheren oder in einer späteren Zeit geboren. Ein Spiel, in dem man nur die Zeit und die Lebensumstände wählen muss, bevor man die Fantasie walten lässt. Aber fern seiner Zeit und seiner Koordinaten würde man vielleicht nie das Bedürfnis spüren zu sein, wie man jetzt ist, und auch nicht zu seiner Lebensart finden.

Ich habe keine Arbeit als unter meiner Würde empfunden, wenn sie mir die Möglichkeit gab, in den Bergen zu leben. So habe ich auch als Bergführer gearbeitet, aber ich bin bald wieder davon abgekommen. Angewidert vom jämmerlichen Verhalten und von den elenden Aussagen eines Teils der alpinen Szene unter anderem nach der Tragödie am Frêney-Zentralpfeiler, entschied ich spontan, aus dem Bergführerverein Courmayeur auszutreten. Aber den Beruf des Bergführers gab ich auch aus anderen Gründen auf: Mit diesem Beruf, so mein Gefühl, entstellte und entweihte ich mein Ideal der Konsequenz und konnte meinen Prinzipien nicht mehr treu sein. Ich konnte nicht einfach irgendwen ans Ende meines Seils nehmen, und es gelang mir auch nicht, eine Bindung, die für mich nur in einer Freundschaft mit dem Seilgefährten einen Sinn hatte, in Geld umzurechnen. Ich war also ein schlechter Berufsmann des Bergsteigens, und doch musste ich irgendwie mein Leben fristen. Als leidenschaftlicher Fotograf begann ich, Vorträge zu halten, und zeigte dabei die Bilder meiner Begehungen. So «führte» ich die Begeisterten nach wie vor auf die Gipfel, aber ich geriet dabei nicht in die Verlegenheit, die Beziehung zu jenem, der sich in mein Seil einband, in einen Tarif übersetzen zu müssen. Damit hatte ich eine annehmbare Form gefunden, den «Beruf» zu ersetzen. Meine Vorträge hatten auch ausserhalb der bergsteigerischen Kreise Erfolg, Zeitungen und Zeitschriften begannen meine Mitarbeit zu suchen.

An diesem Punkt, wir schreiben das Jahr 1965, stehe ich in meinem Leben vor einer wichtigen Wende.

Auf der einen Seite erwartet mich eine weite, abenteuerliche Welt, die ich bisher nur flüchtig kenne, aber liebe; auf der anderen Seite ist der Alpinismus ins Stocken geraten, erloschen, er ist entwertet und engstirnig geworden. Seit Jahren lebe ich in einer zermürbenden Stimmung, um mich herum gibt es keine freundschaftliche, heitere Atmosphäre und keinen Dialog, und die Selbstverteidigung, zu der ich ständig gezwungen bin, zehrt mich auf. Ich verabscheue die Opferrolle, aber das ist die Wahrheit. Es sind nicht die Berge, die mich enttäuschen und ermüden, sondern die dumpfe, plumpe und beschränkte Sicht einer bestimmten «Clique», mit der ich immer eine gewisse formelle Beziehung zu retten versuchte. Jetzt bin ich aber nicht mehr bereit, sie weiter zu pflegen.

Weit von der Wahrheit entfernt sind die Deutungen jener Leute, warum ich die Welt der Berge verlassen will. Stumpfsinnig und blind die Kommentare der «Clique» zur Wende, die ich meinem Leben zu geben beabsichtige. Allzu oft wollte man mich als Konkurrent des einen oder als Rivalen des anderen sehen, mehr zur Auseinandersetzung mit anderen als mit mir selbst neigend, für eine sterile Handlung empfänglicher als für die Selbstbeobachtung, der vergänglichen Berühmtheit eher verschrieben als einem ganz persönlichen Ziel, mehr zum egoistischen «Nehmen» bereit als zum unvoreingenommenen «Geben». Die «Clique» wollte mich also mit Farben malen, die nicht meine sind, und säte damit Verwirrung, Abneigungen und tendenziöse Ansichten, die manchmal bis zur peinlichen Aufsplitterung in uneinige Parteien führten. Noch schlimmer ist aber, dass meine Anschauungen, meine Identität also, viel zu häufig entwertet wurden. Einige meiner Ideen – gewisse waren bloss Gedanken, andere konkrete Taten – wurden mir geraubt; Vorwegnahmen, die dann anderen aus jüngeren Generationen zugeschrieben wurden, die sich in der Folge damit rühmten. Als Beispiel für alle soll reichen, wie mein Alleingang am Dru von der «Geschichte» unmittelbar nach seiner Verwirklichung verstümmelt wurde; seine menschliche und geschichtliche Bedeutung bleibt entstellt, wurde manchmal gar zur banalen athletischen Geste herabgesetzt. Dagegen werden gewisse Kletterer, die dem sogenannt «innovativen» Kreis angehören, als Vorläufer jener Motive anerkannt, die mich schon 1955 dazu angeregt hatten, die Tour am Dru zu planen und auszuführen. Aber diese innovativen Kreise der Sechzigerjahre kamen zu spät. Dennoch behaupten ihre «revolutionären Propheten», die in der Szene seltsamerweise grosse Zustimmung geniessen, das alte philosophische Konzept der Fünfzigerjahre sei eine Erfindung von ihnen. Ein Konzept, das auf der Verweigerung des sozialen Kontextes und der Suche nach einer Befreiung gründet. Nun gut, c'est la vie. Aber gegen solche Gedankenspiele mag ich mich nicht wehren. So habe ich mich entschieden. Ich werde von den Bergen herabsteigen, aber sicher nicht, um im Tal zu verweilen. Denn dort oben habe ich andere Horizonte gesehen, die nicht weniger weit sind als jene der Berge und sich fern vom Machtbereich irgendeiner neuen «Clique» von Zwergen erstrecken.

Eine grosse Zeitschrift, die in mich vertraut, die Wochenzeitschrift «Epoca», gibt mir jetzt die Möglichkeit, als Sonderberichterstatter neue Räume zu entdecken. Es sind nun diese neuen Ziele, die ich mir mehr als alles andere wünsche. So werde ich durch grosse Wälder, durch ferne Wüsten und Meere ziehen, ich werde verlorene Inseln, märchenhafte Wasser aufsuchen, wunderbare Berge und Vulkane ersteigen, eisige Gegenden bereisen, primitive Völker, wilde Tiere und die Überreste untergegangener Kulturen besuchen. All dies werde ich im Geist und innerhalb der Grenzen unternehmen, die ich mir auch auf dem Weg auf alle Gipfel gesetzt habe. Im besten Fall werde ich also Tausende von Lesern an der Hand mit mir nehmen, die für den Zauber des Abenteuers, des echten Abenteuers, empfänglich sind. Meine Wahl ist kein Verrat am Berg, sondern eine Ausdehnung meines Interesses auf die ganze Natur.

Bei meinem Abschied von der senkrechten Welt möchte ich noch ein paar Worte an jene richten, welche die Grenzen des Menschenmöglichen weiter hinausschieben wollen. Ich selbst würde eine neue Dimension anfügen, um die Grenzen zu erweitern: jene der höchsten Höhen. Ich müsste dazu im Himalaja das verwirklichen, was ich schon in den Alpen gemacht habe, das heisst den extremen Alpinismus im alpinen Stil auf 8000 Meter übertragen. Ein kühnes Vorhaben? Sicherlich, wenn man es auf die Umstände und die Einschränkungen von heute – man schreibt das Jahr 1965 – überträgt. Aber im Laufe der Jahre wird sich alles ändern, es wird sich unausweichlich weiterentwickeln, so dass das Unmögliche immer möglicher wird. Hinzuzufügen ist allerdings, dass die Berge – mit den heutigen Voraussetzungen und mit der Beachtung meiner Regeln – heute noch viel

«Rohmaterial» bieten könnten, um den traditionellen Alpinismus lebendig und unbescholten zu halten; er könnte sich hier noch weiterentwickeln und auch den anspruchsvollsten Kletterer belohnen, der nur auf seine eigenen menschlichen Mittel zurückgreifen will.

Heute scheint es also undenkbar, extrem schwierige Klettereien auf 8000 Metern auszuführen, weil es noch niemand gemacht hat. Man glaube aber nicht, dass die Ostwand des Grand Capucin oder das zufällige Biwak im Sturm auf über 8100 Metern am damals noch unerstiegenen K2 oder der Alleingang am Dru-Südwestpfeiler für glaubhafter und möglicher gehalten wurden, bevor sie mir gelangen.

Unleugbar ist die aufregende Faszination, die vom Unmöglichen ausgeht und zusammen mit dem Unbekannten seit jeher immer die Abenteuer des Menschen inspiriert hat. Was heute als unmöglich gilt, ist es vielleicht schon morgen nicht mehr. Das, was für den einen unüberwindbar ist, muss es für einen anderen, begabter und besser vorbereitet, nicht sein. Aber das Unmögliche muss erobert werden, nicht zerstört, damit es seine Faszination behält. Die «unmöglichen» Gipfel, die vom Alpinisten als eigenes Mass gewählt werden, sollten wirklich nur mit den Mitteln, die dem Menschen eigen sind, angegangen werden. Dabei sollte man nicht auf brutale Techniken zurückgreifen, die den Effekt einer Strassenwalze haben. Und man sollte nicht vergessen, dass die grossen Berge den Wert des Menschen haben, der sich mit ihnen misst; sonst bleiben sie nur sterile Steinhaufen.

Für ein befriedigendes, schmeichelhaftes Lebewohl an das extreme Bergsteigen wollte ich hundert Jahre nach seiner Erstbesteigung zu «meinem» Matterhorn zurückkehren. Mehr als ein Sieg über die Wand bedeutete diese letzte schwierige Kletterei einen Sieg des Menschen über seine eigenen Grenzen sowie die Bejahung einer geweihten Ethik und Tradition. Daran erinnere ich mich im Zusammenhang mit diesem Unternehmen gerne. In den vier Tagen und vier Nächten, die ich dort oben verbrachte, fand ich den «Zustand der Gnade» wieder, jene hervorragende geistige Verfassung mit ihrem Schwung und den dazugehörenden Emotionen. In jenen Tagen, ich habe es schon gesagt, sandten die Menschen eine Raumsonde auf den Mond; und doch hatte ich – quasi im Widerspruch zu der herrschenden Zeit – das Bedürfnis verspürt, meine Erfahrung nochmals unter den Voraussetzungen der Vergangenheit zu leben.

Am 22. Februar 1965 hörte ich auf diese Art mit dem Alpinismus auf, den ich für viele Jahre am äussersten Rand der Schwierigkeit gelebt hatte. Mit dem Abschied von «meinen» Bergen auf dem Gipfel des Matterhorns hatte ich mir Bedingungen auferlegt, die mir mit diesem Lebewohl die intensivste Erinnerung garantierten. Und so begleitet mich seit jenem Tag, jenseits des Unverständnisses, das mein Leben als Alpinist schwierig gemacht hat, wirklich das erbauliche Bild dieser Kletterei.

Nach den grossen Bergen erwartet mich also eine unendliche Welt. Bald werde ich beginnen, mich in einer anderen Natur zu bewegen, die aber deshalb nicht weniger reich an Gefühlen, an Wunderwerken und Echtheit ist, und ich werde in den abgeschiedensten, schwierigsten, fremdesten Gebieten unseres Planeten unterwegs sein. Ich versetze dabei meinen extremen Alpinismus mit all seinen psychologischen Komponenten aus seiner senkrechten Welt und führe ihn in einen ebenso intensiven, aber viel ausgedehnteren abenteuerlichen Kontext.

Später, in einem weiteren Epilog zu meinem Leben, werde ich sagen können, dass ich erst dank der Berge und danach dank der Wildnis unserer Welt ausserhalb der Berge allmählich das von mir Erlebte zusammentragen konnte, das ich nun in mir habe. Es besteht aus jenen Dingen, die für mich in erster Linie zählen, weil bei ihnen meine Handlung immer mit dem Gedanken übereinstimmte. Ich werde auch sagen können, dass ich in meinem Leben unablässig Auflehnung empfand gegen die beschränkten Horizonte, die Routine, die Banalität, gegen alles, was die Persönlichkeit herabsetzt.

Nichts, was ich gemacht habe, ist auf das Ganze gesehen wichtig, das ist offensichtlich, aber meine Erfahrungen gehören mir allein und sind ein Teil von mir. So «bin» ich wirklich meine Lebensart, und ich glaube, dass dies meine Gedanken, meine Handlungen, meine Worte umfasst. Sie sind für mich untrennbare und unabdingbare Elemente, um die wirkliche Wesensart eines Individuums und die Ausdruckskraft seiner Sprache zu bestimmen.

Weil ein Mensch das Bedürfnis hat zu glauben, dass das Erlebte für etwas dienlich sei, biete ich meine Erfahrungen und Reflexionen jenem an, der sich damit auseinander setzen mag. Aber dabei möchte ich deutlich betonen, dass alles, was ich gemacht habe, für mich eine Lebensart und nicht ein Mittel war, um mich schlecht und recht durchzuschlagen.

Es gibt viele Arten, die Berge zu begreifen; ich habe auf diesen Seiten eine persönliche Auffassung des Alpinismus dargestellt, der mir viel bedeutet hat. All dies verkörpert nur eine Etappe in meinem abenteuerlichen Leben, das sich auch in einer ständigen, konstruktiven Überprüfung erweitern und erneuern muss.

Was denke ich heute über meine Berge? Ganz einfach, dass sie zum Gepäck eines Menschen gehören, der die eigenen Erfahrungen erlebt und verarbeitet hat. Meine Berge also, mit allem Auf und Ab, die sie mir bereitet haben, sind ein lebendiger, wertvoller Teil von mir, so wie es alles ist, was auf sie folgte und mich innerlich vielleicht noch mehr bereicherte.

Die Berge sind lediglich der Widerschein unseres Geistes. Jeder Berg ist klein oder gross, grosszügig oder geizig genau in jenem Mass, das wir ihm verleihen und das wir von ihm verlangen.

Nur drei Monate nach der Besteigung des Matterhorns schlage ich mich schon mit dem amerikanischen Hohen Norden herum. Dann erwarten mich Afrika, Südamerika, Asien, die Antarktis und weitere Reisen, die mich in den nächsten 15 Jahren ein bisschen überall hin bringen werden. Aber in jenen Jahren, zwischen einem Abenteuer am Ende der Welt und dem nächsten, sammle ich immer wieder neue Kräfte in meinen Bergen und kehre mit grosser Heiterkeit von ihnen zurück. Für mich war es immer eine Notwendigkeit, zu den Wurzeln zurückzukehren, um die Atmosphäre der jungen Jahre wieder zu finden. Was den Mont Blanc angeht – nun, ich habe ihn stets als eine Art Vater betrachtet, der mir wertvolle Lektionen gab. Manchmal hat er mich auch bestraft, aber er ist mit mir nie zu streng gewesen. Ständig bin ich wieder in seine Täler und auf seine Grate zurückgekehrt, und ich habe es – so glaube ich zumindest – mit dem richtigen Geist getan, nämlich so, wie man zum eigenen Vater zurückkehrt: um sich zu unterhalten, mit der ganzen Zuneigung und den Erinnerungen, die ein Kind sucht.

Vollmond über dem Mont Blanc,
im Vordergrund der lange, gezackte
Peuterey-Grat

EINE RÜCKKEHR:
DER ZAUBER DES MONT BLANC
1984

Es war fortgeschrittener Nachmittag, und ich war ganz allein zu den hohen Regionen des Mont Blanc unterwegs. Die schräg einfallenden Sonnenstrahlen des Spätsommers tauchten die letzten welligen Alpenrosen-Buckel in lebhafte Farben; sie verliehen der Landschaft zusammen mit den Flecken von Primeln und Glockenblumen einen trügerischen Hauch von Wärme. Doch die zahlreichen, kristallklaren Wasserläufe, die stürmisch von den kalten, nackten Moränen herabflossen, rückten die Dinge wieder zurecht. Ein dichter Wald aus Lärchen und Tannen zog sich mehrere hundert Meter vom Talboden hinauf, bevor er sich an den steilen Hängen zwischen farbigen Tupfen von Weidenröschen, Alpendost und den Heidelbeersträuchern verlor, die dem Heidekraut vorausgehen. Der aus dem Tal aufsteigende Windhauch trug den feinen Geruch von Nadelbäumen in sich und vereinte sich mit dem Duft der Erde: feucht, fett, ein Gemisch von Aromen aus verfaulenden Farnkräutern, Pilzen und Stämmen. Von den hier oben schon häufigen Felsabsätzen hingen dichte Kissen von mit rosafarbenen Blüten durchsetzten Polsternelken hinunter, verziert mit fetten Hauswurz-Büscheln, während in den Nischen die letzten Anemonen, der Gletscherhahnenfuss, magere kleine Nelken und hundert andere winzige Blumen mit seltsamen Namen und starken Farben ins Auge stachen. Die Kuppen schienen häufig von einem schönen, kräftigen Dunkelblau oder dann von einem feinen Hellblau getüpfelt, je nachdem, ob dort gerade Grüppchen von – allerdings verspäteten – Enzianen oder von Vergissmeinnicht blühten. In der klaren Luft hallte das Rauschen des Wassers wider, das von den Pfiffen der Murmeltiere durchbrochen wurde. Sie bildeten den Kontrast zu den schrillen Schreien der Dohlen, die sich in elegantem Flug hoch oben um die Zinnen schwangen und der Rauheit der Höhen mit Gleichgültigkeit begegneten. Am Horizont, jenseits der grünen Bergketten, begannen sich die weissen Gipfel der Isère abzuzeichnen, und viel näher glänzte der Firn des Grand Combin über den Kämmen des Val Ferret.

Im zunehmenden Dunkel vermischte sich der Abendschatten zusehends mit der vor mir liegenden Landschaft, den fahlen Gletschern, die sich kaum von der Umgebung abhoben und von massigen, gezackten Felsmauern überragt waren. Abgesehen von der Hütte auf dem Bergrücken, die ich trotz ihrer grauen, aufdringlichen Betonmauern nicht beachtete, war keine Spur, kein einziges von einem Menschen hinterlassenes Zeichen zu erkennen; die Alpinisten verhalten sich hier wie die Zugvögel: mit dem Ende des Sommers gehen auch sie. Meine Seele – durch den anstrengenden Marsch nicht im Geringsten ermüdet – war voll des Staunens, voller Erwartung und Erinnerungen, und da sich im Denken alles verbindet, kamen in meinem Geist eine Reihe fantastischer Bilder zusammen, auf denen ich mich selbst erkannte.

Drohend verdichten sich die Wolken beim Col de Peuterey.

Die Sterne waren einer nach dem anderen aufgegangen und funkelten hell, obwohl der Berg das vage Licht des zunehmenden Halbmondes reflektierte. Eine Dunstwolke, die sich über einer Spitze bildete, löste sich bald wieder auf, und kurz darauf bestrahlte das Mondlicht von neuem den ganzen Berg. Die kalte Blässe verfälschte die wirklichen Distanzen und die tatsächlichen Proportionen der Dinge, und deshalb schien es, als ob man sich in einer von fröhlichen Geistern und grossen Gespenstern bevölkerten Traumwelt befände, in der alles möglich ist. Die Luft war durchsichtig und von Echos erfüllt, rasche Windstösse hetzten einander nach. In Bann gezogen vom Zauber der Formen und ihres Farbenspiels, hielt ich an, bereit, die Nacht in meinem Schlafsack im Schutz eines Steines zu verbringen.

Das Biwak dauerte nur kurz, da mich das raue Gelände dazu zwang, schon in den Stunden vor dem Morgengrauen wieder aufzubrechen, wenn die objektiven Gefahren am geringsten sind. Es war also vier Uhr morgens einer eisigen Septembernacht, als ich – inzwischen ohne Mondlicht – weiter den Berg hochstieg, meinen Weg im schwachen Licht der Stirnlampe suchend.

Ich ging im Zickzack den steinigen Rücken hoch, über den ich im Verlauf meiner Bergtouren schon so viele Male auf- und abgestiegen war. Gerade das feine

Lichtbündel, das seinen Schein auf der Suche nach einem Anhaltspunkt vor mir hinwarf, gab meinem Aufstieg im Dunkeln etwas Vertrautes. Vom instabilen Moränengelände wechselte ich auf die Firnfelder, und von da weiter zu den zerrissenen Felsen, über die ich in den Col de l'Innominata gelangte. Es war früh. Die Nacht, die jetzt am Ende des Sommers schon länger dauerte, war noch tief, und ich musste nur die Stirnlampe ausschalten, um mich wie vom Berg verschluckt zu fühlen. Unmittelbar nach dem Sattel kauerte ich mich in meinem Biwaksack zusammen und wartete schweigend auf das erste Morgengrauen. Hie und da säuselte der leichte Wind, die Sterne funkelten hell leuchtend über den dunklen Felsmassen, die mich umgaben. Vom Frêney-Gletscher stieg ab und zu der dumpfe Ton eines zusammenstürzenden Séracs auf. Die massigen felsigen Festungen über mir wurden allmählich heller, und besonders die Aiguille Noire de Peuterey ragte in einer unerbittlichen Grossartigkeit senkrecht auf, ohne sich um den winzigen Menschen zu kümmern, der im Vergleich zu ihr nur ein zerbrechliches Nichts darstellte. Im blassen Licht des anbrechenden Tages seilte ich vom Col de l'Innominata über das Couloir auf der anderen Seite ab, jenen düsteren, etwa hundert Meter hohen Felsaufschwung, der den Übergang zum Frêney-Gletscher vermittelt. Es gibt keinen zerrisseneren Gletscher auf der Südseite des Mont Blanc; er strotzt vor einsturzgefährdeten Eistürmen und ist von Furcht erregenden Spalten durchzogen. Hier bildet die Kälte des Morgens, die das Zusammenbrechen der Séracs einschränkt, die einzige Sicherheit, und die Geschwindigkeit ist der einzige Schutz beim Überqueren des Gletschers. Im Bewusstsein um seinen schlechten Ruf hatte ich den Anfang dieses Labyrinths aus einstürzenden Eismassen erreicht und begann nun, den Gletscher in grossen Sprüngen zu überqueren: eine knarrende Ansammlung von berstenden Rücken, von schuppigen, abbröckelnden Windungen, von tückischen Trichtern, bereit, sich alles einzuverleiben, was zusammenbricht, und es bis ins innerste Eingeweide des Berges hinunterzubefördern. Wenige Minuten hatten genügt, um meinen verrückten Lauf auszuführen, und einmal ausser Gefahr, konnte ich wieder Luft holen und den ersten kleinen Zwickel roten Lichtes bewundern, der auf den Gipfelgraten des Mont Blanc auftauchte. Ein grandioses Schauspiel bot sich mir, das den Gedanken läuterte und ein intimes Zwiegespräch mit dem wilden Berg bewirkte.

Nun hatte die Sonne das ganze obere Frêney-Becken mit ihrem Licht überflutet, hier unten war dagegen ein schneidender Wind aufgekommen, der noch die Kälte der Nacht in sich trug. Nach einem steilen Eishang war ich über ein System von Felsverschneidungen links des gefährlichen Eisschlauches hochgeklettert, der in die Scharte nördlich der Dames Anglaises mündet. So war ich auf dem Grat der Aiguille Blanche ausgestiegen, wenig oberhalb des Punktes, wo man ihn üblicherweise betritt. Die Grossartigkeit dieser Kanzel war für mich nichts Neues, aber an diesem Tag schien der Mont Blanc sogar seine verborgensten Geheimnisse offenbaren zu wollen.

Die Lichter, Formen und Farben von allem, was von hier oben aus zu sehen war, schienen an diesem Morgen die Verherrlichung des Berges an sich zu sein, Beweis und Symbol seiner Vorherrschaft und seiner Faszination zugleich. Doch für den grössten Zauber, der von dieser Sicht ausging, sorgte der ungeheure Brenva-Gletscher, der sich unter meinen Füssen öffnete. Wie ein Wandteppich breitete er sich aus, da und dort an den höchsten Zinnen aufgehängt, und floss hinunter bis ins Tal, mit Silber ausgeschmückt und von smaragdgrünen, perlblauen und blassvioletten Tönen eingefasst. Und über dem Brenva-Becken nahm der Zauber nicht ab: hier über dem Abgrund hängende Vorsprünge, da endlose Grate aus wild vorspringenden Schuppen, unterbrochen von weichen Schneebögen und ein bisschen überall vorspringenden Wechten; sie wirkten wie Wellen des Ozeans, die einen Augenblick, bevor sie brechen konnten, erstarrt waren. Und dann die stolzen Profile der Hängegletscher, buchstäblich in die Wand gehängt, und die unbefleckten Kuppeln, die reinen Spitzen, scharf aufragend wie Haifischzähne; und weiter die Türme mit ihren senkrechten Flanken, auskragende Strukturen aus geschliffenem rotem Granit, andere spitze Gipfel und noch mehr Zinnen, von Felsstapeln voller Spalten und Risse gekrönt. Am meisten aber beeindruckte – auch weil sie so nah war – die Aiguille Noire, frei stehend und wundervoll, mit ihrer Nadel ins Masslose aufragend und den Himmel verletzend.

Ich war vollkommen in den Wundern der Natur um mich herum versunken, als vom Abgrund unter mir plötzlich ein fürchterliches Echo heraufhallte, vergleichbar mit dem Dröhnen eines verlängerten Donners. Ein Eisabbruch hatte sich von der Front der Brenva-Flanke gelöst und stürzte, eine wallende Wolke aufwirbelnd, zu Tale. Ich erschauerte, weil ich den Ursprung des Abbruches und seine Dimensionen kannte. Dennoch blieb ich hingerissen auf meiner Kanzel und folgte diesem urtümlichen Naturritual bis zu seiner totalen Vollendung; die Eislawine wälzte sich lange Minuten weiter, und ihre Trümmer prallten dröhnend aufeinander und schossen in die Höhe.

Die Stille war wieder eingekehrt, aber mein Blick verweilte immer noch im tiefen Gewirr der Séracs, jener wahren Eispaläste über dem Abgrund. Diese riesigen wackligen Eismassen, das Labyrinth der Spalten, die Schwindel erregenden Vorsprünge, die unzähligen Schneebrücken über den Schlünden, das beängstigende Echo des Knallens und Krachens – nichts hätte diese gnadenlose Todeszone beredter definieren können.

Aus den hohen Regionen, wo der Ursprung der Gletscher liegt, stammen zu einem grossen Teil die zerbröckelten Trümmer der stolzen Berge, Gesteinsresten, von den Widerwärtigkeiten des Wetters abgetragen; sie stürzen ins Tal und werden Jahr für Jahr vom Strom aus hartem Eis weiter hinuntergetragen. So sah ich in den untersten Zonen dieses riesigen Sammelbeckens massige Felsen und gewaltige Gesteins- und Sandanhäufungen, die auf ihrer sehr, sehr langsamen Reise an die Kante eines Hanges oder eines Abbruches gerieten und früher oder später zusammen mit dem Eis abstürzen würden, jedes Mal eine kleine Naturkatastrophe. Noch weiter unten, gegen die Wälder zu und an der Stelle der inzwischen geschmolzenen Gletscher, traten die Umrisse der sich in Form eines Keils oder eines lang gestreckten Uferrands ausdehnenden Moränen hervor. Diese geheimnisvollen, aus fernen Zeiten stammenden Zeugnisse liessen Fragen offen; es war, als ob die Eiszeit gerade erst gestern zu Ende gegangen wäre. Friedlich und von allen Sorgen der Welt befreit, stand ich auf einem Zacken hoch über dem Brenva-Gletscher und schaute mir die Erde von oben an, so wie sie ein Adler im Flug sehen würde.

Ich hatte die Kletterei über leichte, aber eher brüchige Felsen wieder aufgenommen. Nichts, was ich berührte, schien an seinem Platz zu bleiben, und nicht selten griff ich nach einer Schuppe, die sich dann löste und in meiner Hand blieb. Dies geschah jedes Mal, wenn ich über einen Abschnitt der Wand aufstieg, der lange unter dem Schnee begraben gewesen war und wo die Erwärmung die Überbleibsel der Felserosion allmählich befreite.

Wegen der hohen Temperatur, die am Tag nun herrschte, hatte sich auf halber Höhe in der Luft über dem Aostatal ein schwerer, wollener Dunst gebildet, der sich allmählich gegen die Kette des Mont Blanc ausbreitete. Es gab keinen Grund zur Beunruhigung, denn es war ja Herbst, dennoch veranlasste mich das schnelle Aufkommen der Nebel zum Beschleunigen meiner Kletterei. Sehr bald verschwanden die tiefen Gipfel des Massivs und wurden von der Nebelkappe verschluckt, die bis zum Col du Géant weiterschwebte. Dort, wo die Sonne noch vor ein paar Minuten glänzte und der Himmel blau gewesen war, wälzten sich einen Augenblick später grosse Dunstwogen. Sie warfen Schattenkegel auf den Schnee und bildeten Strudel, durch die das Sonnenlicht drang, starken Scheinwerfern ähnlich.

Das Gewölk, das immer noch aufstieg und sich den höchsten Gipfeln zubewegte, begann auch mich einzuhüllen. Zuerst franste es den Grat über mir leicht und weiss aus, dann wurde es kompakt, verdunkelte den Himmel, und noch bevor ich die Punta Gugliermina erreichte, war ich in drohende Schwaden eingehüllt. Es war kalt, und weisse Teilchen sausten durch die Luft, sie glichen harten Reiskörnern, die vom Handrücken aufsprangen und hell tönend auf die Kleider schlugen.

Auf einen Schlag war das ganze Vergnügen der Kletterei dahin, der Berg zeigte sich plötzlich feindlich, und einmal mehr zeichnete sich die Winzigkeit und Zerbrechlichkeit des Menschen angesichts der elementaren Kräfte der Natur ab.

Die Aiguille Blanche (rechts der Bildmitte) im langen Peuterey-Grat

Zum Glück dauerten die Unannehmlichkeiten – wie vorausgesehen – nicht lange. Die Wolken rundherum lösten sich wieder auf, faserten aus auf den Zacken, an denen sie hängen geblieben waren, und schon öffneten sich Höhlen im Nebel unter mir und liessen den Widerschein der Gletscher durchschimmern. Das Gleiche passierte auch auf dem Schneegrat, den ich eben erreichen sollte; hier war der Abglanz der Sonne so stark, dass ich die Augen schliessen musste. Ich hatte gerade die 4000-Meter-Barriere überwunden, und die hohen, südlichen Grate des Mont Blanc ragten noch stattlicher und mächtiger vor mir auf. Die nackten Felsen traten wie riesige, lang gestreckte Formen aus dem Schnee und gaben der Wand die Würde eines grossen gotischen Glasfensters. Von diesen wundervollen Strukturen fiel mir der Frêney-Zentralpfeiler ins Auge; seinetwegen hatte ich Jahre zuvor einen Hieb gekriegt, der mich auf einen Schlag hatte altern lassen. Frêney-Pfeiler: eine Erinnerung, und das Gestern ist sofort wieder da!

Ich war auf der ersten der drei Schneespitzen angelangt, die den Gipfelgrat der Aiguille Blanche de Peuterey bilden. Der Himmel war wieder durchgehend blau, er schien sich wie etwas Festes auf die Gipfel abzustützen. Aber die kolossale

Umgebung begann nun auf ihrer Bühne eine weitere Pracht zu zeigen, eine geradezu feierliche Schönheit: Vor mir erhob sich die Zinne des Pilier d'Angle, und auf der rechten Seite zeichnete sich die grossartigste und faszinierendste Struktur ab, welche die Zeit jemals auf der Ostseite des Mont Blanc geschaffen hat: die Brenva-Flanke.

Um die Werke der Natur zu schätzen, muss man – gleich wie bei Kunstwerken – den richtigen Moment und den richtigen Standort für die Betrachtung finden, sonst verlieren sich ihre Formen, Farben und Proportionen. Vom Gipfel der Aiguille Blanche dominierte ich diese Wand, gleichzeitig lebte ich aber in ihr, da ich sie in der Vergangenheit mehrmals auf allen Seiten durchstiegen hatte. In der Tat, ich erkannte jede Einzelheit dieser fallenden Architektur wieder, auf der absurde, in den Himmel gehängte Eisfronten Perspektiven schufen, die auf den Menschen und seine Möglichkeiten, die ihn begrenzen, noch unerreichbarer wirken.

Nachdem ich den letzten Gipfel der Aiguille Blanche überschritten hatte, seilte ich mich auf der anderen Seite über den 150 Meter hohen Abbruch ab und fasste Fuss auf dem sanften Schneefeld des Col de Peuterey. Auf der ganzen Tour war dies der einzige ziemlich ebene Ort, aber auch der abgeschiedenste, von ungeheuren Stirnwänden und beiderseits von riesigen Abgründen, die nur von Lawinen bestrichen werden, von der übrigen Welt abgeschnitten. Es war gegen Mittag und sehr warm, ich sank im aufgeweichten Schnee bis zu den Knien ein. Eine grosse Felsplatte ragte wie ein bizarrer vorgeschichtlicher Kopf aus dem Sattel; ich beschloss, dass sie mir als Biwakplatz dienen würde, bis die wiederkehrende Kälte den Schnee wieder verfestigt hätte.

Barfuss in der Sonne ausgestreckt, mich im Halbschlaf einer genussvollen Müdigkeit räkelnd, betrachtete ich die hohen Kämme um mich, auf denen der vom starken Licht direkt bestrahlte Schnee im Widerschein zu glühen schien: echte Barrieren von unzugänglicher Reinheit. Eine tiefe, liegen bleibende Wolkenschicht befleckte den Horizont gegen die Bergketten der Isère. Es herrschte vollkommene Stille, tiefer Frieden, der zum Nachdenken veranlasst. So dachte ich über die eben erlebten, sehr aktiven Stunden nach und über das, was mich auf meiner einsamen Kletterei noch erwartete.

Ich liebe es, in den Dingen, in meinen Handlungen nach mir selbst zu forschen. Meine geistige Unabhängigkeit ist mir ebenfalls sehr wichtig, und deshalb wollte ich diese Tage mit niemandem teilen, sondern sie in der Intimität meiner Gefühle, im Kontakt mit einer vertrauten, wunderbaren Natur verbringen, aus der ich wie aus einem Traum heraustreten würde. Glücklich, geträumt zu haben.

Die Stunden gingen vorbei. Regungslos lag ich da und gab mich lichtvollen Gedanken hin, mehr als je zuvor fand ich mich im Labyrinth der Reflexionen wieder, die mich unvermeidlich zur Suche nach meiner Wahrheit brachten. Deshalb fühlte ich in mir alle Gegensätze, die im Menschen sind und ihn zerreissen, ohne es jedoch zu schaffen, über sie hinaus zu gelangen. In meinem Monolog hatte ich allerdings feste Punkte erreicht. So war ich zum Beispiel sicher, dass es auf der Erde nichts gibt, was nicht allen, also nicht auch mir gehört. Ich wusste, dass man das Schöne besitzt, wenn man es versteht. Ich konnte darauf schwören, dass man in unserem Inneren immer Türen öffnen kann. Ich hatte erkannt, dass Schwierigkeiten nicht die Stärke des Menschen, sondern seine Schwäche auf die Probe stellen. Überdies faszinierte es mich, die Wirklichkeit nur als Widerschein ihres Traums zu verstehen. Auf andere schwierige Fragen, die ich mir gestellt hatte und von denen einige offen blieben, hatte ich mir zur Antwort gegeben, dass es alles in allem Sinn macht, das Leben mit dem grössten Einsatz zu leben und dabei zu versuchen, alles zu verwirklichen, was man in sich hat. Ich war mir bewusst, dass ich mir das, was ich zu tun für richtig hielt, nie hätte vorenthalten können, trotz aller Ängste, die damit verbunden waren. Ich verstand, dass viele meiner Ideen einem gewissen Typ von Gesprächspartner zumindest seltsam vorgekommen wären, aber in jenem Fall wäre dies sein Problem. Ich wusste, dass einige meiner Begriffe und Auffassungen gut verwurzelt waren, und es wurde mir immer klarer, dass meine Ausgefallenheit vielleicht jener «Weisheit» von vielen dort unten vorzuziehen war, wo das Leben oft nicht mehr ist als eine stille Verzweiflung, eine Wüste des Egoismus und der Apathie. Ein Leben, gefesselt vom Gewöhnlichen und geregelt von den verschiedenen Arten des Drucks, die sogar die Kunst und den Glauben in eine Ware verwandelt haben. Nein, sagte ich mir, eine Welt kann nicht schön sein, in der die Ängste und die Schwärmereien am meisten erschrecken und die ausgerichtet ist auf die Schonung seiner selbst und der eigenen Gefühle.

Als ich aus meinen Gedanken zurückfand, verschwand die Sonne gerade hinter dem Brouillard-Grat. Ich zog alles an, was ich dabei hatte, denn die Luft wurde sogleich kalt, und der grau gewordene Himmel nahm eine eisige Starrheit an. Weitere Zeit ging vorbei, in der ich mir etwas Warmes zubereitete und die mit den üblichen kleinen Tätigkeiten ausgefüllt war; dann schaute ich dem Sonnenuntergang bis zum letzten rosafarbenen Pinselstrich zu, der den Himmel färbte.

Nachdem die Pflicht, noch ein letztes Bild zu knipsen, erledigt war, verstaute ich den Fotoapparat im Rucksack und streckte mich glücklich auf demselben Felsen wie zuvor in meinem Schlafsack aus.

Der zunehmende Mond, der mit seinem hellen Licht den Himmel überflutete, erlaubte es der Nacht nicht, dunkel zu werden; aber er hinderte sie nicht daran, ihre unendliche Ruhe auszubreiten. Alles lag ruhig da in der grossen Septemberkälte, unverletzte Stille herrschte, nicht das kleinste Knirschen stieg von den Gletschern hoch, nicht das fernste Murmeln eines Flusses aus den tiefen Tälern, nicht einmal der Hauch des Windes; nur die Sterne funkelten, ein grosses Meer von Sternen, in dem man sich verlor. So lag ich dort, wie eine undeutliche und zerbrechliche Statue aus Eis, und atmete den Zauber einer Nacht ein, die aus einer anderen Welt zu kommen schien, während das gespenstisch helle Licht des kalten Mondes hier und da auf den Schnee fiel und wieder verschwand.

Später, als ich den Kopf aus meinem schützenden Sack hinausstreckte, herrschte kalte Dunkelheit. Der Mond war untergegangen. Ich hatte es nicht geschafft, wie geplant am Abend im Mondlicht weiterzugehen, aber jetzt kam in mir der Wunsch auf, das Wunder der Morgendämmerung vom Gipfel des Mont Blanc aus zu erleben, und so war es Zeit aufzubrechen. Ich schlüpfte aus dem Schlafsack und schauderte sofort, die Kälte schien mich zu lähmen. Dann siegte die geistige Beherrschung über die Leiden des Körpers, und die Temperatur schien sogleich erträglicher.

Die Stille war von einer verwirrenden Intensität. Ich schaltete die Stirnlampe wieder ein und unternahm die ersten Schritte über den Sattel. Die Steigeisen an den Schuhen knirschten auf dem festen Schnee, und manchmal meinte man einen Schrei des Berges zu vernehmen. Ich stieg über die verschneiten Felsen des Pilier d'Angle auf, an dessen Ende mich auf dem Schneegrat einige Windstösse überfielen, die voller feiner Eiskristalle waren. Im Lichtbündel meiner Lampe glichen sie Sternentrümmern.

Vom Gipfel trennte mich jetzt nur noch jener herrliche Eissporn, der den Mont Blanc de Courmayeur, den Vorgipfel des Mont Blanc, charakterisiert. Schnell war ich am Ende dieses steilen, 150 Meter hohen Aufschwungs, und kaum hatte ich die grosse Wechte überwunden, erschienen auf der anderen Seite bereits die Lichtlein der Dörfer in den noch schlafenden Tälern Savoyens.

Das zarte Licht der Sterne genügte jetzt, um meinen weiteren Weg zu beleuchten. Es war ein ausgedehnter, sanfter Hang aus trockenem, mehligem Schnee, dessen Umrisse sich im Himmel verloren. Wenig später erkannte ich die Kuppel des Mont Blanc fahl, fast geisterhaft vor mir.

Im Osten begann die Luft heller zu werden. Auf einen Schlag kam der heftige Morgenwind auf, der da und dort Wolken aus weissem Staub aufblies. Die Atmosphäre wurde feiner, durchsichtiger, im Einklang mit dem Dunkelblau des Himmels, der langsam ins Türkis überging. Die Luft war sternenklar und eisig kalt, als ob sie von einem anderen Planeten stammte; sie einzuatmen hiess, sich die Lungen mit Himmel zu füllen. Auch der Schnee, auf dem ich weiterging, schien sich nun in Licht zu verwandeln und immer mehr zum Himmelsgewölbe zu gehören; nur zögernd glaubte man, dass all dies auf fester Materie ruhe, in der Erde verwurzelt.

Der Schneerücken war schmaler geworden, ich stieg inzwischen über einen langen Eisgrat hoch, und als er sich neigte, stand ich auf dem Gipfel des Mont Blanc.

Ich hatte mein Ziel erreicht, und jetzt schien es mir, als ob ich Momente aus einer anderen Zeit erlebte. Vor mir waren nur Licht und Raum und riesige, schweigende Bergketten, von ewigem Schnee bedeckt. Klar erkennbar tauchten aus diesem Gipfelmeer im Osten das Matterhorn und der Monte Rosa auf, die ihrerseits von einem Bogen aus rotem Dunst überragt wurden, der das Aufgehen der Sonne ankündigte. Unter diesen schwebenden Gipfeln erstreckten sich die grossen, grünen Täler, aus denen sich die Nacht noch nicht ganz zurückgezogen hatte. Der Wind wehte frei über die Stufen der Landschaft und drang eisig unter meine Kleider; aber er währte nicht mehr lange, denn der erste Sonnenstrahl hielt seinen triumphalen Einzug in den weissen Ozean der Stille.

Was nun folgte, gehörte eher zur Vielfarbigkeit der Gefühle als zu jener der Dinge. Wahr ist, dass das warme Sonnenlicht über die Gipfel und Grate, die Rinnen und Runsen zu fliessen begann und eine kaleidoskopische Bewegung von Licht und Kontrasten schuf. Die nahen Wechten fingen an, im feinen, von der Luft aufgewirbelten eisigen Staub zu glühen, und rundherum hoben Tausende von Schneekristallen zu funkeln an. Der zuverlässig dunkelblaue Himmel war nach wie vor das Grösste und umfasste Entfernungen, die das Auge ermüdeten. Die Bergketten kamen übereinander zu liegen, verschwammen ineinander, bevor sie sich ohne offensichtlichen Grund wieder voneinander trennten. Unzählige Spitzen tauchten überall auf, die schönen Grate spielten mit den eigenen Schatten und wetteiferten mit der Leuchtkraft des Firns, und die Gletscher weit unten glichen Lichtmeeren, eingekeilt zwischen den Gipfeln und aufgewühlt durch ein unerwartetes Gewirr von Spalten.

Was mir die Natur hier voller Hingabe bot, war unversehrte Herrlichkeit, die meine Seele nährte. Die Gedanken gingen im ständigen Fluss der Dinge zum Geist und vom Geist zu den Dingen auf, ich spürte, wie in mir neue Gefühle entstanden, wie ich unbekannte Dimensionen erlebte, die einem Versuch, sie zu erklären, immer wieder entflohen. Völlig versunken im intimsten Alleinsein, schwang sich meine Fantasie immer weiter auf, und jetzt sah ich mehr als je zuvor mit den Augen des Geistes, ich hörte das grosse Atmen der Natur, ich verlieh dem Unendlichen menschliche Proportionen, ich schweifte umher, bis ich schliesslich eins wurde mit dem Universum: Ich fühlte die ganze Schönheit und das Wunder der Existenz. Ich hatte endlich die Wahrheit gefunden, die einzig mögliche Wahrheit jenseits aller Vermutungen. Es war die Wahrheit des Herzens.

Die unermesslichen Eisflächen Patagoniens erstrecken sich gegen den Pazifik, weiter als der Blick reicht.

DAS LETZTE ABENTEUER – MEIN PATAGONIEN
1986

Kaum hatten wir den höchsten Punkt des Schneecouloirs erreicht, da erschien unser Berg schon im geisterhaften Licht des Mondes. Überrascht erblickten wir die Landschaft, die sich unseren Augen unerwartet darbot.

Sie war so anders, als wir sie uns vorgestellt hatten, und wir konnten fast nicht glauben, dass dies der Gipfel war, den wir nun, wie am Tag zuvor beschlossen, besteigen wollten. Jetzt sah er viel ernster und ferner aus und wegen der verschiedenen zerrissenen Gletscher, die alle in einem tiefen Trichter am Fuss des Berges zusammenliefen, fast unzugänglich. Wir hatten diesen Gipfel erst am Tag zuvor von einem felsigen Gebirgskamm aus entdeckt, der sich kurz nach der trennenden Scharte erhebt; auf ihrer einen Seite sind die niedrigeren, schlanken Spitzen, auf der anderen das kompakte Fundament, auf dem sich in Jahrtausenden der riesige Hielo Continental, das Patagonische Inlandeis, also die etwa 18 000 Quadratkilometer grosse, von Gipfeln durchsetzte Eisfläche, gebildet hat. Eine antarktisch anmutende Natur, die zwar nicht hoch gelegen ist – die mittlere Höhe des grossen Eisfeldes liegt auf ungefähr 1000 Metern; ihre Eisströme, von denen einige fünf bis zehn Kilometer breit sind, reichen aber bis zum Meer und in die tief eingeschnittenen Fjorde hinein.

Der Grund, warum wir uns jetzt an diesem am Ende der Welt verlorenen Ort befanden, verdient einen Kommentar.

Mein ursprünglicher, aus einem alten Traum entstandener Plan war, in Begleitung zweier treuer Freunde ins chilenische Patagonien vorzudringen. Genauer gesagt, in jenes teilweise bekannte und völlig unbewohnte Hinterland, das sich chaotisch zwischen dem kontinentalen Eisfeld und den stürmischen Fjorden des Pazifiks ausdehnt. Ein langes, schwieriges Unternehmen, bei dem ich an jedem Marschtag mit einem mit Eistürmen bespickten Gletscher oder mit einem Wald, wo man sich den Weg mit der Axt bahnt, rechnen musste. Und dann gab es noch die heimtückischen Sümpfe, die wilden Flüsse, die man durchwaten musste, das unendliche Auf und Ab, wenn möglich auf Schwindel erregend steilen Hängen, um einem unerwarteten Hindernis auszuweichen oder die tiefe Schlucht eines Fjordes zu umgehen. Alles begleitet vom schlechten Wetter, das diesen äussersten Zipfel der Erde fast ständig einhüllt. Jeden Abend würden wir einen Zufluchtsort für die Nacht improvisieren müssen, ein Feuer anfachen, was wegen des nassen Bodens der Gegend schwierig ist, aber unumgänglich für jemanden, der wie wir den ganzen Tag lang dem eisigen Regen ausgesetzt sein würde. Und schliesslich würden wir in diesem abweisenden, kargen Labyrinth etwas zu essen finden müssen.

Vom Morgengrauen bis zur Abenddämmerung hätten wir deshalb dem wenigen Wild aufzulauern wie hungrige Tiere auf der Suche nach einer Mahlzeit. So geplant, sollte unsere Erforschung eine einzigartige und wertvolle Erfahrung werden dank des inneren Reichtums, der jeden Tag wachsen würde.

Wir waren sicher, einige gute Lehren daraus zu ziehen, an erster Stelle die, welche in uns jene Fähigkeiten wecken würden, die schon die Menschen der Urzeit besessen hatten und die wir nun neu schätzen lernen sollten. Wir würden eine Prüfung in absoluter Abgeschiedenheit von der übrigen Welt erleben und dabei jegliche Organisation und jegliches technische Mittel wie Funk, Boote oder Flugzeuge für das Absetzen und die Versorgung unterwegs ablehnen und uns ausschliesslich auf das Gepäck unserer persönlichen Erfahrungen verlassen. Unser Unternehmen würde nicht steril sein und nur dem Selbstzweck dienen, aber auch keine richtige und wahre Forschungsreise sein: Der Mensch hat heute zum Forschen ausgedient, es gibt das «grosse Auge» der Technik, das alles sieht und voraussieht. Ausser in der Seele des Menschen. Genau dort, wo wir ankommen wollten.

Das war also mein Projekt, wie ich es mir vorstellte und ins Leben rief, und darin bestand der Sinn meines Abenteuers. So, und nur so, würde ich meinen Traum leben können.

Heute, im Chaos der modernen Widersprüche, wird das Abenteuer immer noch gesucht, und man kauft es schliesslich in fertiger Form. Man erfindet ein irriges Risiko und gibt ihm den Namen «Überlebensprüfung» (das Überleben ist dabei allerdings immer gesichert). Unternehmen im Alleingang werden verherrlicht, aber sie sind begleitet von Funk oder anderen gerade modernen Pieps-Geräten, die dazu dienen, die «Helden der Einsamkeit» bei Bedarf aus der Klemme zu befreien. Vorbestellte Leistungen fürs Guinness-Buch der Rekorde, natürlich von einer Hilfsmannschaft unterstützt und beschützt. Überdies wird wegen eines Gewinns, den man nicht erwähnt, ein Unternehmen als «Unternehmen» bezeichnet, das es nicht ist und seit langer Zeit nicht mehr war.

Kurz und gut, wir stellen fest, dass wir heute mehr als je zuvor von abgedroschenen, aufs Geld reduzierten Handlungen, von Täuschungen, Spekulationen und falschen Botschaften überflutet werden, die manchmal von wenig Wissen zeugen.

Schwindel und Betrug belagern uns. Was gerade in Mode ist, garantiert nie die Wahrheit, so wie das, was zählt, nie Frucht des Werbegeschreis ist. Wäre es nicht gut, etwas Ordnung zu machen und die Dinge an ihren Platz zu rücken?

Was mich betrifft, hatte ich beschlossen – als Antwort auf eine wachsende Unsitte –, in aller Stille zu meinem Abenteuer abzureisen, das heisst ohne unpassende Pressekonferenzen, wie es heute gemacht wird. Überdies hatte ich kein Sponsoring akzeptiert: ein Begriff, dessen einzige Bedeutung heute, wenigstens in meinen Kreisen, die Prostitution zu sein scheint. Der Mensch des Abenteuers ist durch seine Wesensbildung über die Taten hinaus ein Mensch der Ideale, und als solcher kann er sich nicht verderben, indem er sich – nachdem er sich erst verkauft hat –

selbst zum Werbeträger reduziert. Aber heute gibt es Leute, die aus dem Abenteuer ein Produkt machen, eine gewöhnliche, auf den Gewinn angelegte Operation, und dabei spiele ich gewiss nicht auf die Reiseagenturen an.

Könnte denn nicht alles gerechtfertigt werden durch die Notwendigkeit, Geld für die Verwirklichung eines Unternehmens zusammenzubringen? Nein, überhaupt nicht! Wenn das Geld fehlt, um ans Ende der Welt zu gehen (will man es wirklich tun, braucht es dazu allerdings wenig Geld), und wenn keine Institution einen öffentlichen Nutzen in der Reise sieht, dann gibt es drei Lösungen: Entweder man kümmert sich darum, die nötigen Mittel selbst zu verdienen, oder man erhält sie geschenkt, ohne zur Verkörperung eines Markennamens zu werden (und damit Zwänge zu akzeptieren, die zu Verzerrungen und sogar zum Erzählen von Lügen führen). Oder man bleibt daheim, was viel würdevoller wäre. Aber wie viele legen schon Wert auf ihre Würde?

Damit mein Abenteuer den vorgegebenen Zielen entsprechen würde, wählte ich diesen südlichen Winkel, gerade weil er unerforscht war. Seine Geografie, mit den gegensätzlichen Elementen, die sie charakterisieren, gestaltet das Eindringen in diesen Landstrich problematisch. Bei der Wahl meiner Strecke gab es keine Verdrehungen oder Sinnlosigkeiten, die abwegige und überflüssige Probleme hätten schaffen können, wie zum Beispiel, dass man sich auf das Begehen einer Strecke in gerader Linie versteift. Die Idee war, den Weg ohne Hilfe anderer Mittel ausser der eigenen Beine zurückzulegen. Es sollte eine etwas altmodische Reise sein, jener wirklich grossartigen, prachtvollen Landschaft Patagoniens würdig.

So brach ich eines schönen Tages mit meinen zwei Gefährten auf: zwei fähige, reife und sehr anpassungsfähige Männer mit umfassenden und universalen Anschauungen. Sie sind auch meine Freunde, und wir stehen auf menschlicher Ebene in perfektem Einklang. Ihre Namen lauten Melchiorre Foresti und Elio Sangiovanni, der erste ist Radiologie-Chefarzt im Spital von Bergamo, der zweite, ebenfalls aus Bergamo, Freiberufler.

Wir würden uns während der ganzen Dauer dieses Unternehmens absolut autonom bewegen und ernähren, genauer gesagt, wir würden nur von der Ausrüstung profitieren, die wir auf unseren Schultern mittragen konnten. Ihr Gewicht sollte 30 Kilogramm nicht überschreiten, um nicht unsere Erholung zu beeinträchtigen. Wir würden uns vom Jagen und Fischen erhalten, wobei wir die Beute mit im Wald gesammelten Pflanzen und Pilzen anreichern würden. Sie würden unentbehrlich sein, um die lange Phase der auf Fleisch basierenden Ernährung zu ergänzen. Die Notwendigkeit der pflanzlichen Kost war allerdings Anlass für nicht wenige Sorgen: Der Mensch verdaut Zellulose nicht. Und über die meisten Pflanzen des Patagoniens von Magellan ist wenig bekannt, so dass die Gefahr bestand, an irgendein giftiges Gewächs zu geraten.

Ich war schliesslich so weit, dass ich mir ein Basiswissen über die essbaren Pflanzen der Gegend aneignete, insgesamt ein Dutzend, so viel reichte aber. Diese Kenntnisse lieferte mir ein englischer Botaniker, David M. Moore, nach monatelangen Recherchen; man konnte ihm vertrauen, weil er seine Studien unternahm, indem er von der Ernährung der Indios ausging, die nach dem Kontakt mit den Weissen inzwischen ausgelöscht sind.

Doch die Dinge nahmen nicht den gewünschten Lauf. Bereits in Santiago de Chile, noch bevor das Abenteuer begann, nahmen die Probleme ihren Anfang. Vor allem würde uns die Möglichkeit fehlen, für unsere Nahrung zu sorgen: Wir hatten nicht gewusst, dass die von uns gewählte Gegend zum Nationalpark erklärt worden war und es deshalb zu Recht nicht mehr möglich sein würde, irgendeine Form der Jagd auszuüben. Wir erhielten hingegen die Bewilligung zum Fischen und auch die völlige Freiheit, uns im grossen Heiligtum der Fjorde Magellans nach Gutdünken zu bewegen. Dies war eine freundliche Geste der Dirección Fronteras y Limites und der Corporación Nacional Forestal, aber sie genügte nicht, um das Problem unseres Überlebens zu lösen: Das Wasser der Seen und der Flüsse wies weder Plankton noch irgendeine andere Form des Lebens auf. Ebenso unfruchtbar zeigten sich die Fjorde, deren Wasser nicht genügend Salz enthalten, um die Verbreitung von Meerfischen oder das Leben von Miesmuscheln und anderen Weichtieren zu erlauben. Und auch die an diesem Ort vorkommenden Pflanzen konnten uns nicht sättigen. Auf unserem Weg trafen wir nämlich keine Vertreter der an sich schon wenigen essbaren Arten an, nur die Chàura (Pernettya mucronata), eine rote Beere von mildem Geschmack, kam in den unteren Regionen recht häufig vor. Wir sahen nur wenige Exemplare Taraxacum gilliesii, ein perennierendes Kraut, das unserem Löwenzahn gleicht, und ein paar Pflänzchen von südlichem, der Sellerie ähnlichem Apium. Zwischen den Ästen der Buchen spürten wir auch ein paar Grüppchen Cyttaria darwinii auf, kleine, kugelige und schleimige Pilze mit süsslichem Geschmack. Schliesslich entdeckten wir bei unseren Versuchen, dass der Stängel eines bestimmten, an der Wurzel zarten Grases ohne traurige Folgen gegessen werden konnte. Die anderen essbaren Arten waren entweder noch nicht reif oder kamen überhaupt nicht vor.

Die Schwierigkeiten wurden verstärkt durch das ungeheure Gewicht unserer Rucksäcke beim Aufbruch. Zudem war alles bis in niedrige Lagen hinunter tief verschneit, und die Flüsse führten wegen der hohen Temperaturen, die in jenem Frühling herrschten, aussergewöhnlich hohes Wasser. Und schliesslich ereignete sich mein Unfall. Am zweiten Marschtag fügte ich mir im tiefen Wasser einer Stromschnelle einen Bruch am rechten Fuss zu, und zwar brach ich mir die Basis des proximalen Knochenglieds der zweiten Zehe (das bestätigten einen Monat später die Röntgenaufnahmen). Die Angelegenheit war zum Glück weniger schlimm, als ich befürchtet hatte. Nachdem ich den geschwollenen Fuss einmal in den gut zugeschnürten Schuh gesteckt hatte, konnte ich die 18 Tage, die noch folgten, weitermarschieren. Aber kehren wir zu jenem 20. November zurück, dem Tag, als unser Abenteuer begann.

Mit einem kleinen gecharterten Flugzeug waren wir vom Städtchen Coyhaique nach Caleta Tortel gelangt, dem letzten Dorf am Golf von Penas in der Nähe des grossen Nördlichen Patagonischen Eises, das sich südlich des 48. Breitengrads ausdehnt. Mit einem zweistündigen Flug entlang der schneebedeckten Flanken der wilden Berge hatten wir so das Ende der Welt erreicht. Das zeigte auch die Landung auf jenem hellen Landstreifen, der über genau 600 Meter den letzten Mäander des Rio Baker einschneidet. Kurz darauf holte uns ein Boot ab, und in weniger als einer Stunde waren wir im Dorf.

Tortel scheint auf den ersten Blick mit seinen auf Pfählen gebauten Holzhäuschen und den luftigen Passerellen aus rohem Holz, welche die Häuser verbinden, ein zauberhafter Ort zu sein. Doch kaum ist das anfängliche Staunen verblasst, wird man der Realität gewahr: jener eines eingeschlossenen, grauen, kalten und regnerischen Ortes. Tatsächlich wird Tortel von den drohenden Bergen zerdrückt, vom trüben Fjord zusammengepresst und von der dichten Vegetation rundherum erstickt. Verwirrend ist zudem die Tatsache, dass der Ort überhaupt keine Ressourcen hat. Man muss sich fragen, was für eine Zukunft er seinen Menschen, vielleicht etwa hundert Familien, bietet. Und doch hängen die Menschen, die dort leben – obwohl sie auf Kommunikationsmittel verzichten müssen und weitab von jedem Zentrum der menschlichen Aktivität sind –, stark an dieser Gegend. Sind sie verwildert und unstet? Kann sein. Selten bin ich aber so guten und gastfreundlichen Leuten begegnet wie den Einwohnern von Tortel. Wenn ich daran denke, dass man bei uns heute zwischen Gruppierungen mit allen nur denkbaren politischen, wirtschaftlichen und ideologischen Zielen zerdrückt wird, wenn ich erwäge, dass man jemanden, der sich aus dem Gedränge halten will, nicht leiden kann, und wenn ich über die Notwendigkeit nachdenke, unserem Ehrgeiz eine menschlichere Dimension zu geben, nun gut, dann fühle ich mich fast betrogen im Vergleich zu allem, was man in Tortel hat oder nicht hat. Ich spreche natürlich von meinem Empfinden, und meine Meinung ist so wenig massgebend, dass sie niemanden stören wird.

In der Nacht regnet es in aufeinander folgenden Sturzbächen, dann flaut der Wind ab, und am nächsten Tag fahren wir frühmorgens mit einem von einem 10-PS-Motor angetriebenen Boot durch eine Reihe von stürmischen Kanälen nach Süden.

Unser Ziel ist ein bescheidenes Holzhäuschen am Ende einer Bucht, die parallel zum grossen Jorje-Montt-Gletscher im Calén-Fjord verläuft. Als wir es erreichen, ist es später Nachmittag. Es bildet den äussersten menschlichen Vorposten in diesen Gegenden. Sehr erstaunt, aber ebenso herzlich werden wir von einer Frau und einem etwa 20 Jahre alten Mann empfangen: Mutter und Sohn. Der übrige Teil der Familie, wird uns Señora Verta Muñoz, die Mutter von Edoardo, später sagen, befindet sich im Norden und treibt gerade die Kuh- und Pferdeherde nach Cochrane zuhinterst im Tal des Rio Baker. «Die Reise», sagt die Frau weiter, «dauert mindestens einen Monat, aber sie lohnt sich.» Sie deutet ein Lächeln an und ergänzt: «Bis Cochrane reicht die Strasse, und deshalb kann man das Vieh dort besser verkaufen.»

Bis hier war unsere Ausrüstung in sechs grossen Säcken von verschiedenem Mass verstaut gewesen. Ihr Volumen war mit jedem weiteren Einkauf von Santiago an grösser geworden, was Gewicht und Raumbedarf angeht. Aus mehreren Gründen hatten wir einen beträchtlichen Teil des Materials – Pfannen und Kochtöpfe, Äxte, Fallen, Fischnetze usw. – nicht direkt aus Italien mitnehmen können. Wir mussten uns deshalb mit dem begnügen, was wir hier finden konnten. Tatsache ist, dass wir uns in dem Moment, als wir alles in lediglich drei Rucksäcken verstauen wollten, wirklich in der Klemme waren; umso mehr, als wir es für nötig gehalten hatten, einen Vorrat an frischem Fleisch mitzunehmen. Ein mittelgrosses Schaf war von den Freunden Muñoz für uns geschlachtet worden; wir mussten nun das Fleisch unter uns aufteilen und an die Rucksäcke hängen, die sich sowieso schon in überfüllte Schränke verwandelt hatten. Um unter dem Gewicht der Last aufzustehen und uns in Bewegung zu setzen, mussten wir uns gegenseitig helfen, und ich denke, ich übertreibe nicht, wenn ich jene Fracht auf unseren Schultern auf je 50 Kilo schätze.

Nachdem wir ein paar Stunden nach unserem Aufbruch den grossen Fluss, der sich durch das Tal zieht, durchwatet haben, werden die Tierspuren seltener; dennoch verfolgen wir sie, bis sie im Gebüsch oder im tückischen Sumpf verschwinden. Wir tragen hohe Gummistiefel und sinken fast bis zu den Knien ein. Die festen Bergschuhe haben wir zur Überquerung der Gletscher dabei. Zwei Tage steigen wir weiter durch das weite Tal auf, wo die Sümpfe mit dichten Büschen oder Wäldern mit riesigen Coìhue (Nothofagus betuloides) abwechseln, den wunderschönen magellanischen Buchen mit ihrem hohen Stamm und den das ganze Jahr über grünen Blättern. Wir begegnen aber auch ziemlich häufig der plötzlichen Leere, die ein verbrannter Wald hinterlässt: dem elenden Zeugnis einer unverantwortlichen Urbarmachung, der schlimmsten Methode, die man anwenden kann, um neues Weideland zu schaffen. So wird diese üppige Vegetation, in der ein Vordringen sicherlich fürchterlich ist, die aber doch ein Ausdruck des ewigen Lebens und des sie beherrschenden Gleichgewichtes ist, plötzlich zum Skelett gemacht – mit Formen wie flehende Arme, wie Gesten des Schmerzes, ragen aus den Aschen Tausende von weissen, knochigen und chaotischen Stämmen auf. Ich kann nicht anders, als an die Gesetze zu denken, die zwar verkündet worden sind, aber die Zerstörung der letzten irdischen Paradiese dennoch nicht verhindern können. Beim Gang durch diese scheusslichen Friedhöfe, durch das, was einmalige Natur war, tut einem das Herz weh, und man verlässt sie gezeichnet wie Kaminfeger.

Das schreckliche Gewicht, das auf meine Schultern drückt, und das zögerliche Vorankommen auf dem schwierigen Weg passen nicht zur grossartigen Landschaft, die viel mehr Beachtung verdiente. Trotzdem nehme ich von dieser ungewöhnlichen Wirklichkeit einige Bruchteile auf, Augenblicke wunderbarer Dinge, die ich sofort dem Gedanken übergebe. So sehe und fühle ich diese Welt um mich in einer vielleicht nicht ganz realen Perspektive, bis ich ganz darin eintauche und ein Teil davon werde.

Da, jetzt bin ich im Wald. Ein tiefes Gefühl des Friedens, aber manchmal auch der Furcht, befällt mich, kaum trete ich in diese grosse, zauberhafte Welt ein, den echten Ausdruck wilder Unberührtheit. Ich bin fasziniert von jenen einsamen Schlupfwinkeln, jenen sanften Giganten, deren kräftige Kronen über die dunklen Höhlen aufragen, die sie darunter entstehen lassen. Gleichzeitig beängstigt mich die geheime Kraft, die von jener Masse von Pflanzen jeder Art, jeden Alters und jeder Grösse ausgeht, die wächst und sich brutal aus den Leichen anderer, verfaulender Stämme erhebt. Zwischen mir und dieser Natur herrscht seit jeher ein Zwiegespräch, eine intime Sprache wie zwischen alten Freunden, die sich tausenderlei Dinge zu sagen haben. So kommt es, dass sich meine Gedanken an die prachtvollen Herren der Wälder, die Buchen, Zypressen und anderen Bäume wie die Drymis winterii, ein Magnoliengewächs, richten. Doch meine Aufmerksamkeit gilt auch kleineren Arten des Unterholzes. Das Blattwerk ist ziemlich dicht und undurchdringlich. Stachlige Berberitzen ragen hervor, doch das Wirrwarr der Kletterpflanzen setzt sich durch, die überallhin ihre Fangarme aussenden, sich an den Bäumen emporranken oder sich mühsam durch das Gedränge der stärksten Arten winden. Und alles offenbart sich im offensichtlichen Drängen nach oben, gegen das Licht, das Leben, das jede Pflanze, klein oder gross, sucht und gierig aufnimmt.

Am Boden überziehen dichte Schichten von Moos, Flechten und verschiedenen Sporenpflanzen das Niederholz und die stehenden oder verfaulten Stämme, mit denen sich voller Anmut Leberblümchen und Farne vermischen. Das mit Wasser getränkte, bei jedem Schritt nachgebende Unterholz ist ein pflanzliches Universum, das in den stehenden Gewässern eine fantastische Ausprägung findet: Hier ist alles bewegungslos und stumm, das Leben scheint Ausdruck des Todes zu sein, nur ab und zu dringt das Murmeln eines Baches bis zu unserem Ohr oder die

Silben eines rufenden Vogels, der über unser Erscheinen eher überrascht als erschreckt ist.

In einer so strengen Umgebung, wo es uns an den elementarsten Ressourcen fehlt und wir uns über unsere Perspektiven vollends im Klaren sind, könnten uns die Wahnvorstellungen auffressen, würden wir uns nicht zwingen, ein bisschen von jener Unbeschwertheit zurückzugewinnen, welche die Heiterkeit nährt. Ich glaube, dass etwas gute Laune und eine Prise Ironie genügen, um den Geist wieder aufzurichten, mindestens so wie eine gute Mahlzeit die Muskeln wieder belebt. Ehrlich gesagt, reicht es uns schon, die Rucksäcke von den Schultern zu nehmen, um uns in jeder Hinsicht erleichtert zu fühlen. Am Abend, wenn wir etwas im Magen haben, fällt uns das Lachen – auch über ernste Dinge – am leichtesten. Wir lachen und halten uns zum Narren. Ein Freund aus Santiago hatte uns «Elio, Melchiorre e Baldassare», also Elio, Melchior und Balthasar, genannt. Nun, da unsere Bärte wachsen, erscheinen wir wirklich wie die Drei Könige, die aus dem Orient kommen, aber an der Stelle von Kometen Trugbildern nachgehen.

Die Seele von Elio, dem Jüngsten, steht ihm ins Gesicht geschrieben. Er kämpft ständig zwischen Beherrschung und Zügellosigkeit, und in diesen Tagen hat er die wirre Miene eines Guerillakämpfers auf der Suche nach Revolutionen angenommen. Deutlich verschlossener in seiner Ausdrucksweise und seinem Aussehen ist Melchiorre. Mit seiner stets ruhigen Stimme, dem leicht angeschwollenen und von weissem, weichem Flaum bedeckten Gesicht erinnert er etwas an die Figur von Hemingway. Wem ich selbst gleichen könnte, weiss ich wirklich nicht, so grässlich eingemummt, wie ich gerade bin, in viel zu weiten Hosen und einem Hemd, das einer Vogelscheuche Ehre machen würde. Eines ist gewiss, ich werde niemals mit dem etwas gekünstelten und überheblichen Modell des Abenteurers einer gewissen Werbung verwechselt werden. Aber reden wir von ernsteren Dingen, zum Beispiel von unserer Ausrüstung, die uns einigen Anlass zum Ärger gibt. Nur der extreme Gebrauch, den wir davon machen, vermag ihre Vorzüge und Schwächen aufzeigen. Unsere Rucksäcke, die speziell für solche Leistungen ausgetüftelt wurden, weisen in Wirklichkeit – mit dem Gewicht, das sie füllt – keineswegs zu vernachlässigende Mängel auf. Mehr als einmal platze ich heraus und schimpfe, wenn irgendeine Vorrichtung des Sacks nicht funktioniert. Elio, der in solchen Fällen seinen Sarkasmus anwendet, macht die Sache noch schlimmer und schilt mich: «Alles deine Schuld, das würde nicht passieren, wenn du deine Erfahrung an jene weitergeben würdest, die den Sack herstellen!»

Die Flüsse sind für unser Vorwärtskommen das grösste Hindernis. Es ist November, die Zeit der Schneeschmelze in den Bergen hier; und Patagonien ist dieses Jahr von seltsam milden Temperaturen betroffen. Daraus folgt, dass die Wasserläufe, die von Natur aus sehr wild sind, ständig Hochwasser führen. Wir gehen fast immer dem Fluss entlang, der alles Schmelzwasser befördert. Oft sehen wir diese verrückte Strömung gar nicht, so dicht ist die Vegetation ihrer Ufer; dafür erreicht uns der kräftige, einmal etwas schnellere, ein andermal etwas heiserere Atem ihrer Wasser, die sich wie verrückt nachhetzen.

Der Fluss führt seine Windungen aus, unterhöhlt dabei mit seiner Wucht die lehmigen Ufer und reisst dabei ganze Waldteile mit sich. Haufen und Stösse von Stämmen und Ästen tauchen manchmal aus den Biegungen auf, von der Gewalt der Strömung weitergetrieben.

Wir folgen also den sich launenhaft dahinschlängelnden Spiralen des Flusses, und manchmal gehen wir durch mühsamen Morast, manchmal kämpfen wir uns durch dichte Vegetation, die uns den Weg versperrt; wenn sich aber eine Schlucht des Berges als unbegehbar erweist, dann bleibt uns nichts anderes übrig, als den Fluss in einer seiner Kurven zu durchwaten. Haben wir eine Stelle dafür gewählt, zögern wir meistens, die Durchquerung zu beginnen, und suchen anderswo; am Schluss müssen wir uns entscheiden, und fast immer gehen wir genau dort durch, wo wir uns eine Stunde zuvor nicht hineinwagten.

Bei jeder Furt sind die Vorbereitungen gleich: Von einem Bäumchen hauen wir uns mit der Axt einen festen Stock zurecht, dann ziehen wir Stiefel und Hosen aus und binden sie zuoberst auf den Rucksack, und schliesslich waten wir vorsichtig durch die Strömung, jede Bewegung mit Hilfe des Steckens beherrschend, den wir flussabwärts fest gegen den Grund des Wasserlaufes stossen. Nicht alle Furten sind schwierig, aber einige sind gefährlich, vor allem wenn sie bei einer von Steinen durchsetzten Schnelle geschehen müssen und keine Möglichkeit bieten, über den Fluss ein Sicherungsseil zu spannen. So war es dort, wo ich mir den Bruch am Fuss zuzog. Nachdem ich die Stiefel ausgezogen hatte, um die Gefahr nicht noch zu erhöhen, war ich gleich von Beginn an bis zu den Oberschenkeln der eisigen, ungestümen Kraft ausgesetzt, die einen auch schwindlig machen kann, da man nicht anders kann, als sie beim Gehen aufmerksam zu fixieren. Bei jedem Schritt muss der Fuss den richtigen Halt auf dem steinigen Grund finden, der im trüben, schäumenden Wasser nicht sichtbar ist. Ich stehe mitten in der Stromschnelle, als mein rechter Fuss auf einmal ausrutscht und in ein Loch geklemmt wird. Ja, ich nehme den Schmerz wahr, aber er ist nicht übermässig gross. Alles in allem ist das Schlimmste daran, dass ich es nicht schaffe, das Gleichgewicht wieder zu gewinnen, und ich schwanke hin und her, den einen Fuss eingeklemmt. Endlos lange Sekunden gehen vorbei, und ich spüre wegen des eiskalten Wassers meine Füsse und Beine nicht mehr. Ein fürchterliches Getöse lenkt mich ab, und eine Raserei von drohenden Wogen und Schaumkronen macht mich schwindlig. Schliesslich, als ein verrückt gewordener Strudel sich bricht und an mir hochschiesst, fühle ich mich überwältigt. Die Wucht wird unwiderstehlich, sie wird mich bald umwerfen und in die Schnelle herunterziehen. Es ist unglaublich, wie hilflos ich dem Zug des Wassers trotz meines Gewichts mit dem grossen Rucksack ausgeliefert bin. Ich weiss nicht, wie sich von diesem Moment an alles abgewickelt hat, ich kann wirklich nicht mehr rekonstruieren, was genau ich machte, um so viel Gewalt zu besiegen. Tatsache ist, dass ich mich hinkend am anderen Ufer wieder fand, meinen Stecken fest in der Faust haltend.

An jenem Abend stärkte uns eine üppig bemessene Schüssel Suppe, die wir erhielten, indem wir ein paar Knochen des Schafes kochten und nochmals auskochten. Wir wussten schon, wie wohlschmeckend das Fleisch des Schafes ist, doch dass auch die Suppe so schmackhaft wird, überraschte uns.

Unser Zelt ist für zwei Personen ausgelegt, wir kommen darin alle drei unter. Wir haben darin auch gar nicht so schlecht Platz. Zwei von uns legen sich in die eine Richtung, der dritte streckt die Füsse zwischen die Köpfe der Gefährten. Heute bin ich dran, und die Sache bereitet mir Unannehmlichkeiten wegen meines Fusses, der unter den Schultern von einem der beiden landet, als er sich im Schlaf umdreht. Worauf ich natürlich losschreie und alle aufwachen. Danach kann ich nur mit Mühe einschlafen. Es sind Augenblicke, in denen die Bilder des Tages zurückkehren, in denen ich Gesten und Situationen wieder sehe, Landschaften und Gesichtsausdrücke. Um mich davon zu befreien, versuche ich einmal mehr, sie auf die Gleise der Ironie abzuleiten. Das gelingt mir fast immer, aber es gibt Ausnahmen.

Eines der Bilder verfolgt mich noch heute. Es geht um eine Episode, die sich auf dem Rückweg an der gleichen Stelle ereignete. Mitten im verrückt gewordenen Fluss befindet sich eine Art felsige Untiefe mit Blöcken, die aus dem Wasser ragen. Das bedeutet, dass wir die Furt in zwei Phasen ausführen werden: Zuerst spannen und verankern wir das Seil vom Ufer zur Mitte des Flusses, dann wiederholen wir die Operation von der Mitte hinüber zum anderen Ufer. Den ersten Abschnitt bringen wir erfolgreich hinter uns, und wir sind eben daran, den zweiten zu überwinden. Ich bin schon am gegenüberliegenden Rand angelangt, und da ich keine andere Möglichkeit habe, sichere ich das Seil, das ich vorher an einem grossen Stein mitten im Fluss gut befestigt habe, über die Schulter. Melchiorre, der sich an diesem Seil hält, kommt schon auf mich zu und dringt immer weiter in die Strömung ein; Elio dagegen wartet in der Mitte des Flusses, bis die Reihe an ihm ist.

Ehrlich gesagt, macht mir Melchiorre Sorgen, der – von meinem Zwischenfall beeindruckt – nicht mehr barfuss durchs Wasser waten will. Er denkt, mit den Stiefeln an den Füssen fände er im Flussbett mehr Halt. Aber es gibt auch eine Kehrseite der Medaille: Am Punkt, wo die Strömung am stärksten ist und das Wasser deutlich über die Stiefel hinaufreicht, bleibt mein Freund stehen. Er ist in

Schwierigkeiten. Ich sehe, wie er immer angespannter, unsicherer wird, und er hört meine Ratschläge nicht, die ich ihm zuschreie, während ich das Seil so fest wie möglich straffe. Dann – der Unfall: Ich sehe, wie mein Gefährte sich zuerst auf eine Seite kehrt, als ob eine Luftblase ihn anstelle der Stiefel über das Wasser hochheben würde. Einen Moment lang verliert er das Gleichgewicht unter dem Rucksack, dessen Gewicht nun ganz auf einer Seite hängt, und schliesslich taucht er bis zum Hals in die Strömung ein. Krampfhaft klammert er sich an das Seil. «Zieh dich hoch! Steh wieder auf deine Füsse!», schreie ich ihm zu, so laut ich kann, und versuche, das Rauschen des Wassers zu übertönen, während ich verzweifelt am Seil ziehe. «Halt durch, zieh dich hoch!», brülle ich weiter, aber es ist offensichtlich, dass er es nicht schafft, da er unter dem Gewicht des Sackes festgenagelt ist. Jetzt wirft er den Kopf zurück, sein Blick ist verwirrt, und nach Atem ringend, reisst er den Mund zwischen den Fluten auf. «Elio! Lauf! Elio!», schreie ich dem anderen Kameraden zu, der in diesem Moment am höchsten Punkt der seichten Stelle ist und weder sehen noch hören kann, was vorgeht. Doch die Glocke des Schicksals schlägt noch einmal: Eine Hand von Melchiorre lässt nach, öffnet ihren Griff. Der Freund kehrt sich auf einen Schlag im Wasser und taucht rücklings ein. «Nicht aufgeben, Melchiorre! Lass das Seil nicht los! Elio! Elio!», schreie ich wieder lauthals und schaffe es, das Dröhnen der Stromschnelle zu besiegen. Ich halte mich zurück, mich in diesem Augenblick zu seiner Hilfe ins Wasser zu stürzen, es wäre Wahnsinn, das Seil loszulassen, aber ich täte es sofort, gäbe auch die andere Hand des Freundes nach. Endlich hat Elio mich gehört. Ich sehe ihn nackt über die Steine mitten im Fluss rennen, um sich ans gleiche Seil zu klammern, das Melchiorre festhält. Da – er erreicht ihn, packt ihn und schafft es schliesslich, ihn aufzurichten, allerdings nur mit grosser Mühe wegen dieser verfluchten Stiefel, die von der starken Strömung erfasst werden und den Füssen den Halt auf dem Flussbett nehmen.

    Zuoberst im langen Tal, das vom Calén-Fjord hochzieht, nunmehr hinter den Bastionen, welche das Patagonische Inlandeis stützen, zeigt sich plötzlich einer der reizvollsten Seen. Seine Ausbuchtung ist die Frucht einer früheren Vereisung. Auf der Seite, von der man sich ihm nähert, sieht er sanft aus. Die Ufer sind hier von Wald gesäumt und umgürten – gleich wie am Rand eines runden Kraters – das schöne Wasser von einem milchigen Türkis. Auf der anderen Seite des Sees dagegen erheben sich sehr hohe, wilde Abbrüche, welche den Sockel der Gletscher bilden. Mit beeindruckender Häufigkeit zerbersten auf diesen Steilflanken ungeheure Mengen jener unstabilen Eisgebilde. Alles endet natürlich im See und ist sofort Beute des Windes, der die kleinen Eisberge wie absurde Segelboote vor und zurück schiebt. Vervollständigt wird der Reiz dieses Ortes, der einem Alptraum zu entstammen scheint, durch einen dröhnenden Wildbach, der genau am Saum des

Abgrundes aus dem Gletscher hervorgurgelt. Und von hier in einem einzigen, ein paar Hundert Meter hohen Fall zerstiebend in den See schiesst.

In der Nähe des Sees, etwas vom Fluss entfernt, richten wir unser Lager ein: ein kleines Zelt mit einer von Seilen abgespannten Plane. Das Feuer brennt zwischen zwei Steinen, ein Topf voll Wasser hängt über der Flamme und beginnt wimmernd zu sieden. Die Wolken über den Gletschern verdichten sich, und einige Böen von feuchtem Wind, die durch die Luft sausen, lassen nichts Gutes ahnen. Duckmäuserisch zeigt der Fluss seine Schnellen mit ihrem perlfarbenen Widerschein in einer verkürzten Perspektive und brummelt in der Ferne zwischen den grossen Blöcken seiner Ufer. Überall sind die Überbleibsel früherer Waldbrände zu sehen. Massige, im Gelände verteilte Felsen harmonieren perfekt im einheitlichen Grau. Eine fahle Sonne färbt mit dem letzten Abglanz des Sonnenuntergangs das Sammelsurium der Dämpfe und Dünste, welche die Gipfel einhüllen. Weiter unten lassen die inzwischen wie riesige Kulissen verdunkelten und starren Flanken, auf denen die Gletscher ruhen, die widersinnigen Eisbastionen noch deutlicher hervortreten. Es handelt sich um kolossale, drohende Mauern, mit Türmen und Zinnen bespickt und von tiefen Spalten mit vagen dunkelblauen und grünlichen Reflexen durchzogen.

Plötzlich, und wie von einer mächtigen, unsichtbaren Hand angeregt, löst sich die Lawine. Ein trockener Knall steigt in die Luft und widerhallt lange im Tal.

Man hat das Gefühl, der ganze Berg falle auseinander, aber das Auge erblickt sofort einen in Bewegung stehenden, wallenden Eisstrom, der mehrere tausend Tonnen schwere, gigantische Blöcke vor sich hinwälzt. Mit ungeheurer Wucht werden die Trümmer des Einsturzes Hunderte von Metern über die Felsen heruntergeschleudert; sie prallen immer wieder auf, bis sie aufs Wasser schlagen. Die Wellen, die beim Zusammenstoss in die Höhe schiessen, breiten sich im Halbkreis aus und wühlen das Wasser bis zu den Ufern auf.

In der Nacht wird der Wind heftiger, und bald hallt das Prasseln des Regens auf der Plane, die uns schützt. Die Erde saugt sich mit Wasser voll, das – oh weh! – den Boden des Zeltes mit offensichtlichen Folgen durchdringt.

Wir müssen das Lager so schnell wie möglich verschieben, und wir tun es schon frühmorgens unter einem heftigen Schauer. Aber das wirkliche Problem ist das Feuer. Als wir es endlich anzünden können, möchten wir vor Freude am liebsten die Flammen umarmen, die aus den eingeweichten Scheiten aufsteigen.

Den ganzen Tag lang regnet es mit unterschiedlicher Intensität unter einem Himmel von zerzausten Wolken, die bis zum Fuss der Berge reichen. Am Nachmittag kommt auf einmal ein heftiger, kurzer Sturm auf, der hier als Cerrazón bekannt ist und die Eintönigkeit der an sich schon drückenden Wetterlage unterbricht. Zuerst nehme ich in der Luft ein aus dem Tal aufsteigendes Brausen wahr, dann heben plötzlich Blätterhaufen und Äste vom Boden ab und Baumrinden, die von den alten, verbrannten Stämmen weggerissen werden. Schliesslich werden diese Dinge mit einer ungeahnten Heftigkeit wie in einem grossen Trichter mit unsichtbaren Wänden hochgewirbelt, steigen in die Luft auf, immer weiter, wie gegen den Himmel hinaufgeschleuderte Pfeile, bis sie sich in den Wolken verlieren.

Der Wirbel verlegt sich über den Fluss und wühlt dessen Wasser auf, hebt es hoch, verdreht es, lässt es zerstieben, saugt es wieder ein und versprüht es dann im Himmel, von dem es in Form von Schnee einmal gekommen war. Der Zufall will es, dass das Epizentrum des Wirbels unsere Zelte nur streift; sie zittern dennoch, knattern und antworten auf das Heulen aus den nahen Schluchten.

Es ist ein sinnbildlicher Moment für diese Einöden, wo alle Elementarkräfte der Natur sich in einem schaurigen Klima zu vereinen scheinen, die einen kämpfen gegen die anderen, wollen verführen, aber auch erschüttern.

Am späten Nachmittag lichten sich die Wolken, ein mässiger Wind reisst sie auseinander und öffnet dazwischen blaue Himmelsflecken. Ein Sonnenstrahl scheint quer übers ganze Tal und beginnt, einen Schneegrat rot zu färben. Es sind aussergewöhnliche Momente, sie scheinen extra dafür geschaffen, dass man sich später daran erinnert.

Wir verfolgen das Schauspiel um den Kochtopf sitzend, in dem ein Stück Schaf kocht und gar wird. Wir hatten es rationiert, ohne daran zu denken, dass es mit der Zeit die Fliegen anzieht, die es verderben würden, indem sie darauf Tausende von Eiern legen. So war es denn auch, und nur eine lange Kochzeit konnte unser Essen retten.

Ein Paar Caiquenes (magellanische Gänse) fliegt in geräumiger Distanz im Kreis über uns und stösst kurze Rufe aus. Es macht eine einzige Runde, dann verschwindet es wieder eilig, so wie es erschienen ist, aus dem Tal. Die Vögel sind den ganzen Tag lang das einzige Anzeichen von Leben.

Langsam verschlingen uns die kalten Schatten der Nacht, und der Himmel füllt sich mit Sternen. Aber an diesem Abend sind wir noch da, rund um die rote Glut in tausenderlei Gedanken versunken, in ferne Erinnerungen verstrickt. Die plötzliche Kälte, die dem schönen Wetter vorausgeht, spaltet die zerbrechlichen Stützen der wackligen Eistürme auf den Gletschern. Es sind die unsichtbaren Zyklopen, jene einäugigen, Menschen fressenden Riesen der Sage, die aus der hohen Warte ihrer Herrschaft dem Eindringling Kristalltürme, Minarette aus Jade, Quarzpyramiden und Blöcke aus Saphir und Smaragd entgegenschleudern.

Am klaren Himmel des frühen Morgens überrascht mich das Erscheinen einer weissen Wolke, deren Fahnen über den Gletscher hochsteigen. Sie ist ein Effekt des Windes, dessen Wucht das Wasser jenes Flusses, der in einem einzigen Fall in den Rachen des Sees springt, zerstäubt, ergreift und hochwirbelt.

Wir nehmen unseren Marsch wieder auf und wenden uns immer nach Westen, den höheren Tälern zu, wo die hohen Bäume kümmerlichen Flecken von Zwergbuchen weichen, ausser in den Rinnen, wo vor dem Wind geschützt üppige Labyrinthe aus Niederholz wachsen.

Schon auf ungefähr 800 Metern über Meer überwiegen verschiedene Moose, die einen einzigen, unerhört dichten, von knallig gelben und roten Blümchen getüpfelten Teppich aus schönen hellgrünen Tönen bilden.

Die Temperatur, die auch mitten am Tag immer kühl bleibt, ist für uns ein doppeltes Glück, denn sie erleichtert einerseits die Anstrengung und löst anderseits die sehr unangenehmen Schwärme von kleinen Fliegen, hysterischen Mücken und Bremsen auf, die einen schwindlig machen. Die Insekten sind in diesen Gegenden eine wahre Plage.

Nach jedem Pass und in den weiten Mulden empfängt uns jeweils ein mehr oder weniger grosser und immer ausgesprochen schöner See, der allerdings nie Leben enthält. Der Wind bläst ohne Unterbruch frei durch die Gegend, pfeift durch die Büsche, kräuselt das Wasser und lässt es heiter über die Ufer der Seen schwappen. Tierspuren gibt es keine, ausser vielleicht von kleinen Kröten. Einige kleine, stehende Teiche sind voller Kaulquappen, eigenartigerweise fehlen aber die Räuber. Mehrmals am Tag ist ein Kondor zu sehen, der mit ausgespannten Flügeln, von der Strömung getragen, hoch oben seine Kreise dreht. Segelt ein Kondor am Himmel, dann bedeutet dies, dass es hierherum zumindest einige kleine Tiere geben muss, vor unseren Augen, die es nicht mit jenen eines Raubvogels aufnehmen können, allerdings verborgen.

Seit dem Morgen, an dem wir Tortel verliessen, ist viel passiert, und wir haben schon weite, unbewohnte Landstriche hinter uns gebracht. Wir sind zunehmend erschöpft, unterernährt, angespannt und besorgt wegen der Nahrung, die wir auf keine Art und Weise finden können, weder im Wasser noch ausserhalb, und die wir mit immer weniger Hoffnung suchen. Von Anfang an haben wir eine Route verfolgt, die ich zuvor studiert habe, wenn auch nur in groben Zügen und auf einer ziemlich ungenauen Karte; wir haben deshalb die Möglichkeit, unsere tatsächlichen Marschzeiten mit den im Voraus berechneten, die wir als Anhaltspunkt nehmen, zu vergleichen. Doch die Rechnung geht nicht auf, da wir an jedem Tag nur die Hälfte der vorgesehenen Distanzen schaffen, und das, obwohl wir uns vom Morgengrauen bis zur Abenddämmerung abmühen. Unsere Lage zeigte sich von Beginn an als kritisch, was wir aber nicht akzeptieren wollten; nun zieht sie sich hin, bis wir zum Bernardo-Fjord gelangen.

Wir befinden uns auf dem höchsten Hügel, der den Horizont beherrscht; und genau hier entdecken wir beim Blick in unser Inneres das noch viel weitere und beinahe verzweifelte Panorama unseres Unvermögens. Da finden wir die Kraft, den Stolz zu besiegen und das unverwirklichbare, so lange ersehnte Abenteuer abzubrechen. Ein Abenteuer, das sich in ein grausames, sinnloses Spiel verwandelt hat, eine Beleidigung der Kenntnis der eigenen Mittel und der eigenen Grenzen: eine dumme Herausforderung des Lebens. Der Verzicht kann nichts anderes als ein erleuchteter Moment der Klarheit sein; aber es ist nicht immer leicht zu befolgen, was einem der gesunde Menschenverstand befiehlt. Ein indianisches Sprichwort sagt: «Bläst der Sturm, muss sich der Baum beugen, sonst wird er an der Wurzel ausgerissen.»

Wie ich am Anfang gesagt habe, waren wir einige Tage lang von Tal zu Tal durch die Waldungen vorgedrungen, welche den Sockel des grossen Patagonischen Inlandeises bedecken. Aber sei es wegen der Wolken, sei es wegen der übereinander gelagerten Felsrücken, wir konnten den Blick nie über die höher gelegenen Barrieren hinauswerfen. Doch jetzt, wie um uns für unser eben beschlossenes Aufgeben zu belohnen, entschliessen wir uns, das Geheimnis der unbekannten Gipfel zu lüften; wir wollen einen davon sehen und auswählen, den schönsten, und ihn zu unserem Ziel machen, bevor wir den Rückmarsch antreten. Dazu steigen wir auf einen Hügel auf, der sich gegenüber des grossen Eisfeldes erhebt; und noch am gleichen Abend, nachdem wir in den Pass zurückgekehrt und über die Ausläufer des Eises hochgestiegen sind, biwakieren wir am Fuss des Schneecouloirs, das direkt zu unserem Gipfel hochzieht.

So kam es, dass unser Abenteuer, das sich in den tiefen Tälern abspielen sollte, plötzlich einen bergsteigerischen Charakter annahm – was trotz allem positiv ist.

Da sind wir, mitten in einer zauberhaften Nacht, auf dem höchsten Punkt eines Eiskammes, den wir im Mondlicht erreicht haben, um von da unseren wunderschönen, unbekannten Berg anzugehen. Der Berg wirkt von hier oben unvermutet mächtig, und er sieht so ausgesetzt aus, dass er in unseren Augen noch höher ausschaut, als es von unten schien. Und wenn man bedenkt, dass wir uns bereits in der Nähe des Gipfels wähnten ... In der tiefen Stille schickt die Scheibe des Mondes ihr Licht aus, verbreitet ihr Strahlen über die weissen Eismassen und lässt die grossartige, kristalline Landschaft körperlos wirken. Vor ein paar Stunden konnten wir von unserem Biwak im Schutze eines Felsens ein anderes, aussergewöhnliches Schauspiel verfolgen. Bis um 10.30 Uhr abends zog sich eine Abenddämmerung dahin, die – um das Mindeste zu sagen – an Wagners Musik erinnerte. Eine halbe Stunde später begann sich das Licht des Vollmondes über einen Bergrücken hinaus auszubreiten. Aber dann, um 11.30 Uhr, tauchte plötzlich zuerst nur ein Zwickel am Himmel auf, dann eine Kugel, nein, was sage ich, ein ungeheurer Feuerball, so rot wie eben erst geronnenes Magma. Ich hatte den Eindruck, ein Himmelskörper, ein in die Atmosphäre eingedrungener Asteroid stosse mit der

Erde zusammen. Diesen Anblick vergesse ich nie wieder. Abgesehen vom Mond, der in dieser Nacht wirklich verzaubert ist, überschütten Tausende von Sternen den Himmel und funkeln, als ob sie durch die kristallene Atmosphäre hindurch den Herzschlag des Lebens in sich hätten. Das Kreuz des Südens ist bestens erkennbar. Mächtige Eisfälle füllen die Talkessel, und lange Spalten durchziehen die Hänge bis zu den höchsten Punkten der Grate. Eine gewaltige Felswand fällt auf der Linken ins Tal ab und verschwimmt mit dem Kobaltblau der Nacht. Rechts dagegen ragt eine Reihe von schneeweissen, grossen Eiskuppeln auf; ihr Umfang könnte vermuten lassen – wüssten wir nicht aus Erfahrung, dass es nicht so ist –, sie seien noch höher als unser Berg, mit dem sie durch eine riesige Halbkreislinie verbunden sind. Da, das ist die richtige Route, um den Fallgruben zu entgehen, welche die Dunkelheit in den Mulden des Gletschers versteckt.

Es ist 3.30 Uhr, etwas weniger als zwei Stunden trennen uns vom Morgengrauen. Immer mit den Steigeisen an den Füssen, gesichert vom um die Taille gebundenen Seil, steigen wir auf der dem Aufstieg entgegengesetzten Seite gegen die Senke ab, die uns von der ersten grossen Eiskuppel trennt. Aber hier, in einer Schattenzone, wo das Mondlicht nicht hingelangt, geraten wir sofort in ein Netz von teilweise unter dem weichen Schnee verborgenen Spalten. Eine gute Viertelstunde lang tappen wir in diesem bedrohenden, unbekannten Gewirr herum.

Am immer noch mit Sternen geschmückten Himmel bilden sich nun feine Schleier, und rund um den Mond entsteht ein Hof aus Dunst, dem typischen Zeichen für eine Wetteränderung. Aber wer kann schon in diesen derart stark plötzlichen Wechseln ausgesetzten Gegenden Wettervorhersagen machen? Da wir die Distanzen nicht verkürzen können, werden wir wenigstens die Zeiten herabsetzen, indem wir unsere Schritte beschleunigen. Und so beginnt ein Wettrennen mit dem aufkommenden Sturm. Wir überwinden die erste Eiskuppel über steile, aufgeweichte Schneehänge, dann folgt ein ausgedehntes Plateau, das wegen des Harschschnees unangenehm zu begehen ist. Hier erfasst uns die erste Morgendämmerung. Sie kündigt sich mit der charakteristischen Blässe an, in der Entfernungen wegen der fehlenden Reliefs und Schatten schwierig zu bestimmen sind. Wir sind fasziniert dem sich ständig verändernden Antlitz unseres Berges gefolgt; zuerst ist es im unwirklichen Licht des Mondes verschwommen, jetzt wird es vom ebenso reizvollen Morgengrauen abgeflacht. Nun wirkt der Berg überhaupt nicht finster, sondern leicht erreichbar; man glaubt sogar, in ein paar Minuten oben ankommen zu können. Doch die Fläche, über die wir gehen, widersetzt sich uns mit einer unerwarteten Folge von Spalten und Eismauern, die sich auch auf den Hängen des zweiten Eisdoms fortsetzen. Genau auf dieser Kuppel erreicht uns der erste Sonnenstrahl, der – obwohl er durch die fernen Schwaden gefiltert wird – in seiner ganzen Fülle bei uns ankommt; ein Licht, das jede Furche des Berges hervorhebt und jedem Ding die richtigen Proportionen verleiht. Überdies ist die Sonne stark genug, um über uns die gefürchteten Schleierwolken zu verbrennen, die vorher zugenommen hatten. Am Horizont bleiben jedoch dichte Schichten liegen.

Auf unserem Weg stellt sich uns keine Schwierigkeit mehr entgegen. Wir können deshalb rasch über den Schneerücken weiter aufsteigen, der sich bis unter den Gipfelaufschwung hochzieht. Hier kann unser Blick bereits bis zu den Horizonten schweifen, die sich unserer Neugierde immer mehr öffnen. Wir sind in die magische Atmosphäre der weissen Einöden eingetreten, ins Reich der Kälte und der Stürme, wo sich schliesslich alles auf das Schöne und das Schreckliche des Hochgebirges konzentriert.

Und dann der Gipfel. Eine Schneewechte, die sich über den Abgrund kräuselt und auf der wir, nur einer aufs Mal, kaum aufrecht stehen können.

Auf dem Gipfel eines schönen Berges anzukommen, ist immer ein bewegender Moment, besonders wenn er zuvor unbestiegen war. Dennoch endet man damit, dieses Ankommen mit einer Reihe von Handlungen zu banalisieren. Die erste besteht darin, das Erinnerungsfoto-Ritual in allen Varianten auszuführen: ein Bild von dir, dann eines von mir, von euch, von allen zusammen und so weiter… Dazwischen wirft man nur einen abgelenkten Blick um sich, und man macht es fast nur, wenn man von einer Nebensächlichkeit dazu gebracht wird: eine Gefahr beschwören, eine andere vorhersehen, einen Seelenzustand kommentieren, fast immer die Furcht vor etwas, was sich zusammenbraut. Um das Erreichen des Gipfels wirklich zu spüren und die ganzen Emotionen zu erleben, die es mit sich bringt, muss man Gemeinplätzen und jeder Art von Zerstreuung entgehen. Das ist viel leichter, wenn man allein ist. Ich hätte meine Gefährten nie darum gebeten, mich für eine Weile allein auf dem Gipfel des Berges zu lassen. Aber ich bin zufrieden, als sie selbst erklären – vielleicht meinen Wunsch spürend –, sie wollten die Fotoaufnahmen nicht behindern, und stiegen deshalb etwas ab, um mich am Fuss des Gipfelaufbaus zu erwarten.

So bleibe ich allein zurück, mitten in einem Lichtglanz, in einer Welt zwischen Schnee und reinstem Azurblau schwebend. Ich habe das Gefühl, die Grenze erreicht zu haben, wo die irdischen Dinge ein Ende haben und die Reiche des Unwirklichen beginnen.

Das Patagonische Inlandeis, der Hielo Continental – da liegt es endlich in seiner ganzen Schönheit zu meinen Füssen. Überall Eis und Schnee, aus dem glänzende Bergketten aufragen, gewaltige Spitzen, scharfe Grate, Felsbastionen, senkrechte Wände, über Abgründen hängende Eisbrüche, die kompletteste Verkörperung des Besten, was die Berge zu bieten haben. Am meisten beeindrucken aber die blendend weissen Weiten aus ausgedehnten Schneeflächen, die aufeinander folgen und sich in alle Richtungen ausbreiten, bis sie in grenzenlosen Entfernungen aufgehen, sich im Perlmuttschimmer des Himmels auflösen und schliesslich als breite Eisströme in die Meeresfjorde münden. Der Mantel dieses unglaublichen Hielo Continental wird hier und da von einer Séraczone eingeschnitten, die wie eine Sturmwelle zwischen zwei Tafeln des Eismeeres erscheint.

Nach den Weiten des Patagonischen Inlandeises schweift mein Auge über die grosse Leere, die sich unter meinen Füssen öffnet, und weiter darüber hinaus im Versuch, die von uns schon begangenen Gegenden im Talgrund wieder zu erkennen. Aber ich finde nur zwei Orte. Den Rest verdecken die gleichen Felsbastionen, die mir von dort unten den Blick auf die Gipfel verwehrten. Von dieser Seite aus ist unser Berg wirklich beeindruckend. Die Felswände, welche von den Stürmen mit Eispanzern überzogen wurden, gipfeln in pilzförmigen Vorsprüngen, die von heiklen, gewundenen Graten verbunden sind, oder – wie der Gipfel – von rauen Erhebungen und grossen, über den Abgrund ragenden Wechten. Dann kommt ein scharfer, unergründlicher Abbruch von mehreren 100 Metern bis auf den Gletscher dort unten. Ich würde ihn besser als grausliches, zerschrundenes Spaltengewirr bezeichnen, das herabfliesst, von den glatten Felswänden zusehends behindert, bevor es jene berühmte Kante erreicht, von der sich auf einmal der Eisstrom ergiesst. Ich rede von jenem Ort, wo der grosse Fall aus stiebendem Wasser in den schönen, runden See eintaucht; in seiner Nähe hatte ich mir den Fuss gebrochen.

Mein Blick gleitet noch weiter hinab, in die grünen Täler, wo sich die Silberadern der Wasserläufe hinschlängeln. In der unendlichen Weisheit dieses Märchens scheint alles von einer klugen Hand angeordnet worden zu sein.

Doch der Zauber setzt sich gegen die Fjorde hin fort. Diese Meeresarme, die Inseln und Einbuchtungen bilden, und Kanäle, die sich um Berge winden, dringen in üppige Wälder ein, belecken Steilwände und reichen bis zu blendenden Eisströmen. Man kann sich nichts Schöneres vorstellen als den Bernardo-Fjord von hier oben mit seinen schwimmenden Eismassen; nicht weniger eindrucksvoll sind die gespenstischen Eisberge, die viel weiter entfernt treiben, im Calén-Fjord, jenem perlfarbenen Meeresspiegel, der den gewaltigen Jorje-Montt-Gletscher berührt.

Ein Überfluss von niedrigeren, noch verschneiten Gipfeln trennt und betont die tausend Täler dieses Gebietes. Am Horizont heben sich die höheren Kolosse der Patagonischen Kordillere ab: der San Lorenzo rechts und die nördliche, vom San Valentín überragte Kette links. Eine Erinnerung taucht auf, wie ich vor vielen Jahren durch die Fjorde an jene Orte gelangte. Am San Valentín gibt es einen Gletscher, der nach Dutzenden von Kilometern ins Wasser einer Bucht abbricht und dabei eines der eindrucksvollsten Schauspiele der ganzen Gebirgskette schafft: die San-Rafael-Lagune. Hier geben sich einige Naturelemente in aussergewöhnlicher

Harmonie ein Stelldichein, die an sich ganz gegensätzlich sind, wie das Eis und der Wald, schweigende Eisberge und Scharen von lärmenden Papageien (Conurus magellanicus). Und dann Stürme und Blüten tropischer Pflanzen, unendliche Stille und das Krachen einstürzenden Eises.

Quasi um mich zu vergewissern, dass dies alles wahr ist und es sich nicht um einen Traum handelt, richte ich den Blick auf das unerschöpfliche Patagonische Inlandeis und entdecke dabei Neues, was mir zuvor entgangen war: ein Wechselspiel des Lichtes etwa oder eine kleine dunkelblaue Gletscherzunge, die über eine Bastion herabhängt, oder eine gegen den Himmel gekrümmte Spitze, die bisher im Schatten stand oder von den Wolken im Osten verhüllt war. Ich stelle fest, dass auf der Seite der Fjorde über mindestens 100 Kilometer kein anderer hoher und ebenso ausgeprägter Berg aufragt wie der unsere. Die einzigen Anhöhen sind Kuppeln von bescheidener Höhe, die bis zum Horizont aufeinander folgen und dem Auge einen Eindruck grosser Ruhe vermitteln. Sie erinnern mich an die letzten Erhebungen der Transantarktis, die ich in der Nähe des Südpols betrachtete, wo das Eis so dick ist, dass es die hohen Gipfel quasi überflutet.

Auf dem Längsrücken des Patagonischen Inlandeises ragen hingegen – in grosser Entfernung, aber deutlich erkennbar – einige Riesen auf, die ich schon seit sehr langer Zeit kenne. Bewegt erblicke ich den Cerro Lautaro wieder, den Cerro Piramide und, noch weiter weg, zum Teil von Wolken verhüllt und vom Lautaro verdeckt, den Cerro Mariano Moreno, den wir vor 27 Jahren erstmals bestiegen. Immer noch auf der magischen Frequenz der Erinnerung erlebe ich die Momente der Erstbesteigung wieder: Meine drei Gefährten und ich waren damals die ersten Menschen, die jenen Gipfel betraten, doch um Erfolg zu haben, mussten wir einen Wettlauf antreten, nicht nur mit uns selbst, sondern auch mit dem schlechten Wetter, das uns auf dem letzten Abschnitt der Tour erwischte. Es war eine harte Probe, die 30 Stunden ununterbrochenen Marsches über 70 Kilometer Gletscher und Steilhänge erforderte. Wir gingen eine ganze Nacht, einen Tag und nochmals eine Nacht durch, um jenen Marathon zu vollenden. Während der gleichen Reise erkletterten wir auch andere, wunderschöne Berge, von denen einige zuvor unberührt waren, und die von hier oben nicht sichtbar sind, weil sie vom mächtigen Aufbau des Cerro Piramide verdeckt werden: die Cerros Adela, Ñato, Doblado, Grande und Luca. Und dann gelangten wir bis auf 400 Meter unter den Gipfel des noch unversehrten Cerro Torre. Die Zeiten waren noch nicht reif für solche Unternehmen, und wir waren in der Tat ihre Vorläufer. Aber jenes Mal – das soll der Geschichte wegen gesagt sein – lag es nicht so sehr am Widerstand des Berges als an der Posse, die uns am Weiterklettern hinderte.[1]

Vom Licht benommen, aber von den Erinnerungen wie elektrisiert, durchstöbere ich den blendenden Horizont weiter auf der Suche nach anderen, vertrauten Bergen und erkenne die schlanke Schaufel des Fitz Roy. Es ist unglaublich! Das bedeutet, dass mein Auge, vom 2000 Meter hohen Eisschloss ausgehend, auf dem ich stehe, eine Landschaft von 150, vielleicht 200 Kilometern Umkreis umfasst. Es ist wirklich wahr, dass man sich im Himmel befinden muss, um zu erkennen, wie gross die Erde ist – aber in einem so reinen Himmel wie diesem. Ist es nicht aufregend, sich an der Schwelle zum 21. Jahrhundert zu befinden und rund um sich so viel Unberührtes zu entdecken?

Über den hohen östlichen Bastionen des Patagonischen Inlandeises, auf den Cerros Azul und Mellizo also, breiten sich nun die Wolkenbänder, die zuerst harmlos schienen, weiter aus. Graue und zerzauste, von Nordosten herangetriebene Massen verwischen die Umrisse der Gipfel, verschwinden dann aber gleich wieder, vom Wind aufgefressen. Anders ist es hingegen im Inneren, auf der Hochebene, wo sich immer längere Nebelbänke bilden und hängen bleiben. Über die blendenden Weiten hat sich nun ein fahles, etwas düsteres Licht gesenkt, das allerdings wegen des geheimnisvollen Ausdrucks, den es in sich trägt, auch faszinierend ist.

Seit fast zwei Stunden lasse ich Augen und Geist umherschweifen; ich bin so begeistert, dass ich mir keine grössere Erfüllung auf dieser Welt und keinen schöneren Berg als diesen hier vorstellen kann. Aber so war es auch schon andere Male. Nun werde ich ins Tal hinuntersteigen müssen, in die so genannte Normalität, das heisst in die Wirklichkeit des Lebens, in dem man sich beim Umherhetzen verzehrt, ohne dabei etwas zu verstehen. Ich glaube wirklich, dass es auch heute noch keine besseren Betrachtungspunkte gibt, um uns die Sinnlosigkeit des täglichen Lebens vor Augen zu führen, als solche Orte. Orte, die vielleicht unbefleckt bleiben werden. Von hier oben erscheint die Welt der Menschen nichts anderes als Verrücktheit, als eine in sich selbst eingeschlossene Gleichförmigkeit. Und wenn man bedenkt, dass sie als lebendig betrachtet wird, nur weil sie chaotisch und lärmend ist!

Die Wolken, die inzwischen in Aufruhr geraten sind, würden eigentlich zur Eile rufen; aber ich kann mich noch nicht entschliessen, den Rückweg anzutreten. Ich bin wie überwältigt von diesen starken Orten, von denen ein uralter Reiz ausgeht, der Zauber der Dinge, die von ferne kommen und von der Zeit gestreift, aber

---

[1] Siehe Kapitel über den Cerro Torre, S. 131.
Im darauffolgenden Jahr (1959), als Mauri und ich gerade wieder mit allem Nötigen aufbrechen wollten, um die Kletterei am Cerro Torre weiterzuführen, erfuhren wir aus einer Zeitung, dass uns Maestri und Egger zuvorgekommen waren. Egger kam im Abstieg ums Leben. Der Überlebende kehrte dagegen einige Jahre später an den Cerro Torre zurück, um ihn weiss nicht was zu beweisen. Aber er fand nichts Besseres, als bis zum Gipfel mit einem Kompressor hochzubohren und so die Bohrhaken anzubringen. Es ist eine wahre Sünde, dass man vor der Eroberung dieses Berges, der vielleicht das Symbol der Reinheit schlechthin darstellte, so wenig Respekt hatte.

niemals angegriffen werden. Ja, ich habe verstanden; was ich jetzt zu berühren scheine, sind die Schranken der Zeit – noch vor jenen des Raumes. In der Luft liegt nun eine geheime Kraft, welche den Geist führt, ihn klärt, erhebt und zum Abbild der Seele werden lässt. Im Gegensatz dazu kommt mir die Welt dort unten noch weiter weg und dunkler vor – wie der innere Kern der Erde, von den Sternen aus gesehen. Ich bin mir bewusst, welch riesiges Privileg ich mit dem Erleben solcher Augenblicke habe und wie gross der nicht berührbare Reichtum ist, der daraus hervorgeht.

Ein paar Nebelschwaden senken sich bis zum Gipfel und hüllen ihn teilweise ein. Ich muss wirklich gehen. Ich steige zu den Gefährten hinunter, die lange bewegungslos und starr auf mich gewartet haben, und von hier verlieren wir schnell an Höhe, in die alten Fussstapfen tretend, die jetzt unter unseren Schritten nachgeben.

Immer häufiger reisst nun der unruhige Wolkenhimmel auf, bis die Landschaft wieder frei ist – aber nicht unser Gipfel; er bleibt in einem kompakten Dunstmantel gefangen. Wir wollen schon aufgeben, nach ihm Ausschau zu halten, als … das Wunder geschieht: Weit in die Höhe aufragend, zeichnet sich einen Moment lang ein spitzer, weisser Zahn am Himmel ab. Zuerst halten wir ihn für eine Wolke, so blass wie er ist, aber als er darauf noch ein paar Mal kurz erscheint, erkennen wir bald, dass er unser Gipfel ist; schön und stolz, scheint er uns grüssen zu wollen. Noch einmal taucht er flüchtig auf. Dann – mit der gleichen Geschwindigkeit, mit der sich die Wolken aufgelöst haben – ballen sie sich rund um den Gipfel wieder zusammen, und alles kehrt in die Stille und das Geheimnis zurück.

Auf der Nordseite des Mont Blanc

BETRACHTUNGEN
1989

Eröffnungsrede zur Internationalen Zusammenkunft «Montagna Avventura 2000 – URSS e Occidente, tradizioni e traguardi a confronto» (1989)

Das Treffen «Berg Abenteuer 2000 – UdSSR und Westen, Traditionen und Ziele im Vergleich» findet in der Casa Macchiavelli in San Casciano bei Florenz statt. Der Saal empfängt ein Ehrenkomitee, Wissenschaftler aus verschiedenen Bereichen und ausgewählte Bergsteiger, die in ihren Ländern – der Sowjetunion, Amerika, Japan, Kanada, Neuseeland und verschiedenen Staaten Europas – zu den bekanntesten gehören. Zudem ist ein grosses Publikum anwesend. Ziel der Begegnung ist die Sensibilisierung der alpinen Szene und der Welt des Abenteuers im Allgemeinen für die Notwendigkeit des Umweltschutzes und für die Bewahrung der fundamentalen moralischen Werte des Bergsteigens.

Der Alpinismus – und das Bergsteigen als Ganzes – ist eine der höchsten Ausdrucksformen, welche der Mensch zum eigenen Vergnügen erfunden hat, sei dies nun körperlicher oder intellektueller Art. Leider hat sich seine moralische und kulturelle Bedeutung in den letzten Jahrzehnten abgenutzt.

Das Bergsteigen in seiner momentan gängigsten Ausprägung verliert sich – wenigstens hier bei uns – in einer Reihe von Facetten, aus denen eine riesige Verwirrung hervorgeht, was die Tendenzen und die Motivationen angeht. Im Laufe der verschiedenen in den Achtzigerjahren abgehaltenen Treffen wurden letztlich alle Teilnehmenden in einem gewissen Mass darin verstrickt. Die bei diesen Gelegenheiten bevorzugten Erörterungen betrafen die Konzeption des Bergsteigens heute und ihre Umsetzung, die von den Sponsoren, der Bedeutung des Images, der technischen Schwierigkeit und dem kommerziellen Gewicht geprägt ist. So sprach man von Wertungen, von Wettrennen und Geschwindigkeitsrekorden bei einer Besteigung, von Prestige und Vorrang über andere. Einige der Teilnehmenden hatten beobachtet, dass der Bergsteiger dieser Zeit psychologischen Schwierigkeiten und Identitätskrisen ausgesetzt ist; man hatte auch die Notwendigkeit angedeutet, zu einem sauberen bergsteigerischen Stil zurückzukehren. Aber dann waren sich alle wieder einig, dass das Bergsteigen heute Geld, viel Geld braucht – jenes Element also, das jede Sache an erster Stelle verdirbt. So wird jedes Unternehmen vergiftet, korrupt, entwertet, degeneriert. Man setzt demnach heute vor allem auf den persönlichen Vorteil, auf das Business der Werbung. Mit dem Vorwand, es als Information durchgehen zu lassen, und mit der Frechheit, alles mit der anarchischen Ablehnung von Regeln, Idealen und Prinzipien zu begründen.

In einer noch nicht fernen Vergangenheit verstand man das Bergsteigen in erster Linie noch als innere Befriedigung, und es schien allen klar, dass seine Philosophie nicht in der Tätigkeit an sich lag, Gipfel und Wände zu erklettern – so lebendig und wertvoll sie auch sein mag. Der Wettkampf, wenn man ihn als solchen definieren kann, spielte sich vor allem gegen sich selbst ab. Sich mit den Schwierigkeiten eines Berges zu messen, bedeutete, sich selbst gründlich zu erforschen. Natürlich gehörte zu all dem eine in der Sache liegende Auseinandersetzung mit anderen, die sich der gleichen Art von Unternehmen widmeten. Und da man sich Gipfeln von mächtigen Bergen zuwandte, fand man sich in perfekter Gemeinschaft mit der Natur wieder. Das war der traditionelle Alpinismus, an den man sich zum Glück immer noch erinnert. In den reifsten Bergsteigern ging die Bereitschaft, diese Regeln zu akzeptieren, nie verloren, Regeln, die weder geschrieben noch kodifiziert waren, aber von allen verstanden und gebilligt wurden. Wir ertrugen sie nicht widerwillig, sondern machten sie zu unseren Regeln, und sie waren nach unserem Massstab gemacht. Ich denke zudem, dass dies bei jedem Spiel geschieht: Nachdem man sich einmal frei dafür entschieden hat, sollte es auch ehrlich umgesetzt werden. Wenn ich sage, ich wolle eine Partie Poker spielen, aber dann mehr als vier Asse benütze, nun gut, dann heisst das, dass ich ein gezinktes Kartenspiel verwende, um zu gewinnen um jeden Preis. Gehe ich so vor, spiele ich nicht wirklich, sondern mogle. Überdies lasse ich mir so nicht zukommen, was mir die Bedingungen und Regeln des Spiels bieten können. Ich rege weder meine Intelligenz noch die Fantasie an, setze mich im Spiel nicht ein und erlebe sicher keine Überraschungen. Diese Elemente fehlen, weil ich schon im Voraus alles weiss und kann. Was ist denn das noch für ein Spiel? Hier liegt der Grund, warum ich seit 30 Jahren für einen sauberen, ehrlichen, konsequenten und konstruktiven Alpinismus gekämpft habe und es immer noch tue. Denn so ist der Alpinismus, wenn er fundamentale ethische Regeln beachtet: sauber, ehrlich, konsequent und konstruktiv. Wenn nicht, wird er zu einer ganz anderen Sache, die auf nichts und niemanden Bezug nimmt.

Heute ist beinahe eine Ablehnung der Regeln zu beobachten. Wenn wir aber diese Regeln ablehnen, dann lehnen wir unseren Greenwich-Meridian ab, auf dessen Basis wir messen und uns messen. Ohne Bezugspunkte und ohne Regeln ist alles erlaubt, alles möglich. Aber es hat meiner Meinung nach auch keinen Wert, weil es – wie bereits erwähnt – mit nichts verglichen werden kann. Ohne Regeln ist man niemand!

Was gibt es also über alle Berge hinaus, wenn nicht den Menschen? Das Bergsteigen ist eine der tausenderlei Arten, zu sein und sich kennen zu lernen. In die Berge zu gehen, sollte nichts anderes heissen als erkunden; niemals flüchten, denn in einem gewissen Moment muss man zur eigenen Individualität und zu den eigenen Gefühlen zurückzukehren wissen, dem einzig möglichen Raum vor der Leere. Die Berge sollten also darauf vorbereiten weiterzukommen. Der Alpinist sollte die Dinge erfassen können und damit seinen inneren Reichtum vergrössern.

Er hat die Mittel, es zu tun, da er weite Räume und die Verantwortung für die eigenen Handlungen kennen gelernt hat. Das Bergsteigen ist viel mehr als Technik, viel mehr als Rekorde und ein Sammeln von Gipfeln. Es genügt nicht zu wissen, wie man einen Berg angeht; Neugierde und Reflexion sind viel wichtiger, um vorauszudenken, zu verstehen und zu fühlen. In den Bergen nur die Muskeln und die Stoppuhr zum Laufen zu bringen, mag zwar ein vergnügliches Spiel sein, wie einige festhalten. Aber es hat herzlich wenig zu tun mit dem kreativen Abenteuer. Zudem werden wir, wenn es in uns nur den Athleten gibt, früher oder später die Traurigkeit des Niedergangs empfinden, da wir nicht über Gaben verfügen, die wir nie entwickelt haben. Daraus leiten sich die unvermeidlichen existenziellen Krisen ab.

Viele Kletterer von heute sehen es nicht so. Es gibt solche, die aus dem Ehrgeiz heraus, abenteuerliche und schöpferische Unternehmen zu verwirklichen, kurze, athletische, aber perfekt abgesicherte Routen klettern. Dabei meinen sie, von den «Tabus der Tradition» befreit zu sein.

Gerade heute, wo der Kult des Abenteuers so gross ist, dass man es vorfabriziert kaufen kann, überrascht die Feststellung, dass man es als abzuschaffendes Tabu betrachten kann. Im Gegensatz dazu wird einer Reihe von sterilen Gesten, die niemals abenteuerlich sein können, eine neue Würde verliehen.

Will man aber wirklich, dass das Bergsteigen weiterhin Abenteuer bleibt, müsste man auf jene technischen Mittel und jene engmaschige Organisation verzichten, die dem Menschen und seinen spontanen Entscheidungen zuwiderlaufen. Das Abenteuer kann sich nicht dort zeigen, wo im Menschen Talent, Vorstellungskraft und Verantwortung verfallen, dort, wo natürliche Faktoren wie das Unbekannte und die Überraschung zerstört oder zumindest banalisiert werden. Und weiter kann das Abenteuer dort nicht bestehen, wo seine Eigenheiten verfälscht oder gar zerstört werden: Unsicherheit, Bedenklichkeit, Mut, Begeisterung, Einsamkeit, Abgeschiedenheit, das Gefühl des Erforschens und Entdeckens, die Empfindung des Unmöglichen, die Lust am Improvisieren und sich nur mit den eigenen Mitteln einer Prüfung zu stellen – alles Dinge, die inzwischen heute im Alltag unterdrückt oder gar ganz verschwunden sind. Das Abenteuer ist ein Engagement, welches das ganze Wesen mit einbezieht und aus der Tiefe das Beste und Menschlichste, was uns geblieben ist, hervorzuholen vermag. Dort, wo das Kartenspiel nicht gezinkt ist, um damit um jeden Preis zu gewinnen, gibt es noch Spiel, Überraschung und Fantasie, die Begeisterung des Erfolgs und die Ungewissheit der Niederlage. Abenteuer also.

Heute ist in den Bergen technisch alles möglich, und alles wird gezeigt. Verstreut auf der ganzen Welt gibt es noch viele unberührte Gipfel und Grate, die sicherlich jemand früher oder später begehen wird, wobei er sich aller ausgeklügelter technischer Errungenschaften bedient, die heute in Gebrauch sind. Meines Erachtens wird dabei aber weder etwas Neues noch etwas Interessantes vollbracht, denn an diesem Punkt wird man nur etwas ausführen, das vom Technischen und vom Organisatorischen her schon gelöst worden ist. Deshalb, sage ich, lasst uns wenigstens in den Bergen dem Menschen mehr Platz geben als seiner Technik, und lasst uns Abstand nehmen von allem, was herabsetzt, durcheinander bringt und verarmen lässt.

Wir stellen fest, dass wir heute mehr als jemals zuvor von Abgedroschenem, von Täuschungen, Spekulationen jeder Art und falschen Botschaften überschwemmt werden, die manchmal von wenig Wissen zeugen. Erinnern wir uns daran, dass das, was gerade in Mode ist, nie für die Wahrheit garantiert, so wie das, was zählt, nie Frucht des Geschreis ist. Wenn Bergsteigen zu einem guten Teil Fantasie ist, dann ist Abenteuer all das, was diese Fantasie anfacht. Was zählt, sind nicht so sehr die Aufsehen erregenden bergsteigerischen Erfolge als das menschliche Abenteuer und die Fähigkeit, es unabhängig vom Ausgang zu kreieren. Nur so wird der Mensch wachsen als Frucht seiner eigenen Erfahrungen und seiner eigenen Sensibilität. Und in diesem Wachstum werden sich auch die fantastischen Landschaften, in denen er sich bewegt, wie durch ein Wunder ausdehnen und der Vorstellungskraft mehr Raum, den eigenen Träumen Stoff geben.

Das Unmögliche und das Unbekannte sind grosse Dimensionen der Berge, die wir nicht ausschalten sollten. Wir sollten uns vielmehr mit ihnen messen – und dies mit natürlichen Mitteln, die uns von unseren körperlichen Einschränkungen auferlegt werden. Damit das Unmögliche einen Sinn hat, muss man es besiegen, nicht zerstören. Es sind der redliche Geist und das unerschütterliche Herz, die einen weit bringen, sicher nicht nur die simple athletische Kraft; und wenn man Berg um Berg besteigt, heisst das nicht, dass man dabei immer besser wird, und noch weniger, dass man damit stets etwas Heldenhaftes vollbringt. Heldenhaft, wenn schon, kann bis zum heutigen Tag bedeuten, dass man sich treu bleibt, ein Individuum, und als solches unbescholten.

Auch das Unbekannte ist – wie das Unmögliche – ein wertvoller Bestandteil des Abenteuers. Sich ihm zu stellen, heisst, sich in eine direkte Auseinandersetzung mit den eigenen Ungewissheiten und der Bedenklichkeit zu begeben. Das Unbekannte nagt im Inneren, es hebt die Schwierigkeiten an und verengt die Grenzen. Manchmal genügt aber wenig, um es zu reduzieren und verschwinden zu lassen. Es scheint wenig, wenn man ein kleines Funkgerät oder nur einen einfachen elektronischen Melder auf ein Unternehmen mitnimmt, aber, um bei der gleichen Metapher zu bleiben, es ist das Gleiche, wie wenn man nur mit Assen in der Hand Poker spielen würde. Man sollte vielmehr offen mit den eigenen Einschränkungen ringen und die Säulen des Herkules in unserem Innern überwinden. Das ist ganz etwas anderes als eine «masochistische Herabsetzung», wie einige unterstellen.

Wenn man von Eroberung und Erforschung spricht und darunter das Gleiche versteht wie das, was diese Begriffe in der Vergangenheit bedeuteten, dann lockt das ein leises Lächeln hervor in Anbetracht der Technik, die alles kann und überall hinreicht. Die Welt ist viel kleiner geworden und zum grössten Teil gezähmt: Heute wissen wir alles und können alles. Ein Grund mehr, um sich den grossen Räumen zuzuwenden, die in unserem Inneren sind und die letzten riesigen, freien und unbekannten Weiten der Erde darstellen. Wir können nur nach innen schauen, um zu entdecken, wer wir wirklich sind und was wir wollen. Es gibt keinen Zweifel: Das ist Abenteuer.

Die Neugier ist ein weiteres, sehr wichtiges Mittel, um an die grossen Räume heranzukommen. In diesem Zusammenhang möchte ich mich erkühnen zu sagen, dass die Neugierde den Menschen geschaffen hat. Vielleicht begann das Abenteuer genau an jenem Tag, als der Affe vom Baum herunterstieg – aus Neugierde eben. Der Raum in seiner ganzen Komplexität ist eine unumgängliche Notwendigkeit für das menschliche Wesen. Dennoch glaube ich, dass man nicht an den K2, in die Antarktis oder nach Amazonien gehen muss, um so viel Raum um sich zu spüren.

Die Welt von Livingstone ist vorbei, und auch die Heldentaten von Amundsen, Scott, Nansen scheinen nunmehr Legende. Wie anders ist doch die Gegenwart! Situationen, Mittel und Methoden – alles verändert sich ohne Unterlass. Aber solange der Mensch die wertvolle Fähigkeit bewahrt zu träumen, werden vor ihm alle Grenzen und Abhängigkeiten zurückweichen. Wir träumen, unsere Vorstellungskraft gibt uns Ideen; es geht darum zu wissen, ob wir sie umsetzen können oder nicht. Aber um das zu erfahren, müssen wir in diese Richtung handeln.

Heute reden alle von Abenteuer, vielleicht weil die Realität wenig und immer weniger davon einräumt. Man verleiht dem Abenteuer jedoch zu viele Bedeutungen und verliert dabei die zutreffende aus den Augen. Zu viele fallen auf das herein, was inzwischen auf ein neues Konsumprodukt reduziert worden ist. Verwechseln wir das Abenteuer nicht mit dem Spektakel, dem Business, das daraus hervorgeht. Verwechseln wir es, kurz gesagt, nicht mit einer Art Schwindel. Überzeugen wir uns, dass die Leute, die diesen neuen, weit verbreiteten Wunsch nach gehaltlosem Abenteuer äussern, fast immer Opfer einer gewissen «Abenteuerpolitik» sind, keine wirklichen Abenteurer oder deren «Fans».

Ich möchte nochmals betonen, dass das Bergsteigen ein wertvolles und faszinierendes Spiel bleibt. Als solches sollte es aber mit guten Absichten und gesunden Regeln ausgeübt werden, die natürlich Tag für Tag angepasst werden, festen Prinzipien jedoch stets treu bleiben. Lernt man nicht beim Spiel, wächst man nicht beim Spiel? Aber ich muss auch feststellen, dass zu oft nach leichtem, eigennützigem Erfolg getrachtet wird, nach dem Rekord, der mit jedem Mittel zu erreichen ist und sich deshalb vielen Kompromissen hingibt und Staunen um jeden Preis bewirkt. Heute scheint dies der einzige Beweggrund zu sein. Und auf der Suche nach den Werten vergessen einige die fundamentalsten.

Betrachten wir nun aber andere für heute typische Merkmale genauer. In den prahlerischen und chaotischen Formen des Alpinismus gibt es eine sehr ausgeprägte Tendenz, die vielleicht in der Zeit, in der wir leben, ihren Ursprung hat: die Spezialisierung. Ich zweifle an ihrer Gültigkeit ausserhalb einer eng eingeschränkten Welt der Wissenschaft; meiner Meinung nach ist die Spezialisierung unter dem menschlichen Gesichtspunkt immer unfruchtbar und einschränkend. Der Mensch kann in seinen Interessen und seinen Bestrebungen nur umfassend sein. Der Mensch besteht aus Lebenselan und aus Ungewissheiten. Der Mensch identifiziert sich im Talent und in der Kreativität. Auch das Bergsteigen müsste deshalb mehr Abenteuer und Erfindung sein als Spezialisierung.

Natürlich sind meine Betrachtungen allgemeiner Art, und es ist nicht abzustreiten, dass in einigen spezialisierten und extremen Leistungen von heute ein gewisser Anteil Abenteuer steckt; allerdings ergibt er sich nicht immer spontan, und manchmal nimmt er auf menschlicher Ebene wenig erbauliche Aussagen an. Dieser Typus des Abenteuers wird fast immer von einem perversen Mechanismus aus konkreten Interessen vertreten und angetrieben. Massenmedien, Business und Werbung bilden – als untereinander verbundene Koalition – eine nötigende und immer anspruchsvollere Kraft, eine gut kombinierte Macht, die ihre Protagonisten verfolgt, ihnen vorausgeht, sie einordnet und abhängig macht. Diese werden schnell zu Gefangenen einer immer erbarmungsloseren Eskalation, eingeschlossen in einem Schraubstock, der sie zu immer seltsameren und neuen Leistungen zwingt. Zu einer mühevollen Suche nach Erfolg um jeden Preis und mit jedem Mittel gezwungen, können sie nicht mehr verzichten, auch nicht auf die Profite, die sie daraus ziehen. So entsteht das neue Abenteuer, auch jenes alpine, als neues, vom Markt angebotenes Produkt. Die Empfänger sind natürlich die gelenkten Zuschauer, Leser und das Publikum im Allgemeinen.

Die Einführung von Kletterwettkämpfen ist wenigstens bei uns eine ziemlich junge Sache. Es handelt sich um eine neue und, soviel ich weiss, inzwischen reglementierte Disziplin, die den Wettkampf zwischen Sportkletterern zum Ziel hat: ein Wettbewerb, der sich auf extra dafür eingerichteten Wänden abspielt. So wurde die Arena des reinen Virtuosentums geboren, in der aus dem Mittel ein Zweck gemacht wird. Die Neuigkeit hat gegensätzliche Meinungen und natürlich auch Vorurteile hervorgerufen. Man kann jedoch an dem Punkt, an dem man inzwischen angelangt ist, nicht mehr ausschliessen, dass dieses neue Kletterverständnis in die Logik des Sportwettkampfes eingehen wird. Dann ist es verständlich, dass der Sportkletterer als Athlet dabei auf die eigene Art von Erfolg und Bestätigung setzt.

Und nun eine Bemerkung über ein gängiges Missverständnis, das den Begriff Unternehmen oder gar phänomenales Unternehmen und das Eigenschaftswort unglaublich betrifft, die verwendet werden, um eine Besteigung eines Achttausenders über die Normalroute und bei normalen Bedingungen zu definieren.

Unternehmen waren sicherlich die Erstbesteigungen einiger Himalajagipfel. Aber sie waren es bis vor 30, 35 Jahren, als die technischen Mittel und die körperlichen Möglichkeiten sehr beschränkt und die Unbekannten im Überfluss vorhanden waren. Ein Unternehmen war es vielleicht, zum ersten Mal den Everest ohne Sauerstoffflaschen zu besteigen. Und ich sage dies bewusst mit einem Vorbehalt, weil damals – 1978 – die Zeit dazu ziemlich reif war und man seit den Voraussetzungen von Hillary und Tenzing schon einen schönen Sprung vorwärts getan hatte. Von Jahr zu Jahr, von den «primitiven» Fünfzigerjahren an, sind die persönliche Ausrüstung und das technische Material besser und leichter geworden. Grosse Fortschritte haben auch die Ernährung, die Medizin, die medikamentöse Versorgung und die Physiologie gemacht. Das Mass der eigenen Mittel und der eigenen Autonomie hat sich verändert. Die Kenntnisse über die eigenen Grenzen sind grösser geworden. Und so sind das Unbekannte sowie die psychologische Abnutzung, die sich daraus ableitet, kleiner geworden. Genau deshalb hat das Unmögliche zunehmend an Boden verloren, und die «Unternehmen» sind immer weniger Unternehmen.

Früher einmal stoppte der Sauerstoffmangel an den Achttausendern starke, entschlossene Ausnahmekönner. Heute gelangen jedes Jahr Dutzende von Alpinisten, Männer und Frauen, sehr jung oder über 50, auf die Gipfel, wobei sie in den meisten Fällen keine Sauerstoffflaschen verwenden. Bis 1988 wurde der Gipfel des Everest von 210 Personen erreicht [zwölf Jahre später, im Juni 2000, waren es insgesamt 1310 Besteigungen, ausgeführt von rund 1000 Personen; Anm. d. Ü.]. Ausgezeichnet. Aufgepasst aber vor dem Durcheinander. Wollen wir nicht zugeben, dass sich im Vergleich zu früher etwas verändert hat und dass die Summe der technisch-physisch-chemisch-psychologischen Mittel, die heute zur Verfügung stehen, keine phänomenalen Werke und Schöpfer, sondern einen ungeheuren, vorhersehbaren Zerfall der Grenzen bewirkt hat?

1986 war es erstmals einem Menschen gelungen, alle 14 Achttausender der Erde zu besteigen. Zweifellos – wer dies geschafft hat, kann eine bemerkenswerte Sammlung von Gipfeln sein Eigen nennen. Ich rede nicht per Zufall von «Sammlung». Das Wort «Unternehmen» im Sinn der Verkörperung eines grossen, heldenhaften Aktes würde ich treffender für eine Art von Besteigungen vorbehalten, wie sie zum Beispiel vom Polen Jerzy Kukuczka, vom Engländer Doug Scott, vom Italiener Renato Casarotto und von wenigen anderen Bergsteigern ausgeführt wurden; zu letzteren gehören im Speziellen Osteuropäer und hier an erster Stelle Tomo Česen. Sie alle sind Urheber von aussergewöhnlichen Leistungen, die wirklich an den jeweils geltenden Grenzen des Menschenmöglichen auf extremer Höhe vollbracht wurden. Auch Kukuczka erreichte – ein Jahr nach seinem Vorgänger Reinhold Messner – das Ziel, alle 14 Achttausender bestiegen zu haben. Aber im Unterschied zu Messner drückte er dabei höchste Qualitäten aus, indem er wirklich extreme Routen und Bedingungen (auch wirtschaftlicher Art) meisterte. Dafür soll ihm die angemessene Wertschätzung zugestanden werden. Es ist Kukuczka, der vielleicht den Grenzen am nächsten gekommen ist, die dem Menschen in seiner Autonomie als Alpinisten im Alleingang gesetzt sind. Der hervorragende Kukuczka wäre sicherlich heute hier mit uns zusammen, wenn ihn das Schicksal nicht umgebracht hätte, während er an einem seiner geliebten Himalajagipfel kletterte. Möge unsere Erinnerung an ihn lebendig bleiben.

So präsentiert sich also das Panorama der Welt der Berge durch einige Jahrzehnte direkter Betrachtung hindurch. Über das Ergebnis muss man sich nicht wundern: Die jungen Generationen sind, zu ihrem eigenen Bedauern, die Projektion der Vergangenheit – im Schlechten wie im Guten. Das Ergebnis von all dem, was wir mit vollen Händen ausgesät haben. Die Protagonisten der Angelegenheit K2/1954, welche die Ehrlichkeit einer alpinen Tradition in Frage gestellt hat, sind erwachsen. Erwachsen ist auch der, der sich, ausgerüstet mit einem Kompressor, bis zum Gipfel des Cerro Torre in Patagonien hochgebohrt hat. Und erwachsen ist auch, wer «Der Siebte Grad» geschrieben hat. Der Autor dieses Buches, Reinhold Messner, entrüstet sich heute über die Jungen und beklagt sich in einer Zeitung, dass die neue Generation nur auf Rekorde ausgerichtet zu sein scheine; er vergisst aber, dass er den Einfluss auf die Jungen, um nicht zu sagen die Verantwortung für die heutigen Generationen und ihre Auffassung des Bergsteigens, mehr als jeder andere trägt. Und zwar von dem Moment an, wo er in seinem Buch im Wesentlichen eine neue Auffassung des Bergsteigens darlegt, die auf einer sportlichen Praktik gründet.[1]

Es ist schwierig, den Propheten zu spielen; ihn schlecht zu spielen, macht schuldig. Und wenn eine schlechte Saat einen miserablen Ertrag einbringt, kann man sich nicht rechtfertigen, indem man von allen Problemen, die daraus ent-

---

[1] Christophe Profit, einer der bekanntesten Vertreter der «Neuen Welle» des Bergsteigens, äusserte sich 1986 in einer Fachzeitschrift wie folgt: «Ich betrachte Reinhold Messner als Vorläufer des modernen Alpinismus ... Er zeigte den Bergsteigern eine neue Auffassung des Bergsteigens auf, die auf einer sportlichen Praktik gründet ... Als er ‹Der Siebte Grad› schrieb, war das Buch sehr zukunftsweisend. Inzwischen wird der achte Grad geklettert.»

standen sind, ablenkt. Noch weniger kann man sich entlasten, wenn man gleichzeitig dem eigenen Erfolg nachgeht, der um Profit kreist, und sich dabei das Interesse der anderen zunutze macht. Wir sind alle ein bisschen Propheten. Aber einige konstruieren ihre Räume und flössen ihren Theorien Charisma ein, indem sie die Vergangenheit entweihen.

Konsequenz heisst nicht Blindheit, Starrsinn, Beschränktheit, sondern sich über die eigene Wahl bewusst zu sein und die Verantwortung, die sich daraus ableitet, zu übernehmen. Sie bedeutet klare Absichten und Charakterfestigkeit. Alles Tugenden, die heute von jenen Schlaumeiern verraten werden, die immer bereit sind, die Geschichte den eigenen Schwächen anzupassen und es so allen recht zu machen. Dazu sind sie bereit, Kompromisse einzugehen, auch wenn sie diese zuweilen unter der Maske des Idealismus verstecken.

Ist das Bergsteigen heute krank und verseucht? Sicherlich. Gibt es Heuchelei in der Welt der Berge? Gewiss. Das darf aber nicht dem Bergsteigen an sich, sondern dem Menschen, der es ausübt, zugeschrieben werden.

Das Sponsoring ist alles andere als ein verwerfliches Phänomen, wertvoll, wenn gut angewendet, und auch alt. Aber gegenwärtig nimmt es überhand. Fast immer reduziert es sich auf ein echtes und eigentliches Geschäft, bei dem die Dinge und die Ideale zu einer Ware werden und das die Regeln des Spiels und manchmal die Geschichte selbst verändert.

Das moderne Sponsoring wird letzten Endes oft zu einer Art Zwang für die Gesponserten (wofür deren Schwäche der Hauptgrund ist). Das verschärft zusätzlich die schon grosse implizite Verantwortung des Sponsors. Dieser übt in einer gewissen Weise Druck auf den Gesponserten aus, ja er mag sogar einen bestimmten Sachverhalt erzwingen. Daran kann man in den Bergen auch sterben! So weit sind wir gekommen: Es ist nicht mehr der Sponsor, der ein Unternehmen fördert, sondern es ist das Unternehmen, das sich darauf reduziert, dem Sponsor zu Diensten zu stehen, dem Business also, und sich deshalb allen dazugehörenden Deformationen unterwirft. Nicht weniger beunruhigend ist, dass die Leute im Allgemeinen für sich und die anderen zum Kompromiss neigen, zur einfachen Aufgabe seiner selbst für einen Vorteil. Auch das stellt unleugbar ein akutes Übel der heutigen Zeit dar, das an der Würde des Einzelnen nagt.

Der vom Sponsor Begünstigte – sichtlich instrumentalisiert und zum Lügenverkäufer reduziert – betont dennoch, er sei ein freier und unabhängiger Mensch; das geschieht wegen jenes negativen psychologischen Phänomens, das den Menschen, der schon im Fehler ist, zu seiner Verteidigung bis zur Selbsttäuschung gehen lässt.

Aber in Wirklichkeit erwartet ihn eine Spirale von Erniedrigungen, aus denen ein Entfliehen schwierig ist. Wenn ihm dann das Glück auch nicht beisteht und er nicht schafft, was er lauthals angekündigt hat, ist die ganze Sache noch schlimmer: Er hat sich nicht nur verkauft und beschmutzt, sondern muss, wenn er den eigenen Bericht vorlegt, zu Verdrehungen greifen, um die erwartete Belohnung nicht aufs Spiel zu setzen. Ohne die Risiken zu bedenken, die man einzugehen verleitet ist. Es versteht sich von selbst, dass all dies nicht die beste Voraussetzung bildet, um dem eigenen Werk Reinheit und Prinzipientreue zu garantieren. Und ich glaube auch nicht, dass man in diesem Fall von Handlungs- und Wahlfreiheit reden kann – einer Freiheit, die an diesem Punkt von schlechtem Geschmack zeugen würde. In der Tat, wer sich auf diese Art in die Dienste eines Verkäufers stellt, auch wenn er es in der Illusion tut, den eigenen Wirkungsbereich zu vergrössern, wird bald nur noch feststellen können, wie die eigene Manövrierfreiheit immer kleiner und entscheidend beeinflusst wird. Wir haben die Resultate gesehen.

Dann gibt es jene, welche die «eigenen Entscheidungen» listig zu verschleiern versuchen, indem sie ankündigen, dass die Expedition eine Milliarde Lire und mehr (wir sind immer noch in den Achtzigerjahren) kosten wird. Damit geben sie zu verstehen, dass sie sich für ihre Durchführung Geld beschaffen müssen. Aber dann erreicht uns die Nachricht, jemand anders habe eben ein Unternehmen des gleichen Typs beendet und es habe nur wenige Millionen Lire gekostet: ein Unternehmen, das ohne einen solchen Heidenlärm durchgeführt wurde und in einer brillanteren Art, als es gewisse steinreiche Männer des Abenteuers zu tun vermögen. Milliarden kostet allerdings nicht das Unternehmen selbst, sondern seine theatralische Inszenierung, jene Stütze für das Geschäft, das gewiss jemand machen wird. Anderseits ist es der Sponsor, der seine Regeln auferlegt – und sind die Heller einmal ausbezahlt, braucht er auch eine Gegenleistung: Dazu wird beim Unternehmen – sei es ein wirkliches oder nur ein angenommenes – betont, es diene dazu, «mehr zu verkaufen».

Zu denken, dass gewisse Typen von Sponsoring oder vom Ergebnis her gleiche Aktionen die Alpinisten und den Alpinismus – so hatte man es gewünscht – verschonen würden, ist meiner Meinung nach dasselbe, wie wenn man hoffte, die Sünde solle jenen fern bleiben, welche die Voraussetzungen mitbringen, sie zu begehen. Jeder ist frei zu tun, was er will, und auch – wie man schon gesehen hat –, darüber einen entsprechenden prahlerischen Stolz zu empfinden. Aber man muss den Krämer vom Träumer unterscheiden.

Seit einiger Zeit wird das Wort Moral zur Zielscheibe gemacht. Unter den heutigen Vertretern des Alpinismus gibt es solche, die es als «irgendeine Sache» bezeichnen; die zweiten halten es für eine «Deformation», und noch einmal andere stellen fest, es «bringe die Karten der logischen Kategorien einer Diskussion durcheinander». Die Freiheit hat aber eine Grenze, und was danach kommt, ist Zynismus. Wollten wir die Moral in ihrem wahrsten Sinn betrachten – der auch ein Kriterium des Stils und des Masses beinhaltet –, würden wir feststellen, dass sie auf keine Art «die Karten durcheinander bringen» kann. Im Gegenteil: Sie würde die Dinge an ihren richtigen Platz rücken. Die Moral kann nicht eine Deformation sein. Sie ist ein Wert, ein Reichtum, der sich nie in Geld auszahlen wird, weil das Geld dieses Reichtums ein schlechtes Mass ist. Es gibt Leute, die sagen, Geld sei amoralisch.

Doch kommen wir zum Thema Sponsoring und Business zurück, auf das diese Diskussionen letztlich hinauslaufen. Fragen wir uns, bis zu welchem Punkt das Abenteuer eine Wahl fürs Leben bleibt, dem man das Beste von sich selbst widmet, um zu verwirklichen und sich zu verwirklichen. Und zwar ohne dabei in etwas anderes, rein Geschäftliches abzuschweifen, was ja ein schändliches Exempel für den Anhänger des Abenteuers wäre. Natürlich wollen diese Aussagen nicht moralisierend sein, und noch weniger haben sie zum Ziel, eine Mauer zwischen den Guten und den Schlechten zu errichten; sie wollen nur mögliche Beziehungen zwischen Ursachen und gewissen Wirkungen aufstellen: die eventuelle Existenz eines Missbrauches auf der Seite jener, die geben, oder jener, die erhalten. Gut maskiert und gebührend verpackt wird das Ganze dann einem immer zu vertrauensvollen und empfänglichen Publikum aufgetischt; warnen wir dieses doch wenigstens über den bedeutsamen Unterschied zwischen einem Versehen – das manchmal gar nicht gewollt ist – und einem regelrechten Gefüge solcher gut berechneter Versehen, auf die man dann «hereinfliegen» sollte.

Zum Schluss kann ich natürlich nicht ausser Acht lassen, was zur Zeit mehr als alles andere im Mittelpunkt der allgemeinen Aufmerksamkeit steht: die Umwelt.

Nachdem die traditionelle alpinistische «Eroberung» zur Seite gelegt, die seltsamsten bergsteigerischen Rekorde erreicht und das Abenteuer Berg auf eine sterile Geste reduziert und nunmehr gegen theatralische Indoor-Wettkämpfe eingetauscht wird, entsteht heute eine neue Bewegung in der alpinistischen Welt. Manchmal mit ökologischem Hintergrund, quasi um das fehlende Interesse am sozialen Umfeld zu überdecken. Das Ziel wäre, das Gebirge vor der Verschmutzung jeder Art zu schützen, und noch ehrgeiziger, die alpine Natur wieder sich selbst zu überlassen, das heisst ihrer ursprünglichen wilden Dimension. Aber bis heute sind aus all dem nur Misstöne, Widersprüche und meines Erachtens auch Torheiten hervorgegangen. Spektakuläre Vorschläge schwingen sich in die Nachrichten, aber kein an den Grund gehendes Mittel. Es ist eine wertvolle Haltung, wenn in der Öffentlichkeit irgendein schändlicher, in den Bergen zurückgelassener Müllhaufen bekannt gemacht und dazu aufgefordert wird, keine weiteren zu produzieren, aber das Grundproblem bleibt damit ungelöst.

Es gibt ungezählte Arten der Verschmutzung. Aber der springende Punkt ist der: Wenn wir gewisse Kompromisse in uns selbst entschuldigen, werden wir immer zu den verheerenden Folgen gelangen, denen wir jetzt beiwohnen – mit allen Schritten, die von der Ursache zur Wirkung führen. Angesichts einer bestimmten Art der Auflehnung im Namen des Gebirges, das wirklichkeitsfremd wieder sich selbst und einigen bevorzugten Alpinisten überlassen werden sollte, fragt man sich spontan, ob eine gewisse Form des Umweltschutzes nichts anderes als schlaue Politik sei. Wer in der Luft neue Strömungen schnuppert, drückt seinen Gesten den Stempel «Für die edle Sache» auf, und um Erfolg zu haben, vertraut er sie gerissenen Protagonisten mit theatralischer Berufung an. Ich möchte nicht bis aufs Äusserste polemisieren, aber meiner Meinung nach müssten die Repräsentanten solcher Bewegungen für den Umweltschutz grösste Konsequenz garantieren, damit sie glaubwürdig und Vertrauen erweckend sind. Und es ist unwahrscheinlich, dass jener der Umwelt Verschriebene die Befähigung zum guten Propheten einer besseren Zukunft oder zum reinen Apostel der Rettung der Menschheit erlangen wird, der nach öffentlichem Anklang trachtet und dabei mehr als alles andere auf das eigene Bild setzt, das sowieso schon dem Werbegeschrei geopfert ist. Genau weil man das, was nicht ernst ist, auch nicht ernst nehmen kann.

Ich glaube, wir teilen inzwischen alle die Überzeugung, dass das Umweltproblem vor allem von einem kulturell-erzieherischen Faktor abhängt, an dem es bei uns stark mangelt. Wollen wir wirklich eine Kultivierung einleiten? Nun, dann lasst uns diese kulturelle Handlung in die Wirklichkeit umsetzen. Aber lasst es uns tun, indem wir zuerst bei uns selbst beginnen, die wir für unsere Rolle einzeln verantwortlich sind. Alle unsere Gebärden müssen der übernommenen Verpflichtung logisch entsprechen, und es wird sehr viel überzeugender wirken, wenn wir sie mit Mass und Diskretion ausführen, viel gewinnendere Eigenschaften als das schwerfällige und oberflächliche Aufsehen und der Lärm, deren man sich oft bedient.

Das ist, was heute aus der Welt der Berge und des Abenteuers hervorgeht.

Besonders über einige Dinge sollte man nachdenken; und darauf sollte das angeregt und gefördert werden, was genügte, um dem Ehrgeiz eine klarere und reinere Dimension zurückzugeben. Es ist nicht meine Sache oder die Sache von weiss nicht wem zu sagen, was gemacht oder nicht gemacht werden muss. Es ist die Aufgabe jedes Einzelnen, sich ein im Verhältnis zur eigenen Moral stehendes Gleichgewicht zu schaffen. Es handelt sich also um eine rein persönliche Angelegenheit, und viele wenden sich schon in diese Richtung. Ich erlaube mir hier nur, das Problem wachzurufen und, wen auch immer, davor zu warnen. Ich betone hingegen, dass – welche Wahl man auch immer trifft – es eine Wahl ist, der man nur Achtung entgegenbringen soll, wenn sie dem, der sie getroffen hat, keine psychischen Probleme bereitet oder gar eine Identitätskrise auslöst.

Übertrage ich alles in einen grösseren Zusammenhang, finde ich, dass die Gesellschaft heute das hat, was sie verdient. Es leben in der Tat der Abglanz, die Folgen der eigenen Intoleranz, der eigenen Unempfindlichkeit und Gefühllosigkeit, des eigenen Egoismus und der eigenen Inkonsequenz. Wir beklagen uns, dass die Dinge schlecht laufen, aber letzten Endes sind wir selbst die Verantwortlichen, jeder von uns ist es: Wir sind wie unzählige Löffel Wasser, die den Ozean bilden. Auch am Anfang einer weiter gefassten und konkreteren Erörterung, die auf den Schutz der Natur abzielt, sollte folgendes nie vergessen werden: Man wird die Umwelt in ihrer ganzen Komplexität nur schützen können, wenn man den Menschen und damit sein ganzes ethisch-kulturelles Gut bewahrt.

Was soll man sich für diese «Neue Welt» wünschen, auf die in den schönen Reden oft Bezug genommen wird? Ich sage: Wünschen wir uns, dass der Mensch die Lektion verstanden hat und jene Werte, die er irrigerweise als überholt betrachtete, hervornimmt und auffrischt. Der Mensch muss wieder menschlicher und reiner werden, wenn er diese «Neue Welt» überleben will, die er selbst und für sich selbst geschaffen hat.

Bergmonografien im AS Verlag

Daniel Anker
Jungfrau
Zauberberg der Männer
144 Seiten, 145 Abb. vierfarbig
17 x 24 cm, Pappband
ISBN 3-905111-08-X

Geschichte, Kunst, Tourismus, Alpinismus – die Jungfrau, der schönste Berg des Berner Oberlandes, wird in dieser Bergmonografie in all ihren Dimensionen erfasst.

Daniel Anker
Finsteraarhorn
Die einsame Spitze
144 Seiten, 140 Abb. vierfarbig
17 x 24 cm, Pappband
ISBN 3-905111-18-7

Der höchste Gipfel des Berner Oberlandes ist noch heute eine alpinistische Herausforderung. Die Geschichte seiner Erstbegehung liest sich wie ein Alpenkrimi.

Bergmonografien im AS Verlag

Daniel Anker
Eiger – Die vertikale Arena
3., erweiterte und
aktualisierte Auflage
304 Seiten, 224 Abb. vierfarbig
17 x 24 cm, Pappband
ISBN 3-905111-51-9

Die erfolgreiche Bergmonografie,
jetzt in aktualisierter und
erweiterter dritter Auflage!

Daniel Anker
Piz Bernina – König der Ostalpen
176 Seiten, 143 Abb. vierfarbig
17 x 24 cm, Pappband
ISBN 3-905111-45-4

Der Piz Bernina ist einzigartig.
Er ist der höchste Gipfel Graubündens.
Und sein klangvoller Name ist dank
Nähmaschinen, Skibindungen und
andern Konsumgütern rund um die
Welt ein Begriff geworden.

Emil Zopfi
Tödi – Sehnsucht und Traum
160 Seiten, 155 Abb. vierfarbig
17 x 24 cm, Pappband
ISBN 3-905111-49-7

Der Tödi hat Alpinisten und
Naturforscher, Theologen und
Politiker, Maler und Dichter
gefesselt. In dieser reich illust-
rierten Bergmonografie sind ihre
Zeugnisse vereint.